왜

지금 나는 '마지막 수업'을 하고 있다.

이 강의와 더불어 내 대학생활도 막을 내린다.

결국 이 책이 대학교수로서 내 마지막 발자취로 남게 되었다. 어찌 소회所懷가 없을 수 있고, 회오悔悟가 밀려오지 않겠는가.

그런데 눈앞에 정체 모를 백지가 하염없이 떠다니기 시작했다. 부끄럽긴 하지만, 매우 흥미로웠다. 내 정년퇴임의 시각이 뚜벅뚜벅 다가오고 있음을 피부로 느낄 무렵 그 일이 거의 동시에 일어났다.

백지는 마구잡이로 날아다녔다. 어지러웠다. 어떨 때는 문짝만큼이나 커다란 위용을 과시했다가, 또 어떨 때는 잽싸게 산산조각난 형태로 뒤바뀌기도 하며, 그 백지는 무연히 둥둥 떠다녔다. 헛것을 보는 듯해, 정신을 차리기 힘들 정도였다. 비틀거리기도 했다. 맥이 풀림을 느꼈다. 바로 이런 걸 노환이라 하는구나 싶기도 했다.

선명하게 보이는 건 없었다. 안개 속에서 환영만 오락가락하는 느낌이었다. 순식간에 모든 걸 다 털려버린 듯한 박탈감, 사면이 온통 꽉 막혀버린 것만 같은 적막감, 무인도에나 와 있는 듯한 고립감, 목을 조이는 듯한 질식감, 거북살스러운 공허감 같은 것만 마구 밀려오는 게 아닌가. 내 의지는 온데간데없이 사라져버렸다.

그러다가 어느 순간, 상황이 순식간에 돌변하기도 했다.

어지러이 떠다니던 그 백지가 홀연히 멈추어 서는 게 아닌가. 그러더니 이번에는 색다른 태깔을 하고 나를 어루만지기 시작했다. 맑고 영롱한 빛이 뿜어져나오기도 하고, 에덴동산 같은 데서나 들어봄직한 고운 멜로디까지 함께 어울렸다. 향기로운 꽃밭에서 나비와 벌이 군무를 즐기는 정경이 아른거리기도 했다.

백지가 홀연히 공손해진 것이다. 마치 자신을 무언가로 가득 채워달라고 읍소라도 하는 듯했다. 가관이었다. 얼떨떨했다. 하지만 새로운 희망으로 가슴이 느닷없이 부풀어오르는 게 아닌가. 날아갈 듯했다. 나는 솜털처럼 가벼워짐을 느꼈다. 다시 일어설 수 있었다. 뜬금없이 처녀림, 눈 덮인 흰 벌판, 대평원, 구름 한 점 없는 쾌청한 하늘, 대양의 수평선 같은 것들이 눈앞에 아른거리기 시작했다. 늙어간다는 것이 오락가락한다는 말은 아닐는지…….

이윽고 나는 그 백지가 시험이면서 동시에 실험이라는 것을 깨닫게 되었다. 요컨대 새로운 실험 과제를 부과하기 전 각별히 나의 준비 태세를 사전에 점검해보기 위해 시험지 같은 자태로 나를 현혹한 것이었다.

그것은 종언과 시작을 동시에 보여주었다. 종편終篇이자 예고편豫告篇 같은 것이기도 했다. 빈틈없음을 과시하면서 여백을 보여주었고, 충만함을 가르치며 모자람을 귀띔하였다. 막막함을 가리키면서 동시에 들뜸을 가르쳤다. 그 백지는 나에게 절망과 희망, 종말과 시원始原, 매장과 발굴, 죽음과 부활, 폐막식과 개막식 같은 것을 한꺼번에 펼쳐 보여준 것 같았다. 이를테면 그 백지는 나에게 마음껏 가득 채울 수 있다는 넉넉한 자신감과 그것을 도대체 무엇으로 채워야 할까 망설이게 만드는 막막한 불안감을 동시에 선사한 셈이다.

어쨌든 일종의 도착 증세 같은 것이었음은 부인할 수 없는 사실이다. 아마도 위태로울 정도로 누적된 지금까지의 내 허물과 결함에 대한 경종이 아니었을까 싶다.

하지만 정작 문제의 근원이 다른 곳에 있음이 이내 밝혀졌다. 나의 퇴진과 불의不義의 전진이 거의 동시에 일어난 것이다.

말하자면 내 자신이 대학과의 아쉬운 결별을 서서히 예비하고 있던 바로 그 무렵, 하필이면 때를 맞추기라도 하듯 시대정신에 역행하는 갖가지 불의한 사태들이 터져나오기 시작했다는 말이다. 도처에서 희한한 도착증들이 폭죽처럼 터져나왔다. 때로는 국정원이니, 대선 개입이니, 남북정상회담 대화록 공개니, 검찰이니, 혼외 자식이니, 간첩사건 증거 조작이니, 정보 유출이니 하는 식으로, 또 때로는 내란 음모니, 정당 해산이니, 종북주의니 하는 형태로, 어처구니없는 역사적 도착 증세들이 때를 만난 듯 '대박'을 터뜨린 것이다.

나는 한편으로는 학교를 떠날 짐을 꾸리며, 다른 한편으로는 뒤틀린 시대 상황에 분개하지 않을 수 없었다. 왜 하필이면 개인적으로 내 삶의 중대한 변곡점인 바로 이 시점에, 통탄할 만한 비민주적 작태들이 약속이나 한 듯이 한꺼번에 터져나오는가 싶어 감내하기 힘들 정도로 분통이 터졌다.

최소한 자유와 민주주의를 지향하는 다원주의 사회라면, 사회적 이해관계가 다양하고 이질적일 수밖에 없음은 당연한 일이다. 그러므로 상호 갈등과 충돌이 필연적으로 발생한다. 따라서 사회적 안정과 평화를 위해, 반드시 상호 타협과 협상이 요구될 수밖에 없다. 이 과정에서 원칙이 준수되어야 함은 두말할 나위 없다. 하지만 원칙 없는 타협은 '야합'이고, 타협 없는 원칙은 '독선'이다. 이런 의미에서 지금까지 한국 정치사가 바로 이 독선과 야합으로 점철된 파행의 역사라 일러도 지나친 말은 아닐 것이다.

특히 해방 이후 우리나라를 일관되게 지배해온 이념이 있다면, 그것은 한마디로 '후딱후딱 이데올로기'라 할 것이다. 즉 '대충대충', 아니면 '빨리빨리, 그러나 아무렇게나' 이데올로기라는 말이다.

그런데 바로 이 독선과 야합의 정치가 오늘날 새로이 등극하고 있다. 이러한 상황에서는 필연적으로 '빨리빨리, 그러나 아무렇게나' 정신이 관철될 수밖에 없다. 왜냐하면 정당성을 상실한 통치 세력은 스스로 매사를 속전속결로 밀어붙임으로써만 간신히나마 자신의 의롭지 못한 꼬리를 신속히 숨길 수 있으리라 믿기 때문이다. 따라서 예컨대 '사회적 소통' 같은 것을 도모할 시간적 여유를 어떻게 용납할 수 있겠는가. 그러한 것은 불편할 뿐만 아니라 불필요한 것이라 인식된다. 그렇기 때문에 응당 저지당할 수밖에 없는 것이다. 그러므로 현재 '대통령'이 아니라 '불통령'이라는 애칭이 저잣거리 사람들의 입에 즐겨 오르내릴 정도로 지금은 '불통'의 시대다.

이러한 상황에서, 전국 곳곳에서 동시다발적으로 터져나왔을 뿐만 아니라 직업과 계층을 뛰어넘어 전 국민 대중이 두루두루 함께 뜻을 모았던 1987년 6월 민주화운동의 웅장한 기억이 되살아났다. 당시 부조리한 국가 권력에 대한 시민들의 대중적 저항과 열망이 뜨겁게 불타올랐다. 하지만 그러한 기억의 환기가 결국에는 나 자신에 대한 엄중한 심문으로 돌변하는 게 아닌가. 요컨대 어떻게 하면 소소한 내 개인적 차원에서나마 나름대로 그에 값할 수 있겠는가 하는 것이었다. 심한 가슴앓이가 엄습했다.

이윽고 나는 미흡한 수준에서나마 능력껏 그에 대응해나가기로 마음을 굳혔다. 마침내 이처럼 어처구니없는 나의 '백지·도착증'에 도전을 감행하기로 결단한 것이다.

여기 모인 글들이 결국 그 도전장이 되었다. 그러나 도전장 작성에 착수하기 전, 그래도 나는 그 백지의 속내와 숨은 뜻을 다시 한번 깊숙이 되짚어보았다. 과연 어떠한 것을 주제로 삼을 것인가?

미우나 고우나 그래도 나와 오랫동안 더부살이할 수밖에 없었던 '지식' 및 '지식인' 관련 문제의식이 자연스럽게 내 뇌리를 신속히 선점하였다. 특히 오늘날과 같은 배반과 혼란의 시대적 현실에 직면하여, 아무래도 화쟁和諍의 길을 걸어야 할 지식인을 다그치는 목소리로 백지를 메워나가는 것이 내 소임일 수밖에 없다는 쪽으로 마음이 기울기 시작했다. 나는 마음을 다잡았다.

결과적으로 이 책은 유별난 방식으로 세상 빛을 보게 된 것만 같다. 그런 탓에 특히 '노추老醜'가 두드러지게 드러나지 않나 싶어 걱정이 앞선다. 국어사전은 이 '노추'를 "늙고 추함"으로 뜻풀이한다.

그런데 이 어휘는 대체 어떻게 만들어졌을까.

내 생각엔, 늙어간다는 것이 뻔뻔스러워져간다는 말인 듯하다.

긴 과거와 짧은 미래를 눈앞에 두게 되면 남기고 떠나가야 할 게 얼마 남지 않은 듯이 여겨져, 무슨 수를 써서라도 그걸 놓치지 않으려 발버둥칠 수밖에 없게 되지 않을까 싶다. 나아가 남아 있는 게 이제 한 주먹도 채 되질 않으니, 그걸 마치 이 지상에 단 하나밖에 없는 최후의 국보급 보물인 양 애지중지하게 될 것이다. 그런 탓에 물불을 가리지 않고 그걸 과장하고 미화하고 각색하기 위해 또 발버둥치게 되지 않을까 한다. 혹시 이러한 절박한 상황 논리에 견주어 '노추'라는 단어가 만들어지지는 않았을까…….

이런 면에서 '늙고 추하다'라는 말은 아무래도 '늙어서 추하다', 요컨대 '늙으면 추해진다'라는 의미일 것만 같다. 하지만 추해 보이지 않는 늙음은 없는 것일까.

예컨대 꿈이 없는 20대라면, 노인과 다를 바 없다고 말할 수 있다. 사람은 나이를 먹는 것만으로는 늙지 않는다. 꿈을 잃어갈 때, 비로소 늙는 것이 아닐까 싶다. '세월은 얼굴에 주름을 새기지만, 꿈을 잃어버리면 정신이 주름진다'고 말한다. 이런 의미에서 진정한 청춘은 젊은 육체가 아니라 젊은 정신에 있다고 말할 수 있을 것이다.

어느 현자는 "젊음이란 삶의 특정 시기를 이르는 말이 아니라 삶에 임하는 자세를 일컫는 말"이라고 가르친다.

청년의 눈에 비치는 인생은 하나의 끝없이 긴 미래이며, 노년의 눈에는 하나의 지극히 짧은 과거로 보일 것이다. 청년은 짧은 과거와 긴 미래를, 반면에 노년은 긴 과거와 짧은 미래를 갖고 있기 때문이다. 그런 이유로 젊은이는 삶에 탐닉한다. 반면에 늙은이는 죽음에 매달리기 일쑤다. 하지만 생존에도 끝이 있고, 죽음에도 끝이 있는 법이다. 그러므로 젊은이는 오히려 죽음을, 반면에 늙은이는 삶을 움켜쥐는 그러한 인생 방정식을 따른다면 어찌 될까. 모색과 우여곡절이 우리 삶의 멋인 까닭에, 역설적 몸가짐이야말로 듬직한 삶의 바탕 힘이 되지 않을까 한다.

이를테면 젊은이는 '내가 만일 내일 죽는다면 지금 무엇을 할 것인가?' 하는 긴박한 자세로, 반면에 늙은이는 '내가 지금 10대 소년이라면 앞으로 어떻게 살아갈 것인가?' 하는 생동하는 태도로 삶에 임한다면 어떻겠는가 하는 말이다. 아마도 젊은이는 한 뼘의 낭비도 없이 정녕 진정한 삶의 가치를 추구하기 위해 자신을 불태울 것이고, 늙은이는 마지막 한 순간까지 청순한 다짐과 뜨거운 도전정신을 불태우며 활기차게 삶을 마주하게 될 가능성이 높아질 것이다. 모름지기 웃음이 아니라 눈물을 자아내게 만드는 것이 진정한 코미디이고, 봄의 참다운 가치를 겨울에 가서야 비로소 터득할 수 있는 것과 마찬가지로, 우리 인간에게 가장 참답고 바람직한 것이 바로 이러한 역설적인 삶의 방식은 아닐는지…….

하기야 나 역시 개인적으로 억지춘향 격으로나마 이런 역설의 세례를 받은 적이 없지 않다. 어느 날 중후한 선배 한 분이 한 술자리에서 나를 가리키며, "저 친구는 영원한 초보야" 하며 타박 놓은 적도 있다. 그러자 그 옆에 앉아 있던 다른 선배 한 분이 "아냐, 람보야" 해서 내가 흥겨운 안주거리가 되기도 했다. 나는 이렇게 '초보'가 되었다가 금세 '람보'로 변신하기도 한 것이다. 역시 '노추'는 어쩔 수 없는 모양이다. 노인들에게 '젊어 보인다'고 말하면 대단히 흡족한 표정을 지으며 속아넘어가기 일쑤다. 왜냐하면 그런 말이 실은 두말할 나위 없이 '당신은 진짜 늙었다'는 말, 그 자체이기 때문이다. 젊은이에게는 결코 '젊어 보인다'는 말을 하지도 않고, 또 할 필요도 없다는 사실을 잠시만 환기해보면 아주 명백해진다.

하지만 나는 60 평생을 60여 개 이상의 병폐만 양산하면서 살아온 느낌뿐이다.

물론 학자로서의 삶이 완전히 끝난 것은 아니지만, 그래도 학문적 삶의 여로에서 하나의 결정적인 반환점을 통과하면서 어찌 소회와 회한이 없을 수 있으랴 하는 심정으로 다시 필을 꼬나 잡기는 하였다. 한편으로는, 한 지식인으로서의 삶이 개인적으로 오늘과 같은 이러한 중대한 고비를 맞았는데 어찌 지금까지 자신의 지적 삶의 궤적에 대한 한 줌의 비판적 성찰이 없을 수 있겠나 싶었다. 그러면서 다른 한편으로는, 지식인으로서 꼿꼿한 행보를 좀더 절실히 요구하는 오늘날 우리의 시대 상황을 어찌 모른 척할 수 있겠는가 하는 다그침이 거세게 밀려오기도 했다. 이러한 내면적인 자성 촉구 그리고 외부적인 시대 요구에 나름대로 부응해보리라는 소심한 생각에서, 이 책을 엮어볼 엄두를 내긴 했다.

키르케고르는 이런 우화를 남겼다.

호화 유람선을 타고 많은 승객이 밤바다를 헤쳐가고 있다. 승객들은 대부분 마시고 춤추며 환락을 즐기기에 여념이 없다. 그때 한 젊은이가 수평선 끝에 흑점 하나가 떠오르고 있는 걸 발견했다. 그는 저 흑점이 얼마나 광포한 폭풍을 몰고 와서 또 얼마나 무서운 환난을 초래할 것인가 하는 걸 잘 깨닫고 있었다. 그러나 승객들은 아무것도 모른다. 춤추고 마시며 인생을 즐기는 행복감에 도취해 있을 뿐이다. 그는 도대체 누구이고, 어째야 하는 것일까?

그때 아마도 키르케고르는 물론 자기 자신을 포함한 지식인 일반의 시대적 소명이 과연 어떠한 것인가 하는 걸 깊이 생각하고 있었던 듯하다. 말하자면 그는 사회 속에서 벌어지는 온갖 모순과 부조리의 정체를 명확히 파헤치고 또 그것을 극복할 수 있는 길을 더불어 제시함으로써, 어떻게 하면 이 사회를 평화와 행복의 길로 이끌어나갈 수 있을지를 진지하게 고뇌하지 않았을까 하는 말이다. 그는 이를테면 수평선 끝에 떠오르고 있는 하나의 흑점을 발견한 그 젊은이가 취해 마땅할 행동을 암시하며, 지성인이 나아가야 할 올바른 길을 예리하게 제시한 것이나 진배없다.

이런 키르케고르가 "역설은 사고의 열정"이라 역설한 바 있다. 그는 위대한 사상가만이 역설 앞에 자신을 내던지며, 역설 없는 사상가란 마치 정열 없는 애인과 다를 바 없다고 외친다. 그리하여 "모든 정열의 극치란 항상 자기 자신의 파멸을 의욕하는 데 있다"고 설파하면서, "충돌하면 결국 자기 파멸로 귀결될 것임에도 불구하고 그 충돌을 욕구하는 것을 오성悟性이 지니는 최고의 열정"이라 단언하였다. 무서운 말이다.

이미 우리 옛 어른들도 "급할수록 둘러가라"라든가 "돌다리도 두들겨보고 건너라" 또는 '이열치열'이라 하지 않았던가. 훌륭한 역설의 소박한 가르침이다. 물론 우리 모두가 다 철학자일 수는 없지만, 그래도 사상 속에서 삶을 찾고 생활 속에서 사상을 들여다보려고 애쓸 수는 있지 않겠는가. 나는 내심으로는 감히 이런 키르케고르의 충고를 따르는 '돌팔이'라도 되고 싶었는지 모르겠다. 그의 '역설'을 추종하는 돌팔이라도 되어보고자 한 나의 교만스러움이 결국 이 책을 내기로 하는 결단에 어느 정도 품앗이를 한 것처럼 보이기도 한다.

무엇을

어쨌든 이러한 역설적인 마음가짐이 이 책의 주춧돌이 되긴 한 것 같다. 하지만 이내 자괴감이 엄습하였다.

한편에서는 새로운 시대 상황에 적용 가능한, 새롭고도 지엄한 과학적 지식인론을 제시하는 것이 온당하지 않은가 하는 내면의 볼멘소리가 끊이지 않았다. 그러나 또 다른 한편에서는 본질적으로 새로워졌다고 할 만한, 새로운 정치질서라든가 새로운 사회 상황이 과연 어떤 것이 있는가 하는 실증적 현실 인식이 끊임없이 반발하곤 했다. 요컨대 겉으로만 달라진 듯 보이는 지금의 현실 상황에 어울리게끔 새로이 글꼴을 변형시켜본다 한들, 정작 그것이 도대체 어떤 새로운 의미가 있겠는가 하는 내면의 웅성거림이 번잡을 떨었던 것이다.

하기야 '우리 현실이 달라진 게 전혀 없다'고 수군거리는 목소리들이 여기저기서 쉴 틈 없이 들려오긴 한다. 뿐만 아니라 '이미 오래전 한 차례 공개한 적이 있는 시국 관련 글을 시간이 한참 흐른 지금 그대로 재탕해서 발표해도, 아무도 그 글이 지난 시기, 다른 기회에 쓰인 글이라는 걸 거의 눈치채지 못하기 정도로 변한 게 없다'는 개탄의 소란스러움도 빈번하다.

나는 차라리 '돌다리도 두들겨보고 건너기'로 마음을 굳혔다.

내 자신이 지식인의 대열에 합류한 지도 짧지 않은 세월이 흘렀으니, 내가 써온 대부분의 글이 사실은 지식과 지식인의 다기다양한 속성이나 본질 등과 직결된 것들이 아니었던가 하는 데 생각이 미쳤다. 더구나 자신의 학문 이력의 한 시대를 마감하는 현재의 내 처지를 배려하여, 지금까지 내가 여기저기 분산해 펼쳐온 다양한 입장과 논지를 일목요연하게 총정리하는 특별 결산보고서 같은 것을 제작하는 일이 오히려 합당하지 않을까 하는 쪽으로 생각이 튀었다.

그리하여 지금껏 다양한 경로를 통해 다양한 방식으로 이미 공표한 글들을 '지식인'의 깃발 아래 일렬종대로 집결시키기로 작정하기에 이르렀다. 따라서 이 책은 내가 학문생활을 시작한 이래 이미 발표한 사소한 잡문이나 시론은 물론이고, 철학 잡지에 실렸던 첨단 학술논문과 고급 전문 학술저서 등등, 승속僧俗을 가리지 않고 체계적으로 선발한 일련의 글들로 이루어져 있다. 물론 여기 재소환된 글들은 이 책의 주제와 직간접적으로 깊은 공감대를 형성하는 것들임은 두말할 나위도 없다.

이 책은 때로는 불만 가득한 함성을 토해내듯이, 또 때로는 다정한 벗과 나누는 정다운 소곤거림 같은 속내로 쓰인 여러 유형의 글들이 주축을 이룬다. 하지만 절실한 내 개인적인 기대와는 달리, 내 글들은 지금껏 별반 주목할 만한 반응을 얻지 못한 채 속수무책으로 잊히기 일쑤였다.

이러한 사태로 인해 나는 나름대로 새로이 결의를 다지지 않을 수 없었다.

일단 나는 그동안 눈에 띄는 반향을 전혀 불러일으키지 못했던, 내 스스로가 제시했던 다양한 방안과 구상들에 주목하게 되었다. 나는 이들을 이 책 속에 새로운 모습으로 단장해서, 다시 한번 새롭게 대중에게 호소하는 방식을 취하기로 작심하였다. 그럼에도 '군중보다 한 발짝 앞에 나가면 지도자가 되고, 두 발짝 앞서 가면 방해꾼이 되며, 세 발짝 앞으로 나아가면 미친 사람으로 의심받는다'는 경구를 깊이 명심하려고 애를 썼다. 하지만 정직하게 고백하면, 이 책이 말썽꾸러기로 일관한 한 문제 학생의 반성문 모음집 같은 것은 아닐까 하는 느낌이 들기도 한다. 어쨌든 우리가 일상적으로 접하는 상식적인 대상을 상식적인 글 본새로 상식적으로 따지고 풀어쓰고자 애를 썼다. 그런 연유로 나는 이 책이 책상에 앉아서 읽을 수도 있고, 또 드러누워서도 읽을 수 있는 그런 편안한 책이 되었으면 하는 바람을 갖게 되었다.

그런데 도대체 나는 이 책 속에 무엇을 담았는가.

우리는 '북극성'이 아니라 '북쪽'에 가닿기 위해 북극성을 따라 걷는다. 그리고 북극성을 제대로 따라 걷기 위해서는, 우선 밝게 빛나는 다른 많은 별과 이 북극성 사이의 차이를 제대로 잘 숙지해야 함은 물론이다. 그러므로 우리는 궁극적으로 북쪽에 가닿기 위해, 먼저 북극성을 찾아내어 그를 따라 걷는 도보여행의 첫 발걸음부터 조심스레 떼어놓는 소소한 작업에서 시작해야 한다. 이 책을 엮으면서 나 역시 우선 내가 서 있는 곳의 위치부터 정확히 파악해내려 서둘렀다. 이어서 두리번거리며 북극성을 찾아내고, 곧장 북쪽으로 향하는 노정에 접어들었다.

그 순간 마키아벨리까지 가세했다.

그는 『군주론』에서 "인간이 어떻게 살 것인가 하는 문제와, 실제로 어떻게 살고 있는가 하는 문제는 거리가 매우 멀다. 그렇기에 인간이 어떻게 살 것인가만 논하고, 실제 인간이 사는 양상을 직시하지 않는 자는 현재 가진 것을 보전하는 것은 고사하고 모든 것을 상실하여 파멸로 향하는 수밖에 없게 된다"고 을러댔다.

나는 이런 마키아벨리의 협박성 단근질에 주눅이 들기도 하여, 윤리적이고 당위론적인 '공자 왈 맹자 왈' 대신, 다소 쓰리고 아프더라도 우선 우리 지식인들이 지적 활동을 전개해나가는 모순적인 기본 토양의 성분 및 특성에 대한 심층 분석부터 시작했다. 그리고 그 결과를 우선 '제1부 한국 사회의 지적 풍토'라는 제목을 달아 첫머리에 올려놓았다.

이 단락에서는 특히 우리 한국 지식인들이 현재 구체적으로 어떠한 처지에 놓여 있는가 하는 것을 엄중히 그려보고자 애썼다. 궁극적으로는 물론 '걸림돌을 디딤돌'로 만들어나가야겠지만, 그러기 위해서라도 일단 눈앞에 펼쳐지는 여러 모순된 현실적 양태들을 비판적으로 파헤쳐보았다. 따라서 일단 부정하고 거부하는 날 세운 시각과 몸짓이 전면에 부각될 수밖에 없었다. 그러나 동시에 부정을 딛고 긍정의 세계로 뻗어나가기 위한 꼿꼿한 몸가짐을 흐트러뜨리지는 않았다.

양지가 있으면 음지가 있는 법 아닌가. 그렇지만 나는 양지보다는 우선적으로 음지에 조명을 가한다. 그런 연후에 곧장 이를 양지로 만들어나갈 궁리에 골똘히 몰입하는 버릇이 있는 것 같다. 그런 까닭에 사소하고 버려지고 잊혀가는 것들을 새로이 조망함으로써, 그

숨겨진 의미를 새로이 들춰내고자 혼신의 노력을 경주하였다.

장자는 "사람들은 누구나 유용한 것의 효용성은 잘 안다. 그러나 쓸모없는 것들의 효용성은 잘 알지 못한다"고 일갈하였다. 나는 이 가르침을 좇아 '쓸모없는 것'처럼 방치되어온 소재들에 먼저 눈길을 던지고자 애썼다. 하지만 지식인이—물론 나 역시 이런 지식인의 굴레를 벗어나지 못하고 있지만—자기 속눈썹은 보지도 못하면서 만리나 떨어진 바깥세상 돌아가는 일에 대해서는 목청을 드높이는 얄궂은 본색을 지닌 존재라는 것을 명심하고 또 명심하고자 애썼다.

이 제1부에서는 '한국적 형식주의' '소집단 애국심' '컬러리즘 Colourism(색깔론)' '사익 절대주의' 등을 한국 지성계의 풍토병과 진배없는 것으로 진단하였다. 특히 '컬러리즘'이란 수상쩍은 신조어를 만들어내면서까지, 한국사회의 암적 병폐인 색깔론을 중점적으로 해부하고자 하였다.

나아가서는 이러한 분석을 토대로 하여 교육 현장에서 실질적인 방향타 구실을 하는 여러 정신적 지침의 실태를 살펴보았다. 마침내는 한국사회의 지적 토대를 유감스럽지만 '영혼 없는 기계'들의 사회로 통렬하게 탄핵하기에 이른다. 이를 통해 암담하게 번식하고 있는 우리의 뼈저린 문명사적 치부를 자성적으로 들춰내게끔 되었다.

'한국 지식인의 시대적 좌표'를 점검하는 제2부에서는 특히 지식인이란 과연 어떠한 존재인가 하는 것을 구체적으로 밝히면서, 지식인의 사명을 '저항'과 '어용'으로 양분해 해부하였다. 이러한 맥락에서 특히 '저항적 지식인'의 역사적 소명과 당위성을 중점적으로 파헤쳐보았다. 그와 더불어 예컨대 연대, 자연 존중의 '자연살이' 의식, 공동체 민주주의 등 오늘날 한국의 지식인이라면 당연히 추구해야 마땅하리라 여겨지는 주요 이상적 가치들의 기본 정신을 분석·제시하였다. 특히 '긴급 제안' 형식으로 '4대 연대운동'을 촉구하기도 하였다. 무엇보다 우리 사회의 지적 풍토에 대한 이러한 비판적 점검과 우리 지식인의 다양한 시대적 좌표에 대한 사회과학적 조명을 거치며, 기대한 대로 희망 찬 우리의 앞날을 기약해주리라 인식되는 뜻깊은 '전통주의적 진보주의'라는 미래지향적 지표가 잉태되었다.

마지막 제3부에서는 내 개인적인 현장 체험에 기대어, 대학사회에서 특별한 의미를 지니고 있으리라 여겨지는, 대학생활을 갓 시작한 신입생 및 대학과 결별하는 졸업생에게 보내는 당부의 말을 실었다. 그에 덧붙여 이들이 결국엔 합류하게 될 시민사회를 향한 나의 절박한 요망을 간곡하게 담아보았다.

마지막으로 이 책을 엮으며 내가 저지른 작태 하나를 부끄럽지만 통렬히 고백하지 않을 수 없다. 물론 일관된 주제를 다루고 있는 것이란 판단이 전제되긴 했지만, 이 책에는 내가 쓴 소위 단편소설 나부랭이 한 편이 함께 담겨 있다는 사실이다. 「목격자」란 제목을 단 이 소설에서는 주인공으로 대학교수가 출현하는데, 지식인의 '빛과 그림자'를 추적해본 것이다. 애초에는 지식인의 이중적 삶의 한 단면과 폐부를 나름대로 '감동적인' 소설의 형식을 빌려 표출하고픈 웅대한 꿈이 있긴 했으나, 지당하게도 결국은 '논문소설' 같은 천덕꾸러기 꼴로 전락해버리고 말았다.

무엇보다도 전업 소설가 분들께 극심한 민폐를 끼치는 듯해 차마 얼굴을 들 수 없을 지경이다. 작가 선생님들의 인품을 모독하려는 저의를 갖고 저지른 만행이 결코, 결코 아니었음을 너그러이 이해해주시기만을 빌 따름이다. 오직 뻔뻔스러운 나의 만용 탓일 뿐이다. 하지만 어느 초보 운전자가 모는 차 뒤 창문에 '당신도 한때는 초보!'라는 문구가 적힌 포스터를 보고 속으로 뜨거운 박수를 보낸 적은 있었다.

어떻게

루소는 정신을 움직이게 하려면 먼저 육체가 움직여야 했다고 술회했다. 자신을 '행인'으로 묘사하곤 했던 루소는 자기가 아마도 선사시대의 이상적인 산보자의 후예일지 모른다고 주장하기도 했다. 그는 실제로 평생 먼 길을 걸어다녔다. 그는 파리에 있는 자기 집에서, 계몽사상가 집단인 이른바 '백과전서'파의 일원이기도 했던 그와 가장 절친했던 친구 디드로가 갇혀 있던 뱅센 성의 감옥까지 10여 킬로미터를 걸어 면회 다니곤 했다.

이런 루소를 흉내내려 한 것은 결코 아니었지만, 행인지 불행인지 나는 테니스 채조차 한 번 잡아본 적이 없는 스포츠 문맹이나 다를 바 없다. 고작 할 줄 안다는 게 돈 들이지 않고 두 다리로 마냥 걷는 일밖에 없다. 그런 탓에 산보중독증 환자라는 놀림까지 받을 정도다. 나는 하염없이 걷고 또 걷는다. 나에게도 물론 헤아림이 있다. 이 산보의 기회를 균형 잡힌 자중자애自重自愛의 심성을 배워나가는 흔치 않은 수련의 장으로 만들고 싶다는 충동이 늘 함께한다. 사실 나는 산보와 금슬 좋게 동거하고 있다. 산보는 나의 메아리요, 그림자인 것이다. 메아리를 위해 소리치는 것은 아니지만 메아리는 소리를 따라 생겨나고, 그림자를 위해 움직이는 것은 아니건만 그림자가 이를 따라 하는 식이라고나 할까.

이런 내가 오래전 유학 시절, 숨 가쁜 삶의 지혜 하나를 뼈에 사무치도록 배워 익힌 적이 있다. 실은 바로 그것이 지금까지 내 학자생활에 결정적인 밑거름이 되어주었다. 그것은 힘들고 지칠 때마다 나를 끊임없이 일으켜 세워주는 왕성한 활력소 구실을 해주곤 했다.

그 지혜란 물론 보름달처럼 뻔한 것이긴 하지만, 다름 아닌 '모든 것에 끝이 있다'는 지극히 평범한 진리 하나였다. 10여 년 가까운 유학생활에서 내가 가장 크게 배운 것이 무엇이었던가고 누군가가 묻는다면, 나는 단연코 바로 이것이라 말할 수 있다.

어느 해였던가, 나는 서베를린 변두리에 있는 어느 초콜릿 공장에서 아르바이트를 한 적이 있는데, 위생업소였던 까닭에 흰 가운에 모자까지 멋있게 걸친 채 일해야만 했다. 그런데 그곳에서는 빌어먹을 새벽 6시에 일을 시작하는 게 아닌가. 그래서 나는 잠도 충분히 자지 못하고 새벽에 일어나 눈 비비며 두 시간가량 지하철을 갈아타면서 그곳까지 가야 했다. 이른 새벽에 자고 느지막해서야 일어나던 여유만만한 홀아비 유학생활이 뒤죽박죽되었음은 물론이다. 그런데다 작업 도구들이 죄다 강인한 독일 녀석들 체격에 맞춰 만들어진 탓에 우악스럽기 그지없어, 가령 짐수레 같은 것의 손잡이가 나에게는 턱걸이용 철봉대같이 높기만 했다. 하지만 나는 한 푼이라도 더 벌기 위해 시간외 수당을 얹어주는, 게다가 밤 10시나 되어서야 끝나기 때문에 지원자가 드물 수밖에 없는 희귀한 장시간 육체노동을 선택한 것이다. 나는 금메달을 노리는 선수처럼 늦은 밤까지 일에 매달렸다. 역시 나는 자랑스러운 대한의 건아였다.

허나 사흘이 채 지나지 않아 드디어 사단이 벌어지기 시작했다. 코피가 쏟아지고 항문 주위에 염증이 심하게 도져 걸음을 떼놓기조차 힘들었다. 나는 헉헉거렸다. 쓰러질 듯했다. 적당한 구실을 붙여 금방이라도 일을 때려치우고 침대에 편안히 드러눕고만 싶었다. 허나 나는 박정희식 '중단 없는 전진'으로 단련된 대한의 건아 아닌가. 돈에 눈이 멀기도 했던 나는 완강히 버텼다. 결국 처음 계약한 대로 몇 주의 일을 무사히 끝낼 수 있었다.

아아, 끝이 있었다! 이 웬수 같은 아르바이트에도 끝내는 마지막이 있는 게 아닌가. 내 손엔 적지 않은 돈까지 쥐어졌다. 그 돈으로 오랜만에 맛보는 독일 맥주 맛이 얼마나 짜릿하던지. 게다가 그 장마 같은 아르바이트를 통해, '모든 일에는 끝이 있다'는 평범하지만 심오한 진리 하나를 감히 '깨닫는' 쾌거까지 이룩할 수 있었으니……. 이처럼 모든 것에 '끝'이 있는데, 어디 기쁘고 즐겁다고 열광하거나 힘들고 고통스럽다고 통탄할 필요가 있을까 싶었다.

쇼펜하우어 역시 서양식 '전화위복론'을 잘 터득하고 있었다. 쇼펜하우어는 이렇게 역설했다. "우리는 어떤 일에 대해서든 결코 지나친 환희나 비통에 사로잡혀서는 안 된다. 왜냐하면 모든 사물은 변화무쌍하므로 언제 어느 때 정반대의 변화가 일어날지 모르며, 행불행이나 길흉에 대한 우리의 판단은 정확치가 않아, 일찍이 자신이 아픔으로 체험한 일도 나중에 생각해보면 오히려 가장 큰 경사일 수 있고, 훗날 큰 두통거리가 된 것도 전에는 좋아라고 날뛰었던 일이 비일비재하기 때문이다"라고. 그리하여 "행복할 때는 불행을, 우애에는 반목을, 갠 날에는 흐린 날을, 사랑에는 증오를, 신뢰와 심중의 토로에는 배신과 회한을 분명히 상상해보도록" 해야 한다고 우리를 가르친다. 요컨대 어떠한 상황에 임하더라도 결코 혼비백산하지는 말라는 지혜로운 가르침이 아닐까 한다.

그 유학 시절 내 머릿속에는 따로따로 길을 가다가 만 원짜리 지폐를 각각 한 장씩 줍게 된 두 유형의 거지 이야기가 떠오르기도 했다. 이 둘은 그야말로 완전한 빈털터리였다. 그러나 돈을 줍고 난 직후의 반응은 서로 전혀 달랐다. 거지 A는 욕지거리를 퍼부으며 '제기랄, 돈 다발이 손에 수북이 들어와도 부족할 판국에 단돈 만 원이라니. 이게 뭐람, 나는 지지리 복도 없는 놈이야!' 하고 투덜거렸다. 그러고는 억하심정으로 그 지폐를 산산조각 내기라도 할 듯 손으로 짓이겨버렸다. 거지 B는 전혀 달랐다. 그는 '이제 됐다!' 하고 환호성을 내질렀다. '이제 99만 원만 더 있으면 나는 백만장자가 돼' 하며 열심히 가던 길을 헤쳐갔다. 두 거지가 앞으로 걷게 될 인생행로는 얼마나 큰 차이가 날까. 나는 흔쾌히 거지 B를 따르기로 마음을 굳혔다. 나는 이 거지의 충성스러운 추종자가 되었던 것이다.

어떻게 보면 사회과학자의 소명은 길거리 청소일지 모른다. 말하자면 사회에 너저분하게 널려 있는 국가적 오물들을 처치하는 방안을 탐구하는 것이 그들의 책무 아니겠는가 하는 말이다. 그런데 눈부시게 흰 옥양목 도포자락을 휘날리며 거리 청소를 해야 할까, 아니면 때 묻고 투박한 작업복을 걸쳐야 할까. 물론 지식인 일반은 흰 옥양목을 선호하는 습성이 강하겠지만, 오히려 후자 쪽이 좀더 합당하지 않을까 여겨진다. 마찬가지로 그들의 행보가 궁전이나 왕관이 있는 쪽보다는 오히려 단두대가 있는 곳을 향하는 것이 순리에 부합하지 않을는지…….

하지만 사회과학은 예언의 이론체계가 아니다. 단지 예측할 수 있을 뿐이다. 예언은 신적인 목소리로 우주의 조화를 점치는 행위다. 반면에 예측은 과학의 시각으로 가시적 삶의 행방을 뒤쫓는 작업이다. 마찬가지로 학문은 결론에서 출발하는 것이 아니라 단지 결론을 찾는 과정에 지나지 않는다. 그러나 이 점이 곧잘 간과되는 듯하다. 안타깝게도 우리 주위에는 '결론'에서 출발하는 사회과학도가 적잖다는 따끔한 지적 역시 적잖은 편이다. '결론'에서 출발하면 교조에 빠지기 쉬운 탓이다.

같은 길에 난 발자국이 서로 다를 수야 있지만, 나는 지금껏 스스로 강조해온 이러한 기본자세를 망각치 않으려 자신을 열심히 채찍질하긴 해왔다.

나는 스스로를 더욱더 옥죄기 위해, 오래전 나름대로의 연구 및 집필 원칙을 설정해놓기도 했다. 어느 정도 충실히 임했던가 하는 것은 물론 또 다른 문제이긴 하지만, 나는 이를 저버리지 않도록 심혈을 쏟고 또 쏟았다. 이 책에 실린 글 역시 이러한 원칙의 충실한 산물이라 일러도 무방하리라 여겨진다.

하지만 곧 대학을 떠날 몸으로, 스스로 만들어놓은 이러한 학문적 지침에 나는 지금껏 과연 얼마나 충실했던가 하는 것을 한번 자아비판적으로 준엄하게 성찰해보는 일 역시, 지식인으로서의 본분에 값하는 유의미한 의무 수행의 한 가닥이 아닌가 싶다.

나는 한 사람의 지식인으로서 지금껏 과연 어떻게 살아왔는가?

비록 방만하긴 하지만, 이 뜻깊은 기회에 나 스스로가 꾸려놓은 학문적 기본 원칙을 아래와 같이 자성적으로 점검해보기로 작심했다. 하지만 보통 사람들은 발가벗을 때, 흔히 남의 시선만 두려워하지 자신의 몸매는 별반 아랑곳하지 않는 습성이 있다. 지금의 내가 꼭 이 꼴이다. 저잣거리 사람들이 웃을 노릇이다. 하지만 이러한 내 소심한 충정을 아량으로 너그럽게 품어주리라 믿고 지금부터 과감하게 옷을 벗고자 한다.

첫째는, '화해와 통합'을 지향하는 합리적 진보 학풍 함양에 나름 대로 일조하기로 작심했다.

나는 특히 '남북분단'과 '동서분열'로 특징지어지기도 하는 우리나라의 특수한 사회 현실 속에서, 우리 사회과학도가 이러한 학문적 자세를 견지하는 것이 자연스럽고도 마땅한 일이 아닌가 하고 늘 생각해왔다. 아무튼 '화해와 통합'을 지향하는 내 자신의 이러한 학문 자세는 『공동체론: 화해와 통합의 사회·정치적 기초』라는 책에 어느 정도 상징적으로 잘 드러나 있지 않나 싶다. 하지만 실책도 만만찮다. 내 스스로가 도대체 '합리적 진보'라는 것이 지금 우리 사회에서 구체적으로 무엇을 의미하는지, 그리고 그 진로와 질적 수준이 과연 어떠한 것인지를 설득력 있게 밝혀내기 위해 과연 어느 정도 노력을 기울였는지 자못 의심쩍기 때문이다. 그저 소리만 질러댄 것 같아 송구스러울 따름이다.

둘째는, 내 미미한 능력이나마 쓰임새가 있는 한 꾸준히 이론과 실천의 조화 및 통일을 추구하기로 마음을 다져왔다. 조금 덧붙이자면, 내 자신이 진보적 이론과 합리적 실천을 조화롭게 통일해내고자 미력이나마 다하고자 애써왔다는 말이다. 그 까닭에 기회 있을 때마다 그럭저럭 시민단체 등을 기웃거려보기도 했다.

일찍이 칸트도 "실천 없는 이론은 공허하고, 이론 없는 실천은 맹목적이다"라고 일갈한 적이 있다. 뿐만 아니라 우리 선조들도 '지행합일知行合一'의 미덕을 칭송하지 않았던가. 이러한 관점에 입각해, 부족한 대로 나는 여태껏 대략 두 개의 서로 밀접히 연관된 분야에 깊은 관심을 기울이며 살고 또 공부하려고 자신을 다그쳐오기는 했다. 가난한 사람과 부유한 사람들 간에 얽히는 여러 정치·사회적 골칫거리들이 그 하나이고, 우리 민족의 안타까운 분단 현실이 다른 하나다. 이를테면 한국사회의 숙명적인 지병처럼 뼛속 깊이 파고든 민족 및 계급 문제의 두 축을 놓치지 않으려고 허둥거려왔다는 말이 되겠다.

그리하여 나는 민족 문제에 임하는 내 자신의 저급한 학문적 기본 입장이나마 기초적으로 정리·정돈한다는 의미에서, 『남북한 민족주의 비교연구: '한반도 민족주의'를 위하여』라는 저서를 집필하기도 했다. 다음으로 계급 문제에 임하는 내 자신의 미흡한 철학적 토대나마 올곧게 규명해보려는 초보적 시도로 '평등' 주제를 본격적으로 파헤치기 시작했다. 그 결과 『평등론: 자유민주주의, 사회민주주의, 맑스주의의 이론과 현실』을 출간하게 되었다. 나는 가능한 한 순수한 이론적 연구를 넘어, 이 시대 한국사회가 해결해야 할 본질적인 정치·사회 문제에 대한 성찰을 실천적 전망 속에 녹여내기 위해 미력이나마 다하려는 뜻에서 이 저서를 집필하게 된 것이다.

바로 이런 취지에서, 전문적 학술 지식의 대중화는 지극히 자연스러운 학자로서의 또 다른 책무로 자리매김하게 되었다. 그리하여 나는 가능한 한 합리적인 영역에서 비판적 사회 실천을 통한 현실적 봉사 가능성을 꾸준히 모색해오기도 했다. 나는 우선 저술활동을 통해 대중과 교감할 수 있는 길부터 찾아 나섰다.

그 결과 시론집인『수령의 정치, 수레바퀴의 정치학』및 시대평론집『뺑소니 정치와 3생三生 정치』, 그리고 일반 시민으로서 갖추어야 할 바람직한 생활 덕목 및 사회적 행위양식을 나름대로 제시해본『우리 시대의 상식론』등을 펴내기도 했다.

그 와중에 불의의 교통사고를 당해 생사의 경계를 넘나든 적도 있다. 일생일대의 불운으로 기록될 이 부정적인 삶의 체험을 나름대로는 긍정적으로 한번 승화시켜보겠노라는 우직한 일념으로 수상록『인간적인 것과의 재회: 바람을 비추는 등불처럼』을 펴내기도 했다. 뿐만 아니라 명백히 '하룻강아지 범 무서운 줄 모르고', 뻔뻔스레 단편소설까지 두어 편씩이나 써서 감히 신춘문예에 응모해봤다가, 보기 좋게 꼴찌로 낙방하는 보상을 받기도 했다. 과욕이 부른 참사였다. 쌤통이었다.

나의 이런 미숙한 우격다짐과 편협한 품성 탓이라 믿고 있지만, 나는 학술적 이론이 상아탑에 유폐되는 낌새를 별로 탐탁하게 여기지 않는 성향을 키워왔다. 그런 까닭에 내 가슴속이 허공에 장중히 울려 퍼지는 강단의 사상이 아니라 거리의 순박한 외침으로 채워지길 간곡히 꿈꾸어왔다. 그렇지만 혹시 이러다가 '재래시장'을 즐겨 찾는 '디지털 시대의 낙오병'이 되어버리지나 않을지, 불안에 휩싸일 때도 적잖다.

하지만 학술적 전문 지식의 대중화가 왜 필요한가, 그리고 그를 위한 최선의 방안이 도대체 무엇인가, 나아가서 나는 과연 대중에 대한 이해력을 얼마나 소지하고 있는가 하는 물음들에 대한 진지한

답을 찾기 위해, 내 자신이 과연 얼마나 진지하게 심혈을 기울여왔던가에 대해 준엄히 묻지 않을 수 없다. 별로 자신이 없다. 고개가 절로 숙여진다.

그럼에도 '영혼 없는 기계'라는 개념을 제시하며, 오늘날 한국인의 서글픈 존재 양식을 비판적으로 해부해보려는 담력을 버리진 못했다. 이를테면 보살피기보다는 살피고, 베풀기보다는 숨기려들며, 나누기보다는 가로채는 일에 좀더 탁월한 능력을 발휘하는 존재, 그리하여 더불어 나누는 인간다운 너그러움보다는 자기 몫만 살벌하게 챙기려드는 냉혹한 수지타산에만 광분하다가 급기야는 무혈충無血蟲으로 전락해갈 수밖에 없는 존재를 나는 '영혼 없는 기계'라 규정한 것이다. 이처럼 우리 스스로가 '공유share'하기보다는 '거래trade'하는 데 훨씬 능통한 존재 양식을 공유하고 있음을 규탄한 것이다.

셋째는, 스스로 인도주의 정신을 진작하는 미래지향적 연구 풍토를 조성하기 위해 미력이나마 긁어모으기도 했다. 결과적으로 예컨대 '평등' '휴머니즘' '공동체' 문제 등, 우리나라에서 그간 별로 조명받지 못했던 인도주의 관련 핵심 주제들에 관한 심층 연구를 본격적으로 해나간 것이다. 이러한 현실 문제의 인도주의적 해결 방안에 대한 탐구와 병행하여, 나는 한국사회가 추구해야 할 미래지향적 비전을 제시하는 비판적·이론적 작업에 열성을 기울이기도 했다. 이러한 노력의 일환으로 『21세기 한국의 시대정신: 호랑이의 자유, 앵무새의 평등』『사회민주주의의 역사와 전망』『휴머니즘론: 새로운 시대정신을 위하여』등을 저술하기도 했다.

물론 이러한 저술들의 바탕에는 '비인간적인 것'이야말로 가장 결정적인 나의 최대의 적이라는 인식이 짙게 깔려 있다.

그러나 정녕코 '인간화'가 무엇인지를 명백히 밝혀냈는지, 그리고 이를 실현하기 위해 과연 어떠한 설득력 있는 구체적인 방안을 제시하고 실천해왔던가 하고 나에게 따지고 묻는다면, 고개를 푹 숙이는 도리밖에 없다. 혹은 고귀한 인간의 이름을 빌려 오히려 인간을 왜곡하지는 않았는가 하고 다그친다면, 이번에도 별 할 말을 찾지 못할 듯하다. 결국 내 자신이 그렇게 혐오해왔음에도, 나 역시 허공에 공허하게 울려 퍼지기만 하는 '강단의 사상'에만 몰입해온 듯해, 다시 한번 지식인의 이율배반성에 통분할 따름이다.

내 근본 한계는 여기서 멈추지 않는다.

나는 한편으로는 민족주의에 매달리면서 동시에 국제주의를 멀리하지도 못하고, 또 다른 한편으로는 물질적 이해관계의 결정성에 집착하면서도 동시에 정신적 영향력의 근본 가치를 버리지도 못하며 우왕좌왕을 반복하고 있을 뿐이다. 그게 다가 아니다. 개인의 존엄성을 확신하면서도, 동시에 공동체의 근본성을 외면하지 못하는 어정쩡함에도 꽤나 익숙해 있다. 이러다가 혹시 막스 베버가 개탄했듯이, "정신이 없는 전문가"나 "가슴이 없는 금욕주의자"의 나락으로 떨어져, 결국엔 이들이 지배하는 "쓸모없는" 세계의 자랑스러운 일원이 되지나 않을까 불안에 떨기도 한다. 이러한 면모가 부끄럽지만, 숨길 수 없는 나의 실상이다.

저널리즘과 아카데미즘의 평화 공존

이러한 궁색한 처지임에도 불구하고 나는 평소에 아카데미즘의 경직성과 폐쇄성을 뛰어넘어야 한다고 생각해왔다. 그리하여 어떻게 하면 그야말로 사무치는 형태로 대중을 향해 발언하는 사유의 힘으로써 늘 대중과 함께하는 글을 쓸 수 있을까, 적잖이 번민에 휩싸이기도 했다. 이런 취지에서 나는 '저널리스틱한 접근' 방식에 오랫동안 심취해 있었다. 더욱이 여기에다 어떻게 하면 '아카데믹한 분석' 방법을 생산적으로 결합할 수 있을까 하는 문제를 두고 씨름질을 되풀이했다.

지금 대체 어느 정도의 수준과 경지에 도달했는지에 대해서는 물론 자신이 전혀 없긴 하지만, 이윽고 나는 '저널리스틱한 접근'과 '아카데믹한 분석'의 평화 공존을 내 학문 연구 및 저술의 본바탕으로 삼게 되었다. 결과적으로 구체적인 삶의 현실 속에서 취재하듯 낱낱이 이론의 광맥을 탐사하고, 동시에 이론의 힘을 빌려 삶의 여러 흔적을 과학적으로 체계화하는 작업 방식에 매달리게 된 것이다. 말하자면 내 나름대로는 이론 속에서 삶을 찾고 생활 속에서 이론을 관조하는, 이론과 현실의 유기적 상관성 추적에 매진하고자 애써왔다는 말이다.

어쨌든 암호와 고급 사치품 같은 이론이 아니라, 생활필수품 같은 지식을 듬뿍 담아낼 수 있는 연구에 전념하도록 자신을 다그치고 또 다그쳐오긴 했다. 그리하여 가능한 한 한편으로는 사상과 가치, 다른 한편으로는 구체적인 정책과 사회적 실천 양 측면을 함께 배려해가며 연구 대상을 총체적으로 설정하고 분석하려 했다.

나름대로는 이런 소신을 좇는다는 취지에서—물론 우스꽝스러운 몰골로 끝나기 일쑤였지만—엄격히 각주를 단 전문 학술적 접근법과 각주를 일부러 떼어내 단순화시킨 대중적 필법을 혼용한 적도 드물지 않다. 이 때문에 각주가 달리지 않은 저술은 교내 업적 심사 과정에서 연구 업적물로부터 제외당하는 수모를 겪지 않으면 안 되었다. 이런 관행 탓에 급기야는 학교 당국의 지탄을 받게 될 정도로까지 내 연구 실적 점수가 형편없이 곤두박질치기도 했다. 역시 나는 내 본연의 비굴함을 멀리할 수 없었다. 급기야 나는 나약하게도 학교 당국의 권위에 꼬리를 내리고 말았다. 각주를 부활시켰다. 그런 까닭에 내 연구 업적 성적 역시 부활하기도 하였다.

이런 난삽한 과정을 겪으면서도 나는 어쨌든 "유령보다 훨씬 더 유령 같은" 이론과 논리에서 멀어지고자 노력을 거듭했다. 대체 어느 정도나 성취했는지 알 도리가 막막하긴 하지만, 내가 보기에도 이른바 '기지촌 지식인'의 굴레와 허물을 벗어던지고자 항상 애써왔음에는 한 표를 던질 수 있을 것 같다.

하지만 이 와중에 알제리의 식민해방 운동가였던 프란츠 파농과 우리의 신채호 선생이 남긴 채찍 같은 목소리가 늘 내 가슴을 찔러대는 것을 견뎌내지 않으면 안 되었다.

파농은 오히려 프랑스인을 닮아가려는 동료 흑인들을 "백인보다 얼굴이 더 흰 흑인"이라 질타하며, 이들의 "검은 피부"에 드리워진 "하얀 가면"을 벗겨내고자 몸부림쳤다. 신채호 선생은 "우리나라에 부처가 들어오면 한국의 부처가 되지 못하고 부처의 한국이 된다. 우리나라에 기독교가 들어오면 한국을 위한 예수가 아니고 예수를 위한 한국이 되니, 이것이 어쩐 일이냐? 이것도 정신이라면 정신인데, 이것은 노예정신"이라 일갈하며, "조선에 주의主義가 들어오면, 조선의 주의가 되지 않고 주의의 조선"으로 전락한다고 개탄한 바 있다. 그 시대에 인터넷이 있었을 리 만무하니, 동업에 종사하다가 자연스레 형성된 공감대였던 듯하다.

그러함에도 내 눈은 높았으나, 역량은 낮았다. 그런 탓에 내 저술과 연구가 자신의 능력을 신중히 저울질해보지도 않고서 무턱대고 만용을 발휘한 결과의 산물일 때가 잦았다.

그러나 예컨대 정약용이 강진의 유배지에서 고향에 있는 두 아들에게 보낸 편지에는, "죽을병에 걸린 사람을 살려내야 훌륭한 의원이라고 부르고, 공격을 받아 아슬아슬한 성을 구해내야 이름난 장수라고 일컫는다"는 구절이 엿보인다. 허나 어찌 해야 도대체 탁월한 학자라 불릴 수 있을는지…….

어느 수도자 이야기가 있다.

어느 특정한 곳에 가서 죽으면 구원받아 곧장 천국으로 향할 수 있는 가장 성스러운 곳이 어딘가에 있다고 했다. 그러나 그 수도자는 그런 곳에 가서 죽어 천국에 간다면 그건 아무 가치도 없는 일이라 하여, 대부분의 동료 수도자가 몰려가는 그곳을 뿌리쳤다. 그러고는 죽으면 당나귀로 다시 태어난다고 일컬어지는 곳에 가서 죽어 천국에 갈 수 있어야 그게 비로소 뜻깊은 일이라 하여, 오히려 태연히 그곳을 향해 떠났다고 한다.

나도 감히 그런 수도자를 흉내 내는 자세로 학문생활을 영위하고자 노력하기는 해왔다. 나는 스스로에게 묻곤 했다. 뛰어난 '지식'으로 중무장한 위대한 학자가 될 것인가, 아니면 순박한 '지혜'로 다듬어진 겸허한 자연인이 될 것인가 하고 말이다. 나는 후자에 끼기 위해 몸부림쳐오긴 했다.

로마 철학자 키케로는 "지혜란 구해야 할 것과 피해야 할 것에 대한 지식"이라고 역설했다. 말하자면 지식이란 두뇌로 만들어가는 것이고 지혜란 인품으로 쌓아가는 것인 까닭에, 지식이란 그만큼 배웠다는 자만이고, 지혜란 자신이 더 이상 알지 못한다는 겸손을 일컫는 게 아닌가 하는 말일 터이다. 그러므로 돈이 많아도 불행할 수 있듯이, 지식과 학문이 넘쳐도 지혜는 텅 빌 수 있다. 어리석은 자는 친구로부터 많은 것을 얻지만, 지혜로운 자는 원수로부터 더 많은 것을 얻는다고 하지 않던가.

참새 등속들과는 달리 독수리는 떼 지어 날지 않는다.

하지만 '교조'는—그것이 보수 집단의 것이든 진보 세력의 것이든 가리지 않고—일체가 다 '지성의 무덤'이라 할 수 있다. 그리고 보수는 한곳에 고인 물이 잘 썩듯이 부패로 몰락하기 쉽고, 반면에 진보는 제 잘난 맛에 사는 사람들이 독수리처럼 혼자 날려고 발버둥치며 뿔뿔이 흩어지는 통에 분열로 붕괴하기 일쑤라고 말들을 한다.

하지만 선비는 죽일 수는 있어도 욕보일 수는 없다 하였다. 이를테면 지식인이란 입장이 달라 증오의 대상이 될 순 있어도 경멸당해서는 안 되리라는 지엄한 가르침인 것이다.

나는 학문생활에 임하면서 곧잘 '공자孔子와 마부' 에피소드를 떠올리며 그걸 즐겨 교훈으로 삼아왔다.

여러 나라를 떠돌아다니며 방랑생활을 하던 공자가 조그마한 실수를 저질렀다. 그가 타고 다니던 말이 어느새 농부의 밭으로 들어가 농작물을 못쓰게 만들어놓았던 것이다.

화가 난 농부가 무작정 말을 끌고 가버렸다.

공자가 말했다.

"누가 가서 말을 찾아오겠느냐?"

"예, 제가 가서 찾아오겠습니다."

원래 말주변이 좋은 공자의 제자 자공子貢이 선뜻 나섰다.

마부도 뒤지지 않으려는 듯 이렇게 말했다.

"제가 말을 잘 지켜보지 못했으므로 제 탓이오니 제가 찾아와야 죠."

자공과 마부는 서로 말을 찾아오겠노라고 승강이를 벌이기까지 했다.

공자가 말했다.

"그래도 자공이 먼저 가는 것이 나을 것이다."

그런데 먼저 자공이 가서 입술이 닳도록 타일렀지만, 농부는 콧방귀만 뀌었다. 풀이 죽어서 되돌아온 자공의 얘기를 들은 공자가 무겁게 입을 열었다.

"상대가 알아들을 수 없는 말로써 상대를 설득시키려 하는 것은 마치 소와 말, 양을 잡아 산짐승에게 제사를 지내려는 것과 같으며, 아름다운 음악을 새에게 들려주려는 것과 같도다. 그러니 문제가 해결될 수 없지······" 하고 말을 마친 공자는 이번에는 마부를 보냈다.

마부가 농부에게 가서 이렇게 말했다.

"당신이나 나나 다 같은 농사꾼 아니오. 내가 깜빡 조는 사이에 그만 말이 밭으로 들어간 것 같구려."

마부의 말을 들은 농부는 언제 화를 냈던가 싶게 허허 웃으며 즉시 말을 되돌려주는 게 아닌가.

사람은 언제나 같은 처지에 있는 사람들끼리 잘 어울리는 법이다. 그러니 자공처럼, 농부 앞에서 시詩와 서書의 도리를 늘어놓는 건 무능한 선비들이나 저지르는 어리석은 행동에 지나지 않는다. 반면 마부의 말은 매우 솔직했다. 설령 자공이 마부처럼 말을 했다 해도 농부는 여전히 그 말을 듣기 싫어했을 것이다.

무엇 때문인가.

한 사람은 깔끔한 선비 차림이고 다른 한 사람은 우직한 농부인지라, 애당초 서로 어울리지가 않는다. 그런데 무엇 때문에 공자는 처음부터 마부를 보내지 않고, 자신의 제자가 나서는 것을 막지 않았을까?

공자가 먼저 마부를 보내서 문제를 해결해버렸다면, 선비인 자공은 속으로 꽁하게 불만을 품었을 가능성이 높다. 자공이 실패해야만 비로소 마부가 능력을 보일 수 있는 것이다. 이렇게 공자는 선비와 마부의 본성을 잘 읽어낸 것이다. 현인들은 이처럼 사람들의 마음을 잘 헤아리고 올바르게 다스렸다고 이른다.

나는 글을 쓸 때마다 마부의 심정으로 임하고자 애태울 때가 잦다. 그러나 동시에 공자 같은 현자가 될 수만 있다면 하는 헛된 욕심도 버리지 못했음을 고백할 수밖에 없다.

우리는 '심지어' 도둑놈들에게서도 배울 게 많다.

도둑들은 첫째, 자신이 세운 목표를 달성하기 위해 밤을 지새우며 전력투구할 줄 안다. 둘째, 밤 새워 함께 일하는 동료를 자기 목숨처럼 아낄 줄도 안다. 셋째, 값비싼 재화를 습득하더라도 그것을 헐값에 내던질 줄 안다. 과연 이들 도둑보다 더 훌륭한 지식인이 얼마나 될지…….

나는 여기 실린 글들이 아무것도 소유하지 않았지만 모든 것을 지닌 사람들의 이야기였으면 하는 교만스러운 바람을 갖고 있다. 이런 의미에서 나는 내가 쓰는 글줄들이 힘든 현실 속에서 함께 부딪치며 살아가는 우리 이웃들에게 나무젓가락만 한 암시와 위안, 자극의 소재라도 되었으면 하고 주제넘게 바랄 뿐이다.

한번은 강화도 어느 조그만 포구로 산보를 나갔다가 흥미로운 광경을 목격한 적이 있다. 어느 노부부가 정답게 앉아 은행 알을 팔고 있었는데, 그 위에 자그마한 팻말이 하나 수줍게 올라앉아 있었다. 과연 거기에 무어라고 쓰여 있었을까.

'한국은행 팝니다.' 나는 어느 고매한 철학자가 쓴 글을 보고도 그렇게 감동해본 적이 없다. 그래서 은행을 덜컥 살 수밖에 없었다. 어쨌든 이른바 '밑바닥 인생'의 지혜는 이다지도 순수하고 경탄스럽기 짝이 없다.

또 한번은 비 오는 날 구두를 고치러 동네 포장마차 구둣방으로 갔다. 구두를 다 손질하고 나자 그 구두장이가 구두에 약칠을 하는 게 아닌가. 그래서 내가 대뜸 비 오는 날 구두 약칠이 무슨 소용이 있느냐고 빈정댔더니, 그 구두닦이가 하는 말이 이랬다. "보아하니 가방줄이 그리 짧아 보이지는 않는데, 우째 그래요? 오늘처럼 비 오고 날씨 궂은 날 구두가 쉬이 망가지니, 오히려 약칠을 더 잘해야 합죠." 나는 말문을 잊었다. 나는 날씨 좋은 날 그저 겉으로만 번쩍거리는 구두의 광채만 줄곧 생각하고 있었던 것이다. 이것이 이른바 대한민국 '대학교수'의 실체였다. 아니, 실은 '인간' 박호성의 한계였다.

뿐만 아니라 지식인, 특히 학자는 일상생활에서도 지식을 서로 나눠 갖는 자세로 임하는 경우가 매우 드물다. 반면 상대를 무식한 존재로 고정시켜놓고는, 뭔가를 가르치려드는 교만한 자세로 일관하는 경향이 짙다. 대화는 없고 가르침만 있다. 따라서 독선에 빠지기 쉽다.

개인적으로 나는 '저지르기'를 무척 좋아한다. 공부하는 과정에서나 삶에 임하는 자세 역시 그러한 한계에서 좀처럼 벗어나지 못하고 있다.

국어사전을 찾아보면 '저지르다'라는 말은 "잘못하여 그르치다, 탈을 내다"라는 의미로 풀이되어 있다. 그러나 나는 이 단어를 건전한 상식으로는 감히 해볼 궁리를 내지도 못할 일을 당돌하게 선뜻 해치워버리는 철없는 우격다짐 정도로 이해한다. 하지만 나는 그에 덧붙여 조촐한 '역설' 같은 것이라도 불현듯 창조해내려는, 풋내 나긴 하지만 가상하기도 한 용맹스러움의 하나로 너그럽게 봐주기도 한다.

이처럼 이 책 역시 나의 '저지르기'의 산물이다. 그런 탓에 '지금껏 아무도 출간해본 적이 없는 방식으로 출간하게 된' 것처럼 보여, 특히 '노추'가 심하게 드러나는 것만 같아 몸 둘 바를 모를 지경이다.

물론 산만하고 누추하긴 했지만 내 나름대로의 다짐이 없을 수 없었다.

나는 "내 힘으로 오를 수 없는 높은 바위로 나를 인도하여주소서" 하는 『구약성서』 「시편」 61편 2절의 구절을 내 것으로 만들리라는

'숭고한' 목적의식에서 출발은 했다. 또한 '내 팔 길이가 내 손이 닿는 길이보다 더 길지 않다면 도대체 무슨 소용이 있겠는가' 하는 '야욕'을 버리지도 못하였다. 그런 연유로 이 글이 내 손이 닿는 길이보다 열 배는 더 길어져버리지는 않았는지 두려움이 앞선다. 감히 양치기라도 한번 되어보려 나섰다가 오히려 양이 되어버린 것은 아닌가 하는 자괴감조차 지울 수 없다.

그러나 나는 언제나 균형 감각을 잃지 않으려고 애써오긴 했다. 원칙을 송두리째 망가뜨리지 않는 사람과 정치에 대해서라면, 차가운 비판 속에서도 뜨거운 애정을 망각치 않으려고 뒤뚱거려왔다. 작은 이슬방울, 가느다란 실개천 하나하나까지 다 받아들임으로써 비로소 바다의 가없는 깊이가 온전해진다는 소박한 진리를 나는 늘 무서운 마음으로 마주하고 있다. 나아가 지나치게 깨끗하여 주위로부터 고립당하거나 또 지나치게 때 묻어 쉽사리 유혹에 빠지는 일이 없도록 스스로를 끊임없이 다그쳐오긴 하였다. 어쨌거나 모든 양식 있는 이들과 더불어, '이성적인 현실'의 건설과 '현실적인 이성'의 창조가 동시에 이뤄지기를 고대해 마지않는 꿈이 여태까지 나를 지켜주고 있다.

여기서 우리는 "지금 우리는 어디에 있는가?"라는 자성적 물음을 던지며, 현대의 복합적인 문제더미로 육박해 들어가는 동구권 최고의 정치철학자 레셰크 코와코프스키의 겸허한 진술에 귀 기울일 필요가 있다.

우리는 현대적 기술의 파괴적 효과에 대해 한탄하지만, 우리가 알고 있는 그에 대한 유일한 안전장치는 바로 더욱 많은 기술이다.

우리는 마치 그 사이에 아무런 모순이 없는 것처럼 소규모 공동체에 대해서는 더 많은 자율을 요구하면서도, 대규모 차원on the global scale에서는 더 많은 계획을 추구한다……. 우리는 인간을 물질적 존재로 간주해야 한다고 주장하지만, 인간이 육체를 소유하고 있다는 사실보다 우리를 더 경악스럽게 만드는 것은 없다. 말하자면 인간은 유전적으로 규정되며, 태어나고 죽고, 젊고 늙고, 남자아니면 여자이고 하는 이러한 요인들이, 누가 생산수단을 소유하고 있는가 하는 문제와 상관없이 사회과정 속에서 일정한 역할을 담당한다는 사실을 무시할 수 없다는 말이다. 그래서 어떤 중요한 사회적 힘들은 역사적 조건의 산물이 아니며, 계급적 구분에 의존하지 않는다는 것을 받아들이지 않으면 안 된다.

우리의 일생은 타인과 떼려야 뗄 수 없이 직결되어 있다. 아마도 우리는 타인을 사랑하는 데 인생의 반을 소모하고, 나머지 반은 타인을 비난하는 데 소모하리라 여겨진다. 이런 면에서 나는 우리의 가장 나쁜 죄는 인간에 대한 증오심이 아니라 무관심이라는 점에 특별히 유념하고자 애써왔다. 따라서 지식인의 삶에 가장 중요한 목록이 '당신은 지금 다른 사람을 위해 무엇을 하고 있습니까?'라는 물음이라는 사실을 망각치 않기 위해 최선의 노력을 경주하기도 해왔다.

그러나 내 스스로가 때때로 화려한 감언이설로 혹세무민해왔음을 부인하기는 힘들 것이다. 그것은 늘 '학자적 양심'이라는 거창한 슬로건에 의해 가려지기 일쑤였으리라 짐작된다. 그런데 왜 '학자적 양심'이라는 어구가 있는 것일까? 여타의 직업군에서는 전혀 찾아볼 길 없는 이 특수한 슬로건이 유독 학자 집단에만 따라붙는 데는 특별한 배후가 있는 게 아닐까? 혹시 이것이 학자에게만 양심이 결여되어 있다는 명백한 사실에 대한 반어법적인 사회 고발은 아닐는지…….

어떻게 보면 우리는 비일상적인 것이 비정상적인 것으로 매도되고, 아울러 다른 것이 틀린 것으로 오도되는 각박한 세계에서 살고 있다. 그런 탓에 우리 사회에서는 그야말로 정신적 망명객이나 다를 바 없는 처지로 살아가는 지식인이 적잖으리라 여겨지기까지 한다. 뿐만 아니라 명예를 경멸하는 일에 명예로움을 느끼는 지식인들 역시 드물지는 않을 것이다. 아울러 '불의는 참아도 불이익은 참지 못하는' 지식인들이 날로 늘어갈지도 모른다는 안타까운 생각이 드는 일도 빈번해진다.

내 좁은 소견으로는, 미래세계의 시대석 화두는 한마디로 '배려'가 되지 않을까 예측한다. 앞으로의 세계가 타인 및 타집단에 대한 배려에 의해 좌우되리라는 것이 내 생각이다. 무엇보다 우리 세계가 지금껏 이기주의에 의해 지나칠 정도로 심각하게 할큄을 당해왔기 때문이다. 이기주의야말로 결정적인 인류의 적, 그 자체다. 오죽했으면 이미 2000여 년 전, 공자까지 나서서 "군자는 의로움에 밝고, 소인은 이로움에 밝다"고 꾸짖었을까. 이렇게 볼 때 오늘날은 소인배의 천국이 아닐까 싶다.

그러나 햇빛 비치는 좋은 날씨만 계속되면 이 세상 모든 것이 사막으로 변한다. 휘몰아치는 거센 비바람이 있기에 새싹이 돋아나지 않는가.

하지만 지식인은 국가를 위해 눈물을 흘렸어도 국가는 그들을 위해 울어주지 않았다. 이젠 바야흐로 지식인이 나설 때다.

그러므로 우선 지식인부터 솔선하여 이 힘든 세상을 함께 헤쳐가는 '삶의 동지'로서, 다 같이 힘을 합쳐 서로를 관용으로 감싸안는 너그러운 마음가짐으로 도탑게 재무장하는 일부터 서두르는 게 좀더 시급하고도 바람직한 일이 아닐까 한다. 무엇보다 그렇게 하지 못하는 본성적 경향을 누구보다 지식인 스스로가 짙게 지니고 있기 때문이다. 따라서 지식인은 본보기로서 자신들에게 고유한 이러한 고질적인 병폐를 앞장서서 퇴치하지 않으면 안 될 것이다.

특히 지식인 모두가 청룡언월도로 몽당연필을 깎지는 말았으면 좋겠다. 아울러 천리마더러 화물을 나르지 않는다고 야단치지도 않았으면 한다. 또 야구방망이더러 '너는 이를 쑤실 수 없는 꼬락서니를 하고 있다'고 비아냥대는 이쑤시개가 되지도 않았으면 한다. 나아가 태양으로는 담뱃불을 붙일 수 없다 하여, 그것을 결코 태양의 결점이라고 윽박지르지도 말았으면 좋겠다. 또 자기와 다르다고 하여 그것을 틀린 것이라 비난하지도 않았으면 한다.

어쨌든 지식인이 행하는 모든 연구 및 집필 과정에서는 앞서간 많은 거인이 남긴 업적과 가르침에 전전긍긍 매달릴 수밖에 없음이 지당한 일이다. 나 역시 큰 덕을 입었다. 이처럼 나는 이따금 거인의 어깨 위에 올라설 수 있었던 덕에, 난쟁이임에도 정작 거인보다 더 멀리 바라볼 수 있을 때도 있지 않았나 싶다. '준마의 꼬리에 붙어 천릿길을 가는 파리'처럼, 나야말로 천리마의 꼬리에 단단히 달라붙은 한 마리 파리였다.

옛 선비들은 자신의 보잘것없는 작품을 일컬어 '계륵집鷄肋集'이라 불렀다 한다. 이 책이 바로 그 짝이다. 언젠가 어느 파계한 신부가 술회했다고 전해지는 말처럼, 이 책 또한 틀림없이, "다른 사람들에게는 길을 보여주려고 발버둥쳤지만, 정작 자기 자신은 계속 길을 잃어 눈이 침침해져버린" 사람이 쓴 책인 것만 같다.

현명한 사람이 바보처럼 보이는 게 온당하고 바람직하지 않겠는가만, 바보인데도 현명한 사람처럼 보이려고 애쓴 것만 같아 고개를 들지 못할 지경이다. 그러나 이제는 강호 제현의 질책만 겸허히 기다릴 수밖에 없게 되었다.

대학원 재학 시절, 이런 나의 고달픈 개인 조교 일을 하느라 땀도 많이 흘렸을 뿐 아니라, 또 내가 지도교수 노릇 하며 유달리 닦달질을 해댄 탓에 남달리 고통스러운 기억만 가슴 그득할 텐데도, 앞길이 캄캄한 이 책을 서슴없이 출간하는 고초를 자초한 글항아리 출판사의 이은혜 편집장과 더불어 강성민 내표의 호방함은 노대체 어디서 나온 것일지 자못 궁금하다. 불처럼 치열하나 물처럼 부드러워 어쨌든 주위로부터 특별히 장래를 촉망받는 이 두 젊은 출판인의 후덕한 대인 풍모와 치열한 장인정신이 범종의 여운처럼 두고두고 내 가슴에 맴돈다. 아울러 온갖 잡일을 궂은소리 한마디 없이 서슴지 않고 해치우는 '항아리' 안의 모든 식구의 연자방아 같은 수고도 길이 기억에 남을 듯하다. 깊이 감사드린다.

하지만 나로서야 내 대학 재직 시절의 마지막 책을 이들이 비지땀 흘려 찍어 내준 일이 얼마나 가슴 적시는 의미를 담고 있는지 헤아리기 힘들 정도다.

2014년 신산한 늦봄 어느 날
지은이

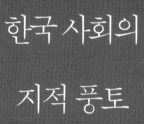

제1부

한국 사회의

지적 풍토

1

한국 지성의

생태환경

001 형식주의

우리 사회는 어떤 정신질환을 앓고 있을까?

몇십 년 전 유럽을 난생 처음 구경하고 온 사람들에게는 공통된 체험이 있다. 그곳에 관광을 다녀와서는 충격을 받은 듯 제일 먼저 신기하다며 꺼내는 말이 대체로 "거, 유럽의 집들에는 울타리가 없어" 하는 식이었다. 담이 아예 없거나 있어도 미숙련 삽살개 정도면 충분히 훌쩍 뛰어넘을 수 있을 수준의 나지막한 울타리, 그게 전부라는 말이다. 나 역시 마찬가지로 정원은 물론 집 안까지도 훤히 들여다보이는 집들을 지나다니면서 마치 여인네 속치마라도 훔쳐보는 듯한 떨림과 낯섦을 맛본 적이 있다.

그에 비해 우리의 집들은 어떠했던가? 유럽의 그런 모습과 아마 적대적으로 대비될 수 있었으리라.

맹수의 겉과 새우의 속

시멘트로 험상궂은 장벽을 쌓아올리고도 안심이 되지 않아 날카로운 유리조각들을 담 끝에 촘촘히 박아놓고 또 그 위에 철조망을 이중삼중으로 둘러쳐 마치 토치카처럼 보이던 주택들이 특히 우리 도시에서는 흔히 눈에 띄었다. 뿐만 아니라 거기다가 왕왕 '맹견주의'라는 경고판이 터억 하고 걸려 있기 일쑤였다. 가히 완벽한 안보 체제 구축이라 할 만하였다.

우리는 범람하는 군사문화 속에서 우리의 정신까지 이렇게 완전무장시키지 않으면 안 되었다. 그런데 놀라운 것은, 그렇게 요새 같아 보이는 장벽도 일단 뛰어넘기만 하면 안방까지의 진입은 식은 죽먹기 식이었다는 사실이다. 창문 고리나 현관 출입문의 개폐 장치가 어이없을 정도로 허술했기 때문이다.

유럽은 정반대였다. 권위 없는 그 담장을 보고 안방의 보석함이 내 손안에 있는 것이나 다를 바 없다고 낙관할지 모르지만, 그것은 천만의 말씀이다. 허술하기 짝이 없으면서도, 대개 하루 종일 열려 있기 일쑤인 울타리를 통과한다 하더라도 그 이상의 진출은 거의 불가능하다. "가정은 성이다"라는 영국의 격언이 있긴 하지만, 안채는 그야말로 난공불락의 성채처럼 버티고 있다. 완벽에 가까운 자물쇠 장치와 물 한 방울 새어들지 않을 정도로 빈틈없는 창틀이 맹위를 떨치기 때문이다.

요컨대 형식은 어수룩하게 보이지만 내용은 튼실하다. 반면 우리는 정반대다. 겉은 맹수처럼 어마어마해 보이지만 속은 새우처럼 물러 터져 있다. 이것이 바로 한국적 형식주의다. 그리고 이런 현상이 우리 사회 현실의 흐름 곳곳에도 폐수처럼 그대로 의연히 녹아들어 있음은 두말할 나위 없다.

한국적 형식주의와 보신탕

우리는 소위 '거물급'들 옆에 나란히 서서 사진 찍기를 좋아한다. 다른 한편 거물들도 자기를 조금이라도 도와주거나 도울 수 있다고 생각하는 사람들에게는 마치 답례품처럼 함께 '증명사진'을 박자고 솔선수범해 이끌기도 한다. 이런 사진이 저잣거리의 사기술에 자주 활용되기도 한다는 것은 널리 알려진 사실이다. 사기꾼들은 이런 거물들과 찍은 사진을 즐겨 주민등록증처럼 지갑에 넣어 다니거나 또는 사무실 책상 뒤 벽에 크게 확대해 걸어놓곤 한다. 그러고는 곧장 자기 힘이 얼마나 센가, 또 자신이 유명한 인물들과 교분이 얼마나 두터운가 하는 걸 은근히 과시한다. 다른 한편 그 사진을 바라보는 사람들도 대개는 그런 가능성을 믿어 의심치 않는다. 그러고는 자연스럽게 돈을 뜯기거나 사기당한다. 한번은 고국에 다니러 온 어느 한국인이 길에서 영어로 된 미국 운전면허증을 경찰관에게 제시했더니 그 경관이 "수고하십시오!" 하고 경례를 처억 붙이며 가더란다. 마치 무슨 어마어마한 기관에라도 있는 사람으로 간주하는 눈치로.

　하기야 공공기관이나 골프장 같은 곳에도 조그만 차를 타고 가면 푸대접받기 일쑤다. 심지어 달동네에 살거나 전세 사는 형편이라도 자가용을 생활필수품처럼 여기는 세상 흐름이 널리 퍼져 있는 상황이니 어쩌겠는가. 사정이 그러하니 성냥갑만 한 소형차에도 비싼 돈을 들여 금도금을 입히고 거기다가 번쩍거리는 벤츠 마크까지 턱하니 부착하고는 또 무선전화 안테나까지 높이 달아매야 직성이 풀리는 세태를 어이 이상하다 할 수 있으리오.

나는 특히 IMF 시대에는 모든 기업이 교회로부터 세일즈를 배워야 한다고 생각했다. 나는 오래전에 산보를 하다가 길에서 어느 교회에 속한 대형 버스와 마주친 적이 있다. 그러나 딱 한 번 스쳐 지나며 보았을 뿐인데도 그 버스 옆구리에 터억 하니 붙어 있던 교회 전화번호를 종내 잊지 못한다. 그 전화번호는 ○○○-0191이었다. 그런데 번호 옆에 괄호를 치고 큼지막하게 한글로 주석을 덧붙여놓았다. 한마디로 '영혼구원'이었다. 지극히 간단했다. 죄 많은 영혼이라 그리하겠지만, 그 교회의 전화번호는 내 뇌리 속에 파편처럼 박혀 떠날 줄 모른다. 얼마나 강력하게 우리 영혼까지 사로잡는 선전 문구인가.

이처럼 온갖 종류의 선전 간판이 난무한다. 김규동은 「하늘과 태양만이 남아 있는 도시都市」라는 시에서 "간판이 커서 슬픈 거리여, 빛깔이 짙어서 서글픈 都市여" 하고 읊은 적이 있다. 거리에 걸어둔 간판을 마냥 나무라기만 할 현실인가만, 그래도 속에서 우러나오는 엷은 신뢰의 흔적이라도 찾을 수 있어야 하지 않겠는가. 하물며 안내판의 경우는 어떨까. 도시든 시골이든 가리지 않고, 우리나라에서 가장 성의 있고 가장 믿을 만하게 만들어진 안내판은 목숨을 다루는 도로표지판이 아니라 식당안내 표지판이다. 이것이 문제다. 간첩이 침투해 암약하기 가장 힘든 나라가 우리나라 아닐까 한다. 워낙 많은 게 시도 때도 없이 졸지에 바뀌는 데다가, 그런 변화무쌍함에 대한 소개나 안내 또한 제멋대로니, 도대체 누가 무엇을 믿고 따를 수 있겠는가.

어쨌든 이러한 한국적 형식주의는 근엄한 종교세계라고 해서 결코 예외로 남겨두지 않는다. 성당 안의 여성 신도 머리 위에 사뿐히 내려앉아 있는 흰 미사포, 붉은 네온사인으로 적화赤化된 교회의 십자가 뾰족탑, 그리고 녹음테이프에서 울려퍼지는 절 안의 불경 소리 등도 그럭저럭 다 이런 모양새를 지닌 것들이다.

어느 여름 나는 산사山寺에서 한동안 지낼 요량으로 괴나리봇짐을 싸들고 무작정 상경파처럼 표표히 집을 떠난 적이 있다. 허나 절마다 특히 수험준비생으로 만원이었다. 꽤나 힘들게 빗속을 떠돌다가 영동 부근에 이르렀다. 그러다가 전혀 알지도 못하는 어느 암자가 용케도 걸려들어 며칠 묵어가도록 허락받았다. 첫날밤에는 역시 빈 방이 없었다. 그래서 그 절 공사를 하던 일꾼들 틈에 끼어 새우잠을 잤다. 다음 날 일찍 이 일꾼들은 떠난다는 것이었다.

그런데 이튿날 이른 아침 나는 불현듯 잠에서 깨었다. 완전무장한 경찰과 여러 명의 방위병이 나를 기습한 것이다. 하룻밤 같이 몸을 뒤척였던 인부들 중 누군가가 새벽에 산을 내려가서는 수상한 사람이 나타났다고 파출소에 신고한 모양이었다. 옷깃만 스쳐도 인연이라는데, 지독히 고약한 연분이었다. 그리고 모두가 사냥개들이었다. 얼마나 철저히 단련된 신고정신인가. 주민등록증을 보여주었더니, 그것도 위조가 많아 못 믿겠다고 해서 교수신분증까지 보여주었다. 철통같은 안보 태세 앞에서는 대학교수도 아무 쓸모없는 존재였다. 모다 가짜로만 보이는 눈치였다. 붙들 수 있는 건 운명밖에 없었다. 나는 달관한 선승처럼 체념하였다.

이때 기적이 일어났다. 다름 아니라 바로 주민등록증이 결국 나를 해방시켰던 것이다. 그 경관은 거기에 붙어 있는 병역란에 기재된 내 출신 군대를 보더니 경례를 처억 갖다붙이며 자기도 같은 군대를 제대했다면서 반갑게 손을 내미는 것이었다. 교수신분증보다도 짧은 기간이나마 같은 군대라는 횅뎅그렁하지만 동일한 공동체에 몸 담았었다는 속절없는 공속감 하나가 더 확고한 신원 증명의 근거로 작용한 것이다. 그러곤 그들은 반가워하며 철수했다.

어디 그뿐일까. 밖으로 드러나는 허망한 겉모습이 강력한 호소력을 발휘할 때가 적지 않다.

나는 집에서는 편리하게 개량한복을 입고 지낸다. 산보 외에 별달리 할 수 있는 재주가 없는 처지라, 때로는 '승용차 탄 김삿갓'이란 귀여운 놀림까지 받아가며 시골 여기서기를 '탐험'다니기도 한다. 그러다 요기라도 하려고 식당에 들르면, 거기서 일하는 아주머니들이 거의 예외 없이 나에게 지극한 관심을 보인다. 내 인상이 좋다거나 나의 탁월한 남성적 매력 등에서 비롯되는 일사불란한 서비스 정신의 발로가 아님은 물론이다.

한국 사람이 양복을 입고 있으면 아무도 신경 쓰지 않는데, 정작 우리 옷을 입고 다니면 벌써 눈치가 달라진다. 민족을 사랑하는 마음에서 스며나오는 애잔한 동포애 같은 것이 우러나서 그런 것은 결코 아니다. 오로지 참을 수 없는 야릇한 호기심 같은 게 발동하는 모양이다. 어쨌거나 도무지 정상적인 사람으로는 보이지 않는 성싶다. 흔히들 수군수군대며 그렇게도 궁금해한다. 벌건 평일 대낮에도 왔다갔다하는 걸 보면 실업자이거나 땅투기꾼일 가능성이 농후한데도 또 그렇게는 보이지 않으니, 무척 당혹스러워하는 눈치다. 나에게 그림 그리느냐, 아니면 예술 하는 사람이냐고 묻다가 내가 그냥 빙그레 웃고 말면, 나중에는 다시 와서 이젠 알겠다며 나에게 사주 관상 보지 않으냐, 사주 좀 봐달라고 애원하며 매달리기까지 한다.

왜 이런 현상이 일어날까? 한복 걸친 내 모습이 워낙 기묘해 보여서 그럴까. 허나 그네들이 사주 좀 봐달라고 부탁할 때, 내게는 불현듯 어느 신부님 이야기가 떠올랐다. 그 신부님은 늙어 퇴임하고 나면 점쟁이가 되고 싶다고 했다. 그는 점을 쳐서 불쌍하고 가난한 사람들에게 삶의 용기를 북돋우고 또 그들을 격려할 수만 있다면 좋겠다고 염원하는 착한 신부였다. 그 또한 명백한 종신 이웃 사랑 아니겠는가. 물론 나는 두말할 나위 없이 사주팔자에 관한 한 완벽한 문외한이다. 하지만 이따금 그네들의 기대에 찬물을 끼얹지 않으려는 사무치는 인간애 때문에(?) 못 이기는 척하며 사주라는 것을 봐줄 때도 있다. 다들 딱한 형편으로 부대낄 사람들인 것만은 분명하니, 그저 자식 복이 많다는 등 조금만 참고 기다리면 앞으로의 행복이 틀림없이 보장되어 있다며 인심 좋은 덕담으로 도사다운 운명 감정을 마감하곤 한다. 그들은 이 봉이 김선달의 말에 확신을 가지며 즐거워들 한다. 이따금 복채라도 집어주려는 양으로, 밥값을 받지 않으려 떼를 쓸 때도 있다.

뭔가 좀 덜떨어지고 비정상적인 사람으로 보긴 하지만 어쨌거나 한복을 입고 다니면 무엄히 대하지 못하는 눈치다. 허니 인간 대접 받는 기분이 들 때가 많다. 우리 고유의 것이 거의 유일하게 대접받는 순간이 이뿐인가 하는 생각이 들 만큼 반가우면서도 참담함을 느낄 때가 잦다. 어떤 외국 것보다 더 비싼 대접을 받는 유일한 우리 것은 한복과 한우밖에 없는 듯하다.

또 우리는 이렇게 배워왔다. 남의 집에서 식사할 때는 밥이 뜨겁다고 후후 불어 먹지 말며, 주인 앞에서는 국의 간을 맞추지 말라고 말이다. 어찌 보면 우리를 대접하는 다른 사람의 입장을 존중하라는 예의범절에 대한 가르침 같기도 하고, 아니면 공허하고 실속 없는 헛치레로라도 겉으로 점잖빼며 그저 남의 기분을 맞춰주기만 하라는 주문 같기도 하다.

하기야 나도 이런 한국적 형식주의를 이용해먹을 때가 없지 않다. 우리는 연초가 되면 어디서나 항상 수학 공식처럼 "새해 복 많이 받으십시오" 하는 인사말을 건넨다. 그리고 누구로부터든 똑같은 인사말을 되돌려 받곤 한다. 그런데 이 말은 사실 대단히 무책임한 것이다. 진심에서 우러나온 염원이라면 연말쯤에는 으레 연초에 기원한 대로 남들이 과연 복을 많이 받았는지 일일이 수소문이라노 해보는 게 도리다.

드디어 나는 새해 인사말을 바꾸기로 했다. 이왕 무책임할 바에는 더욱더 철저히 무책임해지는 게 바람직하지 않겠느냐는 생각에서 아예 "새해 복 많이 드리겠습니다" 하는 것으로 신년 인사를 바꾸고 말았다. 다들 좋아하는 눈치였다. 허나 기독교 맹신자에 속하는 친지 한 분만이 어찌 예수님도 아닌 인간이 감히 복을 줄 수 있느냐며 따지듯 되물어 민망하게 했다. 그러던 중 신년 초에 친구들과 복매운탕을 먹으러 어느 식당엘 들어간 적이 있다. 식당 안으로 들어서면서 주인 여자에게 "복 많은 집에 들어왔습니다" 했더니, 그 아주머니는 "복 많이 드리겠습니다" 하고 응수하는 게 아닌가. 그러자 어느 친구가 "두 사람 정신 연령이 비슷한 것 같으니 잘들 해보시게나" 하고 너스레를 떠는 바람에 우리는 한바탕 웃음을 터뜨린 적이 있다.

헌데 우리나라에서 전망이 가장 아름다운 곳은 무엇 하는 곳일까? 그곳은 으레 군부대의 초소나 묘지가 점령하고 있다. 좀더 나은 인간적 삶에 마음을 쏟는 후손들이 두고두고 누려야 할 전망 좋은 곳을 선조들의 시신이 차고앉아야 하나, 아니면 인간적 삶을 끝장내려는 목표를 지니고 있는 군대가 그걸 움켜쥐고 있어야 하나. 이를테면 죽음이 전망을 독차지하고 있는 셈이다.

어쨌든 금강산은 복 받은 산이라 그런지 철따라 이름도 많다. 봄에는 그냥 금강산, 여름에는 봉래산, 가을에는 풍악산, 겨울에는 개골산이라고들 부른다. 여러 사연과 더불어 자리하는 이 고귀한 이름들은 모다 금강산의 빼어남을 칭송하기 위해 형식을 갖춰 붙여진 것들이다.

허나 마치 우리나라의 숙명을 보여주는 듯한 서러운 이름들로 색다른 형식미를 쟁취하고 있는 게 없을 수 있겠는가. 그건 바로 보신탕이다. 이 음식에는 개장국, 단고기, 사철탕, 영양탕, 멍멍탕, 그리고 심지어는 한때 존슨탕이라는 이름까지 따라다닌 적도 있다. 또 아무 이름도 없이 암호처럼 그저 '있습니다'라는 표지판으로 침묵시위를 벌인 적도 있다. 이 다양한 이름은, 물론 금강산의 그것과는 달리, 떳떳하지 못하거나 부끄러운 것을 가리고 숨기기 위해 형식적으로 얽어짜 만든 것들이다. 이렇게 보신탕은 사랑받는 우리의 오래된 전래 음식이면서, 겉모양을 적당히 꾸며 눈치를 살피면서까지 궁한 목숨을 이어가지 않으면 안 되는 기구한 몰골로 힘겹게 살아가야 할 신세로 전락해버린 것이다. 이게 현재 우리 대한민국의 모습은 아닐까?

박정희 시대: '고지점령식' 정치 문화

겉으로는 당당히 활개치는 듯하나 속으로는 연신 곪아터지고 있는 일들이 어디 그뿐일까.

밖으로 세워 올린 건축물들은 또 얼마나 위풍당당한가. 가령 성수대교나 삼풍백화점 같은 것들이 겉모습이 허술해서 무너졌던가? 박정희 시절 서민을 위한다는 명분을 내걸고 세워 올렸던 '시민 아파트'들은 그 전형적인 사례에 속한다.

결국 우리의 '와우아파트'가 의젓한 본때를 보여주기는 했다. 나 역시 서울에 시민 아파트가 활기차게 솟아오를 무렵 그곳 신세를 진 적이 있다. 그 아파트들은 대체로 어디서 보더라도 금세 시야에 확 들어와 안길 듯한 전망 좋은 곳에 멋들어진 고층으로 자리삽고 있었다. 그것은 마치 고지에 나부끼는 장엄한 조국 근대화의 깃발 같았다.

허나 나는 참으로 흥미진진한 우격다짐식 경험을 하지 않으면 안 되었다. 화장실은 물론 공용이었고, 게다가 우리는 거기서 항상 우산을 들고 앉아 용변을 보지 않으면 안 되었다. 1년 내내 장마만 계속된 시절도 아니었고, 비가 새어 그런 것도 아니었다. 그 아파트는 나무로 엮어낸 것도 아니며 응당 시멘트로 보무당당히 만들어진 것이었음은 물론이다. 허나 우리의 그 시민 아파트에서는 천장에서 물인지 오줌인지 모를 물방울들이 새어나와 아래쪽으로 하염없이 떨어져 내렸다. 당당한 겉모습과는 달리 새 건물이었는데도 안은 이처럼 중병을 앓고 있었던 것이다. 이를테면 부실 공사의 귀여운 증인이었던 셈이다.

와우아파트가 무너진 뒤에도 겁도 없이 우리 집에 가끔 놀러왔던 내 친구 한 명은 "걱정 마. 이 집은 '벌떡 아파트'니 무너져도 금방 일어나" 하며 나를 위로하기도 했다. 어쨌든 시민 아파트의 '시민'이란 말은 다름 아닌 '허드레 무리' 그 자체였던 것이다. 허드레로 지어 허드레 사람들을 허드레로 살게 하면서 겉은 그야말로 휘황찬란하고 웅장하게 보이도록 만든 건물, 그게 바로 시민 아파트였던 것이다. 사실 그게 박정희식 '조국 근대화'의 참다운 내용이기도 했다.

어쨌든 8·15 이후 오늘날까지 우리 사회를 줄기차게 지배해온 규범이 있다면 그것은 '빨리빨리, 하지만 아무렇게나' 정신일 것이다. 이러한 '졸속의 원리'는 조그만 도로공사에서부터 크게는 국가의 운명을 좌우할 중대한 정책 결정에 이르기까지 사회와 나라 구석구석에 스며들지 않은 곳이 없다. '후딱후딱'과 '대충대충' 이데올로기가 바로 우리의 정치 이념이자 생활철학이었던 것이다. 어디 그뿐이었겠는가. 우락부락한 한탕주의가 그 옆자리에 근엄하게 똬리를 틀고 앉아 있기 일쑤였다.

거리를 걸으며 보도블록이 제대로 깔린 곳이 몇 군데나 되는지 한번 자세히 살펴볼 일이다. 여기저기 이가 빠져 있음은 물론이고 곳곳이 뻐드렁니처럼 울퉁불퉁 솟아나 있는 경우도 많다. 땜질하지 않은 아스팔트가 어디 한 군데나 있는가. 그러나 격조 높은 도로가 없을 리 없다. 예컨대 독일이나 일본에서는 땅속 깊이 파고 들어가 아주 두껍게, 그것도 오랜 시간을 공들여 아스팔트 콘크리트를 까는 데 비해, 우리나라에서는 후닥닥 겨우 손 한 뼘 될까 말까 할 정도를 쏟아붓고 일을 끝낸다. 그러니 도로개통식이 있은 다음 날부터 새롭게 단장한 아스팔트길은 곧장 누더기를 걸치기 시작하는 것이다. 고지점령식 밀어붙이기와 전투태세 완비식 군사문화가 사회 전반을 갉아먹는 동안 속은 곪아가는데 겉만 번지르르해지는 형식주의가 굳건히 뿌리를 내렸던 것이다.

'빛 좋은 개살구', 이것이 바로 그 시대의 지표였던 것이다.

그런 와중에 우리에게는 '불행 중 다행'이라는 편리한 민간요법이 등등한 기세를 발휘하게 되었다. 특히 '아랫것들'에게는 홍수 같은 불행이 워낙 끈질기게 혀를 날름거리니, 도대체 무슨 힘으로 그걸 이겨낼 수 있으리오. 허니 세상에 믿고 기댈 건 없고, 스스로를 달래고 위로하는 게 가장 믿음직스러운 삶의 지혜 아니겠는가. 불행이 그 정도로 멈춰 서서 우리를 봐준 것만 해도 산신령의 지극한 보살핌 아니겠는가 하는 위로와 체념의 화법인 것이다. 허나 우리는 큰 불행에 대해서는 쉽게 체념하지만, 조그만 기쁜 일에 대해서는 도리어 감정을 억제하시 못해 우왕좌왕하지는 않는가.

허기야 우리네 인생이란 게 작두 위에 선 선무당 같은 것 아니겠는가만, 참으로 오랫동안 무조건 '골인 지상주의'만을 높이 기려왔다. 그리하여 골인 이후에 어떤 꼴사나운 일이 벌어지든 그건 운수소관에나 맡길 일로 치부되었다. 가령 와우아파트가 무너져내려도 그것은 재수 없어 터지는 사고쯤으로 너그럽게 이해하곤 했던 것이다.

하기야 한국 사회의 형식주의를 이야기하면서 어찌 박정희 시절을 빼놓을 수 있겠는가.

박정희 시대는 나에게 사이렌 소리로 회상된다. 무언가를 금하고, 억누르고, 정탐하고, '엮어내고', 뒤쫓고 하는 등등의 어둡고 불안한 추억만을 되새기게 만들 뿐이다. 숨죽이고 주위를 두리번거리지 않으면 안 되는 사람들과 사이렌 소리까지 마음대로 울려댈 수 있는 분들이 명확히 구분되던 시절이었다.

내 초등학교 말년은 박정희 장군과 더불어 시작되었다.

나는 초등학교의 수학여행 풍습이 일제강점의 잔재인지 어떤지에 대해서는 깊이 알지 못한다. 어쨌든 그 무렵의 수학여행이란 6·25의 폐허 위에서나마 간곡히 베풀어지던, 초등학교 6년을 마감하는 하나의 화려한 세리머니였다. 어떤 의미에서 내가 성장했던 당시의 부산 영도는 한반도적 모순의 집결지였다고 해도 지나침이 없을 정도였다. 더 이상 내몰릴 길 없는 피란민들이 마지막 보따리를 풀고 주저앉은 곳에서 가족들이 며칠 굶을 요량을 해서라도 장만한 돈으로나마 시외버스를 타고 고도古都 경주로 수학여행을 떠난다는 것은 당시 우리에게는 동화 속 꿈나라 이야기였다. 그러나 우리는 불운했다. 박정희 장군은 5월로 잡혀 있던 이 꿈속의 수학여행을 5·16 쿠데타로 우리에게서 영원히 빼앗아가버렸던 것이다. 그는 애초부터 나에게 '박탈'로 다가왔다.

원래 정치란 베푸는 게 아닐까. 국가와 정부가 뒤에서 궂은일을 도맡아 함으로써 백성에게는 안전하게 생업을 돌보며 두 다리 뻗고 잠잘 수 있게 하는 것, 대저 이런 게 올바른 정치에 다름 아닐 것이다. 반면 통치자들 스스로가 은밀히 안락과 특권을 누리기 위해 서민들에게는 온갖 궂은일을 강제하는 것, 그리하여 자신들의 비리가 폭로되지 않도록 국민의 눈과 귀를 완력으로 틀어막으려 설쳐대는 것, 이것이 바로 독재다. 독재자는 첫째, 추구할 국가적 '과업'을 국민의 동의가 아닌 자의에 따라 제멋대로 설정하며, 둘째, 오직 자기 자신만이 그 과업을 능히 해낼 수 있다고 강박하고, 셋째, 그 과업을 달성하기 위해 수단 방법을 가리지 않는다. 이런 의미에서 박정희는 전형적인 독재자의 풍모를 지니고 있었다.

과거 독일이 통일되기 전 동독을 거쳐 서독으로 열차를 타고 가다 보면 가장 두드러지게 눈에 띄는 두 나라의 차이는 구호와 현수막의 현란한 나부낌이었다. 물론 동독이 그 나부낌의 현장임은 두말할 나위도 없다. 남루한 건물들의 음산한 색조를 배경으로 오직 생생히 살아 꿈틀거리는 것은 그 구호요, 현수막뿐이었다. 국민의 합의가 아니라 일방통행식 강제가 통치의 으뜸 줄기를 형성하는 곳에 흔히 나타나는 광경들이다.

박정희 시대도 물론 예외는 아니었다. 얼마나 많은 구호가 만들어졌던가. 그 시대의 가장 빼어나게 상징적인 구호는 "일하면서 싸우고, 싸우면서 일하자!"였다. 일과 싸움질, 그것은 곧 '개발'과 '안보'를 뜻한다.

우리는 북한이 김일성의 환갑잔치를 서울 한복판에서 치르려 한다며 법석을 피우는 조작된 광기 속에서 젊은 시절을 보냈다. 책을 읽건, 말을 하건, 사람을 만나건, 심지어는 머릿속에서 공상을 하건 간에, 조금이라도 정권에 흠집을 내는 일이라면 이내 김일성과 연계되었다. 우리는 소곤거려야 했고, 눈치를 살펴야 했고, 포승줄에 묶여가는 동료들을 바라보며 불편한 양심을 달래야 했고, 쓰디쓴 소주로 우리의 비굴과 우리의 만용과 우리의 방황과 우리의 치기를 위로해야 했다.

그러나 정권은 좀더 강인했다. 그들은 그러한 일상적 감시에 만족치 않고 그에 덧붙여 정기적으로 사이렌을 울려댔다. 매달 15일 오후 2시가 되면 우리는 민방공훈련의 이름으로 잘 길들여진 군용견처럼 눈에 보이지도 않는 적기를 피해 잽싸게 지하도로 몸을 숨기지 않으면 안 되었다. 이 무슨 어릿광대짓이었던가. 그러나 휴전선에 근접한 서울이라 어느새 적군들의 포탄이 우박처럼 쏟아질지 모른다고 윽박지르면서, 그것도 모자라 전쟁이 터진 양 전국적인 공습 훈련을 숨 가쁘게 되풀이하면서도, 수도를 더 안전한 후방으로 옮기려는 시도 따위는 결코 하지 않았다. 그러기는커녕 오히려 수도 서울에는 고층 건물들이 마치 개발의 성과를 과시라도 하듯 나날이 쑥쑥 솟아올랐다. 적군의 포탄이나 적기의 폭격에 금세 산산조각 나버릴 터인데도 '개발'은 북한을 전혀 두려워하지 않았다. 경제개발은 안보 위기 따위를 도무지 거들떠보지 않았던 것이다.

우리는 불신을 배웠다. 그러한 불신은 권력을 향해서만 조준되지는 않았다. 전라도 사람은 경상도 사람을 믿지 않았고, 민간인은 군인을 믿지 않았으며, 노동자는 기업가를 믿지 않았고, 국민은 지배자와 그 주위를 배회하는 자들을 믿지 않았으며, 권력자들 역시 서로가 서로를 믿지 않았다. 총체적 분열이었다. 불신은 단순히 '풍조' 정도가 아니었다. 그것은 이미 삶의 뿌리가 되어 있었다. 믿음이 없는 사회에서 어떻게 정직하고 성실한 사람들이 제대로 대접받을 수 있겠는가. 한탕주의와 황금만능주의로 똘똘 뭉친 형식주의가 활개치는 세상이 눈앞에 펼쳐졌음은 그 뻔한 결과였다.

군인들은 역시 달랐다. 한국 군부는 일찌감치 사회적으로 거의 유일하게 근대화된 조직 체계를 미국으로부터 물려받았다. 게다가 6·25전쟁을 치름으로써 그들 스스로가 민족적 사명감에 얼마나 투철한 존재인가 하는 것을 대내외적으로 과시할 절호의 기회까지 향유할 수 있었던 것이다. 따라서 이러한 군대식 조직 원리와 사고방식을 사회적으로 가능한 한 폭넓게 확산시키는 일이야말로 곧 민족적 소명의식의 발로라고 미화될 수도 있었다.

그리하여 우리는 전쟁을 치르던 독일이나 이스라엘에서조차 존재해본 적이 없던 군사교련을 평화로운 대학 캠퍼스에서 일상적으로 이수받지 않으면 안 되었다. 대학까지 얼룩무늬로 뒤덮이기 시작했다. 이러한 군사문화는 곧 사회 전반으로 퍼져나갔다. 바야흐로 우리나라는 '고지점령식 정치 문화'로 뒤범벅되었다. 일단 정해진 목표는 어떠한 불법적 수단을 동원해서라도 정해진 기간 안에 달성하거나 혹은 달성한 것처럼 꾸미지 않으면 안 되었다. 국회의사당 안의 날치기 정도가 문제될 리 있었겠는가. 이윽고 명령·복종이 사회 미덕으로 기림을 받았다. 그와 더불어 소신과 경륜 대신 위장과 아부와 눈치보기가 공직사회의 덕목으로 자리잡았다. 내용보다는 형식이 기림을 받았던 것이다.

일부 보수주의자는 히틀러가 유대인을 학살한 잘못도 있지만, 예컨대 전 독일을 관통하는 고속도로를 뚫은 공로도 있음을 '공평히' 그리고 '객관적으로' 인정해야 한다고 주장한다. 그러나 그를, 잘못한 일도 있지만 잘한 일도 많은 정치가로 기리는 것이 과연 공정한 판정이라고 할 수 있을까? 아니면 그를 무조건적으로 독재자요, 반인륜적 파시스트로 단죄하는 것이 좀더 합당한 역사적 심판일까?

나는 뒤의 평가가 정당하다고 본다. 박정희 시대도 대체로 비슷한 범주에 속한다. 프랑스의 위대한 정치사상가인 토크빌Alexis de Tocqueville은 절대군주는 자신에게 저항하는 자의 육체에 고통을 가함으로써 자기 의지를 관철시켰지만, 민주주의 시대는 소수의 영혼에 고통을 가함으로써 다수의 의지를 관철시킨다고 말했다. 그러나 박정희는 육체와 정신 가릴 것 없이 아무 쪽에나 되는 대로 위해를 가함으로써 자신의 개인적인 의지를 무조건적으로 관철시켰다. 그는 민주주의 시대의 절대군주였던 것이다. 비록 보릿고개를 넘게 했을지는 몰라도 우리의 아리랑고개는 더 팍팍해졌다.

로마 제국의 멸망을 떠올릴 때마다 우리는 흔히 대중목욕탕과 산해진미를 눈앞에 두고 뒤뚱거리는 탐식가들의 게걸스러운 모습과, 이것들을 배경으로 삼는 문란한 성 풍습을 자연스레 떠올린다. 영화 「칼리굴라」를 관람하지 않은 이들도 이 정도 상식은 넉넉히 지니고 있을 것이다.

이처럼 음울하고 퇴폐적인 말기 증상들은 사실 현실에 대한 무기력한 체념과 좌절감에서 비롯되는 것이다. 결국 종교세계가 로마인들의 유일한 도피처가 되어, 동방의 신비 종교와 특히 기독교에 대한 집착은 팽배할 수밖에 없었다. 가령 기번Edward Gibbon과 같은 학자는 로마 문명이 쇠망한 주원인을 기독교의 발흥에서 찾을 정도다. 로마 제국은 이렇게 침몰하였다.

그런데 오늘날 한국 현실이 바로 이 멸망 직전의 로마 제국을 연상시키지 않느냐고 수군거리는 소리가 여기저기서 들려온다. 비록 시대가 다르고 비약이 없지 않지만 귀담아 들을 만한 수근거림들이다.

이미 대중 속으로까지 깊숙이 파고든 사우나 문화, 왁자지껄하게 들어찬 호화 음식점과 술집들, 일상적으로 자행되는 성폭력과 범람하는 도색산업, 게다가 저 높은 하늘나라에서까지 쉽게 굽어 살필 수 있도록 붉은 네온사인으로 마구 휘감아놓은 교회의 첨탑들, 이 모든 것이 저 몰락하는 로마 제국의 거리 풍경과 얼마나 닮아 있는가. 이것이 21세기 초 우리 사회의 일그러진 초상 아닐까.

의식주는 물론 삶의 본질이다. 그런데 우리는 아직도 이 문제를 해결하지 못한 듯하다. 특히 서울 가까운 시골이나 주변 경관이 좋다 싶은 곳에는 어김없이 식당이 포진해 있다. 그 부근에는 거의 필수로 러브 없는 러브호텔이 우아하게 들어차 있다. 여태 먹고 자는 문제를 해결하지 못한 사람이 이렇게나 많은 모양이다. 허나 극빈자는 그 근처에 얼씬도 못 한다.

로마 제국의 침몰은 결코 강 건너 등불이 아니다. 어쨌든 비생산적인 요소들이 그토록 생산적으로 활개치고 있는 실정이다. 가령 러브호텔에서는 자녀 생산조차 철저히 회피된다. 식당은 인구 100명당 하나꼴로 난립해 있다고 한다. 노약자나 어린애 등 가정에 있는 사람들을 빼고 나면 인구 50명당 식당 하나꼴이 된다 하니, 대한민국은 가히 식당공화국이라고 일컬을 수 있을 터이다. 더구나 IMF 동란이 터져 피란민들이 거리에 넘친다지만 이 풍부한 요식업소가 이들을 다 수용할 수 있을 터이니 큰 문제는 없을 것이다. 더구나 우리의 민족애는 또 얼마나 뜨겁고 든든한가.

얼룩송아지와 누렁 송아지

우리는 걸음마를 뗄 무렵부터 "송아지 송아지 얼룩송아지, 엄마소도 얼룩소 엄마 닮았네"라는 정겨운 노래를 익혀왔다. 전쟁의 잿더미 위에서 걸음마를 익혔던 나도 이 노래를 들으며 컸고, 또 그것은 내 아들딸들에게도 보증수표처럼 어김없이 상속되었다.

그런데 어떤 우연한 기회에 '누렁 송아지'와 관련된 얘깃거리를 접하고서 나는 가슴과 무릎을 동시에 쳤다. 그렇다, 우리 것은 얼룩 송아지가 아니라 누렁 송아지다!

이 단순한 사실 하나를 깨닫기 위해 나는 무려 40년의 시간을 들여야 할 만큼 어리석었다. 우리 들판과 강산에서 항상 부딪치던, 양순하고 너그러운 슬픈 눈망울의 누렁 소를 나는 내내 잊고 살았던 것이다. 나는 그를 찬미하는 노래를 한 번도 불러준 적 없으면서, 보지도 알지도 못하는 저 머나먼 이국의 홀슈타인 얼룩송아지만 예찬해왔던 것이다. 누구는 내 이 철늦은 외투 같은 각성을 과장되고 소아병적인, 심지어 국수주의적인 망발이라고 비난할는지 모른다.

물론 외국 것이라고 모두 배척해야 한다는 말은 결코 아니다. 단지 우리 것을 보지 못하고, 아니 외면해버린 채 남의 것만 넋이 빠지게 찾아 헤매는 한심스러운 작태만은 그만두자는 말이다. 이 '얼룩 송아지 정신'이 활짝 꽃피어 엄청나게 값비싼 수입품 보트 장난감을 들고 일류 호텔에서 생일잔치를 벌이는 동화세계가 만들어지는 것은 아닐까? 청소년 대상 여론조사 결과 가장 싫어하는 음식이 단연코 김치다라는 서글픈 망발이 태연히 만들어지기도 한다. 어른이 되어서는 고액의 이탈리아제 손수건과 타조가죽 지갑 세트가 들어 있는 프랑스제 장 루이세레 정장을 걸치는 신사가 된다. 그러고는 엄청난 고액의 블랙그래머 모피코트를 즐겨 입는 여성과 역시 고가의 미제 오이코시 아동복 정장을 입힌 아이를 데리고, 독일제 BMW를 타고 나들이 가는 가정의 주인으로 행세한다. 그리하여 그들은 고귀한 샹들리에가 장엄한 색조를 던지는 양옥집과 골프장만 한 잔디밭, 하다못해 일제 양념통과 조미료, 타이제 금도금 수저 세트까지 갖춰진 집 안에서 삶의 낙을 창조하기에 여념이 없다. 그렇게 인생을 살다가 죽어서는 이탈리아제 대리석 관에 묻히는 사람들. '요람에서 무덤까지' 신의 축복이 약속된 사람들…….

우리의 '누렁 송아지'가 '얼룩송아지'에 떠밀려 저 가난한 농촌의 들판에서 날로 사위어갈 때 우리 머릿속에는 '민족'이 점점 더 메말라가고 있었다. 통째로 수입한 캐나다제 통나무 주택에서 이탈리아제 가구의 감미로움을 즐기며 사는 사람과 새벽마다 공중변소 앞에서 다리를 배배 꼬며 차례를 기다려야 하는 달동네 주민들은 서로를 같은 민족이라 여길 수 있을까? IMF 시대라는 게 과연 터무니없이 터져나온 것일까? 사건이란 절로 일어나는 것이 아니라 불러들이는 것임을 명심해야 한다.

나는 누렁 송아지를 사랑한다. 우선 우리 것부터 찾자. 그래야 다른 나라의 것을 여유 있게 끌어안을 수 있지 않겠는가. 속을 우리 것으로 가득 채운 다음 다른 형식을 빌려올 때 겉이 더욱 아름다워질 수 있으리니. 형식과 내용은 항상 품위를 같이해야 하는 법임에랴.

'형식적'인 것은 분주한 머리 계산에 의해 억지로 만들어지는 부자연스러운 치장의 산물이라 할 수 있다. 오히려 순수하고, 그렇기 때문에 더욱 힘찬 것은 본능적이고 감성적인 심성에서 비롯되는 것은 아닐까.

가령 황석영의 『장길산』에는 흥미로운 대목이 나온다. 장길산의 친구이며 천하장사인 갑송이는 어느 날 그들이 사는 마을 근처 월정사에서 주지 풍열 스님의 제자 옥여와 절 마당에서 목봉으로 한 판 무술대련을 벌인다. 그런데 치열한 싸움이 거듭되어도 쓰러지는 사람이 없었다. 그러자 풍열 스님은 게임을 중단시키고 판정을 내렸다.

옥여는 소림 무예를 익힌 까닭에 공격과 방어의 기교가 뛰어났다. 그러했음에도 풍열은 갑송이에게 판정승을 선언한다. 그러고는 대단히 괄목할 만한 판정사를 읊는다. 갑송이는 병장기 한번 잡아보지 못한 타고난 힘장사일 뿐이나, 막고 찌르는 "몸짓이 가락에 절로 맞춰진 춤사위처럼 본능적"이어서 "마치 손가락이 가까이 가면 저절로 감기는 눈꺼풀과 같고 물것이 깨물면 날아가 때리는 손바닥과 같다"는 날카로운 관전평을 내린 것이다. 이를테면 풍열 스님은 검법과 본능, 또는 이성과 감성의 대결에서 후자의 궁극적인 우세를 갈파한 것이라고 할 수 있다.

마찬가지로 순박한 사람들의 애환이나 따사로운 삶의 이야기들은 계산이나 '법'이 아닌 본능에 더 가까울 것이다. 예컨대 민족의식과 계급의식도 본능과 합리적 계산의 갈등으로 점철될 가능성이 짙다. 민족의식은 본능에, 계급의식은 법리에 더 밀착해 있다. 허나 본능이야말로 인간에게 좀더 자연스러울 뿐만 아니라 자연의 본성에 더욱 근접한 것이 되지 않겠는가. 모기가 위잉 날아와 물려 할 때, 우리는 그놈이 몇 도 각도에서 어떤 포즈로 우리를 공격하니 어떤 표정과 어떤 세기의 팔짓으로 그 공격을 물리쳐야 한다, 이렇게 합리적으로 대처하지 않는다. 우리는 그저 무의식적으로 탁 하고 칠 뿐이다. 이것이 본능인 것이다.

'형식적'이라는 것과 '격식을 갖춘다'는 것은 물론 그 의미하는 바가 서로 다르다. 가령 막걸리를 소주잔에, 맥주를 바가지에 마시는 것은 오히려 형식적인 행동이라 이를 수 있다. 과장이나 만용은 진실과 동떨어져 있는 탓이다. 허니 격식에 어긋나는 것임에랴. 반면 "경우가 바른 사람"이라는 우리의 전통적인 칭송에는 형식이 아니라 격식과 어우러지는 몸짓을 높이 기리는 정신이 배어 있다.

형식주의라 함은 한편으로는 남들과 똑같아지고 싶어하는 마음과, 다른 한편으로는 남들과 못내 달라지고 싶어하는 마음이 이율배반적으로 뒤섞인 상태를 이른다. 첫 번째 것은 뛰어나다고 믿는 타인을 무조건 모방하고 추종하려는 의지로 귀결되는 반면, 두 번째 것은 무슨 수를 써서라도 남을 앞지르고 남과 결정적인 격차를 내고야 말겠다는 결의로 나타난다. 허나 우리네 과감한 형식주의는 모름지기 양쪽을 일망타진하고 있다. 그리하여 병적인 '물신숭배' '사대주의' '초능력주의' '주체성 과장주의' 등의 숙환에 시달리게 되는 것이다.

물론 자유로운 형식이 자유를 보장하진 않는다. 오히려 방종을 자유롭게 보증한다. 노지 선생도 "진실된 말은 꾸밈이 없고, 꾸밈이 있는 말엔 진실이 없다"고 가르쳤다. 우리 사회는 언제까지나 진실이 아니라 꾸밈에만 매달려 있어야 하는 것일까?

002 소집단 애국심

우리는 특히 민주화 구호와 비민주적 생활양식 그리고 민족통일의 구호와 비민족주의적 의식 구조 등에 나타나는 우리 사회의 모순된 현실에 주목할 필요가 있다. 이를 우리가 간직하고 있는 부정적 공동체 의식을 분석함으로써 새롭게 조명해보는 것은 적잖은 의미를 지닌다. 무엇보다 현재 한국적 공동체 의식에 잠재해 있는 비민주적이고 비민족적인 요소의 단면을 발가벗김으로써 민주주의와 민족주의의 바람직한 건축물이 튼튼히 자리잡아야 할 대지의 토질이 어떠해야 한다는 것이 밝혀지리라 생각하기 때문이다. 그러기 위해서는 구호가 부르짖어지는 현장의 토양과 그 본새에 대한 가차 없는 비판과 그를 통한 반성이 무엇보다도 필요하다. 그렇게 함으로써 늪과 모래 위에 민주주의의 육중한 궁전을 세워 올리고자 애쓰고 있을지 모를 우리의 잠재적 환상과 착각을 교정할 수 있기 때문이다. 따라서 이 글은 우선 우리 자신에 대한 자아비판일 수 있다.

한국적 공동체 의식, 어떻게 만들어져왔나

한국의 공동체 의식은 작게는 가문, 혈연, 문벌, 학연, 크게는 지역공동체와 민족공동체에 이르기까지 공동체의 규모에 따라 그 유형과 속성이 다양하다. 이 글에서는 이러한 공동체 의식이 드러내는 부정적인 모습만 살펴보기로 한다.

한마디로 한국인의 부정적 공동체 의식, 집단의식 혹은 '군집성'은 산업사회 내부에 온존해 있는 전前 산업사회적 생활양식 및 의식구조를 일컫는다. 이를테면 가부장적 전통과 신분사회의 유습이라고 할 수 있다. 곧 사회적 이동이 극심할 수밖에 없는 근대사회에 나타나는 강렬한 전근대적 집착인 것이다.

한국인의 부정적 공동체 의식은 우선 사회 불안과 또 그로 인해 파생될지 모른다고 믿는 자기 실종의 공포에 대한 소극적 반발이다. 그러므로 그것은 사회 전반에 만연한 이른바 '불신 풍조'에 맞서는 소집단적 자기방어 의식의 하나라고도 말할 수 있다. 그것은 혈연, 지리적 근접성 등의 '자연적' 운명공동성과 그에서 비롯되는 정서적 유대감이라는 일차원적 공통성의 토대 위에 자리를 틀고 있다. 그것은 이런 식으로 조성된 비합리적인 상호 신뢰에 뿌리내리는 맹목적 신앙의 한 형태이며, 소집단적 이기주의의 한 표현이다. 그리하여 그것은 문벌적, 족벌적, 붕당적, 향당적, 지방적 편협성을 극복·청산하지 못하는 소집단 충성심과 소집단 애국심을 일컫는다.

다른 한편 그것은 또한 타집단에 대해 갖는 불신, 경계심, 공포심과 자기 집단에 대해 지니는 무조건에 가까운 아량, 이해심, 무비판적 종속감, 무분별한 정실주의로 나타난다. 이러한 소집단 내부에서의 권위는 합리적인 업적이나 능력에 의해서가 아니라, 일반적으로 그 집단에 참여한 기간의 길고 짧음(예컨대 고참과 신참)과 참여 시기의 이르고 늦음(예컨대 선배와 후배), 연령, 외형적 지위 등 주로 형식적이고 비합리적인 여러 요인에 의해 결정된다. 그 권위는 때로 초법적超法的인 형태를 띤다.

그렇다면 이러한 특성을 지닌 한국인의 부정적 공동체 의식은 어떻게 만들어지고 발전해왔는가? 예컨대 '토박이 의식'으로 대변되는 전근대적 공동체 의식은 무엇보다 농경사회의 집단적 생산 방식에서 비롯되었다고 말할 수 있다. 자급자족적 생산 구조와 사회적 생산력의 불가피한 한계는 대규모 사회적 유통(예를 들면 민족 단위의 대단위 시장망 형성)을 불필요하게 만든다. 따라서 사회 내부에 현존하는 각종 굴레나 장벽에 큰 불편을 느끼지 못한다. 이 지역적 폐쇄성과 편협성은 결국 동일한 사회적 체험, 동일한 문화 양식의 꾸준한 향유, 거기서 비롯되는 운명공동성에 대한 일상에서의 확인 과정을 거쳐 점차 고유한 공동체의 특성을 만들어낸다.

특히 피지배 계급의 공동체 의식은 특권적 문화를 향유하는 신분적 지배 계급의 그것이 국제적이고 보편적인 속성을 띠는 것(예컨대 한자문화권 등)과는 달리, 직접 생산자의 단결의식과 상호 부조적 협동의식에 기반한 민속적이고 민중적인 고유성(예컨대 민속놀이 등)

을 지니게 된다. 그러나 농경 생산의 한계상 이러한 공동체 의식이 전 민족으로 확장된 의식 형태로 나타나는 것은 이민족의 침입 등 예외적인 상황에서뿐이었다. 또한 그것조차 지극히 계급적인 제한성을 지닐 수밖에 없었다. 마르크스가 "한 시대의 지배 사상은 지배 계급의 사상"이라고 말했듯이, 전통적으로 '민족 문화'라 일컬어지는 것도 대부분 지배 계급의 특권적 문화 양식을 일컫는 것이다. 왜냐하면 지배 계급은 스스로 문화를 창조하고 향유할 물질적 여유를 지녔을 뿐만 아니라 자신들을 민족의 정수精粹 그 자체로 인식해왔기 때문이다.

어쨌든 '토박이'의 특권의식에서 보이는 바와 같은 폐쇄적이고 배타적인 공동체 의식은 이러한 사회 배경에서 만들어진다. 그러나 전통적인 지배 질서가 동요하고 사회 모순이 심화됨에 따라 공동체 의식 또한 심각한 변모를 겪을 수밖에 없다. 민중적 공동체 의식은 바야흐로 지배 집단에 대한 저항의식의 뿌리와 줄기로 기능하면서 동시에 자기방어적 전투성을 공고히 다져나간다. 다른 한편으로 그것은 서서히 민족적 차원의 저항의식으로 떠오른다. 왜냐하면 기존의 지배 질서 자체가 외세에 굴복할 수밖에 없는 허약 체질을 결코 극복하지 못했기 때문이다. 새로운 생산양식의 침투와 새로운 사회질서의 요청이 거의 동시에 엄습해왔다. 이런 상황은 당연히 혁명적으로 분출된다.

서유럽에서는 특히 18세기 후반부터 자본주의적 생산양식이 본격적으로 관철되기 시작한다. 그에 발맞춰 이곳의 공동체 의식은 민족의식으로 승화한다. 여기에는 대체로 세 가지 경로가 있었다.

첫째는, 부르주아 계급이 자유주의와 민족주의 이데올로기를 무기로 삼아 자신들의 축적된 경제 실력을 정치권력의 장악으로까지 발전시켜나간 형태로 영국과 프랑스에서 보이는 바와 같은 시민혁명의 과정을 수반한다. 여기서는 봉건적 생산양식의 토대이며 산물이었던 폐쇄적 공동체 의식이 '아래로부터의 혁명'을 통해 단합된 민주적 민족의식으로까지 용이하게 비화해왔다.

둘째는, 부르주아 계급의 경제적 이해관계와 봉건적 생산양식을 대표하는 토지귀족의 정치적 이해관계가 상호 야합에 의해 평화공존하게 됨으로써 부르주아 계급이 경제적 실력 배양에만 집착하는 반면 구체제적 정치권력의 모순은 용인하면서 결국 비민주적이고 반半봉건적인 사회질서를 극복하지 못하게 된 독일과 같은 경우다. 자본주의 발전의 기본 전제가 되는 민족통일 또한 신흥 부르주아 계급의 실력으로써가 아닌 전통적 지배 계급의 군사력에 의해 달성됨으로써 영국이나 프랑스에서와 같은 민주주의와 민족주의의 화합이 이뤄지지 못했다. 여기서의 전통적 공동체 의식은 지배 계급의 반봉건적 통치 논리의 제물로 전락하는 운명을 맛보게 된다. 즉 자체의 경제적 후진성과 사회적 모순의 호도를 위한 팽창주의적 민족의식으로 강제 동원되었던 것이다. 이것은 결국 히틀러의 나치즘이 대두하게 되는 하나의 사회경제사적 배경을 형성하기도 한다.

마지막으로, 독일, 오스트리아, 러시아 등 강대국에 종속되었던 동남 유럽의 소수민족들(예컨대 체코, 슬로바키아, 세르비아, 크로아티아, 루마니아 등)은 다소 특이한 양상을 보여준다. 특히 19세기 중엽 이후 본격화된 이 지역에서의 자본주의적 발전은 주로 지배 민족 부르주아 계급의 사회경제적 특권에 기초해 있었다. 결국 그들의 수중에 생산수단의 배타적 집중이 이루어졌고, 그로 인한 생산력의 급격한 향상은 지배 민족과 피지배 민족 사이의 극심한 경제적 불평등을 초래했다. 이 경제적 특권을 계속 유지·옹호하기 위해 정치적 불평등의 제도화(언어정책 등) 또한 요구되었으며, 이는 경제적인 혜택의 불균등(민족별 임금 수준의 격차 등)과 함께 지배 민족 및 피지배 민족 노동자 계급 상호 간의 알력을 조장할 수밖에 없었다. 따라서 이 지역에서의 자본주의적 발전의 민족 간 불균형은 결국 피지배 민족의 민족의식을 비약적으로 계발시키고, 이윽고는 민족 독립을 갈구하는 민족주의적 저항의식을 격렬하게 폭발시키는 계기로 작용했다. 말하자면 여기서의 자본주의적 생산양식의 자기 관철은 피지배 민족에 대한 억압과 착취에 기초함으로써 그 공동체 의식은 특히 노동자와 인텔리가 주도하는 저항적 민족의식으로 자연스럽게 비화했던 것이다. 그러나 서유럽 시민혁명의 직접적인 영향권에 놓일 수밖에 없었던 역사적·지리적 상황과 당시 팽배하던 자유주의적 세계동포주의로부터의 측면 지원은 이 공동체 의식의 민주적 지향을 용이하게 했다.

한편 우리나라의 경우, 봉건적 사회질서 및 생산양식은 대체로 외부 제국주의 세력에 의해 본격적으로 와해되는 결정적 계기를 맞는다. 새로운 생산양식이 강제 집행됨으로써 사회적 모순까지 강압적으로 온존될 수밖에 없었다. 민족의 과업에 매진할 부르주아 계급도 거의 전무한 실정이었다. 미미하게나마 존재했다면 그들은 단지 제국주의적 통치질서에 야합하고 맹종함으로써만 자신의 허약한 경제적 지위나마 보장받는 정도에 머물렀다. 뿐만 아니라 제국주의 침투의 식민지 내부적 발판으로 활용되는 지주 계급의 사회적 이해관계 역시 보호·육성되었다. 그리하여 자본주의적 생산양식이 관철되었음에도 불구하고 봉건적 지배 질서의 뿌리는 의도적으로 존속시킬 수 있었다.

국가와 전 민족적 통합의 구심점이 존재하지 않고 이민족에 대한 민족적 적개심으로 인해 민족 내부의 계급 모순에 대한 철저한 인식이 둔화될 수밖에 없었던 특수한 상황에서 우리의 공동체 의식은 봉건적 편협성을 극복할 만한 자율적인 기회를 갖지 못했다. 특히 이민족이 가하는 제국주의적 탐학 속에서 우리 민족에게는 뭉치면서도 살아남는 것이 필수로 요구되었다. 따라서 여러 면에서 대대적인 시위보다는 작고 내밀한 응집력이 더 소중히 추구될 수밖에 없었음은 자연스러운 시대적 소산이었다. 그리하여 우리 공동체 의식은 한편으로는 자기중심적인 배타성과 다른 한편으로는 자기방어적인 소집단주의적 폐쇄성을 떨쳐버리지 못했다.

사회구조의 자본주의적 속성과 의식 구조의 봉건성이라는 이중의 모순은 해방 이후에도 크게 달라지지 않았다. 무엇보다 미국을 거점으로 하는 국제자본주의가 세계질서의 냉전적 양극체제를 밑바탕에 깔고 남한에 급격히 상륙함으로써 사회적 관념 체계의 극심한 혼란이 야기되었다. 왜냐하면 새로운 사회질서의 대안이 제시되지 못한 상태에서 전통적인 사회구조가 급격히 파괴되었기 때문이다. 그러한 혼란은 특히 동족 간의 전쟁을 통해 심화되었다. 베네딕트 앤더슨Benedict Anderson은 20세기의 세계대전들을 두고, "사람들로 하여금 전례 없이 많은 사람을 죽이게 했다는 것보다는 대량의 사람들이 자신의 목숨을 버리도록 설득당했다는 점에서 이례적이라고 할 수 있다. 죽은 사람 수가 죽인 사람 수를 훨씬 능가하는 것이 확실하지 않은가?" 하고 개탄한 바 있다. 그러나 우리의 6·25전쟁은 이민족

간이 아니라 동족 간에 그렇게 많은 사람이 자신들의 목숨을 버리도록 설득당했다는 점에서 참으로 기이할 정도였다.

일제강점기에 국내의 정치활동은 자연히 금압될 수밖에 없었고 또 해외의 망명저항운동은 분열을 거듭했다. 결과적으로 광복 이후 한국을 이끌어나갈 정치적 주도 세력이 출현할 바람직한 토대가 튼튼히 마련되지 못했다. 그에 따라 한국사회에 보수·반공 지배 세력이 정략적으로 육성되었음은 물론이다. 청산되어야 할 친일 잔존 세력을 비롯한 반민족 집단들이 반공의 깃발 밑으로 활기차게 모여들었다. 뿐만 아니라 국제적 자본운동을 원활히 수용·촉진하기 위해 무엇보다 자본과 무기가 건너오는 미국의 사회체제적 모형이 직수입되었다. 이승만 체제는 그 풍차요, 저수지였다. 이승만은 특히 자파 세력을 확상하기 위해 진일파와 야합하는 데 매진했고, 이를 통해 국민정신을 황폐화시켰다. 반민족 행위자 처벌을 공공연히 방해했음은 물론이다. 그는 반민족 집단의 반자유민주적 나팔수였던 것이다.

박정희와 전두환도 큰 예외가 되지 못한다. 공동체 의식과의 관련성 속에서 볼 때 특히 박정희 시대에는 두 개의 주목할 만한 모순이 발생한다.

첫째는, 결국은 미국을 닮자는 급진적 자본주의화로 휘몰아가는 근대화 정책과 봉건화·복고화를 지향하는 통치 전략 사이의 모순이다. 이것은 또한 지배 세력 내부의 문화양식적 '국제화'와 피지배 계층에 강요하는 '민족화' 사이의 모순을 뜻하기도 한다. 이순신 장군 묘역 성역화, 민족 전통문화의 재발굴, 정신문화연구원 설립, 충효사상 주입 등 봉건화·복고화와 등식 관계에 있는 소위 '민족화'에의 강요는 사실상 지배 계층 자체의 반민족적 대외 종속성을 은폐하려는 정치적 책략에 다름 아니었다. 동시에 그것은 봉건적 지배 질서에로의 향수를 도발함으로써 자체의 폭력적 지배 윤리를 정당화하려는 권모술수적 통치 전략의 일환이기도 했다. 다시 말하면 이것은 지배 계급의 '근대적' 특권 향유와 피지배 계급에 대한 '봉건적' 억압을 동시에 가능케 하려는 통치 술수의 주요한 근간으로 작용했다.

둘째는, 피지배 계층에 대한 '봉건적' 억압은 당연히 지배 세력과 국민 사이의 유대를 파괴할 수밖에 없다. 이때 지배 계급은 이 파괴된 유대를 복원하기 위해 또 다른 파괴를 감행한다. 말하자면 지배 계급은 사회 집단 간의 충돌과 알력을 조장함으로써 그들 사이의 단합이나 저항 세력의 형성을 저지시키고, 나아가서는 지역감정 고취 등 집단 간의 반목과 불화를 교묘히 악용함으로써 이른바 '분리를 통한 지배'라는 내국인에 의한 제국주의적 통치질서를 구축하는 것이다. 이 두 모순은 결국 강제 집행된 근대화에 의한 의식 구조의 전통성 강제온존이라는, 의식과 행위 그리고 내용과 형식 간의 괴리를 그대로 드러내 보여준다.

한국적 공동체 의식, 어떤 방식으로 존재하는가

앞서도 밝혔듯이 여기서 말하는 '공동체 의식'은 대체로 '일차집단적' 사고방식이나 행위양식을 일컫는다. 그러면 이것은 구체적인 정치 현실에서 어떤 모순을 잉태하며 존재하는가, 그리고 그것의 문제점은 무엇인가 하는 것을 우리의 역사적 과제와 연결시켜 따져보자.

첫째, 한국적 공동체 의식은 '사회 통합'의 저해 요인이다. 동시에 저해된 사회 통합에 대한 소극적 자기 반발이기도 하다.

사회 통합이라 함은 개인 및 집단의 사회적 의사소통(정치 행위 및 사회 내 문화 교류 등)이 '균등한' 수단과 통로를 거쳐 질서 있게 이뤄지는 '사회화' 과정을 말한다. 그러므로 그것은 산업화에 따른 사회의 조직화를 뜻할 뿐만 아니라, 나아가서는 권리와 의무에서 사회 각 구성원 및 구성 집단 간의 동등성이 보장된 민주적 사회질서를 전제로 요구한다. 그러나 우리나라에는 통치의 효율성을 위한 사회의 획일주의적 조직화(예컨대 이전의 새마을운동, 예비군 및 통반장 조직 등)가 철저히 수행된 이면에, 사회 각 집단 간의 거리와 차별을 과시하는 선前 산업사회적 '소집단' 중심주의가 공존하고 있다.

이때 소집단이라 함은 우선 비합리적이고 비정치적인, 제반의 인간적 결합을 일컫는데, 의식 구조의 유사성에서 자체의 사회적 이해관계를 옹호·관철코자 노력하는 사회 조직화된 소위 '이익집단'까지도 포괄한다. 이 '사회화'한 이익집단—즉 사회적 기능과 책임을 소유한 집단—에게는 대체로 기존 사회의 정치적 모순 때문에 사회발전에 능동적으로 기여할 기회가 대부분 차단되어 있다. 이들은 단지 지배 세력의 이해관계에 직간접적으로 종속되어 있을 뿐이다. 따라서 이러한 집단의 사회적 기능은 거의 지배 집단의 의사를 충실히 반영·증언·대변하기 위해 동원되는 데 있으며(예를 들어 반공궐기대회 등), 그 대가로 흔히 반사회적 집단 이기심의 충족이라는 혜택을 부여받는다. 반면 사회화되지 못한 또는 사회화되지 않은 여타의 소집단(예컨대 계, 친목회, 향우회, 종친회, 동창회 등)은 이따금 정치적 목적(선거운동 등)에 활용되기도 하지만, 일반적으로 사회에 대해 피동적이거나 무관심하며, 오히려 경계심이나 공포심을 품고 있을 때가 많다. 특히 기존 사회가 불안하거나 또는 탄압의 주체로 인식될 때 더욱 그러하다. 개인과 사회의 관계 역시 마찬가지다. "사회 경험이 없다"거나 사회로 "나간다" 또는 사회생활을 "시작한다"는 식의 비장한 반사회적 표현법이 관습적으로 등장하는 것도 바로 개인과 사회, 나아가서는 집단과 사회 간의 간극과 괴리를 반증한다. 이것은 무엇보다도 사회 구성원의 능동적인 정치참여의 부재를 드러내며, 아울러 부재하는 정치참여를 비정상적으로 보상하는 기능까지 담당한다.

줄여 말하면 한국적 공동체 의식은 실질적인 사회통합이 저지당하는 상황에서 사회에 대해 일반적으로 지니는 불안의식을 암시할 뿐만 아니라 역설적으로 사회통합, 나아가서는 민족통합을 지속적으로 저해하는 부정적 요인으로 작용한다.

둘째, 특히 봉건적 유산이 철저히 청산되지 못한 한국사회에서 비도덕적 집단(해방 후의 친일파로 구성된 한민당이나 전두환 체제의 군부 등)이 사회에서 지도적 위치를 강점하거나 불법적으로 권력을 탈취할 경우, 그 지배 집단은 자체의 비윤리성을 은폐하고자 스스로를 '사회'와 동일시함으로써 자기 정당화를 기도한다. 즉 자신을 사회 및 민족의 진정한 대변자로 둔갑시키면서 자체의 집단이기주의에 정통성의 근거를 확보하고자 노력하는 것이다. 아울러 자신들의 반민주적 봉건성과 폭력적 정권 장악이라는 정치적 비윤리성은 상승 작용을 일으켜 사회체제를 사유물로 인식하는 사유 체계로 자연스럽게 뻗어나감으로써 정실주의적 부패를 필연적으로 유발시킨다.

말하자면 그러한 지배 계급의 공동체 의식은 그 정치윤리적 비도덕성과 행위양식의 보편적 봉건성으로 말미암아 전체주의적 전횡으로 쉽게 전락할 뿐만 아니라 국민의 도덕적 황폐화까지 조장한다.

셋째, 반면 피지배 집단의 공동체 의식은, 사회 내부의 각 계급 및 집단 간 또는 개인과 사회 간에 구체적이고 실질적인 동등성이 부재할 때 가상적·형식적 집단 동질성의 기회가 주어지면 쉽게 도착적 집단주의의 제물로 변신한다. 특히 정치적 비판의식이 결여된 상황에서는 더욱 그러하다. 예컨대 민간인의 소규모 집단이 예비군 훈련에 동원되면 대낮에 대로에서 유감없이 군가를 합창할 수 있다는 것도 그 조그만 사례에 속한다. 이것은 피지배 집단의 전체주의적 타락이나 파시즘에로의 용이한 동원 가능성을 시사한다는 점에서 심각한 중요성을 지닌다.

히틀러의 『나의 투쟁Mein Kampf』에는 다음과 같은 구절이 엿보인다. "한 개인이 처음으로 군중대회에 들어와 그와 비슷한 기질을 가진 수천의 사람에게 둘러싸일 때, 어리둥절한 가운데 3000~4000명이나 되는 다른 사람들의 도발적인 도취와 열광이 지닌 강렬한 영향에 그가 휩쓸릴 때, 수많은 사람의 명백한 듯한 성공과 동의가 그에게 새로운 가르침의 진리를 확인해줄 때, 그때 그는 스스로 마술적인 힘에 굴복하게 된다. (⋯) 주저와 의혹 속에서 그와 같은 모임에 참여했던 사람은 내적으로 강화되어 그곳을 떠난다. 그는 새로운 공동체의 일원이 된 것이다."

파시즘의 사도 히틀러가 옆에 없다 하더라도 이처럼 도착된 집단향수는 사회적 불안으로부터의 도피를 위해 좀더 강력한 집단 의지에 스스로를 의탁시키려는 무분별한 광신주의로 전락할 위험을 항상 내포하고 있다. 이 뒤집힌 집단 히스테리는 무엇보다도 끝없는 경제적 불안, 산업화로 인한 사회적 익명성, 소외의식 또는 도덕적 황폐화로 인한 불신 풍조 등이 만연함으로써 사회 내부에 허무주의, 패배주의가 팽배할 때 좀더 분명히 나타난다. 이런 의미에서 이러한 공동체 의식은 지배 세력의 전체주의적 통치 전략의 유효적절한 도구로 악용될 수 있다.

넷째, 지식인에게서 이 한국적 공동체 의식은 명백히 모순적 양태를 드러낸다. 극단적인 표현이 허용된다면, 지식인의 공동체 의식은 코즈모폴리턴적 경향과 쇼비니스트적 성향을 동시에 나타낸다고 말할 수 있다. 지배 집단으로의 부단한 상승과 이른바 '출세'를 기도하는 소위 구미화된 일부 지식 계층의 문화 양식은 '같은' 민족 내부의 다른 계급들의 그것보다는 오히려 '타'민족의 비슷한 문화 양식을 향유하는 계급의 그것과 더 친밀한 유대감을 형성한다. 이들에게 '민족적'인 것은 민족적 열등감을 더 강하게 확인시켜주는 지극히 불편한 족쇄 그 이상의 것이 아니다. 따라서 이들은 세계시민적(미국적) 이론체계와 행위양식이야말로 우리의 낙후성을 제거시켜주는 타당한 진로라고 강변한다. 그러나 그들은 그들의 '세계주의'(미국주의)가 바로 국제적 추종주의를 뜻하며 따라서 반민족주의로 연결될 수도 있다는 사실은 애써 외면하려 한다.

반대로 민족 및 민족주의에 깊은 애정을 기울이는 일부 지식인에게서는 국수주의적 경향을 자주 발견하게 된다. 민족적인 것에 대한 지나친 애착과 외세를 향한 뿌리 깊은 증오는 외래의 것 일체에 대한 본능적인 혐오감으로 뻗어나가기도 한다. 예컨대 그들은 커피를 마시면서도 기독교나 베토벤의 음악 역시 결국은 서양의 것이니 배

척하지 않으면 안 된다는 모순된 주장에 빠지기도 한다. 여기에 무시 못 할 위험이 도사리고 있다. 민속춤을 추고, 방 안에 민속화를 걸어둔다거나 민족적인 문화유산을 즐겨 찾는다고 해서 그것이 '민족주의적임'을 증명하는 것은 결코 아니다. 그렇다면 해마다 정부에서 주관해온 '민속 대잔치'니 '전통문화 발굴'이니 하는 것도 다 민족주의적인 신념에서 행해지는 것인가.

이 동맥경화증적 '민족주의자'들에게는 그 시야의 한계 때문에 정치적 전략이 부재한다. 반면 '국제주의적' 구미식 지식인들에게는 그 이념적 불순 때문에 정치적 책략만이 존재한다.

다섯째, 진정한 사회통합을 통해 제거되지 못한, 또는 발전적으로 해소되지 못한 소집단 이기주의는 사회의 폐쇄화와 비민주화를 더욱더 조장한다.

집단 간, 그리고 집단과 사회 간의 건전한 교류가 차단됨으로 인해, 또한 오랫동안 전수되어온 피해의식과 자기 보호의식 탓으로, 아울러 널리 만연해 있는 정보주의와 불신 풍조 때문에 '흑백논리'가 지배적인 생활철학으로 등장한다. 견해나 이념 차가 개방적인 토론이나 민주적인 의사소통을 통해서가 아니라, 등 뒤에서 칼을 꽂듯이 암살적으로, 무대 뒤에서 음습하게 비난·성토·각색되곤 한다. 따라서 분열만이 그 통일적 결과다.

대통령 선거 등 여러 유형의 선거도, 그 본래의 취지와는 정반대로, 국민적 단합이 아닌 분열만을 초래한다. 자유민주주의의 이름으로 자유민주주의 그 자체를 마구잡이로 폭행해버리는 폭력 현장이 어디 한두 군데인가. 자유민주주의의 본성에 속한다는 '관용'은 사전에서도 찾아보기 힘들 정도다. 뿐만 아니라 이러한 공동체 의식은 개인의 주체성이나 자유에 대한 존엄성까지 무시하는 탓에 흔히 개인의 인권이나 사생활에 대한 침해와 간섭으로 비화되기도 한다. 이 소집단 물신숭배는 각 '개체의 자유로운 발전'을 통한 '전체의 자유로운 발전'을 지향하는 것이 아니라, 공동체로의 개체의 익사를 강요한다.

우리에게는 물론 역사로부터 받는 푸대접이 그리 낯설지 않다. 무엇보다 한국에는 근대적인 서양의 합리적 의식체계가 제국주의적 식민화 과정이나 민족 내부의 전쟁이라는 비정상적이고 비극적인 채널을 통해 도입·이식되었다. 다시 말하면 민족 주체적인 입장에서 자율적으로 여과시킬 겨를도 없이, 그것은 외세의 편의에 따라 적당히 둔갑된 형태로 우리에게 강요된 셈이다. 그리하여 그것이 빚어내는 모순은 소화불량 상태로 잔존하고 있다.

어떻게 보면 비록 부정적인 공동체 의식이라 하더라도 그러한 것이 끈끈히 존재한다는 것 자체가 행복인지도 모른다. 구미 선진 제국의 원자화된 사회구조와, 사실 힘센 사람이 최고라는 식 '거인巨人주의'일 수밖에 없는 악착스러운 자본주의적 개인주의, 인간 소외, 인간성의 몰락 등 타기할 만한 사회 모순 현상을 떠올려볼 때, 우리에게는 '공동체' 의식이라는 게 있다고 자랑스레 외칠 수도 있다.

더구나 IMF 한파가 밀어닥쳐 주위는 삭막하고 불안하다. 결국 저들을 닮아가자고, '세계화'니 '국제화'니 하는 것을 목 놓아 부르짖고 있지는 않은가. 우리의 정겨운 이웃들이 '무한 경쟁', 아니 '타도'의 대상으로 손쉽게 탈바꿈되기도 한다. '우선 이기고 보자'가 언제 어디서 '까짓것 죽여도 좋아'로 변질될지 아무도 자신 있게 말할 수 없다.

우리의 공동체 의식이 아직도 인간적 정서의 *끈끈한* 유대감 같은 것을 엮어내고 있음을 부인할 수는 없다. 자신이 속한 집단, 고향, 조국에 대해서 지니는 애착심은 인간 본연의 심성인지도 모른다. 문제는 이 애착심이 분별을 잃는 데 있다. 그것은 이성적인 판단으로 여과된 이념적 충동이 아니라 인간적 감성에 바탕을 둔 정서적 집착으로 전락함으로써 항상 불합리한 지배 세력의 통치 논리를 정당화하는 데 동원될 숙명을 안고 있기도 하다.

인류 역사상 얼마나 많은 악행이 가문과 특정 집단, 민족과 조국의 이름으로 저질러졌던가! 인간적 정서가 비록 이념을 만들어내는 기본 동력으로 작용하기는 하나, 이념에 의한 통제 없이는 언제든 방향을 상실해버릴 위험성을 지니고 있다.

정시 없는 이념은 공허하고, 이념 없는 정서는 냉목적이다.

003 '컬러리즘Colourism'(색깔론)

예로부터 색깔은 정치와 뗄 수 없는 관계를 맺어왔다. 가령 신분질서가 지배하던 사회에서는 몸에 걸치는 관복의 색깔 차이로 지위의 높낮음과 직책의 같고 다름을 구별하곤 했다. 그러던 중 1789년의 프랑스 대혁명과 더불어 화려하게 개막된, 이른바 '이데올로기의 시대'에 들어서면서부터 색깔은 특정 사상과 이념을 상징하는 정치적 도구로 활용된다. 빨간색은 혁명이나 공산주의를 일컫는다는 식으로 말이다.

오늘날과 같은 이데올로기의 시대에는 어떻게 국민 대중의 가치판단에 영향을 주고, 어떻게 그들을 특정의 이념체계로 끌어들이며, 어떻게 그러한 특정한 주의주장을 대중의 이름으로 합리화·정당화할 것인가가 급박한 정치적 과제로 떠오른다. 서로 이질적이고 심지어 적대적이기까지 한 구호와 정책을 내세우면서도, 모든 정당과 정치인이 항상 '국민이 우리를 지지한다'고 외치며, 국민의 이름을 독점하기 위해 경쟁적으로 벌이는 우스꽝스러운 난투극을 접하면 이런 가슴앓이는 쉽게 이해할 수 있다.

그리하여 정치인들은 지극히 간단명료하게 자신의 이념적 입장을 압축함으로써 가장 효율적으로 대중을 자기편으로 끌어들일 방편이 무엇일까를 두고 골머리를 썩이곤 한다. 구호, 로고, 의상, 노래, 깃발, 색깔 등등이 그 방편의 주요 품목들이다.

이런 대중 동원 수단의 대표 격은 역시 뭔지 모르게 늘 국민의 가슴을 뭉클하게 하는, 창공에 펄럭이는 국기와 하늘에 장엄하게 울려 퍼지는 애국가라 할 수 있다. 그중 우리에게 가장 널리 알려진 것이 청-백-적색의 프랑스 국기와, 처음에는 반혁명군 타도를 외지는 군가였다가 나중에 프랑스 국가가 된 '라마르세예즈'일 것이다. 이것들은 물론 프랑스 혁명의 직접적인 산물이며, 혁명과 공화국을 수호하려는 프랑스 인민들의 피 끓는 열정을 상징적으로 담아내고 있다. 거기에도 이미 색깔이 등장했다.

정치적 색깔과 관련하여 가장 흥미로운 양상을 보여준 나라는 뭐니 뭐니 해도 이전의 서독이라고 할 수 있다. 과거 서독에는 오랜 사회주의의 전통에 따라 적색으로 상징되는 사회민주당과, 기독교를 배경으로 삼아 흑색으로 묘사되는 기독교 민주당의 양대 정당 외에, 녹색으로 대변되는 녹색당, 황색의 자유민주당 등이 있었다. 그뿐만이 아니다. 녹색당에서 떨어져나와, 노인의 사회적 권익을 위해 투쟁하겠다는 회색당도 있었고, 신나치주의자들의 조직인 갈색당도 있었다. 거기다가 흥미롭게도 사민당, 녹색당, 자민당이 연합하여, 녹·

황·적의 '교통신호등식 연립정부'를 수립할지 모른다는 추측이 나돌기도 했다. 어쨌든 서독에는 나름대로 정치적 색깔에 따른 낭만이라도 있었다. 이처럼 정치적 목적으로 색깔이 활용될 경우 그것은 본래부터 특정한 사상, 이념, 노선과 직결되었다.

'정체성 논란'의 정체는?

한편 우리나라에 불어오는 색깔 선풍은 특이한 색조를 띠고 있다. 예를 들어 노무현 정부 초기, 국회 정보위원회의 인사청문회가 바로 이 색깔 돌풍의 진원지가 된 적도 있다. 몇몇 시대착오적인 위원들이 국가정보원장으로 선임된 고영구 변호사 및 서동만 교수, KBS 정연주 사장 취임에 대해 "사상이 불순"하다느니 "친북 좌파"라느니 하며 '사상 검증'의 포문을 연 것이다. 그들에게는 학문과 사상의 자유니 양심의 자유니 하는 것이 다 지상의 낙원에나 있을 법한 잠꼬대 같은 소리로 들렸던 듯하다.

이를 뒤이어 이른바 '정체성 논란'이 덮치기도 했다. 박근혜 전 한나라당 대표가 먼저 "정부 및 여당이 국가 정체성을 흔들고 있다"며 포문을 열었다. 곧이어 김덕룡 전 한나라당 원내대표가 "노무현 정권에서 국가 정체성을 훼손하는 반국가적 사건이 많았다"고 지적한 뒤, "그런데도 대통령과 여당이 진솔하게 사과하기는커녕 색깔 운운하고 케케묵은 과거사를 끄집어내고 있다"며 목소리를 높였다. 나아가 그는 "노무현 정권의 잇따른 정체성 훼손에 대해 국민 불안이 증폭

되는 과정에서, 체제 수호의 보루 역할을 해온 국가보안법을 폐지하는 건, 나라를 혼돈에 빠뜨리는 것"이라며 연이어 포성을 터뜨렸다.

여기서 '정체성 논란'의 '정체'는 과연 무엇일까? 노무현 정부의 '정체성'을 의혹에 찬 눈길로 투시하는 세력들은 바로 '정부의 색깔이 수상하다, 좌편향적이다'라고 단정지으며, 한 칼에 여권을 싸잡아 매도해버리는 부류인 것이다. 그들은 상투적인 '색깔론'을, 시대 분위기에 어울리게 '정체성'이라는 현학적인 용어로 새로이 포장한 것이다.

이러한 색깔론은 "방귀 뀐 놈이 성낸다"는 옛말처럼 구린 사람 스스로가 오히려 선수를 쳐서 보무당당하게 한번 면피해보자는, 계산된 정치적 술수에서 비롯되는 것이라고 할 수 있다. 실은 검증받고 탄핵당해야 마땅할 수구적 공안 집단들이 솔선수범하여 색깔론을 연출함으로써 자신은 마치 '백의의 천사'이며 '정의의 사도'라도 되는 양 위세를 떨치려는 것이다. 가공할 만한 '위장취업'이다.

이처럼 우리 사회의 전통으로 굳어지다시피 한 "색깔을 밝히라"는 주문은, "꼭꼭 숨겨놓은 당신의 이념과 노선의 정체를 솔직히 드러내라"는 강압적인 요구이며, "당신의 색깔이 나와 같은지 다른지를 이실직고하라"는 완곡한 위협이다. 그러나 이런 강요와 윽박지름은 대단히 폭군적이고, 일방적이며, 획일적이고, 흑백논리적인 독선적 자의식에 뿌리내리고 있다.

'색깔론'이 우리나라에서 어쩔 수 없이 음험하고 공포스러운 색조를 띠는 이유는, 사상의 자유와 이념에 대한 판정이 지금껏 항상—특히 박정희 시대에 유별났듯이—지배 세력의 입맛에 따라 좌우되어 왔던 전통 때문이다. "당신, 사상(색깔)이 수상해!"라는 한마디 말이 당사자의 가슴을 얼마나 무거운 바위처럼 짓눌러왔던가. 이 말은 곧 "당신, 맛 좀 봐야 되겠어"로 통했고, 곧이어 주위 사람들에게까지도 소위 '연좌제'에 의해 처절한 박해와 참담한 고난이 뒤따랐기 때문이다. 이런 의미에서 색깔에 대해 '자신만만해'하는 세력은 역사를 되돌아볼 때, 자유와 민주주의를 위해 굽힘없이 싸워온 개인이나 집단들을 색깔을 빌미로 혹독히 탄압해본 전력이 있는 반민주적 냉전·공안 세력들이라고 할 수 있다.

어쨌든 이러한 수구 세력이 벌이는 소위 '사상 검증'이란 작태는 '방귀 뀐 놈-이데올로기'의 발로이며 또한 자신의 불순과 무지를 스스로 폭로하는 것에 다름 아니다.

그런데 우리 대한민국에서는 전통적으로 '좌파'의 일방적 타도만이 절규돼오지 않았던가. 요컨대 '좌익수'만 있고 '우익수'는 단지 야구장에서만 찾아볼 수 있을 따름이다.

자유민주주의와 색깔론

대한민국을 으레 자유민주주의 국가라 말한다. 하지만 이러한 사실과 배치되거나 모순되는 역리 현상이 빈번히 발생하는 것이 우리의 안타까운 현실이다. 우리나라에서는 여전히 이른바 '색깔론'이 기회 있을 때마다 올림픽 성화처럼 불타오른다. 그것은 어른스러운 합리적 논쟁이 아니라 어린애 불장난 같은 것에 지나지 않는다.

1998년 『월간 조선』의 '최장집 사상 논쟁 사건'이라든가, YS 집권

초기에 김정남 수석과 한완상 통일원장관에 가해진 이데올로기적 폭력 행사 문제도 이 범주에서 크게 벗어나지 않는다.

그런데 대체 자유민주주의란 무엇인가? 어느 정치학 전공 교수는 '한국정치학회' 학술상을 수여받은 그의 한 저서에서, 자유민주주의 의 본질적 원칙의 하나로 '관용tolerance'을 들고 있다. 한마디로 "관용은 국가, 사회, 또는 개인의 편에서 볼 때, 자신이 선택한 대로 믿고 행동할 수 있는 타인의 평등한 권리를 침해하지 않는 한, 비록 어떤 행위나 신념이 마음에 들지 않고 동의할 수 없는 것이라 하더라도, 그것을 인정하고 훼방놓지 말아야 할 의무"를 일컫는다. 말하자면 공적인 일에서나 개인적인 사안에서, 서로가 갖고 있는 견해나 신조를 절대적인 것으로 고집하지 않는 태도가 바로 관용인 것이다

사회에 대한 다원론적 시각이 활발히 논의되면서 이 관용은 개인의 다양성으로부터 집단의 다양성으로 강조점이 이동해간다. 다원주의pluralism에 의하면, 사회는 이해관계를 달리하는 여러 이질적인 집단의 집합이다. 따라서 이해관계의 대립은 필연적이고 그 가운데 어떤 것도 절대적인 것이 되지 못하기에, 경쟁하는 개별 집단 사이의 타협이 필수 덕목으로 등장한다. 이때 관용은 타인의 이해관계를 인정하면서 협상과 타협을 통해 그 대립을 풀어나가려는 호혜적인 자세를 가리킨다. 이런 의미에서 자유민주주의적 관용의 적敵은 광신fanaticism이라고 할 수 있다.

그러므로 과거 공안 당국의 작태나 색깔론, 정체성 논란은 '광신'에 가까운 것이라 하지 않을 수 없다. 무엇보다 국가보안법은 이러한 자유민주주의의 기본 정신에 배치된다. 즉 광신의 적자嫡子인 것이다. 그러므로 우리는 자유민주주의의 수호냐, 아니면 국가보안법

의 폐지냐 하는 양자택일 기로에 서 있다고 할 수 있다. 왜냐하면 자유민주주의와 국보법은 양립할 수 없기 때문이다.

이 지상의 어느 누구도 인간의 신념과 양심을 신神처럼 절대적으로 판정내리고 그 판단을 반드시 추종하지 않으면 안 된다고 강요할수는 없다. 그것은 독단과 교조가 난무하는 전체주의 사회에서나 가능한 일이다. 왜 '학문과 사상의 자유'가 저 프랑스 대혁명 이래 자유민주주의의 꽃으로 기능해왔는가를 곰곰이 생각해볼 일이다.

'과거 청산'의 색깔은?

이른바 '과거 청산'이라는 것도 마찬가지다.

이때 '과거'라 함은 지난 역사를 총칭하는 말이 아니라 어떤 특수한 역사적 경험을 일컫는 개념이다. 예컨대 '과거가 있는 여성'이라고 할 때, 그 여성의 지난 모든 과거를 통틀어 그렇게 지칭하는 것이 아니라 어떤 특정한 과거의 경험 하나를 지목해 부르는 것과 마찬가지다. 또한 '청산'이라 함은 단순히 과거의 부정적인 요소를 제거한다는 의미로만 해석될 수 없다. 그것은 헤겔의 변증 철학에서 말하는 '지양Aufheben'의 진정한 의미와도 상통한다.

'지양'이란 단순히 '제거하다' '없애다' 정도의 가벼운 의미를 지닌 말이 아니라, '위로 끌어올리며 극복해나간다'고 하는, 좀더 심오한 역사적 뜻을 함축한 철학적 개념인 것이다. 요컨대 '지양'이라 함은 과거로부터 전해 내려오는 부정적인 요소는 제거해야 마땅하지만, 그것이 지니고 있는 긍정적인 부분은 심화·발전시켜나가야 한다는 역사적 요청을 담고 있는 개념이라는 말이다.

마찬가지로 '청산' 역시 반민족, 반통일, 반민주, 반인권 등 과거의 부정적인 폐해는 척결해나가되, 민족해방, 민족통일, 민주사회 건설을 위한 노력은 정당하게 평가하고 고양시켜나가자는 적극적인 자세를 일컫는 개념이다. 말하자면 사회 발전을 가로막아온 과거의 부당한 행위에 대해서는 응징을 가해야 하며, 동시에 불의로 점철된 과거에 의해 억울하게 희생당한 사람들을 정당하게 보상하고 구제함으로써 새로운 가치관 진작에 헌신해야 한다는 취지가 담긴 개념이 바로 '과거청산'인 것이다.

내 눈에 티가 들어가면 견딜 수 없어 하고, 이빨 사이에 조그만 찌꺼기만 끼어도 참을 수 없어 안달하면서도, 정작 내 마음속에 돋아난 그 많은 가시를 두고서는 오히려 태연하지 않은가. 예컨대 새누리당과 '조중동'은 스스로에게 준엄히 물어볼 일이다.

줄기차게 색깔론을 제기하고, 나아가서는 국보법 수호를 절규하는 우리나라의 수구 냉전 세력들이 충심으로 흠모해 마지않을 미국에도 버젓이 공산당이라는 것이 있다. 허나 우리는 아직도 현대판 분서갱유나 일삼으려 하니 어쩔 것인가. 어떠한 종류의 폭력도 사회로부터 추방당하지 않으면 안 된다. 이질적인 사상과 신념에 대한 폭력 또한 철저히 거부되어야 한다. 그것이 실은 자유민주주의를 수호하는 길이다.

이들 구시대적 만행에 몰두하는 정치인에게는 오로지 양자택일의 길밖에 없음을 명심해야 한다. 요컨대 돌이킬 수 없는 역사의 도도한 흐름에 적극적으로 동참하든지, 아니면 박물관용으로 스스로를 박제화시켜버리든지 하는 것이다.

하지만 이런 '과거 청산'이 오히려 그동안 쌓아올린 민주주의 자체의 청산으로 가닥을 잡아가는 기세가 더욱 도드라져 보인다. 왜냐하면 '불통령' 박근혜 정부 들어서면서는 컬러리즘이 '종북주의' 등으로 더욱더 절묘하게 다변화해가고 있기 때문이다. 그리하여 결국 '정치적 위기'가 아니라 '정치 자체'의 위기가 엄습하고 있는 실정이다.

004 사익 절대주의

도로표지판과 식당안내판

도시든 시골이든지 가리지 않고 우리나라에서 가장 성의 있고 믿을 만하게 만들어진 안내판은 목숨을 다루는 도로표지판이 아니라 식당안내 표지판이다. 이것이 문제다. 간첩이 침투해 암약하기 가장 힘든 나라가 우리나라가 아닐까 한다. 워낙 많은 게 시도 때도 없이 졸지에 바뀌는 데다 그런 변화무쌍함에 대한 소개나 안내 또한 제멋대로이니, 대체 누가 무엇을 믿고 따를 수 있겠는가.

지금 우리나라 도로의 역사적 존재 가치는 무엇일까? 한마디로 말해 도로는 우리 사회의 속성과 건강 상태를 그대로 드러내 보여준다. 요컨대 우리 사회의 체온계나 풍향계 같은 것이다.

긴 이야기 필요 없이, 우리는 대한민국 도로에서 가장 적나라하고 상습적인 이기심의 화려한 전투를 체험할 수 있다. 문제는 여기서 끝나지 않는다. '도로표지판'이 또 나선다. 참으로 신뢰하기 힘든 것 중 하나가 바로 이 도로에 걸려 있는 표지판이다. 대단히 알아보기 힘들게 만들어졌을 뿐 아니라, 왕왕 아주 주관적으로 쓰인 게 적잖아 모르는 길에서 골탕먹기 일쑤다. 반면에 가장 믿을 수 있는 것은 도로 위의 식당안내판이다. "오른쪽, 왼쪽, 어느 쪽으로 돌아서 몇 미터 오면 무슨 식당이 보인다"는 안내판을 따라 차를 몰면 거의 틀림이 없다.

목숨과 직결된 것은 똑같지만, 도로표지판을 만들어 거는 사람은 대부분 그것과 아무런 이해관계를 갖지 않는다. 반면 식당안내판은 그걸 내다 건 사람의 생사를 좌우한다. 이를테면 도로표지판은 공익을, 식당안내판은 사익을 대변하는 셈이다. 이런 관점에서 한국 국민은 공익과 관련된 일은 무참할 정도로 홀대하지만, 사익만은 임전태세 완비 정신으로 하등의 오차 없이 철두철미하게 추구한다고 말할 수 있다. 옛사람의 말은 틀림이 없다. "모든 사람의 재산은 어느 누구의 재산도 아니다"라는 해묵은 격언은 얼마나 애틋하게 맞아 들어가는가. 예컨대 공기처럼 원래 모두가 공짜로 가질 수 있는 재산은 어느 누구도 값어치를 지닌 것으로 여기지 않는 법이다. 하기야 우리는 값어치보다는 값, 요컨대 가치보다는 가격만을 따지는 일에 더 매달리는 존재들 아닌가.

인간사회에 이런 몹쓸 일이 자주 일어날 수 있음을 수천 년 전 고대 희랍의 아리스토텔레스도 이미 깨닫고 있었다. 그는 『정치학』에서 이렇게 말하고 있다.

"모든 자가 한 사람같이 동일한 것을 내 것이라 부르면, 그것은 훌륭한 것이겠지만 실행할 수는 없는 것이다. (…) 최대 다수에 의해 공유되는 것은 가장 빈약한 취급을 받는다. 모든 자는 주로 자기 자신의 것을 생각하고 공유물에는 별로 흥미를 갖지 않는다. 그러므로 그가 그 자신 개인으로서 관련될 때 비로소 흥미와 이해를 갖게 되는 것이다. (…) 누구나 남이 해주리라고 기대하는 임무는 소홀히 하는 경향이 있다."(제2권 3장)

뿐만 아니라 근대에 들어와서 영국의 사상가 토머스 홉스는 "만인에 대한 만인의 투쟁"이라는 용어까지 동원해가며 인간사회의 타락 가능성을 냉혹하게 따지고 들지 않았던가.

우리가 지금 몸담고 살아가는 자유민주주의 사회는 개인주의적 인간을 토대로 한다. 개인주의는 자유주의의 철학적 기초인 깃이다. 일반적으로 자유주의적 개인주의는 인간사회 및 그 제도와 조직들보다는 개인을 더 근본적이고 실질적인 존재로 여긴다. 뿐만 아니라 그것은 사회 혹은 그 어떤 사회적 집단보다 개인에게 더 높은 도덕적 가치를 부여한다. 즉 개인은 사회 '이전에' 오며, 개인의 권리와 요구는 사회의 그것보다 도덕적으로 우선한다.

홉스의 사회철학은 특히 인간이란 자신에게 이익이 되지 않는 한 남과 협동한다든가 남을 도와주는 경향을 전혀 갖지 않는, 자기 이익만 추구하는 개인이라는 인간관에서 출발한다. 그는 인간 본성 human nature의 경험적 잣대로써 정치의 본질과 목표를 읽어내고자 노력했던 것이다. 그리하여 홉스는 인간을 움직이도록 만드는 자연스러운 두 요인으로 '욕망appetite/desire'과 '혐오aversion'를 들었다. 모든 인간은 대체로 "죽음에 이르러서야 비로소 막을 내리는, 권력

power을 숨 가쁘게 뒤쫓는 영원하고 지칠 줄 모르는 욕망"을 소유하고 있다는 것이다. 바로 그렇기 때문에 인간은—예컨대 본성적으로 사회적 동물인 개미나 꿀벌들과는 달리—이기적 욕구에서 잠시도 벗어나지 못한다고 본 것이다. 이 이기주의는 경쟁과 끊임없는 불안 및 갈등, 심지어는 물리적 충돌로까지 나아간다. 홉스는 무엇보다 '자기보존self-preservation'이야말로 자연으로부터 물려받은 인간의 근본 권리에 속하는 일이라 생각했던 것이다.

이런 관점에 입각하여 홉스는 "인생"을 하나의 "경주race"로 본다. 따라서 이 경주에서 "오직 최고가 되려는 것 외에 다른 목적이나 목표를 생각할 수 없다"고 잘라 말한다. 이러한 경쟁에서는 다른 사람을 뛰어넘기 위해 안간힘을 다해야 하며, 그들을 희생시키면서까지 이득을 쟁취해야 할 뿐만 아니라, 이미 획득한 재산을 지켜나감으로써 부귀영화를 마음껏 향유할 수 있어야 한다. 이러한 경쟁 속에서 "엄청난 잔혹함great cruelty"이 생겨나지 말라는 법이 있겠는가. 그리하여 홉스는 "다른 사람들이 우리가 원하는 바를 우리에게서 탈취해갈지도 모른다는 공포심" 때문에라도 "공격적인 개인주의aggressive individualism"가 불가피함을 내비치고 있는 것이다.

근래에 들어서도 개릿 하딘Garrett Hardin이나 엘리너 오스트롬Elinor Ostrom 등도 "공유의 비극"이란 표현을 쓰며 이런 문제에 대한 치열하고 흥미로운 연구 업적을 많이 내놓았다.

예컨대 '공유지의 황폐화' 문제를 떠올려볼 수 있다. 모든 사람에게 같은 목초지에서 목축할 권리가 부여되어 있다면, 어느 누구도 그곳이 사유지였을 경우 당연히 행사했을 법한 자기 규제를 외면하게 된다는 것이다. 각 목장주는 자기가 기르고 있는 가축들로부터는 직접적인 이익을 향유하지만, 자신의 가축과 다른 사람의 가축이 과잉으로 방목될 경우 공용 목초지의 고갈로 지속적인 손실을 감수해야 한다. 어쨌든 목장주들은 그 결과로 빚어지는 손실은 일부만 부담하면 되기 때문에 될 수 있는 대로 많은 가축을 목초지에 내보내고자 한다. 그렇게 되면 방목되는 가축의 수효가 토지 면적에 비해 지나치게 많아지고 자연히 풀도 사라진다. 이런 상황에 대해 하딘은 다음과 같은 결론을 내린다.

바로 여기에 비극이 있는 것이다. 각자는 제한된 영역에서 무제한으로 자신의 가축을 증대시키지 않을 수 없는 체계 속에 갇히게 된다. 공유지는 누구나 자유롭게 사용할 수 있다는 믿음 속에서 각자 최신의 이익만을 추구함으로써 폐허화는 모두가 돌진해 들어가는 종착점이 되고 만다."(엘리너 오스트롬, 『집합행동과 자치제도』, 윤홍근 옮김, 자유기업센터, 23쪽)

혹시 우리 사회는 지금 이 "폐허"를 향해 웃으며 돌진해 들어가고 있는 것은 아닌가? 폐허란 곧 공멸, 모두의 죽음을 의미한다.

이런 맥락에서 이기주의의 사회적 문제점에도 유념할 필요가 있다. 『뇌내혁명』이란 책으로 선풍을 불러일으킨 일본 의사 하루야마 시게오 같은 인물까지 나서서 '활성산소'를 유전자의 노화 및 질병으로의 길을 재촉하는 악성 인자로 규정한다. 그는 에고$_{ego}$가 지나쳐 자기 이익만 탐하는 이기주의가 극성을 부릴 때 활성산소가 대량으로 방출되어 명을 재촉한다고 주장한다. 따라서 인간을 포함한 모든 생물체는 "개체로서가 아니라 종種으로서" 생명을 유지하지 않으면 안 된다고 촉구한 바 있다.(『뇌내혁명』 3권, 사람과책, 1999, 51쪽) 말하자면 이기주의란 자신의 생명조차 거스르는, 반인간적이고 반인륜적인 병폐라는 말이다. 무서운 일이다.

데이비드 흄은 그의 『인간 본성론』에서 "내 손가락의 상처보다 전 세계의 파멸을 더 선호하는 것은 이성에 위배되지 않는다"는 악의에 찬 말을 던졌다. 그는 인간 욕구에 내재해 있는 불변의 이기성을 숨기려 하지 않는다. 그는 인간의 자연스런 특성으로 여겨지는 것을 다음과 같이 요약하기도 한다. "모든 사람이 평등하다고 해도, 사람이라면 자기 조카보다는 자기 자식을 더 사랑하며, 자기 사촌보다는 조카를 더 사랑하고, 모르는 사람보다는 사촌을 더 사랑한다"고. 마찬가지로 우리 조상들도 "팔은 안으로 굽는다"고 설파했다. 그렇지만 이러한 흄도 인간의 이기주의에 마냥 안주할 수만은 없었던 듯하다. "인디언이나 내가 전혀 알지 못하는 사람의 곤경을 최소화하기 위해, 나의 완전한 희생을 선택하는 것은 이성에 어긋나지 않는다"고 술회할 수밖에 없었던 것이다.

이 기회에 우리는 공익을 정의하는 세 가지 '학설'을 참고할 필요가 있다.

첫째는 '다수 이익설Interests of Majority'로서, 한 사회의 구성원 중 다수에게 이로운 것이 공익이라는 입장이다. 예컨대 본질적인 민주주의 원칙으로서 기림받는 '다수결원칙' 등이 이에 근거한다. 그러나 수적인 기준만 가지고 공익을 규정하는 데는, '다수의 횡포'에서 잘 드러나듯이 다수의 이익을 앞세운 나머지 소수나 약자의 권익이 무시되거나 손상당할 수밖에 없는 커다란 위험이 따른다.

둘째는, '절대 가치설Absolute Value' 또는 '자연법 설Natural Law'이다.

인류의 보편적 가치 또는 자연법상의 원칙을 공익의 기준으로 삼는 입장이다. 요컨대 자유와 평등, 생명 존중, 환경보호 등 보편적 가치를 구현하는 것이 공익이라는 말이다. 그런데 절대 가치나 자연법적 원칙은 타협하거나 포기할 수 없는 본질적인 원칙이기 때문에 그 구현을 위한 노력은 다분히 투쟁적일 수밖에 없다. 한편 서로 다른 절대적 가치가 충돌할 때 가장 심각한 문제가 발생한다. 그린벨트 문제를 예로 든다면, 환경을 중시하는 측에서는 그린벨트 해제를 반대하지만, 그 때문에 희생을 강요당해온 주민 입장에서는 환경보호 이상으로 중요한 것이 평등권, 행복 추구권 등이다. 이런 식으로 서로 충돌하는 두 절대적 가치 사이 어느 곳에 공익이 존재하는지 가늠하기 힘들어진다.

셋째, 이러한 '다수 이익설'과 '절대 가치설'의 한계를 극복하기 위해 제시된 것이 '균형 협약설'이다. 말하자면 한 사회 내 여러 집단의 이해관계가 균형을 이룬 상태A negotiated Balance of Interests가 공익이라는 것이다. 사회 각 집단의 대립되는 이해관계를 당사자 간 직접 협상 또는 사회적 조정 과정을 거쳐 조화와 균형을 이뤄나갈 수 있다는 발상이다. 이러한 노력이 성공적으로 이뤄질 경우, 공동체적 연대와 결속이 가능해질 수도 있다.

한 사회 안에서 이러한 노력이 성사되는 데는 무엇보다도 자유주의의 기본 가치인 '관용'의 정신이 확립되어야 한다. 그런데 관용은 합리적이고 이성적인 판단 및 자기 규율을 요구하는, 따라서 사회의 문화적 발전 수준이 높은 곳에서 기대할 수 있는 공적이고 개인적인 덕망이다. 이런 의미에서 한국 사회는 '자유민주주의의 수호'를 수없이 절규했지만 여태 자유주의의 기본 정신 하나 제대로 소화해내지 못하는 딱한 처지에 놓여 있다.

바로 그렇기 때문에 우리에게는 오히려 좀더 과격한 각오와 결단이 절실하다. 우리 인간은 언젠가는 이 세계를 함께 떠날 수밖에 없는 유한자로서 서로 아끼고 도와야 한다. 더군다나 동일한 전통 속에서 동일한 언어를 사용하며 동일한 영토에서 더불어 살아가는 같은 민족 사이라면 더 이상 무슨 말이 필요하겠는가.

그러하니 공동체를 함께 가꿔나가는 애틋한 화해와 격려, 이 공동체가 그 뿌리를 드리우고 있는 우리 자연에 대한 숭고한 사랑, 그리고 이러한 인간과 자연을 서로 따스하게 이어주는 푸근한 문화적 공감대를 이냥 넓혀나가야 한다. 말하자면 어떻게 하면 사익 절대주의가 물린 자리에 공익 우선주의 정신의 씨앗을 촘촘히 심어나갈 것인가 하는 게 문제다.

언제쯤이면 우리 도로표지판이 식당안내판처럼 정밀해지고, 또 언제쯤이면 우리의 식당안내판이 도로표지판처럼 정갈해질까?

나의 이기주의와 우리의 공동체 의식

지금으로부터 4300여 년 전 10월 3일, 우리 민족, 아니 한반도에서 인간의 역사가 시작되었다. 하늘이 열리고 나라가 세워진 날을 우리는 개천절이라 부른다.

고려 말 승려 일연이 쓴 『삼국유사』에는 우리 시조 '단군'에 대한 이야기가 나와 있다. 하느님의 아들 환웅이 무리를 이끌고 땅의 세계에 내려온 곳은 태백산 꼭대기 신단수 아래다. 예로부터 인간 세상의 이상을 펼치는 곳은 신성함과 자연스러움을 함께 간직하고 있는 높은 산이라고 여겼다. 그러므로 사람人이 골짜기谷에 있으면 세속의 사람俗人이 되지만, 사람人이 산山에 있으면 신선仙人이 되는 것이다. 속인과 선인의 차이를 사람이 골짜기에 있는가 산에 있는가에 따라 구별할 만큼 산은 신성한 공간으로 인식되었다.

환웅이 인간을 다스린 것은 '인간을 이롭게 하자'는 이유에서였다. 그는 인간의 일에 직접 나서지는 않았다. 다만 천부인 세 개로 다스렸을 뿐이다. 이 신시神市에서 환웅이 한 일은 인간을 위해 바람, 비, 구름을 거느린 것이었다. 이는 곧 인간의 행복한 생활을 위해 자연을 조절했음을 뜻한다.

환인(하늘님)의 시자였던 환웅은 신들의 세상보다는 늘 땅의 세계를 동경했다. 이는 인간과 더불어 인간처럼 살아가고자 하는 소망을 품었다는 의미다. 또 굴속에 살던 곰과 호랑이도 항상 인간이 되고 싶어 하늘님께 빌었다.

신화에 신과 짐승 모두가 인간이 되고 싶어했다고 써놓은 걸 보면, 우리 선조들이 인간을 얼마나 자랑스럽게 여겼던가를 잘 알 수 있다. 가장 지고한 하늘나라의 신뿐만 아니라 가장 힘이 센 맹수까지도 인간사회를 그리워했다는 것은, 인간을 멸시하는 사상에서는 결코 나올 수 없는 상상력이다. 이처럼 우리 신화는 인간 지향적인 의식을 담고 있었다.

이런 점에서 서양의 역사와는 판이하게 차이가 난다. 서양의 역사는 '단절'에서 시작하는 역사관으로, 「창세기」 신화를 보면 뚜렷이 나타난다. 에덴동산에서 죄를 짓고 쫓겨남으로써 인간의 역사가 시작되지 않던가. 우리처럼 신과 짐승이 인간세계 안으로 들어옴으로써 역사를 여는 것이 아니라, 신에게 버림받음으로써 인간의 나라가 형성된 것이다.

단군 신화는 서로 다른 두 신분(환웅과 곰)이 결합해 단군이라는 통치자를 낳음으로써 화합과 창조의 역사를 만들었다. 이 말은 인간이란, 곧 천상의 힘과 지상의 힘이 서로 결합되었을 때 비로소 인간다워지는 것이며, 인간 특유의 사회가 형성된다는 의미다. 그리고 하늘의 마음과 땅의 현실—동물적 본능의 세계—을 결합시키는 사람만이 인간을 다스릴 수 있는 힘을 갖게 된다는 사상이 그 속에 스며들어 있다.

그런데 그 많은 짐승 가운데 하필이면 왜 곰이 사람으로 변해 단군을 낳은 것일까? 아마도 우리 선조들은 곰과 호랑이에 대한 상징 체계를 달리했을 것이다. 호랑이는 현실적이고 외적인 힘을 상징하며, 곰은 이상적이고 내적인 힘의 원천을 상징한다. 이러한 상징은 두 짐승의 성격에 토대를 두고 있다. 호랑이는 과거 무반을 상징했다. 매서운 이빨과 용맹, 날쌘 동작은 투쟁의 세계를 나타낸다. 반면 곰은 힘을 안으로 간직하고 있다. 맹수이면서도 우둔하고 점잖은 편이다. 끈기와 참을성을 지니고 있다. 환웅은 곰과 호랑이에게 쑥과 마늘을 주면서, 그것만 먹으며 100일 동안 햇빛을 보지 말라고 일렀다. 그는 마음속의 투쟁, 즉 어려움을 참고 극복하는 자기 내면의 투쟁으로 곰과 호랑이의 우열을 판가름하려 했던 것이다.

결과는 당연히 참을성과 순박함을 지닌 곰의 승리로 끝났다. 그리하여 곰의 성격, 즉 '은근과 끈기'가 우리 민족의 마음이 되었다.

이는 '정복하는 힘'으로 인간의 역사를 끌고 갔던 서양인의 마음과 얼마나 큰 대조를 이루는가. 쑥과 마늘은 쓰고 매운 것의 상징이다. 또한 햇빛을 보지 말라는 것은 어둠을 견디라는 말이다. 원시인들에게 어둠은 공포이자 죽음이며 절망이었을 것이다. 우리 조상들이 가졌던 인간관은 인간을, 바로 맵고 쓰고 어두운 그 어려운 고난을 이겨내야 하는 존재로 인식했던 것이다. 우리는 지금도 자식을 낳으면 삼칠일 동안 사람을 들이지 않고, 100일이 지난 다음에야 잔치를 벌인다. 그것은 곧 곰이 인간이 되는 데 삼칠일이 걸렸고, 100일 동안 참고 견디면 인간이 된다는 환웅의 약속과 우연히도 일치한다. 태어나기만 하면 곧 사람이 되는 것이 아니라, 삼칠일과 100일의 시련을 겪어야 비로소 인간으로 대접받는다는 사고방식이 이어져온 것이다.

단군은 신성을 지닌 아버지와 동물성을 지닌 어머니 사이에서 태어났다. 즉 신성과 동물성을 동시에 지닌 존재다. 이것을 풀어서 말하면, 인간은 본능적인 욕구를 완전히 초월한 신도 아니고, 본능적인 욕구에 전적으로 매몰되어 있는 동물도 아니라는 말이다. 인간은 이 두 가지를 적절히 조화시킬 줄 알아야 한다. 환웅은 하늘의 존재이고, 웅녀는 땅 위의 존재였다. 그렇다면 단군은 하늘과 땅 사이, 곧 지상적 존재다. 그런 까닭에 전통적으로 아버지를 하늘이라 하고, 어머니를 땅이라 했다. 여기서 천부지모天父地母의 세계관이 나왔다. 또 하늘과 땅 사이에 인간이 있어 세계를 이룬다는 '천지인天地人' 삼재三才 사상도 단군 신화의 토대를 이루고 있다.

결과적으로 '홍익인간'이 우리 민족의 사상 가운데 단연 으뜸으로 자리잡게 되었던 것이다.

홍익인간은 '신이 인간을 널리 이롭게 한다'는 뜻으로, 우리 민족은 이 사상을 나라를 다스리는 근본으로 여겼다. 이는 '나'라는 개인보다는 내가 속한 공동체인 '우리'의 이로움을 도모해야 한다는 세계관을 낳았다.

이런 사상은 지금까지도 일상생활에 그대로 투영되어 있다. 우리는 일상적으로 쓰는 말에서도 그 흔적을 쉽게 찾아볼 수 있다. '나의' 나라가 아니라 '우리' 나라이며, '내' 집이 아니라 '우리' 집이라고 말한다. 남편들이 자기 부인을 말할 때도 '우리' 마누라라고 한다. 이 말을 가만히 따져보면 부인을 여러 사람이 공유하는 것처럼 들린다. 문법적으로는 분명히 틀렸지만, 홍익인간 사상이 낳은 언어적 표현임을 이해한다면 결코 틀린 말이 아니다(윗부분은 황훈영, 『우리 역사를 움직인 33가지 철학』, 푸른숲, 1999, 13~25쪽을 참조했다).

'홍익인간'과 '홍손인간'

그러나 특히 자본주의가 도입된 이래 우리 이념은 홍익인간弘益人間이 아니라 '인간을 널리 손해보게 한다'는 뜻의 '홍손인간弘損人間'으로 바뀐 듯하다. 말하자면 '천상천하 유아독존'식의 '사익 절대주의'가 기승을 부리고 있다. 그리하여 오늘날 사회 구성원 간의 평등과 유기적 연대에 뙤리를 튼 우리의 전통적인 공동체 의식이 이기주의에 의해, 상처에 소금을 뿌리는 것과 같이 극렬한 할큄을 당하고 있다. '힘센 놈이 최고'라는 식의 자본주의적 자유경쟁 원리가 바로 그 토대를 튼튼히 구축하고 있지 않은가.

개인적으로 나 역시 일상생활에서 '나만이 최고'라는 식의 사익 절대주의적 삶의 자세에 유감없이 탐닉해 있음을 고백하지 않을 수 없다.

만일 누군가가 자기 일을 미처 끝내지 못했다면 게을러서 그런 것이고, 나 자신이 일을 끝내지 않았다면 내가 무척 바쁘고 해야 할 일이 많아 그런 것이라고 말한다. 만일 그가 자기 관점을 주장하면 고집쟁이라고 생각하고, 내가 그렇게 하면 개성이 뚜렷해서라고 생각한다. 만일 그가 나에게 말을 걸지 않으면 콧대가 높아서 그렇다고 하고, 내가 그러면 그 순간에 다른 중대한 생각을 하고 있었기 때문이라고 말한다. 만일 그가 친절하게 굴면 나에게서 뭔가 좋은 것을 얻어내기 위해서 그렇게 하는 것이고, 내가 친절하면 그것은 나의 유쾌하고 자상한 성격 때문이라고 한다. 남이 출세하면 워낙 아부를 잘해서이고, 내가 출세하면 내가 워낙 탁월해서다. 누군가가 그에게 선심용 선물을 하면 다 썩은 것이고, 누군가가 나에게 선심용 선물을 하면 그건 인사성이 밝아서 그런 것이다. 남이 뜻을 굽히지 않으면 고집이 세기 때문이고, 내가 뜻을 굽히지 않으면 의지가 강하기 때문이다. 남이 커피를 즐기는 것은 겉멋이 들어서이고, 내가 커피를 즐기면 그것은 입맛이 고상해서. 남이 계단을 빨리 뛰어 오르는 것은 평소 성격이 급해서이고, 내가 계단을 빨리 뛰어 오르는 것은 시간을 절약하기 위해서다. 남이 고향을 들추면 지역감정이 악화되지만, 내가 고향을 들추면 애향심이 돈독해진다. 남이 차를 천천히 몰면 소심 운전이고, 내가 차를 천천히 몰면 안전 운전이다. 내가 길을 건널 때는 모든 차가 멈춰서야 하고, 내가 운전할 때는 모든 보행자가 멈춰서야 한다. 내가 하면 로맨스, 남이 하면 스캔들이라는 식이다.

2

교육철학의

실태

001 '간추린 전과' 및 '요점과 급소' 정신

초등학교 다닐 무렵 '간추린 전과' 한 권 정도를 갖고 있지 않았던 학생은 아주 드물 것이다. 우리는 그 속에 특별한 방식으로 눈에 띄게 만들어졌던 '요점과 급소' 부분을 잊지 못한다. 시험 때마다 즉효약이었던 것이다. 이런 유형의 참고서가 어떤 유래로 학교 시장을 풍미했었는지는 알 수 없는 노릇이나, 아마 지금도 그 전통에는 변함이 없으리라 생각된다.

'간추린 전과'와 '요점과 급소' 논법은 바로 교육 현장에서의 '일망타진' 및 '속전속결' 전법이다. 결국 이것이 요람에서 무덤까지 한국인의 일상생활을 지배하는 삶의 방정식, 생활철학으로 군림하게 되는 것이다. "세 살 때 배운 버릇 여든까지 간다"고 하지 않던가.

교육 현장의 '싹쓸이'주의

여기서 삶의 전 과목(분야)에 걸쳐 '급소'만 노리고 찾는 비장한 삶의 윤리가 잉태된다. 요컨대 우리는 '급소'만을 '요점' 정리하는 식으로 살아가게 되는 것이다.

그런데 사회생활을 영위하는 데 '급소'란 도대체 무엇일까? 한마디로 그것은 권력과 부와 명예 등 한 개인의 사회적 행복을 가장 극명하게 실현시켜줄 최상의 수단을 일컫는다. 물론 그것은 흔하게 널려 있지 않다. 그러므로 오로지 자기 혼자만의 양지를 개간하는 데만 겨우 쓸 수 있을 따름이다. 따라서 여기에 공익이니, 이웃 사랑이니, 사회적 평등이니, 연대니 하는 인류적 가치들이 자리잡을 틈이 없다. 단지 이기주의, 배금사상, 사기중심주의만이 시립받을 뿐이다. 수단 방법을 가리지 않고서라도 자신의 이기적 욕망을 채우기만 하면 된다. '천상천하 유아독존'인 셈으로, 오직 자신에 대한 향일성만 요구된다. 자기 것 외에 다른 것에 신경 쓰거나 관심을 기울일 틈이 없고, 그래서도 안 된다. 오로지 자기에게 풍족한 자양분을 선사할 태양만 열심히 쫓아다니기만 하면 그만이다.

결국 우리는 태어나서 죽을 때까지 간추린 전과 속의 요점과 급소만을 배우며 산다. 사전 대비니 장래 계획이라는 게 있을 리 없다. 그러하니 매사를 일사천리로 즉결처분해버리는, 이른바 '당일치기' 전술이 일상화되는 삶의 구조가 어찌 만들어지지 않겠는가. 요컨대 '빨리빨리, 그러나 아무렇게나'를 위한 정훈 교육인 셈이다.

더구나 지금은 또 어떤 시대인가? 모든 게 일촉즉발이다. 타인의 '급소'를 누르면 물론 자신의 적을 죽일 수 있지만, 반대로 자기 급소가 가격을 당한다면 목숨을 잃을 수도 있다. 얼마나 살벌한 싸움판이 만들어지겠는가. 따라서 자신의 급소는 완강히 방어하면서 타인의 급소에 대해서는 극렬한 맹공을 가하지 않으면 안 된다. 이런 게 곧 전쟁상태가 아니고 무엇이겠는가. 거기에 흑백논리까지 가세한다. 그것은 '언제나 나만 옳다'고 가르친다. 자기와 '다르면' 그것은 곧장 '틀린 것'으로 규탄당한다. 그리고 상대는 원천적으로 '불순 세력'이기 때문에 의당 제거되지 않으면 안 될 천부적 '악한'으로 규정되고 만다.

이러한 음습한 환경에서 '간추린 전과' 및 '요점과 급소'형 생활철학이 독버섯처럼 번져나간 것이다. 그런데 그것이 왜 총애받게 되었는가?

한마디로 말해 그것이 치열한 자본주의적 경쟁사회에서 궁극적인 승리를 쟁취하도록 부추기는 탁월한 능력을 발휘하기 때문이다. 결국 착취당하기보다는 착취하는 쪽에 서기 위해, 억압당하기보다는 억압하기 위해, '출세 제일주의'와 막가파식의 '막가이즘'이 부추겨지는 것이다. 그러하니 착취나 억압 그 자체에 대해서 별반 관심을 기울일 여유가 있을 리 없다. 더불어 잘 살기보다는 우선 나부터 먼저 잘 살기에만 몰두한다.

가령 한국의 예약 문화는 가히 첨단형이다. 우리는 항공권 예약을 위해 특별히 수수료를 지불할 필요가 없다. 공짜다. 그러니 모두가 일단 예약부터 하고 본다. 밑져봤자 본전인 것이다. 그러니 언제나 매진이고 자리가 없다는 볼멘소리뿐이다. 그런데 막상 비행기를 타보면 빈자리가 숱하게 널려 있는 것에 또 한번 놀라지 않을 수 없다.

요컨대 이러한 '간추린 전과' 및 '요점과 급소'형 생활철학은 자유경쟁에서의 결정적 승리를 쟁취하기 위한 속전속결형 사전 전투훈련 교범 같은 것이다. 언제 어디서 적이 출몰할지 모르니 전방위 공격 및 방어 체계가 빈틈없이 잘 갖춰져야 한다. 눈앞의 이해관계만이 전부다. 여기서 요령주의, 황금만능주의, 벼락출세주의, 졸부 근성, '빨리빨리 그러나 아무렇게나 정신' 같은 것이 자연스레 배태되는 것이다.

결과적으로 사회적 불평등이 심화될 수밖에 없다. 아니, 심지어 그것이 당연시될 뿐만 아니라 정당하고 바람직한 삶의 목표로까지 비약한다.

유치원 속의 정치사상: 기회균등 원칙의 문제점

나는 한때 원효로 구석진 곳에 산 적이 있다. 들리는 말로는 일제강점기 영화를 찍을 때 각광받는 촬영 무대 후보지로 떠오른다고 할 만큼 개발이 뒤처진 곳으로 유명하다.

내 딸애가 이곳에서 태어나 급기야는 유치원에 갈 나이가 되었다. 변변찮은 유치원 하나 제대로 있을 리 없는 동네였다. 그래서 거의 유일하게 몰려드는 곳이 수녀님들이 운영하는 천주교 계통의 유치원 하나뿐이었다. 물론 경쟁이 치열할 수밖에 없었다. 하필 그날 아내는 출근을 했던 터라 내가 운명적으로 딸애의 손을 잡고 추첨을 하러 유치원으로 발길을 옮겼다. 추첨이라니, 그 얼마나 공평하고 민주적인 방안인가.

유치원에 도착하니 대부분 여성만 빼곡히 들어차 있었다. 한국 사회에서 점잖고 근엄하게 군림하는 남성이 이런 곳에 나타난다는 것은 상상조차 할 수 없는 일이었다. 물론 대부분 직장에 갇혀 있을 시간이기도 했지만. 헌데 나는 대학교수 직의 덕을 톡톡히 본 셈이었다. 다행히도 그 시간에는 강의가 없었던 것이다. '홍일점'이었던 이유로 나는 마치 인기 스타라도 된 듯 온갖 시선과 주목을 한 몸에 받았다. 각 가족의 대표가 한 사람씩 차례로 추첨이 진행되는 연단으로 올랐다. 여기저기서 여성 특유의 통탄과 비명 소리, 환호성이 터져나오기 시작했다. 당첨에 성공한 쪽과 실패한 측의 반응은 가지각색이었다.

드디어 내 차례가 되었다. 모든 눈길이 마치 과녁처럼 나에게 집중되었다. 대단히 심각하고 비장한 일이었다. 나는 딸애의 손을 잡고 숙연하게 '처형장'인 추첨함 쪽으로 발길을 옮겼다. 떨렸다. 처연하기까지 했다. 네댓 살밖에 안 된 녀석이 이 어린 나이에 벌써 살벌한 생존 경쟁의 격전장으로 도살장 가는 소처럼 끌려나오지 않으면 안 되었던 것이다. 여기서 내가, 아니 내 손가락이 실패한다면 인생 최초의 숨 막히는 경쟁 대열에 합류하기 시작한 내 어린 딸의 마음은 얼마나 아픈 상처를 받을 것인가. 아비라는 작자가 딸의 조그만 인생 출발점에 찬물을 끼얹어서야 되겠는가 하는 책임감과 소리 없는 인류의 채근이 극심했다. 어린 딸자식을 위해 집이라도 팔아치워야 할 만큼 엄청난 부담을 치러야 하는 일도 아니었다. 그야말로 단순히 내 손가락 동작에 모든 게 달려 있었던 것이다. 떨어진다면 애 앞에서 얼마나 창피한 노릇인가. 온갖 사념이 꼬리에 꼬리를 물었다. 허나 어차피 '복불복'이었다. 하늘에 비는 수밖에. 우리 선조들도 예로부터 정화수를 떠놓고 천지신명께 빌지 않았던가.

긴장의 끈을 놓을 수 없었다. 떨리는 다리를 추스르며 거룩한 마음으로, 지금까지 내가 저지른 모든 죄를 사해달라고 신께 간곡히 빌며 근엄하게 추첨함 쪽으로 다가갔다. 온 실내가 찬물을 끼얹은 듯 숨 가쁜 정적 속으로 가라앉았다. 모든 눈길이 이 기괴한 남성의 손에 집중되었다. 나는 운명에 모든 걸 맡겼다. 신께 빌고 또 빌었다. 내 기도엔 역시 신통력이 있었다. 마침내 장원급제를 한 것이다. 내 손가락 끝에는 합격이라고 표시된 쪽지가 미끼를 문 생선처럼 따라 올라와 있었다. 그렇다고 뭇 여성처럼 환호성을 내지르며 팔짝팔짝 뛸 수도 없는 노릇이었다. 나는 역시 근엄한 대학교수였다. '뭐, 그만한 일 가지고'라는 식의 태연한 표정을 지으며 유치원 문을 유유히 빠져나왔다. 그네들은 내가 아마도 쓴맛을 본 줄 알았을 게다. 하지만 나는 아비로서 내 딸아이의 인생 출발점을 괜찮게 돌파하도록 이끄는 쾌거를 달성한 것이다. 성스러운 부성애였다. 헌데 이 녀석은 아비의 이 신성한 부성애를 눈곱만큼이라도 기억하고 있을지…….

위업을 달성하고 유치원 문을 나서자 직업병처럼 이 지상의 여러 사상 체계와 제도적 현실의 차이들이 머릿속에 떠올랐다. 이런 걸 '식자우환'이라고 했던가. 허나 어쩌겠는가, 그러한 주제가 나의 전공이기도 한 것을.

우리는 자유민주주의 국가에 살고 있다. 자유민주주의 하에서는 '기회균등의 원칙'이 기림받는다. 이제는 성숙한 내 딸애까지도 초등학교 시절부터 배워 잘 외우고 있을 것이다.

이 기회균등의 원칙은 각 개인이 자신의 소질과 능력을 자유롭게 개발할 평등한 권리와 기회를 가질 뿐만 아니라 동일한 업적에 대해서는 동일한 보상이 주어진다고 선언한다. 그것은 곧 모든 사회적 제도에 대한 접근을 모든 사람에게 균등하게 열어놓는다는 입장을 밝히고 있다. 거기에는 혈통이니, 종교적 배경이니, 가문이니 하는 객관적 조건이 아니라 오직 개인의 주관적 능력이 결정적인 규정 요소로 등장한다.

비유컨대 모든 사람을—그들이 지체부자유자든, 건강한 청년이든, 부잣집 자식이든, 철거민의 아이든 가리지 않고—100미터 출발선 위에 똑같이 세워놓고 자유롭게 달리기 경주를 시키는 것과 흡사하다. 어느 학자의 말처럼 이 기회의 균등은 "가장 무능한 자와 가장 유능한 자에게 성공을 위한 경주의 평등한 출발을 부여"하는 것이 된다. 그러한 실정이니, "법은 정의롭다. 그것은 빵을 훔친 죄로 부자와 가난뱅이를 평등하게 처벌한다"는 야유가 터져나오지 않겠는가. 문인들은 더 날카롭다. 예컨대 노벨문학상까지 수상한 아나톨 프랑스Anatole France는 이런 경구를 날리고 있다. "법은 그 장엄한 평등 속에서, 가난한 사람뿐만 아니라 부자에게도 다리 밑에서 자고, 거리에서 구걸하고, 빵을 훔치는 것을 금하고 있다." 영국의 시인도 가세한다. 윌리엄 블레이크William Blake 역시 "사자와 소를 위한 하나의 법one law은 억압이다"라는 글 화살을 날리고 있다.

다른 한편 스웨덴이나 독일과 같은 사회민주주의 체제에서라면 내용이 좀 달라진다. 여기서는 사회적 기회를 획득하려는 자유경쟁의 출발 조건을 가능한 한 평등하게 정비하고자 노력하고 있다. 따라서 개인의 능력에 모든 것을 맡기기보다 개인적 능력의 부족을 사회적으로 메워주는 작업이 필수라고 인식한다. 비유컨대 100미터 달리기에서 다리 한쪽이 불편한 사람은 얼마쯤은 앞에서 출발하도록 배려하는 것이다.

마지막으로 공산권에서는 전혀 다른 현실이 생겨난다. 이 체제에서는 출발점이나 자연적 능력은 고려하지 않은 채 법적 조처나 정치적 수단 등을 이용해 마지막 결과의 평등만을 얻고자 애쓴다. 말하자면 출발 단계의 불평등을 마지막 단계의 사회적 평등으로 뒤바꿔놓으려 한다. 따라서 여기서는 자유로운 경쟁이나 개인적 역량의 발휘는 억제되거나 무시된다. 100미터 달리기에서 모든 사람을 똑같이 골인시키려는 것과 같다.

이러한 사상과 제도의 차이점을 유치원생 추첨에 대입시켜본다면 다음과 같은 설명이 가능하다. 우리나라는 자유민주주의가 지배하는 나라다. 따라서 부부 모두가 한꺼번에 나가서 돈벌이를 하지 않으면 하루 먹고살기도 힘든 가정이나, 또는 남편이 워낙 돈을 잘 벌어다주기 때문에 집에서 고스톱이나 치면서 할 일 없이 빈둥거리며 놀아도 좋은 주부의 가정 모두 '평등'한 대우를 받아 뽑기에 동참해야 하는 것이다. 그러니 부부가 맞벌이를 나가지 않으면 안 되는 집에서는 아이를 유치원에 맡기기 위해 하늘에라도 비는 수밖에 별 도리가 없다.

이론적으로만 보자면, 사회민주주의 국가에서는 이러한 조처를 취할 가능성이 높다. 전체 유치원 모집생 수의 일정 부분을 먼저 사회적으로 조건이 열등한 가정, 예컨대 노동자 가정의 몫으로 떼어놓고 그 나머지 부분에 대해서만 균등하게 뽑기를 시행할 것이다. 다른 한편 공산 국가라면 개인적인 조건이나 사정 등을 전혀 고려하지 않고 모두를 유치원에 집어넣을 것이다. 여기서는 뽑기 같은 방식이 아무런 의미를 지니지 못한다.

그런데 우리나라처럼, 심지어 전두환 군사정권에 의해서조차 "자유민주주의를 수호하자"는 절규가 소리 높이 울려 퍼지는 나라에서, 다시 말해 '기회균등의 원칙'이 칼같이 지켜지는 곳에서 하늘에다 드리는 기도가 웬 말인가?

이 '기회균등의 원칙'은 무엇보다 인간사회에 존재하는 불평등을 피할 수 없는 것으로 여긴다. 왜냐하면 특히 각 개인이 지니고 있는 소질이나 재능이 결코 한결같지 않다고 믿을 뿐만 아니라, 그로 인한 불평등이 용인됨으로 인해 자본주의적 자유경쟁이 원천적인 의미를 지닐 수 있기 때문이다.

여기서 문제는 우선 개인적 능력의 판정 기준이 과연 무엇인가다. 대체로 기존 사회 요구에 충실한 자질일수록 더 귀한 대접을 받을 수밖에 없음은 정해진 이치다. 그리고 그것에는 그 사회의 경제적 속성과 그 사회를 움직여가는 지배 집단의 특수한 이해관계가 짙게 배어 있다. 그러므로 인류의 보편 가치를 위한 기회 제공은 자연히 한데로 밀려나지 않으면 안 된다. 요즈음 같으면 효도나 불우 이웃을 돕는 마음가짐보다는 컴퓨터 능력이나 토플 점수가 더 각광을 받을 수밖에 없다. 따라서 어느 학자가 적절히 지적했듯이 오로지 "일정한 시기에 일정한 사람들에 의해 가장 높이 평가받는 재질들"에 대해서만 기회 균등이 주어진다고 말할 수 있다. 그래서 이 구호는 "대단히 보수적"이다.

재능 있는 사람들만 각광받고 또 그들만을 위해 자유로운 경쟁이 허용된다면 사회적 불평등의 골이 더 깊어질 것은 불 보듯 뻔한 일이다. 경주에서 승리할 수 있는 사람은 소수에 지나지 않는다. 그렇기에 그것은 경주로서의 값어치를 가진다. 같은 이유로 자유는 궁극적으로 보면 힘 있는 소수만을 위해 봉사하는 것이 된다. 따라서 정당성의 위기에 빠지기 쉽다. 한마디로 말해 이러한 기회균등의 원칙은 상업적 개인주의와 부르주아적 시장 원리가 속속들이 파고들어 있는 자유민주주의 체제, 그리하여 "모든 인간관계를 경연contest"으로만 간주하는 자본주의 사회의 기본 원리가 된다. '기회균등의 원칙'은 "불평등해지기 위한 평등한 권리 및 기회"에 대한 요구일 따름인 것이다. 즉 그것은 "엄청난 불평등이 존재하는 사회를 정당화하기 위해" 활용될 수 있는 이념이다.

이와 관련하여 '간추린 전과' 및 '요점과 급소' 인생철학이 우리 사회에서 대단히 유효적절한 삶의 방정식으로 각광받게 되었다.

사색인과 생활인

그윽한 흐름은 많은 것을 담는다.

강물의 긴 흐름을 한번 생각해보자. 모든 물은 흘러 흘러 바다에 가 닿는다. 저 상류의 깨끗하고 청아한 물줄기는 흘러내리다가 넓은 들을 만나면 고요히 흐르고 벼랑을 만나면 폭포가 되어 쏟아진다. 그러곤 또 조용히 바다에 섞여 들어간다. 이 장구한 흐름 속에는 온갖 시련과 통쾌함, 격렬함과 그윽함, 정결함과 어지러움 등 모든 우여곡절이 담겨 있다. 그러니 상류를 모르면서 어찌 하류에 대해 이야기할 수 있겠는가.

소위 '요점과 급소' 정신은 꾸준한 흐름을 외면한다. 이 샘물이 어디서 흘러나와 어떤 성분을 갖는지 하는 것에 대해 알 필요가 없다. 다른 사람이 마시니까 나도 부지런히, 그러나 좀더 잽싸게 따라 마시기만 하면 된다. 목마를 때 무조건 마시기만 하면 될 뿐이다. 그리고 이 물을 마셔도 된다는 것만 부지런히 암기하면 끝이다. 지금 당장 눈앞에 보이는 이해관계만 의미를 지닐 뿐이다. 실용적인 이익을 가져다주는 것만 반기면 된다. 뿌리와 줄기는 거들떠보지 않은 채 열매만, 열매만 찾아다닌다. 나무만 보려 할 뿐 숲에 대해서는 아무런 관심도 갖지 않는다. 뿐만 아니라 모든 걸 후딱 후딱 뼈째 삼키지 않으면 안 된다. 누군가가 빼앗아갈지 모르기 때문이다. 용을 그리면서 눈에 점을 찍는 일조차 번거롭다. 이미 눈이 그려진 용을 구해 거기서 눈만 빼내오면 그만인 것이다. 주입식, 암기식 교육이면 족하다.

그래서 우리나라 교육의 주요 맹점 중 하나는 다 듣고 배운 것인데도 질문을 받으면 아주 쉽게 "모른다"고 대답하는 것이다. 배운 적도 없고 들은 적도 없어 모른다고 말한다면 대단히 정상적이고 당연한 일이다. 하지만 우리로서는 사정이 전혀 다르다는 데 문제가 있다. 모른다는 것이 부끄럽고 치욕스러운 일일 수 있는데도 우리는 자신만만하고 호탕하게 또 지극히 자랑스럽게 "모른다"고 일갈하고 만다. 이때 정답을 일러주면 그제야 "아아!" 하며 무릎을 친다. 이 '아아!' 하는 개탄식 반응은 일종의 조건반사다. 사실 기억의 어느 한구석에 이미 자리잡고 들어앉아 있었다는 말이다.

이런 의미에서 우리 모두는 이미 소크라테스의 제자가 될 자격을 충분히 갖추고 있는지도 모른다. 플라톤은 『메논』에서 소크라테스의 입을 빌려 "사물의 본성은 모두 밀접한 관련성을 갖고 있고 (…) 영혼은 이전에 한번 배운 사실이 있기 때문에, 만일 용기 있고 끈기 있게 탐구한다면 어떤 한 가지를 회상함으로써―이것을 사람들은 '배운다'고 하지만―이 회상이 계기가 되어 저절로 다른 모든 것을 발견하는 것도 충분히 가능"하다고 역설한다. 말하자면 우리는 '회상'하기만 하면 된다. 그런데 우리는 아쉽게도 "사물의 본성"이 아니라 '외양'에만 관심을 집중시킬 따름이다. 그러니 '회상'하기가 대단히 힘들어진다.

구체적인 삶에 임하는 인간의 모습은 크게 보아 두 유형으로 구분할 수 있다. 요컨대 '사려 깊은 사색인'과 '건강한 생활인'이 그것이다. 삶의 가치와 본질에 관해 심사숙고하면서 동료 인간과 자연환경에 대한 사랑의 실현 가능성을 뜨겁게 모색하는 존재가 사려 깊은 사색인이라고 할 수 있다. 다른 한편 이웃에 대한 뜨거운 연대의식 속에서 낭비와 허영 없이 검소한 삶을 이끌어가는 존재를 건강한 생활인이라 이를 수 있다.

루소도 『에밀』에서 "게으른 미개인처럼 되지 않기 위해 에밀은 농부처럼 일하고 철학자처럼 사고해야 한다"고 역설한 바 있다. '농부 철학자' 그리고 '철인 농부', 이 얼마나 멋들어진 조화인가. 이처럼 가장 바람직한 것은 물론 사려 깊은 사색인이면서 동시에 건강한 생활인이 되는 것이다. 하다못해 둘 중 하나는 되어야 한다. 문제는 사려 깊지도 못하면서 건강한 생활도 꾸려가지 못하는 일이 아주 흔하다는 점이다. 우리 사회에서는 사려 깊으면 건강한 생활을 영위하기 힘들어지고, 건강한 생활을 유지하려면 사려 깊어서는 안 된다. '사색'을 위해서는 '생활'을 버려야 하고, '생활'을 위해서는 '사색'을 걷어치우지 않으면 안 된다. 정직하고 참답게 살고자 하면 쪽박을 차야 하고, 건강하게 먹고살려면 인류에 대한 고려를 포기하지 않으면 안 된다는 말이다. 뼈빠지게 농사일을 하다보면 철학을 할 수 없게 되고, 철학을 하면 손가락질 받는 게 두려워 논밭으로 들어갈 수 없게 된다. 모든 방면에서 '요점'과 '급소'가 기습을 노리고 있는 탓이다.

그러나 인간을 가장 행복하게 만드는 것도 인간관계이고, 인간을 가장 불행하게 만드는 것 역시 인간관계다. 이러한 인간관계뿐만 아니라 인간의 사회관계에서 가장 본질적인 요소는 신뢰와 호감, 둘이 아닐까 한다. 믿을 수 있고 좋아할 수 있는가 하는 문제가 핵심적이라는 말이다. 우리 주위에는 믿을 수 있으나 좋아할 수는 없고, 반면에 믿을 수 없지만 좋아할 수는 있는 사람도 있다. 물론 믿을 수 있고 좋아할 수도 있다면 그게 가장 바람직하다는 것은 두말할 필요도 없다. 이러한 측면은 정치 현실에까지 확대 적용된다. 예컨대 나는 JP를 믿을 수도 없고, 좋아할 수도 없다. 다른 한편 전 미국 대통령 클린턴은 믿을 수는 없지만, 좋아할 수는 있다, 대략 이런 식이다.

지금 우리 사회에서 '개성'이 '개 같은 성질'로 곤욕을 치르고 있다. 예컨대 동료들끼리 식당에 가 회식이라도 할 때 '뭘 먹을 거냐'고 물으면 당장 전 민족적 모범 답안이 출몰한다. 대부분 지극히 간단하게 "아무거나" 또는 "당신과 같은 걸로" 하는 대답이 물샐틈없이 뛰쳐나온다. 반면 서양 사람들은 조그만 꼬마까지도 구체적으로 어떤 걸 먹고 싶다고 밝히면서, 어느 정도의 양념이 가미되고 어느 정도로 구워진 것이 좋겠다는 말까지 덧붙인다. 평상시 우리의 이러한 몰개성적인 태도가 결국 주체성 결핍이나 사대사상 또는 강대국 물신주의로 귀결되지 않겠는가 하고 우려한다면 과대망상일까.

뿐만 아니라 우리는 흙길이 자아내는 정감을 멀리하며 번쩍거리는 아스팔트에만 넋을 놓으려 한다. 그리하여 결국 잔디를 다 뒤엎고 거기에다 상추만 심으려들지도 모른다.

초이기적 공동체주의와 공생주의는 환상적이기만 할까?

002 '정치교수'와 총 쏘는 대학총장

어느 날 루이 15세에게 한 신하가 아뢰었다.

"궁중의 호위병 한 사람이 장난삼아 은화 한 닢을 삼켰는데, 그게 목에 걸린 채 넘어가지 않아 그만 그의 안색이 갑자기 변해버렸습니다."

이 말을 들은 루이 15세는 바로 의사를 불러오라고 명령했다. 이때 왕 옆에 서 있던 어느 장군이 돌연 말을 가로막고 나섰다.

"폐하, 의사를 불러서는 아무래도 안 될 것 같습니다."

"안 돼? 그럼 누구를 부르라는 말인가?"

"조세 담당관을 부르는 게 좋겠습니다."

"아니, 세리를? 그 무슨 뚱딴지같은 소린가?"

"생각해보십시오, 폐하. 그를 부르면 우선 그 은화에 대해 10분의

1의 세금을 부과할 것입니다. 그러고 나서 또 그 나머지에서 10분의 1의 세금을 뗄 겁니다. 이렇게 몇 회분의 세금을 계속 떼어내면 결국 그 은화는 작아져서 목구멍을 넘어올 것입니다." 왕의 가혹한 세금 부과를 꼬집는 한 충신의 간곡한 간언이었다.

교수는 이런 충신이 될 수 없을까. 우리 스스로가 늘 경험하듯이, 지식인은 자신의 속눈썹은 보지 못하면서도 만 리나 떨어진 바깥세상의 일에 대해 왈가왈부하기를 즐기는 부류다. 그런 탓에 어찌 조용할 리 있겠는가.

대학교수는 물론 정치인이 아니다. 그럼에도 교수들에게 종종 '정치적'이라는 수식어를 붙여 부르곤 한다. '정치교수'라는 호칭이 그 좋은 예다. 개념적으로 보면 '정치교수'란 원래 정치적 출세를 위한 일념으로 반민주적인 정부조치 마다 않고 일삼아 편들던 일군의 기회주의적 대학교수를 모멸적으로 부르던 호칭이었다. 그런데 교수들이 소속되어 있는 대학의 형편에 따라 개념의 심각한 이데올로기적 변환이 자주 이루어지는 낌새가 짙다.

정치라는 것이 무엇인지 몰라 그러는지, 아니면 우리나라의 정치가 워낙 그 모양이라서 그런지는 알 수 없으되, 그 '정치교수'라는 용어가 참으로 어처구니없이 남용되는 실정이다. 예를 들어 일종의 학내 '특권 계급'이 각종 선거 및 득표활동을 지하운동처럼 치밀하게 벌여나가도, 그것을 학교 발전을 위한 숭고한 희생정신의 발로로 너그럽게 정당화하는 데 익숙하다. 어느 누구도 흠잡을 수 없을 정도로 깍듯하다. 반면 총장선거라는 것은 모름지기 이런 식으로 이루어져야 정당한 것이라는 원칙적 주장을 떳떳이 개진하거나 학교 행정의 비공정성을 공개적으로 당당히 비판하기만 해도, 그것을 이른바 '정치교수'들의 비학문적·반反대학적 정치활동인 것처럼 매도하기 일쑤다.

어떤 인물이 총장으로 부임하는가에 따라 대학의 살림살이와 학원 민주화의 속성 및 수준 등이 뒤바뀌곤 한다.

우리 대학교수들도 우리나라에 존재하는 괄목할 만한 사회적 모순의 하나인 '울타리 정치론'의 지배를 받는다. 물론 그들 역시 대통령도 자기 손으로 직접 선출할 수 있고, 심지어는 손수 대통령으로 출마할 권리까지도 지니고 있다. 또 사회적으로는 온갖 비판과 충언을 되풀이할 수 있는 폭넓은 기회조차 누리고 있다. 그러나 정작 울타리 안인 대학에서는 참으로 불쌍한 존재들로 전락한다. 보통 교수들은—거의 선천적으로—총장이 될 수도 없고 또 되어서도 안 되는 절대적 운명에 포박되어 있다. 어쩌면 그러한 현상을 대학교수 후천면역결핍증AIDS이라 불러도 좋을지 모르겠다. 뿐만 아니라 심지어 학장 같은 주요 학내 보직 인사까지도 자기 손으로 직접 뽑을 수 없는 정치적 미숙아로 취급받는 일이 비일비재하다. 대체로 학교가 어떻게 돌아가는지 알아서도 안 되고 알 수도 없게끔 만들어져 있는 게 다반사다. 나아가 현실 정치사회에서처럼 지역주의 같기도 하고 계파 패권주의와도 흡사한 것이 우리 대학을 뿌리째 좀먹고 있는 낌새가 짙다. 꽤나 수준 높은 듯한 '정치적' 술수까지도 오락가락하는 눈치다. 그래서 모두가 여러 유형의 '정치'에 신경 쓰지 않으면 숨조차 쉬기 힘든 것처럼 보인다.

대부분의 교수는 다만 조용히 연구하고 가르치는 일에만 매달리고 싶어한다. 그러나 그게 불가능하다. 우리 대학들이 상아탑은 물론 아니고 우골탑조차도 되지 못한다는 비판이 거세다. 어쩌면 바벨탑이 되어가고 있는지도 모른다.

그런 와중에 유일한 권리처럼 보이는 것이 대학교수들에게도 있으니 크게 절망할 필요는 없을 듯하다. 말하자면 교수들에게는 '정치교수'로 낙인찍힐 수 있는 뿌듯한 권리가 주어져 있지 않은가.

어느 노회한 구 거물 정치인이 술회했던 것처럼, 까짓것 "독불장군에게는 미래가 없다"는 말을 한번 되뇌어보면 어떨까. 교수들 스스로가 학내 개혁 및 대학 민주화, 대학 바로 세우기 운동 등에 온몸과 마음을 다 바쳐 헌신적으로 투신해도 좋을 것이다. 민주화는 항상 오랜 싸움 끝에 오지 않았던가. 뿐만 아니라 한때 그리도 잘나가던 전두환·노태우 두 각하도 감옥살이까지 한 적이 있지 않던가.

이솝우화에 '농부와 여우' 이야기가 있다.

평생 공처가로 살아온 한 농부가 그동안 자기 집 닭장에 끊일 새없이 두고두고 피해를 입혀온 여우를 어느 날 덫으로 잡았다. 농부가 쾌재를 부르며 "이 교활한 녀석. 넌 빨리 죽이기도 아까운 놈이야. 그동안 내가 너한테 당한 걸 생각하면 말이야" 하고 입맛을 다셨다. 그래서 농부는 이 녀석한테 어떤 벌을 줘야 속이 시원할까를 한참이나 생각했다. 마침내 농부는 헝겊에다 석유를 흠뻑 적셔서 여우 꼬리에 단단히 잡아맨 다음 거기에 불을 붙였다. 그리고 나서 농부는 여우의 절망적인 원맨쇼를 즐기기 위해 여우를 풀어놓았다. 그런데 그놈의 여우가 추수 직전의 잘 익은 자기 밀밭으로 정신없이 뛰어드는 게 아닌가. 불이 삽시간에 번졌다. 그리고 농부는 여름 내내 비지땀 흘려 지은 농사가 코앞에서 눈 깜빡할 새에 한 줌의 재가 되는 참경을 목격하지 않으면 안 되었다. 농부는 넋이 나갈 만큼 상심할 수밖에 없었다. 이 가슴의 상처는 몇 년이 지나도 아물 줄 몰랐는데, 그건 특히 그 모든 일이 당신 탓이라고 잊을 만하면 잔소리를 해대는 상전 같은 마누라 때문이었다고 한다.

원래 우매한 사람들 사이에서는 잔인함이 재치로 통하는 법이다. 혹 대학 구성원 서로서로는 이 농부와 여우 사이가 아닐까. 일반 교수단, 재단 이사회, 교수노조, 직원노조, 총장, 학·처장을 위시한 보직 교수단, 학생 등등. 혹시 우리 모두는 틈틈이, 그러다가 틈이 없으면 기회를 만들어가면서까지 질세라 서로를 욕보이고 있지는 않을까.

어쨌든 교수사회는 한마디로 골치 아픈 곳이다. 골치 아플 뿐만 아니라 골 때리기도 한다. 오죽했으면 태곳적에 법가 사상의 지침을 밝힌 『한비자』의 「오두五蠹」편에서 선비를 "좀벌레"라며 나무랐겠는가. 물론 이 글은 『한비자』 중에서도 가장 공격적인 내용을 담고 있다고 하나, 시황제 폐하께서도 퍽 열심히 살펴봤다고 전한다. 물론 당시 중국의 사회 정세를 잘 설명해주고 있을 뿐만 아니라 오늘날에도 충분히 적용 가능한 몫을 적잖이 지니고 있다.

이 글 말미에 끝맺음 형식으로 '오두'(나무를 갉아먹는 다섯 종류의 좀벌레)의 하나로 선비를 지목하고 있다. 요컨대 "선비는 선왕의 도라고 칭하여 인의를 빙자하며 용모와 복장을 꾸미고 변설을 교묘하게 하여 현행의 법에 의혹을 품게 함으로써 군주의 마음을 어지럽히는" 존재로 묘사되고 있다. 선비는 나라에 헌신한다는 미명 하에 말과 몸과 마음을 교묘히 꾸미고, 나아가서는 도덕과 윤리마저 좀먹는 일에 앞장서는 해충이요 좀벌레라는 말이다.

하지만 이를 거꾸로 해석할 수는 없을까. 이를테면 지식인은 모든 것을 뒤바꾸면서, 심지어는 기존의 윤리질서에 경종을 울리면서까지 국가와 사회를 위해 자기 한 몸을 벌레처럼 던지는 갸륵한 존재라는 식으로?

그렇더라도 대학교수가 혹시 '국가 및 대학 발전을 위한다는 미명하에 준동하는 해충이나 좀벌레는 아닌가' 하는 근원적인 물음에 난색을 표하는 노릇조차 경솔하게 비침은 어쩔 수 없어 보인다.

민족과 나라가 부강해지려면 밭갈이에 대해 말하는 사람보다 쟁기를 잡는 사람이 더 많아야 하고 전쟁에 대해 평하는 자보다 갑옷을 입은 사람이 더 많아야 함은 정해진 이치가 아니겠는가. 일반 사회집단도 다를 바 없을 것이다. 그런데 우리 대학은 계속 말만 하고 평하기만 하는 사람으로 가득 차 있는 듯 보인다.

꽃이 피었을 때는 꽃을 즐길 줄 알고, 열매가 열렸을 때는 열매를 즐길 줄 아는 것이 자연스러운 태도일 것이다. 그렇지만 대학교수들은 꽃이 피었을 때는 열매가 열리지 않았다고 잔소리하고, 열매가 열렸을 때는 꽃이 피지 않았다고 목청을 높이는 작태를 보이고 있지나 않은지…….

부디 우리 교수들 모두가 청룡언월도로 몽당연필을 깎지는 말았으면 좋겠다. 그리고 야구 방망이더러 '너는 이를 쑤실 수 없는 꼬락서니를 하고 있다'고 비아냥대는 이쑤시개도 되지는 않았으면 한다. 나아가 태양으로는 담뱃불을 붙일 수 없다 하여 그것을 결코 태양의 결점이라고는 윽박지르지 말았으면 좋겠다. 또 자기와 다르다고 하여 그것을 틀린 것이라고 비난하지 않는다면 어떨까 싶다.

이처럼 좌우지간 막무가내로 시끄럽기 짝이 없는 대학교수들은 대체로 신적인 수준의 총장을 원하는 듯 보인다. 그렇지만 아무리 뛰어난 포수라도 총 끝에 앉아 있는 참새를 쏠 수는 없는 법이다. 마찬가지로 대학총장 역시 전지전능한 존재가 될 수는 없다. 교수들을 충족시킬 총장은 하늘나라에서나 찾아볼 수 있지 않을까 싶다. 따라서 선천적으로 골치 아픈 이런 교수사회를 성공적으로 가장 잘 이끈 대학총장이 사실은 가장 탁월한 대통령이 될 수 있으리라는 데에는 의심의 여지가 없다.

최초의 독일 통일을 이뤄낸 비스마르크는 젊은 시절 하숙생활을 한 적이 있는데, 그 하숙집 주인은 대단히 인색했다. 비스마르크는 일일이 불러대는 일이 번거로우니 초인종을 하나 달아달라고 주인에게 부탁했다. 물론 주인은 일언지하에 거절했다. 하숙생 주제에 별걸 다 해달란다는 태도였다. 저녁이 되었을 때 비스마르크의 방에서 갑자기 여러 발의 총성이 울려왔다. 깜짝 놀란 주인이 허겁지겁 비스마르크의 방에 뛰어 들어왔다. 비스마르크는 책을 읽으며 조용히 책상 앞에 앉아 있었고, 책상 위에 놓여 있는 권총의 총구에서는 아직도 연기가 모락모락 피어오르고 있었다. 주인이 허둥거리며 웬일이냐고 묻자 비스마르크는 태연히 대답했다. "아니오, 그냥 당신을 찾는 신호를 보낸 겁니다." 이튿날 아침 비스마르크의 방에는 초인종이 즉각 설치되었다.

아마도 적잖은 대학총장이 비스마르크처럼 총이라도 한번 쏘고 싶은 심정이리라. 하지만 또 우리가 새겨들어야 할 현인들의 가르침이 있다. "차라리 소인으로부터 미움과 욕설을 받을지언정 소인으로부터 아첨과 칭찬을 받는 일이 없도록 하라. 차라리 군자로부터 꾸짖음과 깨우침을 받을지언정 군자로부터 포용받는 일이 없도록 하라."

지당한 말씀이다.

003 인문학의 몰락, 희망의 몰락

미켈란젤로와 인문학적 정신

로마시대 조각가로 워낙 명성을 휘날리던 미켈란젤로였기에 귀족들의 흉상 제작 부탁은 흔히 있는 일이었다. 어느 날 의뢰한 작품을 찾으러 한 귀족이 미켈란젤로의 작업실로 들어섰다. 그런데 그 귀족은 조각품을 보더니 대뜸 자신의 코가 좀 높게 되었다는 불만을 조심스레, 그러나 지극히 우아하고 교양미 넘치게 주워 섬겼다. 미켈란젤로는 잘 알겠다면서 석고 가루를 슬쩍 한 줌 쥐고서는 콧날을 다듬는 척하며 깎아내지는 않고 가루만 조금씩 흘렸다. 그랬더니 그 귀족은 "오오, 이젠 멋있게 됐소" 하며 감탄을 늘어놓았다. 여기서 미켈란젤로는 은연중에 인문학적 정신의 한 가닥을 점잖게 고르고 있다. 즉 미켈란젤로에게서는 예술성과 인간성의 겸허한 조화를 엿볼 수 있다. 반면 귀족에게는 허황되고 교만하게 공허한 세속적 위신에 집착하는 모습만 보인다.

인문학적 정신이란 과연 무엇을 의미하는 걸까? 인문학은 근대정신의 발로라 할 수 있다. 그렇다면 근대정신이란 무엇인가?

그것은 좀더 높은 존재나 초자연적인 매개물로부터 인간의 독립을 주장하며, 인간 존재의 뿌리를 이 물질적 세계에서 찾고자 한다. 자신의 구원과 행복을 세속적 환경에서 추구해나가는 자연적 존재로 인간을 파악하는 것이다. 요컨대 개인주의, 세속주의, 물질주의가 근대정신의 요체다. 개인주의는 인간의 개체성과 개인적 권리의 정당성을 옹호하며, 세속주의는 인간의 이성 및 인간사회의 자족성을 설파하고, 물질주의는 자연 속에서 발견하거나 인간의 노동에 의해 획득한 대상을 소유하고 향유함으로써 인간적 행복을 성취하고자 한다.

이러한 관점에 의거해 인문학은 결과적으로 두 가지 측면에서 근대적 발전 경향을 비판할 사명을 지니게끔 되었다.

첫째는 일종의 양적인 것으로서 자본주의 사회에 의해 만들어진 물질적·제도적 성과의 불충분성에 대한 비판이다. 말하자면 모든 사람에게 개인적인 행복과 물질적인 풍요를 기약했지만 오히려 새로운 형태의 대중적 빈궁과 비참함을 조성해낸 자본주의적 현실의 비극성으로부터 인문학은 결코 눈을 돌릴 수 없다는 말이다.

둘째는 일종의 질적인 비판이라고 할 수 있다. 인문학은 경쟁적 개인주의보다는 인간적 공동체와 미래 세대를 위해 헌신하고, 물질적 행복을 일방적으로 추구하기보다는 이기심을 극복하고, 박애와 희생정신을 포용해나감으로써 가치를 근본적으로 혁신하라고 촉구하는 것이다.

그런데 이런 사명을 띤 인문학이 현재 침몰하고 있다.

인문학, 그리고 다리와 샘물의 값과 값어치

인문학의 속성은 다리와 샘물의 쓰임새와 유사한 듯 보인다. 다리는 떨어져 있으나 꼭 만나야 하는 절실한 것들을 연결시켜줌으로써 결핍과 불편을 보완하고 이를 통해 인간적 삶을 편리하고 즐겁게 만들어주는 도구 같은 것이라 할 수 있다. 그러나 그것은 허울 좋은 눈앞의 이해라든가 부수고 짓밟는 불순한 작업을 위한 편리하고 실용적인 통로로 악용될 여지도 있다. 원수는 외나무다리에서 만난다고도 하지 않던가. 어쨌든 다리는 자연과 자연을 잇는 인간이다.

반면 샘물은 인간과 인간을 이어주는 자연이라 할 수 있다. 레오나르도 다빈치는 자신의 수기에 "샘물에 가까이 갈 수 있는 사람은 물항아리에 가지 않는 법이다"라고 썼다. 인공적인 것보다 자연적인 것에 더 애착을 느끼는 인간의 자연적 성향을 이름이리라. 하지만 값어치가 아닌 값을 따지려드는 단말마적인 욕망이 범람함으로써 다리는 자연에 상처를 입히는 도구로 전락하고, 물항아리는 겉으로만 속절없이 더욱더 화려해져가는 것 같다. 가치보다는 가격에 더 골몰하고 뒤흔들리는 세태가 바로 인문학의 몰락을 부추기는 주범이다.

하지만 역사는 장구한 삶의 흔적이며 발자취다.

오늘의 이 마을은 원래 어떻게 만들어졌던 것이 지금 이 상태에 이르렀는가? 왜 하필이면 이곳에, 사람들은 어떻게 모여 살게 되었을까? 무엇을 먹고 어떻게 살다오다가 지금처럼 정착했을까? 가까이 있는 다른 마을들과는 어떻게 지냈으며, 천재지변이나 외부 공동체의 침입 등에는 어떻게 맞서 싸워왔을까? 어떻게 해서 민족이라는 이름의 인간공동체가 만들어지고, 왜 그걸 둘러싸고 지금까지 숱한 분규와 혼란이 되풀이되고 있는가? 생존 유지가 가장 중요한 공동체적 본질이라 한다면 그걸 어떻게 지켜왔으며 또 공동체 내부의 질서는 어떻게 유지해왔는가?

우리는 단지 이 지상의 손님일 뿐이다. 그런 의미에서 인문학은 손님으로서 마땅히 지녀야 할 도리를 따지는 삶의 공학이자 인간 생리학이라고 할 수 있다. 이를테면 삶의 기초 공사이며 삶의 천문학인 것이다.

인문학은 한마디로 인간학이라고 할 수 있다. 말하자면 그것은 인간이 이 우주 속에서 어떻게 하면 자연과 조화를 이뤄내며 인간답게 살 수 있는가를 탐구하는 학문이란 말이다. 그러므로 그것은 인간 역시 자연의 일부로서 어떻게 하면 자연 속에서 자연과 더불어 평화롭게 살아갈 수 있을 것인가를 연구하는 학문이다. 인문학은 곧 인간의 자연을 탐구하는 학문인 것이다.

이런 맥락에서 어느 인문학자가 참으로 날카롭게 다음과 같이 분석한 바 있다.

"인간은 과거, 현재, 미래를 둘러싼 시간의 장구한 흐름에 맞춰 세 개의 커다란 능력을 소유하고 있다. 우선 과거를 되돌아보고 미래를 설계할 수 있도록 만드는 '기억'과 '상상'의 능력이 있다. 본질적으로는 물론 현실세계 속에서의 행복 추구를 위해 활용되는 이러한 능력들은 항상 '이성'에 의해 닦이고 단련되지 않으면 안 된다. 이런 의미에서 '기억'의 능력을 최대화하려는 것이 역사이고, '상상'의 능력을 극대화하려는 것이 문학과 예술이라고 한다면, '이성'의 능력을 무한대화하려는 것은 철학이라고 할 수 있다."

이런 관점에 입각한다면, 어떻게 해야 이러한 기억, 상상력, 이성으로 대표되는 인간 능력을 사회발전을 위해 긍정적으로 활용할 것인가, 그에 덧붙여 그러한 능력을 참답게 발휘하도록 만드는 에너지를 어떻게 하면 자연스레 확보할 수 있을 것인가가 가히 인류사적인 관심이자 목표라고 할 수 있다. 그리하여 동양사회에서는 예로부터 문文·사史·철哲의 체계를 인간의 본질적 덕목으로 여기기도 하지 않았던가.

나는 사실 바로 이것이 인문학의 본령이라고 생각한다. 바로 이러한 전통적인 덕목이야말로 특히 가치관의 혼란으로 인한 혼동과 갈등으로 회칠된 오늘날의 인간사회에 더할 나위 없이 절실히 요청되는 가치라고 할 수 있다. 하지만 여기저기서 인문학이 몰락하고 있다는 개탄의 목소리가 자주 들려온다.

이런 취지에서 과학자들이 예술을 음미할 수 있게 해주는가 하면 예술가들이 과학을 이해할 수 있게 이끌어주는 것이 최선의 교육이 아닐까 싶다. 예술이나 인문과학 등 기초 연구는 실용적인 응용이나 목적을 노리고 수행하는 것이 아니라, 자연과 인간 본성을 가능한 한 가장 심층적인 차원에서 이해하려는 삶의 의지에서 비롯되는 것이다.

한마디로 인문학은 조화를 지향하는 학문이다. 자연과 인간, 인간과 인간, 과거와 현재와 미래의 조화를 추구하는 학문이 곧 인문학이란 말이다. 인문학의 몰락은 곧 희망의 붕괴다.

인문학과 우리의 민족적 전통

우리 민족은 빼어난 인문학적 전통을 지니고 있다. 오늘날 이른바 '좌파'의 자세를 아우르며 과격하다는 뜻으로 사용되는 영어 '래디컬radical'의 어원은 '뿌리째 파고든다'는 의미를 지닌 '라딕스'라는 라틴어다. 뿌리까지 파고들어 속속들이 따지고 드는 단호한 태도를 일컫는 말이다. 우리에게도 옛적부터 이러한 '급진적인' 정신이 전통처럼 살아 숨 쉰다. 예컨대 발본색원拔本塞源하는 정신이야말로 우리의 고고한 자랑거리며 삶의 지혜라 추앙하지 않았던가. 그런데 지금은 그 알찬 뿌리가 아니라 허울 좋은 과실에만 넋을 빼앗기고 있다.

우리 조상은 "뚝배기보다는 장맛"이라 하여 튼실한 내용주의를 설파하기도 했다. 그러나 우리 현실은 지금 '장맛보다는 뚝배기'라는 한국적 형식주의에 사로잡혀 있다. 이를테면 안에 든 장은 엉터리로 남겨둔 채 뚝배기만 근사하게 꾸며놓고 희희낙락하는 동안 우리는 사회적 된서리를 맞기도 했던 것이다.

가장 비인간적인 것은 이기적인 것이다. 왜냐하면 인간 사이에 존재하는 유일한 절대평등이 있다면 그것은 인간이란 결국 같이 죽을 수밖에 없는 유한한 존재라는 거부할 수 없는 사실 하나이기 때문이다. 그러므로 인간은 이러한 허망한 절대평등의 울타리 안에서 서로 격려하고 도우며 살아갈 수밖에 없는 운명공동체다. 이런 의미에서 인문학은 초이기적 공동체주의와 공생주의를 지향해야 한다. 한마디로 말해 인문학을 탐구한다는 것은 희망을 탐구함을 뜻한다.

대학은 이를 이끌어나갈 핵심 주체의 하나다. 요즘 이런 대학의 현실이 심각하다. 지금 대학은 인격과 인품이 만나 진리를 뼈아프게 추구해나가는 수련장이 아니라 사회적으로 잘 팔리는 지식을 눈치 껏 적당히 사고파는 장터로 전락하고 있다.

인문학의 침몰은 개성의 몰락과 그 궤를 나란히 한다. 타인의 시선과 구미에 영합하는 정신 자세가 결국은 인문학의 쇠잔을 부채질하고 있다.

병을 진단하고 처방할 때 병의 원인을 먼저 밝혀내야 하듯이, 집을 짓거나 약과 음식을 처방할 때 토질을 먼저 살피고 몸의 체질과 성향을 먼저 연구하듯이, 인문과학과 기초과학은 이런 역할을 떠맡는 존재 아니겠는가.

어느 학자가 "현실은 제비이나 이론은 달팽이"라고 갈파한 적이 있다. 그러나 인문학적 이론은 달팽이처럼 기어가는 장구한 역사를 과거, 현재, 미래를 꿰뚫고 잽싸게 날아다니며 서로를 이어주는 제비와도 같은 존재라 할 수 있다. 이를테면 달팽이가 되는 제비, 그것이 바로 인문학의 본질 아니겠는가.

이론화할 수 없는 현실은 존재하지 않는다. 하지만 현실화할 수 없는 이론은 항상 존재하는 법이다. 그렇다고 현실화할 수 없는 이론이 죽은 이론이 아님은 물론이다. 그것은 단지 존재하지 않는 것을 존재하도록 만들어가는 줄기찬 노력을 현실이라고 받아들일 따름이다. 특히 인문학적 사색의 발자취들이 그러한 것이다. 현실은 순수한 제비가 되기를 요구하나, 인문학은 태연히 달팽이 노릇을 함으로써 제비가 되고자 한다.

그러나 비인문학적 인간은 황혼의 가치를 값으로 계산하려든다. 비인문학적 정신이란 곧 값어치는 모르면서 값만 매기려드는 외형성과 실용성을 일컫는다. 예컨대 죄인을 주눅들게 하기 위해 만들어진 재판장의 특이하고 근엄한 복장이나 스님의 승복 또는 신부의 미사복이 풍기는 신성함이 더 가치가 있는 것인가, 아니면 법적 심판이나 종교적 구원의 대상이 되는 인간의 본질과 존엄성 그 자체가 더욱 값진 것인가? 그리고 극락이나 천국으로까지 이끌어야 할 인간의 계도와 구원이 뜻깊은 일인가, 아니면 휘황한 교회 첨탑이나 웅장한 대웅전의 겉모습이 더 중대한 일인가?

사상누각이나 형식주의 혹은 응용미와 실용미만 추구할 것인가, 아니면 다리와 샘물의 값어치를 뒤쫓을 것인가? 우리는 흙길이 자아내는 정감을 멀리하며 번쩍거리는 아스팔트에만 넋을 놓아야 할까, 아니면 들풀을 다 뒤엎어버리고 거기에 상추만 심을 것인가?

인문학은 독수리처럼 날아야 한다. 참새와 달리 독수리는 떼 지어 날지 않음도 유념할 일이다.

봄바람처럼 따스하게 남을 사랑하고 가을 물처럼 서늘하게 자신을 다스리는 것, 이것이 바로 고유한 인문학적 자세라고 할 수 있다. 그리고 이것이 우리 인문학자들이 걸어야 할 길이다. 이러한 점들을 두루 고려할 때, 인문학자들에게 필요한 것은 당연히 지식보다는 지혜라고 할 수 있다.

004 '영혼 없는 기계'들의 사회

혹시 우리는 아침에 현대아파트에서 잠을 깨 현대자동차를 타고 출근하고, 현대건설이 지은 빌딩에서 하루 종일 일하다가 저녁에 퇴근해서는 현대백화점에 들러 쇼핑을 하고, 다시 현대아파트로 돌아와 잠을 자는 현대적 규격 용품들은 아닐까? 어쩌면 우리는 제조 라인과 다를 바 없는 '공항 검색대' 앞에 줄지어 늘어서서 인간적 품질 판정을 받기 위해 대기 중인 인간 상품과 흡사하게 삶을 이어가고 있는지도 모른다. 이런 현실에서, 예컨대 자연과 함께 하는 삶의 양식 같은 것이 취업이나 임금 인상, 성과급, '전세 대란' 등속과 도대체 무슨 상관이 있단 말인가? 문제는 인간이다. 가령 생태계 보전과 관련된 문제가 우리의 직접적인 당면 소관 사항이 될 수나 있는가. 이렇게 자연은 지극히 자연스럽게 우리 시야에서 멀어져간다. 우리를 직접적이고 일상적으로 고통스럽게 만드는 것이 자연이 아니라 바로 인간이기 때문이다. 그러므로 우리의 일차적인 관심과 애증의 대상으로 자리잡을 수밖에 없는 것은 인간사회다.

"누구나 세상을 변화시킬 생각은 하지만 어느 누구도 자신을 변화시킬 생각은 하지 않는다"고 일갈한 사람은 바로 톨스토이다. 우리는 물론 바람의 방향을 바꿀 수는 없다. 하지만 돛배의 진로를 변경할 수는 있다. 일차적으로 '바람의 방향', 말하자면 우리 인간의 생명줄임에도 불구하고 우리 자신에 의해 싸늘하게 버림받는 생태계에 대한 냉철한 반성과 인식을 토대로 삼아 '돛배의 진로', 말하자면 이 생태계를 무엄하게 짓이기고 있는 인간에 대한 '쇄신' 방안을 모색하는 작업을 병행해야 한다는 말이다. 자연에게도 문제는 인간인 것이다.

그런데 도대체 현대인은 어떤 본성을 지니고 있는가, 그리고 자연은 이런 인간을 위해 어떤 메시지를 던지고 있는가.

오늘날 특히 우리 한국인 모두가 실은 지극히 민활한 첨단검색 요원과도 같은 일상생활을 영위하며 살고 있는지 모른다. 공항 검색대 앞에 늘어선 민완 검색 전문가들처럼, 타인의 긍정적인 면모보다는 오히려 결함과 흠집 같은 것을 좀더 신속하고 날카롭게 파헤쳐내는 일에만 전력을 집중하며 살아가도록 운명지어진 병든 존재처럼 보인다는 말이다. 가히 비극적인 현실 속에서 희극적으로 살아가는 인간 존재들이라고 할 수 있다.

우리는 당연히 스스로 검색하면서 동시에 스스로 검색당하기도 한다. 그런데 마치 천부적인 생업에 종사하기라도 하는 양 검색을 주고받는 이러한 살벌한 공정에 황홀하게 몰두하고 있다. 이처럼 검찰이면서 동시에 범인이 되기도 하는, 희비극이 쌍곡선을 그리는 이런 환경 속에 의당 서로에 대한 불신과 부질없는 아귀다툼만 나날이 깊어가고 늘어날 뿐임은 두말할 나위도 없다. 이처럼 상호 불신이 첨단화된 상황에서 과연 어느 정도나 사회적 안정과 평화를 기대할 수 있을까.

나에게도 당혹스럽긴 했지만 풋풋하기 그지없던 개인적인 경험이 없지 않다. 일전에 이러한 우리의 일상을 가까이서 체험도 할 겸 홀로 유랑하다가 전라도 어느 시골 5일장을 지나친 적이 있다. 요기라도 할 양으로 장터 주막에 들어갔으나 마침 마땅한 자리가 없어 우연히 한 칠순 노인과 합석하게 되었다. 그 와중에 막걸리 사발을 나누기도 했다. 그 노인은 걸지게 술을 걸치시더니, 입을 호기 있게 한 손으로 쓰윽 닦아내며 당신이 살아온 삶을 되뇌시는 눈치였다. 그는 '이 세상에는 두 부류의 인간이 있는 것 같더라'는 말로 말문을 열었다. 하나는 '검사형'으로 남의 잘못만 파고들어 무슨 결함이 있나 없나 하는 것만 열심히 파헤치려 들고, 다른 한 부류는 '중매꾼' 같은 사람으로 어떻게 해서라도 두 상대가 잘 맺어지도록 좋은 말, 따스한 덕담만 애써 찾더라는 것이다. 그러곤 말을 이어서 "나 역시 검사처럼 살아온 것 같소이다만, 혹여나 내가 다시 태어날 수만 있다면 이번에는 솔찬히 중매꾼처럼 살아보고 싶소" 하고 말하며 우울한 낯빛으로 술잔을 비웠다. 나는 그분의 겸허한 인생론에 적잖은 감동을 받았다. 그 노인 앞에 마주앉아 있던 또 한 명의 다른 '검사'인 나는 고개조차 제대로 들지 못했다. 특히 우리 사회에서는 무엇보다 나처럼 이른바 교수 노릇 한다는 사람들이 실은 가장 탁월한 검사이며 준수한 검색 요원으로 맹위를 떨친다는 사실을 잘 알고 있기 때문이었다.

모름지기 자신의 입장이 옳다는 것을 입증하기 위해 일상적으로 남의 주장이 그르다는 것을 광맥처럼 찾아 헤매는 데 혈안이 될 수밖에 없는 생활양식에 익숙해 있기 때문에 그럴 것이리라.

이처럼 우리는 보살피기보다는 살피고, 베풀기보다는 숨기려들며, 나누기보다는 가로채는 일에 좀더 탁월한 능력을 발휘한다. 결국 더불어 나누는 인간다운 너그러움보다는 자기 몫만 살벌하게 챙기려드는 냉혹한 수지타산에만 광분하다가, 급기야는 무혈충無血蟲, 아니 '영혼 없는 기계'로 전락해가는 것이다. '공유share'하기보다는 '거래trade'하는 데 훨씬 더 능통한 존재 양식이다.

이런 딱한 실정임에도 우리 한국사회는 인도주의를 남발하는 듯이 보인다. 우리 한국인은 과연 인도적인 민족인가?

십수 년 전 어느 늦가을 북한 소 한 마리가 '탈북'한 적이 있다. 아마 홍수가 터져 휴전선 바로 밑 김포 부근 어느 섬까지 떠밀려온 듯했다. 그때 자랑스러운 대한민국의 어느 TV는 저녁 정기 뉴스 시간에 "인도주의적 견지에서 이 소를 빨리 구출해야 한다!"고 절규한 바 있다. 그리고 우리 언론의 생리에서는 당연한 반응이었겠지만 마치 군사작전이나 되는 양 불 뿜는 취재 경쟁을 펼쳤음은 물론이다.

우리네 시장바닥에서는 이렇게 가축 한 마리에까지도 스스럼없이 '인도주의'를 역설할 정도로 인간미가 넘쳐흐른다. 그런데 과연 우리 민족은 인도적인가?

어느 언론 매체에서는 예컨대 2001년 미국에 입양된 한국 고아가 1870명으로 여전히 3위를 차지했다고 전하며, 우리나라의 대미 '고아수출'이 1980~1994년 줄곧 1위(1991년만 2위)를 기록해오다가, 1995년부터 2000년까지는 "그나마" 3위로 떨어졌다고 '안도'하기까지 한 바 있다. 그러면서도 이런 현상이 경제 규모 세계 12위를 자랑할 뿐만 아니라 올림픽과 월드컵까지 치른 나라의 "일그러진 자화상"이 아닐 수 없다고 꼬집는 것을 잊지 않았다.

북한이 스웨덴이나 덴마크 등지의 공항에서 한국으로부터 '팔려오는' 어린이들의 사진을 찍어 그것을 선전 자료로 활용했다는 것은 널리 알려진 사실이다. 그들이 이런 '고아수출'을 '동족을 팔아먹는' 반민족적 '만행'이라고 규탄할 때 우리가 과연 반박이나 할 수 있었겠는가. 또한 뜨거운 혈육의 정을 강제로 끊긴 채 동생은 이 나라로, 언니는 저 나라로 뿔뿔이 흩어졌다가 서로에 대한 그리움을 달랠 길 없어 낯선 이국땅에서 자살로 어른들의 비인간적 불륜을 고발하는 한국인 해외 입양 어린이들의 참담한 보도를 접할 때, 우리 어른들이 도대체 무슨 배짱으로 얼굴을 치커들 수 있겠는가.

하지만 '기다리고 기다리던' 한국인 입양아를 자기네들 공항에서 처음으로 마주하는 순간 반가움의 눈물을 주체하지 못하는 '코쟁이' 양부모들의 정겨운 모습을 우리는 무심코 지나쳐버릴 수 있을까. 우리는 비정하게 '팔아치우는데' 그들은 왜 마냥 기쁨의 눈물을 흘리는가? 많은 이득을 남겼다는 황홀한 장삿속에서 참다못해 뿌리는 감격의 눈물일까, 아니면 위선일까, 그것도 아니면 진정한 인간애의 발로에서일까.

아마도 우리는 '인간적으로 하자'는 말을 세계에서 가장 열렬히 일상적으로 애용하는 민족이 아닐까 한다. 그런데 때와 장소를 가리지 않고 걸핏하면 '인간적'이라는 말을 주워섬기기 좋아하는 우리 한국인은 정말로 인도적인 민족일까?

두말할 필요 없이 인도주의란 동물을 향한 인간적 자비심의 발로를 가리키는 개념이 아님은 명확하다. 인도주의란 이 땅 위에서 더불어 살다가 다시 이 땅속으로 더불어 되돌아갈 동료 인간에 대한 인간적 공감이며, 애정이요, 존중심을 일컫는 말이다. 하나도 복잡할 게 없다.

그런데 요즘 우리 사회는 어떤가. 한마디로 인간적 화합의 몸짓이 아니라 경쟁적 이기주의가 더욱 살인적으로 기승을 부리는 듯하다. 타인에 대한 증오와 자신에 대한 열애만이 가장 확실한 삶의 밑천인 것처럼 보이기도 한다.

인간의 이기적 본성이 무엇인지 알고자 하는 이에게 나는 골치 아픈 철학 서적을 뒤적거리지 말고 대한민국의 도로에 차를 몰고 잠깐 나가볼 것을 권한다.

긴 이야기 필요 없이 우리는 도로에서 가장 적나라하고 상습적인 이기심의 화려한 폭발과 충돌을 체험할 수 있다. 예컨대 옆 차선이 조금이라도 잘 빠지는 듯하면 잽싸게 그 쪽으로 끼어들었다가, 또 눈치를 봐가며 금세 다른 쪽으로 서커스하듯 내빼는 차량 곡예는 지극히 흔한 일이다. 그러나 자기는 마구잡이로 끼어들면서도 다른 차가 부득이하게 잠깐 접어들고자 하면 어림도 없는 일이다. 그걸 완강히 퇴치하기 위한 클랙슨 소리가 금세 폭죽처럼 작약한다. 천부적인 전투태세가 이미 강력히 완비되어 있는 탓이다. 양보하는 법은 거의 찾아보기 힘들다. 그러나 이처럼 격렬히 저지하기 위해 총력을 기울이는 차의 뒤 윈도우에도 '여유와 양보'라는 스티커가 점잖게 붙어 있다. 아마도 트럭은 철갑부대, 버스는 공수부대, 택시는 기동 타격대일 것이다. 그리고 오토바이는 나비처럼 날아서 벌처럼 쏜다. 일반 승용차는 '대기만성형' 저격병들이라고나 해야 할지. 모든 차가 마치 경주용 차량이기라도 한 듯 앞지르기 위해 광분하는 것만 같다.

어차피 우리는 언제, 어디서, 어떤 차가 갑자기 자신에게 뛰어들어 비수처럼 덮칠까 하는 불안이 꼬리를 물고 이어지는 숨 막히는 흐름 속에 내던져진다. 우리는 확실히 '불확실성의 시대'를 온몸으로 살고 있음에 틀림없다. 그 도로에서 우리는 인간에 대한 불신을 배우고 또 갈고닦는다. 과연 푸른 신호등을 믿고 길을 건너도 되는 것일까. 어찌 보면 무서운 일일 수 있다. 거리 위에서는 사실 수많은 익명의 인간이 각자 세련된 살인적 이기주의로 무장한 채 온종일 이를 갈며 무섭게 치닫고 있는 것이다.

그러면서도 우리는 또 서로를 믿고 운전대를 잡는다. 그 와중에 우리는 어느 차가 어느 쪽에서 갑자기 급습할 것인가를 그린 대로 지혜롭게 판독하는 법을 자연스레 익혀나가기도 한다. 한국의 도로 위에서 우리는 어느새 알게 모르게 인간 심리학 전문가들이 되어가는 것이다. 노름하는 것을 보면 그 사람의 인간 됨됨이를 잘 알 수 있다고들 말한다. 그러나 나는 운전하는 자세를 보면 그의 인품과 인생행로까지도 쉽게 예측할 수 있다고 믿는다.

말하자면 이런 식이다. 보행자가 아무도 없는데도 건널목에 푸른 신호등이 켜져 있다고 마냥 서서 기다리는 분은 청렴결백형, 추월하라고 일부러 멈춰 서서 양보해주는데도 종내 끼어들지 못하는 타입은 햄릿형, 천천히 주행해야 하는 구간에서는 급하게, 빨리 달려야 하는 곳에서는 느릿느릿 운전하는 사람은 돈키호테형, 빨간 신호등이 켜져 있는데도 무조건 내닫는 형은 가미가제 특공대형, 반면 용감하게 치달리지는 못하지만 잠시를 참지 못해 한 발짝 한 발짝씩 앞으로 전진하는 형은 소기속성小器速成형, 옆 차를 겁주기 위해 쓸데 없이 고속으로 질주하는 사람은 공갈협박형, 앞에 끼어들게 해달라고 차창까지 내려가면서 손짓 발짓으로 부탁하고 아부하는 타입은 순진가련형, 깜빡이를 켜지도 않고 제멋대로 차선을 마구잡이로 바꿔대시는 분은 황야의 무법자형 등등이다.

어쨌든 우리가 보행자일 때는 건널목에서 공포 분위기를 조성하는 듯한 운전사들이 혐오스럽지만, 거꾸로 우리가 차를 몰고 갈 때는 건널목에서 거드름 피우듯 여유 있게 건너가는 보행자가 또 그렇게 미울 수 없다. 물론 몇 초라도 남보다 더 빨리 가려고 발버둥들을 친다. 그러나 다른 사람을 돕기 위해 남보다 단 1분이라도 더 빨리 서둘러 달려가고자 애쓰는 사람은 거의 찾아볼 수 없다. 오로지자기 자신의 눈곱만 한 이해 때문이다. 명절 때 귀성차량으로 꽉 막힌 고속도로에서 남보다 한 치라도 더 빨리 가기 위해 멀쩡한 차를 견인차에 매달고 갓길을 달리는 비법까지 창안해내는 민족이다. 아마도 세계 제일의 민족적 창의력일 것이다. '지구가 내일 종말을 고한다면 당신은 지금 무엇을 하겠는가' 하고 누군가가 묻는다면, 우리한국인은 아마도 '나는 더 빨리 차를 몰아 앞의 차를 기어코 앞지르고야 말 것이다'라며 기염을 토할지 모른다. 이렇게 볼 때 우리 선조들은 곰이 아니라 미꾸라지였을 가능성이 높다.

어쨌든 인간의 이기주의가 얼마나 몰염치하게 자행되는가를 우리는 거리 위에서 손쉽게 체험할 수 있다. 한마디로 극렬한 이기주의의 가투街鬪가 일상적으로 치열하게 펼쳐지는 현장이 바로 우리의 고귀한 삶의 터전인 것이다. 우리는 축복받은 민족이다. 하늘이 우리한국인에게 매일매일 이기주의의 현란한 난무를 거리에서 눈꽃처럼 즐기며 살 수 있는 특혜를 베풀어주었기 때문이다.

그러나 바로 이 '거리'가 우리에게 또 하나의 각별한 의미를 부여하는 공간임을 명심할 필요가 있다.

무슨 일 때문인지는 서로 알 길이 없지만 어쨌든 우리는 바로 같은 길 위에서, 같은 외적 환경 아래에서, 어디론가 같은 방향으로 쉴새없이 함께 달린다. 심지어 우리는 '흐름을 타야 한다'고까지 말하면서, 같은 위험부담을 안고 부지런히 달리는 것이다. 이러하니 물론 짧은 시간이나마 우리는 그 도로 위에서, 서로 얼싸안기라도 할 수 있는 정겨운 운명공동체를 꾸려가고 있는 처지다. 시간과 공간의 폭을 넓혀 생각한다면 우리는 바로 이 삶의 여로에서 '동료 여행객'으로 공존·공생하는 셈이다. 그러다가 우리는, 물론 시차가 있지만, 더불어 이 지하에 묻혀 함께 흙으로 변모해갈 것이다. 기막힌 '인연'이다.

이런 맥락에서 인연을 깊이 사랑하고 소중히 여길 줄 아는 자세를 키워나가야 할 것이다. 그럼에도 불구하고 우리는 마치 적전상륙이나 감행하듯이 서로를 적군처럼 노려보며 일상을 산다. 무엇보다 우리가 '영혼 없는 기계'로 전락한 탓이다.

한마디로 오늘날 대한민국은 '영혼 없는 기계'의 황금시대를 구가하고 있다. 온 사회 구석구석이 이 기계 돌아가는 굉음으로 가득하다. 그런데 '영혼 없는 기계'란 대체 무엇인가, 그리고 그것은 어떤 특성을 지녔으며, 어떻게 만들어지는가?

첫째, 오늘날 현대인은 기계 부속품 같은 존재로 살아간다. 정신 없이 발달한 과학 및 기계문명의 슬픈 잔재로서, 이들은 지극히 복잡하고 전문화된 사회구조 속에서 기계 부속품처럼 파편화되어 존립할 수밖에 없게 된 것이다. 우리 현대인은 이 복잡한 사회구조의

한 유기적 구성 인자로서 상호 의존적인 존재로 살아갈 수밖에 없도록 운명지어졌다.

그러나 사실은 이러한 강한 '상호 의존성'이 결국 인간의 '기계 부속품화'를 촉진한다. 왜냐하면 노동분업이 심화되면 될수록, 그리고 각자의 활동 영역이 특수화·전산화되면 될수록, 인간은 부속품처럼 더욱더 개체화될 수밖에 없기 때문이다. 그러한 부속품화 현상의 귀착점이 바로 인간 영혼의 '기계화'다.

이런 '인간 영혼의 기계화'로 인해 한편으로는 사회발전이 적극 촉진된다는 것을 부인할 수 없다. 그러나 그에 비례해 주위 동료 인간에 대한 배려를 넓혀나가고 자신의 고유한 이기심의 충동을 통제하기도 하는 '인간의 영혼'은 나날이 시들어갈 수밖에 없다. 인간에 대한 가장 나쁜 죄는 '인간에 대한 증오심이 아니라 무관심'이라고 할 수 있는데, 결과적으로 이런 부정적인 면이 오히려 더 기승을 부리게 된다는 말이다. 그와 맞물려 이웃 사랑과 정의가 동시에 메말라간다. 공동체적 연대가 약화되면서 결국 사회적 불평등이 강화되어나가는 것이다.

인간은 이런 상황에서 타인의 도구나 이용물로 전락하며 급기야는 자신의 실존적 생존 의지마저 상실한다. 이처럼 인격과 도덕이 수단화됨에 따라 현대인은 이윽고 몰개성적·타자 지향적 존재로 추락하고 마는 것이다. 그리고 그러한 상태는 거꾸로 현대인의 '영혼 없는 기계화' 현상을 더욱 심화시킨다. 현대인은 바로 이런 악순환의 고리에 포박당한 존재라고 할 수 있다. 가히 현대판 '시시포스의 신화'라 할 만하다.

둘째, 이와 결부되어 오늘날 이러한 현대사회를 관통하는 시대정신은 한마디로 '거인주의巨人主義'라 할 수 있다.

자유주의는 자본주의적 부르주아 계급의 신념 체계요 행동 강령이다. 그것은 또한 정치제도 및 경제활동의 기본 원리일 뿐만 아니라 현대인의 자연스러운 사고방식이요 몸에 밴 생활 습관의 한 가닥이기까지 하다. 바로 이러한 자유주의의 철학적 토대가 바로 개인주의다. 그런데 자유주의가 표방하는 '개인個人'은 곧 '거인巨人'이다. 왜냐하면 힘 있는 존재만이 자본주의의 기본 원리인 '자유경쟁'에서 궁극적인 승리를 쟁취할 수 있기 때문이다.

결국 오늘날 대부분의 자본주의 국가는 '호랑이의 자유'만을 구가한다. 국가는 개인의 자유를 철저히 보장하겠노라는 허울 좋은 명분을 내세우지만, 결과적으로는 힘센 '사회적 호랑이'들만이 한껏 활개치노록 만든 사회적 불평등 체계를 튼튼히 구축하고 있다는 말이다. 뿐만 아니라 그러한 개인주의는 기회만 주어지면, 아니 기회를 만들어가면서까지 이내 날렵한 이기주의로 손쉽게 변신하는 뛰어난 재능을 타고나기까지 했다. 그리하여 '독주'의 자유만 있지 '공생'의 여유는 좀처럼 찾기 힘들어진다.

더구나 전 세계를 단일 시장화하는 '세계화'의 확산과 더불어 소비주의, 물신주의가 동시에 세계화되고 있다. 국제적인 차원으로까지 비약해 '거인'의 독주만 옹호되고 장려되는 실정이다. 그리하여 도덕적 진보나 인간적 자아실현 등의 이상적 가치들이 비실용적인 것, 속절없는 것으로 손가락질당하기 일쑤다. 도처에 발가벗은 사적 이익만을 추구하는 '상인형 인간'들만 활보한다. '공익'에 대한 존중심이 이러한 황금만능주의의 관심거리가 될 리 있겠는가.

한편 '거인주의'가 가장 총애받는 신자유주의 시대의 총아로 군림하면서 대다수의 자유주의적 개인은 오히려 자유주의가 그처럼 높이 기려 마지않는 개인주의의 희생물로 굴러떨어지고 있는 실정이다. 왜냐하면 자유주의의 깃발 아래서는 오직 '거인'만이 진정한 개인 대접을 받을 수 있기 때문이다. 결국 구가되는 경제 번영의 뒤안길에는 '개인 없는 개인주의'만이 음습하게 번져나갈 뿐이다.

이처럼 세계화가 질주하는 대로를 따라 자유경쟁과 빈부 격차와 사회적 불평등까지 더불어 질주하는 현실이다. 한편에서는 자유민주주의의 궁극적인 승리가 예찬되고 있으나, 다른 한편에서는 민주주의의 위기가 소리 높이 절규되기도 하는 기묘한 상황이 발생한다. 극렬하기까지 한 경쟁주의에 편승한 참담한 약육강식의 사회 윤리가 일상화되면서, 결국 대다수의 약자가 도움을 호소할 길을 찾지 못한 채 막무가내로 쓰러지고 있다. 어디에서 한 뼘의 인도주의라도 찾을 수 있겠는가. 빈익빈 부익부와 양극화의 심화가 절대적으로 순종할 수밖에 없는 성령처럼 군림한다. 그저 멍하니 텅 빈 두 손만 공허하게 움켜잡을 따름이다. 자신의 개인적 결핍이나 결함을 외부의 도움을 빌려 보충할 수밖에 없는 우리의 힘없는 '조무래기'들은 도대체 어디로 가야 할까.

이렇게 신자유주의가 범세계적으로 막강하게 위세를 떨치는 통에 언제나 당당히 개선문을 통과하는 것은 공익을 짓누르며 승전고를 울려대는 '왈짜'들의 사익뿐이다. 동시에 이를 조장하는 시장주의가 강화되면서 자본주의적 물신숭배와 황금만능주의가 인간성을 궤멸시키고 있다. 인간에 대한 심각한 병충해가 만연할 수밖에 없다. 모든 것이 오로지 맹렬히 질주하기만 할 뿐이다. 사회적 비인간화 역시 급속도로 심화되고 있다. 이런 상황에서 '오직 자기 것만 챙

길지니라!'가 산상수훈 제1조로 각인된다. '조무래기'들은 생존을 위한 마지막 몸부림으로, 반면 '왈짜'는 자신의 본성상 오로지 '자기중심주의'에만 혈안이 될 수밖에 없는 운명 탓이다.

따라서 모두가 다 눈곱만 한 착오도 있어서는 안 되는 타산적인 정밀 기계가 되고 만다. 무엇보다 자신의 사적 이해관계를 전자계산기처럼 치밀하게 파악해내는 일이 급선무다. 그것을 빈틈없이 충족시키기 위해 물불 가리지 않고 오로지 진격, 진격하는 수밖에 없다. 타인은 정복의 대상일 뿐이다. 서로를 감싸 안는 이타적 화합의 악수가 아니라 이기적 고지 점령이 최고 목표다. '멸균실 이기주의'가 살인적으로 기승을 부릴 수밖에 없다.

지금까지 우리는 인간을 사랑하는 법을 배우기도 전에 인간을 어떻게 관리할 것인가 하는 데에만 매달려왔다. 결국 우리는 함께 손잡아 보살피고 서로 가꿔나가야 할 사회적 관계를 관리 대상으로만 인식하는, 참담한 '경영학적' 현실 속에 갇혀 살게 된 것이다. 이러한 과정 속에 이기주의가 결정적인 역할을 떠맡고 있음은 의심의 여지가 없다.

이기주의는 한마디로 비인간적인, 너무나 비인간적인 재앙의 불씨이며 뿌리다. 그러므로 가장 비인간적인 것은 이기적인 것이라고 할 수 있다. 왜냐하면 우리 인간은 죽음이라는 절대평등을 공유하고 있는 운명공동체이기 때문이다. 예컨대 우리 인간이 굶어 죽지 않을 천부적 권리를 지니고 있는 것과 마찬가지로, 주위에 굶어 죽어가는 사람이 있다면 그들을 무조건 도와줘야 할 천부적인 의무 역시 지니고 있다. 인간의 인간다운 자세는 바로 이러한 것이다. 더구나 위기에 휩싸인 자본주의 한파가 세계 도처에서 밀어닥쳐 주위는 삭막하고 불안하다. 우리의 정겨운 이웃들이 언제 '무한 경쟁', 아니 '무한 타도'의 대상으로 손쉽게 전락할지 아무도 장담할 수 없는 현실이다. 그리하여 '우선 이기고 보자'가 언제 어디서 '까짓 죽여도 좋아'로 변질될지 아무도 자신 있게 말할 수 없는 어두운 장막이 우리를 뒤덮고 있다.

결국 '영혼 없는 기계'가 자연스레 도달하는 곳은 '자기 최고주의' 정신세계다. 모두가 일상적으로 '나만이 최고'라는 식의 이기적 삶의 방식에 유감없이 탐닉해 있다. 그러므로 오늘날 '독주'만 있고 '공생'은 찾아보기 힘들다. 마치 최인호의 소설 제목처럼, 우리 삶의 현장이 숨 가쁘게 '낯익은 타인들의 도시'로 전락해가는 듯하다. 상황이 이러하니 어찌 사회적 질환에 시달리지 않을 수 있겠는가.

예컨대 2012년 초 보건복지부 조사 결과에 따르면, 최근 1년간 한 번 이상 정신관련 질환을 경험한 사람이 전체의 16퍼센트에 이르는 것으로 나타났다. 알코올과 니코틴 사용장애를 제외하고도, 성인 10명 중 1명은 우울증·공황장애·강박장애 등의 정신질환을 앓은 것으로 밝혀졌다. 평생 한 번 이상의 정신질환을 경험한 적이 있다고 응답한 사람 역시 27.6퍼센트로 조사되었다. 성인 4명 중 1명은 평생 한 차례 이상 정신 관련 질환을 앓는 셈이다.

이처럼 정신질환을 겪은 사람이 늘어남에 따라 자살을 생각하거나 시도하는 사람도 늘고 있다. 성인의 15.6퍼센트는 평생 한 번 이상 심각하게 자살을 고려했으며, 이 가운데 3.2퍼센트는 실제 자살을 시도한 것으로 드러났다. 지난 1년간 자살을 시도한 사람은 최소 10만 명 이상으로 추산된다.

주요 질환별로 살펴볼 때, 우울증 등의 기분장애와 강박증, 공포증, 외상후 스트레스 장애 등의 불안장애는 남녀 모두에게서 증가 추세로 나타났다. 평생 한 번 이상 우울증을 경험한 사람 수는 전체의 6.7퍼센트로, 5년 전의 5.6퍼센트보다 늘어났다. 사회공포증·강박증·공황장애 등 불안장애를 경험한 사람 역시 지난 2006년 6.9퍼센트에서 2011년 8.7퍼센트로 증가했다. 전문가들은 "치열한 경쟁, 빠른 속도로 변화하는 환경 속에서 우울증 등의 정신질환이 증가하는 것은 세계적인 추세"라고 주장한다. 하지만 정신과 의사나 전문가를 방문해 치료를 받은 경험이 있는 사람은 15.3퍼센트에 불과해서, 미국(39.2퍼센트), 호주(34.9퍼센트) 등 선진국과 비교해 여전히 낮은 수준이다. 우리나라에서는 특히 정신 질환자들에 대한 편견의 벽이 아주 높아 많은 사람이 쉽게 치료를 받으러 가지 못하기 때문으로 풀이된다.

날이 갈수록 자연이 베풀어주고 가꾸어줄 우리 '영혼'은 안주할 곳을 찾지 못한 채 하염없이 스러져가기만 한다. 모든 게 '기계적'으로, 좀더 현학적으로 표현해도 좋다면 '과학적'으로 이뤄지기 때문이다.

예컨대 지난 2010년 '전자소송 시대'의 개막을 알리는 언론 보도가 적잖은 사람의 경각심을 일깨운 바 있다. 종이 서류가 필요 없는 전자소송 시대가 드디어 막을 연 것이다. 말하자면 재판 당사자가 소장과 증거 등 소송 관련 서류를 인터넷으로 제출하고, 법원이 판결문이나 결정문을 전자문서로 송달하는 '인터넷 재판'의 문이 열렸다는 것이다. 이 인터넷 재판은 우선 특허 사건을 기점으로 해서 민사 사건, 행정·가사·도산 사건 분야로 점차 확대되는 추세다. 결과적으로 법원을 방문하거나 대기할 필요도 없이, 가정과 사무실에서 인터넷을 통한 소송 서류 제출이 가능해짐으로써 재판 진행이 빠르고 편리하다는 것이 사법부 주변의 희망찬 기대다. 경우에 따라서는 변호사도 필요 없어지는 '나 홀로 소송'도 거뜬해지리라는 예측까지 나도는 형편이다. 어쨌든 로그인을 하면 각종 소송 문서를 온라인으로 작성·제출하고, 법원이 송달한 전자문서를 열람·확인·출력할 수도 있다고 한다. 나아가 소송 비용까지 인터넷으로 납부·환급할 수 있고, 사건 기록도 실시간 조회가 가능해질 것이라 한다. 법원이 소장을 접수하면, 법원은 즉시 사건 번호를 만들어 전자우편과 휴대전화 문자메시지로 통지한다. 이렇게 소송이 간편해지면 우리나라도 미국을 추종해 머지않아 '법 만능주의' 국가로 전락할 가능성이 높아 보인다. 뿐만 아니라 뛰어난 우리의 전자기술에 힘입어 혹시 천주교의 고해성사 같은 것도 머잖아 신부를 마주할 필요도 없이 전자기계를 통해 자동으로 이뤄지는 날이 오지는 않을까?

이런 현상이 사실은 '영혼 없는 기계'들의 급성장에 기인하는 바가 적지 않다. 이 기계가 무한정 돌고 있는데, 생태계 역시 무관할 리 없다.

이 '영혼 없는 기계'들에게 자연은 과연 어떤 의미를 지닌 존재로 읽힐까. 단순한 사업 수단이거나 아니면 스트레스 해소용 유흥 또는 향유의 상대일까, 그도 아니면 오로지 천재지변을 불러일으키는 공포 그 자체, 혹은 가까이하기엔 너무나 먼, 외경과 흠모의 대상으로만 각인되어 있을까…….

그런데 어떻게 하면 '영혼 없는 기계'에서 '영혼 있는 인간'으로 탈바꿈할 수 있을까. 불행히도 '영혼 없는 기계'가 결국엔 '자연의 영혼'까지 망가뜨리고 만다. 예컨대 4대강이야말로 이 시대, 바로 이들에 의해 순교의 제단에 바쳐진 제물 그 자체다.

우리에게는 또다시 자연과의 공존·공생이라는 막중한 역사적 과업이 하나 더 추가되었다.

제2부

한국 지식인의
시대적 좌표

1

21세기 인간론:

역설逆說의 미학

물불을 가리며

'사내'는 많아도 '사나이'는 찾아보기 힘든 세상이다. 역설Paradox이야말로 거친 인생을 살아가는 데 필요한 훈훈한 마음가짐이 아닐까?

키르케고르조차 "역설은 사고의 열정"이라고 역설하고 있지 않던가. 그는 위대한 사상가만이 '역설' 앞에 자신을 내던지며, 역설 없는 사상가란 마치 정열이 없는 애인과 다를 바 없다고 외친다. 그리하여 "모든 정열의 극치란 항상 자기 자신의 파멸을 의욕하는 데 있다"고 설파하면서, 충돌하면 결국 자기 파멸로 귀결될 것임에도 불구하고 그 충돌을 욕구하는 것, 바로 그것을 오성悟性이 지니는 최고의 열정이라고 역설하는 것이다.

이미 우리 옛 어른들도 "급할수록 둘러가라"라든가 "돌다리도 두들겨보고 건너라" 또는 '이열치열'이라 하지 않았던가. 훌륭한 역설의 소박한 가르침이다. 물론 우리 모두가 철학가일 수는 없다. 그럼에도 사상 속에서 삶을 찾고, 생활 속에서 사상을 들여다볼 수는 있지 않겠는가.

물과 불은 상극이어서 결코 합쳐질 수 없다. 그런데 이 물과 불 사이에 솥냄비가 없히면 어찌될까.

솥냄비는 서로 섞일 수 없는 물과 불의 힘을 한데 모아 갖은 맛을 내는 음식을 만들어낸다. 새로운 생산물을 창조해내는 것이다. 말하자면 물불을 가려 둘을 조화롭게 엮어나감으로써 또 하나의 '멋진 신세계'를 일으켜 세워나가는 일, 이것을 바로 솥냄비가 떠맡는다는 말이다. 허나 솥냄비는 잘 찌그러진다. 이처럼 통당거림을 되풀이하며 자신은 끊임없이 찌그러지면서도 물불처럼 서로 으르렁거리는 주위 인간들을 두루두루 껴안아가며 새롭고 가치 있는 생산물을 만들어내는 솥냄비 인생을 살아가는 건 어떨까.

물론 물불을 가리면서도 따스한 봄볕이나 아침 이슬 같은 다정한 불과 물의 요정과는 따뜻이 손잡고 더불어 짝해나가되, 모질고 사나운 불꽃이나 거칠고 섬뜩한 물살과는 굳세게 맞붙어 의연하게 힘을 겨루어나가야 하리라. 그리하여 물이 꽁꽁 얼어붙은 곳엔 불, 또 불이 훨훨 타오르는 곳엔 물, 이렇게 물길과 불골을 잘 다듬고 다독여 걸림돌을 디딤돌로 만들어나가는 인생을 사는 건 어떨까.

역사적으로 독일과 프랑스 사이는 흔히 물불의 관계로 그려지기 일쑤다. 하기야 독일의 맥주는 토론할 때처럼 시끄럽게 떠들며 들이켜야 어울리는 술이고, 프랑스의 포도주는 둘이서 그윽한 밀어를 속삭이며 홀짝여야 멋이 나는 술 아닐런가만. 또 불어는 따스한 인간의 정을 낭만적으로 감싸기 위해 만들어진 말이지만, 독일어는 원수를 처단하기 위해 쓰는 말이라는 빈정거림도 있지 않은가.

물론 사이가 지극히 좋은 독일 수상과 프랑스 대통령이 같은 시기에 집권하는 일이 생기기라도 하면, 양국 간의 물불의 관계를 두텁게 하려는 정치적 제스처들을 주고받기도 한다. 가령 독일 포도주에 프랑스 치즈를 곁들인다면 얼마나 상큼한 식탁이 될 것인가 하고 웃으며 망중한을 즐기기도 한다. 또 한번은 어디에선가 프랑스의 '에스프리'(기지나 창조적 발상)와 독일의 '디시플린'(엄격한 규율 준수 정신)이 한데 어우러진다면 세계에서 가장 무섭고 빼어난 무언가를 만들어낼 수 있으리라는 자신감 넘치는 이야기가 등장한 적도 있다.

써도 삼키고, 달아도 뱉는

어쨌든 물불을 합치는 '역설' 같은 데서 힘이 솟구쳐 터져나오는 것과 마찬가지로, 인간 역시 역설적 존재여야 하지 않을까.

이렇게 살아보면 어떨는지? '달면 삼키고 쓰면 뱉는다'는 감탄고토甘呑苦吐라는 말이 있다. 저잣거리의 보통 사람들이 살아가는 삶의 방식이다. 이와는 반대로 '써도 삼키고 달아도 내뱉는' 고탄감토苦呑甘吐하는 역설적 자세로 당당하게 살아가면 어떨까. 그리되면 전 사회적으로 쓴 것을 삼킴으로써 쓴 것 자체를 줄여나가고 동시에 단 것을 뱉어냄으로써 단 것이 많아지도록 만들어, 결국 인간 세상을 가일층 복된 곳이 되도록 만들어갈 수 있지 않겠는가 하는 속 좁은 꿈 때문이다.

허나 우리의 막된 자신감이 호들갑을 떨어 부주의가 생겨나지 않도록, 쉬운 일은 어려운 것처럼, 우리의 어설픈 소심함이 느닷없이 용기를 꺾지 않도록, 어려운 일은 쉬운 것처럼 해나가야 할 것이다. 어쩌다 칼자루를 손에 쥘 때 우리는 항상 겸손해져야만 한다. 가장 좋은 것일지라도 칼날 쪽을 쥐면 고통이 밀어닥치고, 아무리 몹쓸 것이라도 칼자루를 잡으면 방패가 될 수도 있기 때문이다.

힘을 사랑하는 인간이 아니라 사랑의 힘을 가진 인간끼리 서로 어우러지기 위해, 인간은 모름지기 역설을 뒤쫓아야 한다. 운명을 너그럽게 마주하며 삶을 우악스레 부둥켜안을 때 우리는 비로소 역설을 사랑하게 될 터이다. 사랑이란 원래 향유하고 싶어 찾아 헤매는 고통 그 자체 아닌가.

못생겼다고 손가락질당하기 일쑤인 호박꽃은 당당히 열매를 만들어낸다. 반면 아름답다고 노상 칭송만 받는 장미꽃에는 가시밖에 없다. '모래처럼 흩어지는' 모래가 그야말로 완강한 콘크리트로 튼튼히 뭉칠 수 있듯이, 봄이 무엇인지 하는 걸 겨울이 되어야 참으로 잘 알 수 있듯이, 그리고 찰리 채플린처럼 웃음이 아니라 눈물을 흘리게 하는 것이 진정한 코미디인 것과 마찬가지로, 역설을 사랑할 때 우리는 참답게 인간과 삶을 사랑하게 될 터이다. 그리하여 우리는 결국 인생의 오솔길을 꼿꼿이 걷기 위해 오랏줄에 묶이는 대신 그 길을 자유롭게 거닐기 위해 비틀거리는 자세를 택하게 되리라.

허나 우리는 자신의 일상을 꼼꼼히 살펴볼 필요가 있다. 혹시 우리는 옆집이 활활 불타오르고 있는데도 내 꽃밭에 자상하게 물을 뿌리고 있는 사람들은 아닐까. 또 우리는 눈에 티가 들어가면 견딜 수 없어 하고 이빨 사이에 조그만 찌꺼기 같은 게 끼어도 참을 수 없어 안달하면서도, 정작 마음속에 돋아난 그 많은 가시를 두고서는 오히려 태연하지는 않은지…….

우리 인간은 어차피 자연에서 와서 자연으로 되돌아갈 피붙이 운명공동체다.

'돌아가다'라는 단어를 국어사전에서 찾아보면 "본디 있던 자리로, 또는 오던 길을 되돌아 다시 가다"로 풀이되어 있다. 흥미로운 점은 그 말이 '할아버지가 돌아가셨다'라는 식으로, '죽다'의 높임말로도 사용된다는 것이다. 인간이 죽으면 도대체 어디로 '돌아가는' 것일까? 자연 아닐까? 새가 아무리 땅을 박차고 높이 솟구쳐 올라도 필경 땅으로 되돌아올 수밖에 없는 것처럼.

부귀한 사람이나 빈천한 사람도, 대통령이나 밑바닥 날품팔이도 모다 언젠가는 자연으로 되돌아가 흙이 되기는 매일반일 터인데, 어찌 눈앞의 조그만 이익을 탐해 그 허망한 싸움을 그칠 줄 모르는가.

하여 쇼펜하우어가 말하듯 "행복할 때는 불행을, 우애에는 반목을, 갠 날에는 흐린 날을, 사랑에는 증오를, 신뢰와 심중의 토로에는 배신과 회한을 분명히 상상해"볼 필요가 있지 않을까. 다른 한편 청년의 눈에 비치는 인생은 끝없이 긴 미래이며, 노년의 눈에 비친 인생은 지극히 짧은 과거로 보일 것이다. 따라서 청년기는 짧은 과거와 긴 미래를 갖고 있으며 노년기는 긴 과거와 짧은 미래를 갖고 있으니, 청년기는 오로지 생존을 원하고 노년기는 오직 죽음을 바라는 점이 서로 다를 것이다. 하지만 청년은 죽음을, 노년은 삶을 언제나 머릿속에 떠올린다면 어떨까.

역설의 현장: '불구하고'의 세계

'길'은 우리 삶에 많은 음영과 의미를 던진다. '길'은 우리에게 무엇보다도 두 개의 선택을 요구한다.

이미 만들어져 있는 길들 중 어떤 길을 택하고 따를 것인가가 그 첫째이고, 어떤 길을 만들어나갈 것인가가 그 둘째다. '추종'과 '창조'의 대상으로서의 길이 각각 존재하는 셈이다. 여기서 길을 걷는 속도보다는 길을 택하거나 만들어나가는 속도가 우리 삶에 더 중요한 의미를 지님은 물론이다. 뿐만 아니다. 같은 길을 걸어도 발자국은 다르다. 마치 같은 물을 먹어도 뱀이 먹으면 독이 되지만 소가 마시면 젖이 되는 것처럼…….

하기야 수많은 사람이 수많은 길을 걸어다닌다. 그런데 끝에 가서 보면 모든 길이 하나로 통해 있고 또 서로 만나고 있음을 알 수 있다. 다만 어떤 길이 둘러가는 길이고 어떤 게 지름길인가, 아니면 어떤 길이 험하고 또 어떤 게 편안한 길인가 하는 정도의 차이밖에 없다. 허나 천천히 둘러가는 길에서는 많은 것을 볼 수 있다. 들꽃이 반갑고 머리 위를 날아가는 이름 모를 산새들의 울음소리가 정겹다. 반면 지름길 위에서는 급히 걷느라 무언가를 흘리기도 하고 또 바라봐야 할 것을 놓치기 일쑤다.

이 세상에 원래부터 만들어진 길은 없다. 길은 만드는 것이다. 처음 만들어지는 길이 비록 거칠고 험상궂다 해도, 아무도 밟지 않은 미끄러운 눈길이 오래오래 밟고 다니면 굳게 다져져 편안한 길이 되듯이, 뒷사람들에게는 고르고 탈 없는 대로가 될 수 있을 터이니 이 또한 즐거운 일이 아닌가. 바로 여기에 썩어 문드러지는 아둔함이 아니라 닳아 없어지는 지혜로움이 있다.

　인생은 유한한 생명에 의해 이끌리는, 끝이 있을 수밖에 없는 허무한 길 그 자체다. 사형언도를 받고 형 집행을 기다리는 사형수와도 같은 존재, 그것이 바로 인간이라 하지 않던가. 먹이 찾아 총칼 번뜩이는 굶주림의 밤을 정처 없이 헤매는 철새처럼 곤두박질치는 추락과 솟구쳐 오르는 비상으로 점철된 떠돌이 항해, 그게 삶 아닌가. 누군들 항상 푸른 신호등만 보고 싶어하는 낙관주의자가 되고 싶지 않으련만, 붉은 신호등은 우리 머리 위에 언제나 태양처럼 떠돌고 있다.

　인생은 허무 그 자체다. 따라서 '행동적 니힐리즘'이야말로 소중한 삶의 원리로 높이 기림 받을 자격이 충분하다. 인간의 타고난 숙명인 유한성과 허무의 굴레를 겸허히 받아들이며, 종착점을 향해 줄기차게 치닫는 끝없는 엎치락뒤치락을 쉴새없이 되풀이해야 하는 것, 그것이 바로 삶 아니겠는가. 넘어지면서 끝없이 다시 일어서고, 일어서면서 또다시 끝없이 넘어지는 것, 그러면서 허허 웃으며 옷을 툴툴 터는 여유로운 마음가짐, 이것이 우리 삶의 숭고한 의미 아니겠는가. 거듭 넘어짐에도 불구하고 울고불고하며 삐뚤빼뚤 한 발짝 한 발짝씩 걸음마 배우며 앞으로 나아가는 아기들의 초인적인 직립보행의 감투정신, 이것이 바로 우리 전 생애를 관통하는 겸허한 삶의 밑거름임을 잊지 말아야 한다.

　하여 살아간다는 것은 '허무'를 향한 지칠 줄 모르는 항진이다. 순결한 사랑으로 이 허무를 애무하고 포용하는 빛나는 활력이 우리를 이끌어갈 때, 지평선 위로 언제나 아침 해가 기운차게 솟아오르리라. 허겁지겁 쏟아지는 소나기에 허둥댈 필요는 없다. 그것은 홍수가 아니다. 마치 거센 회오리바람이 이내 잠잠해지듯, 갑작스러운 것은 오래가지 않는다. 소나기 뒤에 비치는 햇살은 또 얼마나 고운가.

그러하니 우리는 늘 '때문에'가 아니라 '불구하고'의 세계를 추구해야 할 것이다. '때문에'에 집착하면 우리는 사소한 구실거리와 변명만 찾게 됨으로써 앞으로 나아갈 힘을 얻지 못한다. 예컨대 '일할 시간이 없기 때문에 무얼 못 한다' 하는 식이다. 반면 덤벼들고 따지고 맞붙어 싸우는 우렁찬 활갯짓이 다사로운 향기를 내뿜는 곳, 이곳이 바로 '불구하고의 세계'다. 요컨대 '시간이 없음에도 불구하고 무얼 해냈다' 하는 식이다. 허무함에도 불구하고 솟구쳐 오르는 독수리의 날갯짓이 장쾌한 곳이다.

우리에게는 21세기를 위한 새로운 십계명이 필요하다. 우리는 부드러워도 나약하지는 않고, 굳세어도 사납지는 않으며, 너그러워도 어리석지는 않고, 신중하되 느슨하지는 않으며, 솔직하지만 거칠지는 않고, 명랑하지만 들떠 있지는 않으며, 잠자코 있지만 어두운 기색은 없고, 의연하지만 각박하지는 않으며, 품위를 지키되 우쭐대지는 않는 삶을 살아간다면 어떨까.

"밤은 가라앉은 잠수함처럼 고요하다"라는 시구처럼 역설을 사랑하는 인간의 훈훈한 정취, 그 얼마나 아름다운 모습일까. 이런 의미에서 꿈은 꿀 자격이 있는 사람에게만 찾아오는 것이니, 고통은 꿈의 걸림돌이 아니라 디딤돌이라는 점을 명심해야 한다. 고통을 사랑한다는 말은 꿈을 사랑한다는 말이다.

'내일 할 일은 오늘 하고 오늘 즐길 일은 내일 즐기라!' '희망 없는 일은 없고 다만 희망 없다고 생각하는 인간만 있을 따름이니라!' 이것이 우리의 21세기 인간 선언이다.

2

지식인이란

어떠한

존재인가?

'물먹는' 사람들

왜 실향민들은 인공위성을 탈까?

우리는 흔히 '물먹었다'는 말을 즐겨 쓴다. 말하자면 '아니꼬운 일을 당했다' 정도의 의미일 것이다. 우리는 왜 귀중한 물을 이렇게 가볍고 우습게 여기는 나쁜 버릇을 지니고 있을까.

어쨌든 지식인은 자주 '물'을 먹는다. 왜 그런가. 그리고 사람들은 또 지식인에게 왜 자주 '물'을 먹이는 것인가.

모름지기 지식은 물과 같다. 마치 물처럼 어디엔들 지식이 존재하지 않고 소용되지 않는 곳이 있을까.

서양에서는 저명한 철학자의 입을 빌려 "아는 것이 힘이다"라고 힘주어 외쳤던 반면, 동양에서는 "아는 것이 도리어 근심을 산다"는 식자우환識字憂患이라는 말이 떠돌기도 했다. 어쨌든 지식이 사용가치가 아닌 교환가치로 변질된 오늘날에는 지식의 중요성이 더욱 높아질 수밖에 없음은 자명한 이치다. 많은 인간이 모래알처럼 부딪치며 아웅다웅하는 곳에서 조금이라도 뭔가를 알아야만 살아 있다는 시늉이라도 해볼 수 있으니, 그럴 수밖에 없는 노릇이다. 하물며 아는 게 적으면 사랑하는 것도 적을 수밖에 없음에랴.

한마디로 지식의 천성은 물이다.

첫째로, 지식은 물과 같아서 고유한 형태를 고집하지 않는다. 즉 물은 그것을 담는 그릇에 따라 꼴을 마음대로 바꿀 수 있다. 꽃병에 담으면 꽃병 물, 장독에 집어넣으면 장독물, 그리고 개울에 있으면 개울물, 강에 있으면 강물이 된다. 지식은 특정한 형태를 고집하지 않기에 자신의 꼴을 다양하게 바꿀 수 있는 융통성을 지니는 것이다.

둘째로, 지식은 물과 같아서 거기에 적절한 작용만 가하면 항상 그 속성을 변화시킬 수 있다. 어떨 때는 허기진 서민의 애환을 달래주는 막걸리가 되고, 또 어떨 때에는 태어날 적의 아픔밖에 알지 못하는 상류층의 삶의 권태를 풀어주는 코냑도 될 수 있다. 때로는 달콤한 향수가 되거나 혹은 구역질나는 수챗물이 되기도 한다. 다시 말하면 지식은 물과 같아서 그 쓰임새를 손쉽게 바꿀 수 있는 까닭에, 어디에 어떻게 쓰는가 그리고 어떤 입김을 불어넣는가에 따라 그 기능을 달리할 수 있다. 이처럼 지식은 형태와 본성을 쉽게 바꿀 수 있다.

우선 됨됨이로 볼 때, 지식은 자신의 꼴을 마음대로 바꾸는 물처럼 가령 재벌의 가슴에 안길 수도 있고, 노동자를 품을 수도 있다. 요컨대 지식은 특정한 사회 계급만의 전유물은 아니란 말이다.

물론 이것은 오늘날 민주주의를 기본 원칙으로 떠받드는 사회를 기준으로 하는 말이다. 우리 조선시대처럼 양반들이 지식을 독차지했던 시대도 있고, 유럽의 중세처럼 귀족과 승려 계급이 그것을 독점한 시대도 있다. 오늘날은 질적으로 전혀 다른 시대를 맞고 있다. 무엇보다 민주적인 기준이 전 사회적으로 확산되어 있고 그와 더불어 일정한 수준의 인권이 보장되어 있는 덕에, 지식을 소유하거나 소유할 수 있는 계층은 법적으로 아무런 구속 없이 널리 퍼져 있는 것이다.

물론 여러 한계가 없지는 않다. 가령 유용한 지식은 그것을 획득할 수 있는 물질적 여유를 지닌 계층에 국한되는 경향이 있다. 그렇기 때문에 '이제 더 이상 개천에서 용이 나지 않는다'는 말이 크게 울려 퍼지고 있지 않겠는가. 그럼에도 불구하고 법적으로 볼 때는 달동네의 자식이나 농민, 노동자의 아들딸도 재벌이나 고관대작의 자식들과 아무런 차별 없이 지식을 습득하고 써먹을 평등한 권리를 지니고 있다.

바로 이런 현대적 의미에서, 지식은 모든 계급, 모든 계층, 모든 직업, 모든 신분의 공평한 공유물이 될 수 있다는 말이다.

그다음 본성적으로 볼 때 지식은 그 본때를 마음대로 바꿀 수 있는 물과도 같이, 예컨대 홍수와 폭포처럼 파괴적인 힘으로 작용할 수도 있고 향수처럼 본래 있던 것을 더 아름답게 꾸미는 데 이용될 수도 있다. 지식은 지배층의 향락을 위해 동원되기도 하는가 하면, 억압당하는 서민을 달래고 어루만지기 위해 활용되기도 한다. 한마디로 어용의 수단이 될 수도 있고 저항의 무기가 될 수도 있다.

어쨌든 지식인은 재벌과 고관대작뿐만 아니라 날품팔이나 노동자 신분 가운데서도 두루두루 배출될 수 있다. 바로 이와 비슷한 이유로 인해 지식인은 자기 지식을 무기 삼아 상층 지배 계층의 일원으로 버젓이 떠오를 수도 있고, 정반대로 밑바닥 민중의 나락으로 나뒹굴 수도 있다. 이렇듯 지식인은 지식을 어떻게, 누구를 위해 활용하는가에 따라 자신이 헌신하고 연대할 계층을 자유롭게 선택할 수 있는 자율적 존재다. 이것이 실은 지식인의 권리이자 굴레이기도 한 것은 물론이다.

마찬가지로 지식인은 스스로의 기능과 역할을 마음대로 선택할 자유를 지닌다. 지식인은 기존 체제와 질서를 옹호하고 합리화시켜주는 논리를 개발함으로써 지배 세력에 봉사할 수도 있고, 정반대로 그 모순과 부조리를 파헤침으로써 그로 인해 신음하고 억압당하는 피지배자 편에 설 수도 있다. 즉 자신의 결단으로 '어용'의 길을 택하거나 혹은 '저항'의 길로 나아갈 수 있는 존재라는 말이다.

그렇다면 이러한 지식인은 도대체 어떠한 삶을 살아가야 할까?

인공위성을 탄 실향민의 저항

지식인은 실향민이다. 그에게는 안주할 고향이 없다. 그는 모름지기 존재하는 것에 대한 비판을 통해 존재하지 않는 세계를 존재할 수 있도록 만들고자 노력한다. 지식인이란 현실의 대지에 두 발을 딛고 서서 미래의 하늘을 끝없이 동경하는 존재라는 말이다. 하늘과 땅 사이에 버티고 서서 두 눈 부릅뜨고 이 땅과 하늘을 쏘아보는 존재, 그게 바로 지식인이다.

자유와 평등을 어느 정도 구현했는가에 따라 세계사적 발전 수준을 대략은 가늠할 수 있다. 무엇보다 우리 인류의 영원한 이상이 어떻게 하면 자유와 평등을 '동시에' 그리고 '송두리째' 확보할 수 있겠는가 하는 데 놓여 있기 때문이다. 이것은 실현 불가능한 유토피아일지도 모르지만, 우리 인간에게는 유토피아가 절대적으로 필요하다. 왜냐하면 이 유토피아야말로 인간에게 무한한 꿈을 심어주며, 동시에 그 꿈을 실현하기 위한 절망할 줄 모르는 용기와 투지를 불러일으키기 때문이다.

인류 역사는 바로 이 자유와 평등의 동시적 확보, 즉 유토피아를 향한 끝없는 싸움질로 어우러져왔다. 이처럼 인간사회에는 영원한 투쟁만이 존재한다. 하나가 해결되면 필연적으로 또 다른 '문제'가 꼬리를 물기 때문이다. 우리 인간사회에서 문제의 영원한 해결은 없다. 문제의 영원한 지속만 되풀이될 따름이다.

꼬리에 꼬리를 물고 이어지는 이 문제의 거센 흐름 속을 떠다니는 존재가 바로 지식인이다. 그렇기 때문에 그에게는 고향이 없다. 아니, 고향이 있을 수 없다. 왜냐하면 그가 돌아갈 고향은 무릇 유토피아 세계 그 자체이기 때문이다. 지식인은 바로 이 유토피아를 향한 영원한 항해의 조타수다. 따라서 그는 또한 영원히 목마른 자이기도 하다.

이 '영원성'은 다른 말로 하면 보편성을 뜻한다. 저항적 지식인이란 요컨대 특수한 진실이 아니라 보편적 진리를 위한 싸움질에 투신하는 자다. 물론 이 장구한 영원성, 보편성에로의 노정에는 지식인 스스로가 몸담아 숨 쉬며 살아가는 구체적인 현실이 있다. 즉 지식인이 실질적으로 자기 지식을 획득하고 활용해나가는 시공으로서 특수한 관념 및 물질적 삶에 의해 지배되는 공간이 있다. 앞서 말한 '현실의 대지'가 바로 이를 가리킨다.

그러나 이 특수성은 대체로 기존 지배 질서의 특수한 이해관계를 반영한다. 한 시대의 "지배 사상"은 "지배 계급의 사상"이라는 마르크스의 말이 통용되는 영역이기도 한 것이다. 예컨대 자본주의 사회란 보편성에로의 긴 노정에서 볼 때, 자본가들의 특수한 이해관계가 관철되는 특수한 사회를 일컫는다.

허나 지식인은 자신도 또렷이 의식하지 못한 채 지극히 어릴 때부터, 아니 모태에서부터 이미 특수한 물질적 이해관계 및 특수한 이데올로기로 무장한 하나의 특수한 사회를 징딩화하는 교육을 이수받는다. 말하자면 우리 모두는 아주 어릴 때부터 어떻게 하면 우리가 몸담고 있는 이 사회를 유지·존속시킬 것인가 하는 것에 필요한 교육만을 받아왔다는 말이다.

그러나 이 사회는 젖먹이 시절부터 우리에게 복종만을 교도한다. 모든 교육 체제도 복종의 미덕만을 가르친다. 어떻게 보면 정부조차 병적인 사회를 그대로 유지하려는지 모른다. 왜냐하면 인간들은 불행해질수록 오히려 복종을 더 잘하기 때문이다. 특히 교육은 대중이 읽을 수 있도록 만들긴 했으나 무엇이 읽을 만한 가치가 있는가를 분간하도록 만들지는 못했다. 따라서 지식인은 앞서 이야기한 '보편성'의 거울을 하나씩 지니지 않으면 안 된다. 이 보편성의 거울에 특수성의 모순을 끊임없이 비춰봐야 하는 존재가 바로 지식인이기 때문이다.

이러한 보편성과 특수성 간에 내재하는 모순을 꿰뚫어보고 이를 극복하기 위해 자기 지식을 활용하는 자, 그리하여 그러한 자기 실천 의지로 인해 특수성의 사회 안에서 특수한 위치로 내몰림당하기도 하는 자, 종내 추방과 축출을 통해 보편성의 세계로 나아가는 자, 그런 존재가 저항적 지식인이다.

이런 뜻에서 저항적 지식인을 인공위성이라 이를 수 있다. 특수성 속에서 쏘아 올려졌으나 이 특수성의 중력에 의해 보편성에 온전히 도달하지도 못하고, 동시에 보편성의 인력 때문에 특수성에 안주하지도 못하는 인공위성. 이것은 또한 지식인의 실향성을 반영한다. 고향을 갖지 못하므로 처절히 고향을 찾아 헤맬 수밖에 없는 존재가 바로 지식인이기 때문이다. 그렇다, 보편성과 특수성 사이에 끼어듦으로써 특수성을 감시하고 그것을 보편성에로 중개하는, 보편성과 특수성 간의 중계탑. 그것이 바로 저항적 지식인인 것이다.

한편 이러한 면이 지식인의 양면성이나 이중인격을 드러내는 표지일 수도 있다. 하여 역사의 정체와 퇴행에 조력할 것인가, 아니면 역사의 역동과 진보에 이바지할 것인가의 선택은 지식인 스스로의 결단에 달려 있다. 그것은 지식인의 자유와 권리이자 또한 굴레이기도 한 것이다.

그러하니 자주 '물 먹어야' 하지 않겠는가. 노자 선생이 일컬어 '상선약수上善若水'라고 했다. 인생을 살아가는 최상의 방법은 물처럼 사는 것이라는 말씀이다.

노자는 물이 우리에게 세 가지를 가르친다고 말한다. 첫째로 물은 네모진 그릇에 담으면 네모진 모양이 되고 둥근 그릇에 담으면 둥근 모양이 된다. 물 없이 어떤 존재도 살 수 없으나 물은 자신을 담는 그릇에 따라 자유로이 모양을 바꿔나가며 조금도 거역하는 법이 없다는 말이다. 이처럼 물은 지극히 유연하다. 둘째로 어느 누가 낮은 곳에 기꺼이 몸을 두려 하겠는가만, 물은 언제나 높은 데서 인간이 꺼리는 낮은 곳, 낮은 곳으로만 흘러내린다. 자기를 과시하는 법이 없다. 물은 겸허, 그 자체다. 셋째로 다른 한편 물은 바위도 뚫고 부수는 힘을 지니고 있기도 하다. 이처럼 물은 내면에 무서운 에너지를 비장하고 있는 것이다.

물은 이와 같이 유연성과 겸허함, 그리고 비장의 폭발력을 소중히 간직하고 있다. 인간도 그러한 것을 몸에 익힐 수만 있다면 얼마나 바람직한 삶을 살 수 있겠는가 하는 것이 노자 선생의 바람이었던 듯하다.

물에 대한 칭송은 끊이지 않는다. 공자는 물을 군자의 덕에 비유한 바 있다. 요컨대 물을 만나는 것은 살아나니 인仁과 같은 것이다. 또 그 흐름이 낮은 데와 굽은 데를 스스로 따라가서 그 지리에 순응하니 의義와 같은 것이며, 얕은 물은 흘러 움직이고 깊은 물은 그 깊이를 알 수 없으니 지智와 같고, 백 길이나 되는 절벽에도 의심 없이 다가가니 용勇과 같은 것이다. 나쁜 것을 만나도 사양치 않고 받아주니 포몽包蒙(몽매한 것을 모두 포용함)과 같으며, 청결치 못한 것을 깨끗하게 해서 내보내니 이는 선화善化와 같고, 엄청나게 넓은 땅도 평평하게 해주니 이는 정正과 같은 것이라, 군자가 큰물을 보면 반드시 새겨본다는 말씀일 터이다.

미네르바의 부엉이와 지혜의 독수리

그러니 우리 지식인들은 도대체 어떻게 살아야 할 것인가?

무릇 지식이 물과 같으니 물처럼 살아야 하지 않겠는가. 흐르는 물은 계곡을 만나면 폭포가 되고, 평평한 들을 만나면 부드러운 시냇물이 되며, 바다를 만나면 거기에 조용히 합류한다. 그러면서도 만물을 생존케 하는 물의 본성에는 아무런 변함이 없다.

허나 우리가 잊지 말아야 할 것이 왜 없겠는가. 물은 깊을수록 소리가 없으며, 물이 많고 깊은 곳에는 큰 고기가 산다는 사실을.

공자는 "배는 물의 힘으로 나아가지만, 물이 배 안으로 들어오면 배는 가라앉는다"고 타일렀다. 물 위에 떠 있는 것이 배이지만, 실은 물과는 떨어져 있어야 한다는 말일 게다. 배가 물로 가득 찬다면 배는 의당 밑바닥으로 가라앉고 말 것이 아니겠는가. 욕망의 바다 위에 떠서 엎치락뒤치락 멱씨름하며 살아갈 수밖에 없는 존재가 인간이긴 하되, 그렇다고 그 가슴속을 온통 욕망으로 가득 채워서는 결딴날 수밖에 없는 게 세상살이의 이치 아니겠는가 하는 가르침인 듯하다.

어느 날 신부와 목사, 스님이 함께 식사를 했다. 세 사람 앞에 아주 맛있어 보이는 커다란 물고기 요리 한 접시가 놓였다. 이들은 각자의 방식대로 식전 기도를 드렸다.

그리고 나서 신부가 먼저 입을 열었다.

"로마 교황은 교회의 머리니까 나는 머리 부분을 먹겠소." 그는 고기를 반으로 잘라 머리 부분을 자기 앞접시에 갖다놓았다. 그러자 목사가 뒤를 따랐다.

"우리는 최후의 진리를 장악하고 있소. 그러므로 나는 꼬리 부분을 먹겠소." 그러고는 꼬리가 붙은 나머지 반 토막을 자기 앞접시로 가져가버렸다. 이제 접시 위에는 소스와 야채만 달랑 남았을 뿐이다. 그러자 스님은 잔챙이를 자기 앞접시로 긁어다놓으며 태연히 중얼거렸다.

"불교에서는 양극단을 싫어하지요."

우리가 잘 알다시피 벼는 익으면 머리를 숙인다. 하지만 고개를 너무 숙여버리면 흙에 파묻혀 죽어버린다. 거문고 줄이 너무 팽팽하면 끊어지고 너무 느슨하면 소리가 떠나버리는 이치와도 어울린다. 양극단을 물리치며 균형 잡힌 삶을 이끌어가기란 이토록 힘든 것이다.

땅에 뿌리를 고착시키지도 않고 또 줄 끊어진 연처럼 하늘로 영원히 떠나버리시도 않는 삶, 그러면서 이도저도 아닌 두루뭉수리가 아니라 이 둘을 조화롭게 잘 엮어내는 일, 이러한 것이 그야말로 살아 있는 승천昇天 아닐까. 영원히 정처 없이 떠다니는 떠돌이별이나 고향을 잊은 채 빈둥거리기만 하는 나그네의 넋두리가 아니라, 땅과 하늘을 눅진히 잇고 "하늘 향해 두 팔 벌린 나무들같이" 땅에서 하늘로 고향 찾아 나서는 인공위성과 실향민의 끈질긴 꿈틀거림, 그것이 더욱 절절한 것이 아니겠는가. 한시도 그러한 약동을 게을리하지 않는 존재가 바로 지식인임에랴. 그러하니 줄타기하는 지식인이 걷는 길이 어이 순탄하기만 할 것인가.

근심이나 괴로움, 기쁨이나 즐거움, 이 둘 가운데서 어느 쪽이 더 참기 힘들까? 울음을 참기는 쉬워도 웃음을 막기란 어려운 법이다. 마찬가지로 통증을 참기는 쉬워도 가려움증을 참기는 더욱 어려운 일. 분노와 수치심이 분발할 용기를 북돋아주는 까닭에 우리는 난폭

한 위협과 몹쓸 모욕에 쉽게 굴복하지 않을 수 있다.

사실 인간은 욕망보다도 노여움으로 인해 더 무서운 존재가 된다. 욕망은 타협하거나 거래한다. 반면 수치스러운 사람과는 아무도 타협하려들지 않는다. 증오받는 것보다 경멸당하는 것이 더 비참한 노릇인 탓이다. 허나 따뜻한 위로와 부드러운 웃음 뒤에 감춰진 불의에 맞서기란 결코 쉬운 노릇이 아니다. 달콤한 어루만짐을 쓰디쓴 뿌리침으로 되받아친다는 게 사람으로서 그리 녹록히 해낼 수 있는 일이 아닌 탓이다. 그렇지만 참기 어려운 것이야말로 반드시 참지 않으면 안 될 일이라면 어떻게 할 것인가.

중국의 어느 옛 어른은, 인간이 사나움을 감춘 무사와 궁기를 벗어던진 서생과 화장하지 않아도 청순한 여인과 안개와 이내를 떨쳐버린 듯한 산사람山人과 향이라곤 한 번도 피워본 적이 없는 듯한 스님처럼 범속한 경지를 벗어나면, 세상에서 감히 가벼이 보지 못하는 사람이 되리라 하였다. 또 누구는 이렇게 타일렀다. 아귀다툼으로 찌든 냉혹한 세상에서도 따뜻한 마음을 잃지 않고, 뜨거운 욕망이 모질게 범람하는 세속에서도 차가운 마음을 잘 지켜나가라고. 하기야 따뜻함을 느끼게 하지만 비굴하지 않고 냉엄하지만 비정하지 않은 훈훈한 냉철함을 촛불처럼 품을 수 있다면 얼마나 갸륵할까.

이런 소화笑話가 있다. 천국의 문 앞에 한 무리의 성자聖者들이 차례를 기다리고 있었다. 성인 한 명이 들어갈 때마다 천국의 문이 조금씩 열렸다 닫히곤 했다. 그들이 당연히 기대했을 법한 열렬한 축하 행사는 물론 열리지 않았다. 이때 줄 맨 끝에 우아해 보이는 의젓한 학자 한 사람이 서 있었다. 그가 천국 문 안으로 한 발을 들이밀자 팡파르가 울려 퍼지고 우레 같은 박수 소리가 터져나오며 빛나는 얼굴의 천사들까지 마중 나와 정성껏 그를 호위했다. 그 학자는 굉장히 성대한 환영이 이뤄지는 모습에 놀라면서 이렇게 물었다. "천국에서는 학자가 높이 대접받는 모양이지요?" 천사의 대답은 이랬다. "그렇긴 하오. 아직까지 학자가 천국에 들어와본 적이 한 번도 없으니까요. 당신은 희귀 동물이오!"

여기서 우리는 지옥도 떠올려봐야 한다. 지옥의 가장 고통스러운 장소는 위기의 순간에 중립만을 지킨 사람들을 위해 예약되어 있다는 사실을.

이러한 점들을 두루 고려할 때, 지식인에게 필요한 것은 당연히 지식보다는 지혜라고 할 수 있다. 두뇌로 하는 게 지식이라면, 인격으로 쌓아가는 게 지혜라 이를 수 있다. 키케로는 "구해야 할 것과 피해야 할 것에 대한 지식, 그것이 바로 지혜"라고 말한다. 지식이란 자신이 그만큼 배웠다는 자만이고, 지혜란 자신이 더 이상 알지 못한다는 겸손을 일컫는 것이라는 말도 있다. 하여 돈이 많아도 불행할 수 있듯이 지식과 학문이 넘쳐도 지혜는 얻지 못할 수 있음에랴.

어느 현인賢人은 어리석은 자는 친구로부터 많은 것을 얻지만, 지혜로운 자는 원수로부터 더 많은 것을 얻는다 하였다. 그러하니 스스로 깨닫는 지식인이 될 것인가, 아니면 스스로도 깨닫지 못하거나 남이 깨달은 것을 보고도 깨닫지 못하는 사람이 될 것인가.

오오, 지식인들이여! 황혼이 깃들 때 나래를 펴는 미네르바의 부엉이가 될 것인가, 아니면 이글거리는 태양을 가슴에 안고 몸을 불사르면서도 창공을 향해 유유히 치솟는 독수리가 될 것인가.

미네르바의 부엉이는 오직 밝은 현실의 움직임이 끝나고 어둠이 고요히 깔리기 시작할 무렵, 그때 비로소 조용히 날며 현실이 남기고 간 자취를 굽이굽이 살피고 더듬으려 한다. 혹시 미네르바의 부엉이는 황혼이 오기만을 골똘히 기다리고 있는 것은 아닐까. '황혼'은 현실을 떠나 무언가를 감추고 꾸미며 숨기는 번지레한 징표가 될 수도 있음에랴. 드높이 솟아올라 하늘을 호령하던 태양도 서산으로 질 때는 황혼 뒤에 자신의 몸을 숨기고 가라앉는 법이거늘.

실향민이 탄 인공위성은 독수리처럼 날아야 한다.

허나 아무리 땅을 박차고 높이 솟구쳐 올라도 새는 필경 땅으로 되돌아올 수밖에 없다는 사실을 지식인은 겸허히 상형문자처럼 가슴에 새겨둘 일이다.

3

사례 탐구:

저항적 지식인의

한 전형,

캄파넬라

캄파넬라Campanella(1568~1638)는 중세의 종언과 더불어 교황권이 소멸해가는 시기에 살았다(이 부분은 주로 『유토피아·태양의 나라』, 노재봉·임명방 외 옮김, 삼성출판사, 1987, 133~244쪽을 참고했다).

그는 마치 우리나라의 호남 지방처럼, 전통적으로 끊임없이 핍박받아온 가난한 남부 이탈리아 출신이다. 그는 칼라브리아 주에서 태어났다. 그때만 해도 가난한 집안 자녀들이 공부할 수 있는 유일한 통로는 성직자의 길을 걷는 것이었다. 그리하여 그는 열네 살 때 토마소라는 영세명을 받고 정식으로 도미니크 수도회 회원이 되었다.

그의 학구열과 탐구욕은 이단서의 탐독까지 마다하지 않을 정도로 넘칠 듯 뜨거웠다. 뿐만 아니라 당시 팽배하던 자연과학에 대한 깊은 관심으로 인해 수도원에 적을 둔 채 외지로 떠나 점성술, 마술,

연금술, 천문학, 철학 등도 연구해나갔다. 이처럼 유별난 학문적 성향과 열정으로 인해 그는 자연스레 수도원 측과 충돌을 거듭할 수밖에 없었고, 결국 그의 수도원 인생은 되풀이되는 감금과 석방으로 점철되었다. 게다가 당시 말썽을 피우던 갈릴레오와도 교분이 두터운 편이었다.

27세 되던 해에는 당시 금기 사항이기도 했던 유대교인들과 신앙에 관해 토론을 했다는 혐의로 투옥당하기도 했다. 심한 고문 끝에 급기야는 로마 교황청에 감금을 당했다. 그러다가 1595년에는 종교재판에 회부되어 그의 입장이 이단이라는 판결을 받으면서, 자신의 철학적 견지를 포기한다는 조건으로 로마의 도미니크 수도원에 연금당했다. 그러던 중 그의 고향 사람 한 명이 사형당하기 직전 캄파넬라의 이단성을 재차 고발함으로써 비교적 평온했던 그의 연금생활은 끝장을 보고, 1597년 교황청에 재수감되었다.

캄파넬라는 이 감옥 안에서 그의 여생에 가장 큰 영향을 준 사람으로 알려진 한 죄수를 만났다. 그는 프란체스코 푸치라는 노인이었다. 그는 60세 가까운 나이에 유럽 각지를 순례하며 교회의 부패와 무능을 신랄하게 비판하면서, 그 혁신을 주창한 인물이었다. 결국 노인도 교회로부터 이단 취급을 받아 체포된 즉시 처형당할 운명의 기로에 놓여 있었다. 그 노인은 끝내 참수당했고 그의 사체마저 화형에 처해질 정도였다. 이때 이 노인이 자신의 종교적 신념을 고수하기 위해 생명을 걸고 의연히 참수대에 오르는 모습을 접하며, 캄파넬라는 깊은 감명과 용기를 얻었다고 한다. 이 순간 캄파넬라는 앞으로 자신에게 어떤 박해가 가해진다 해도, 자신의 학문적·종교적 신념을 끝까지 지키고 관철시키겠노라는 신념과 용기를 불태울 수 있었다.

캄파넬라는 30세 무렵 은둔생활을 한다는 조건으로 낙향했다. 당시 남부 이탈리아는 루터의 종교개혁을 가장 맹렬히 거부하던 스페인의 지배하에 놓여 있었고, 정치적·경제적으로 스페인의 식민지로 전락함으로써 민중의 생활은 비참의 극을 달리고 있었다. 게다가 봉건지주 계급의 착취가 극심했다. 이에 따라 사회질서가 문란해지면서 사회 불안이 폭증할 수밖에 없었다. 이러한 극악한 사회적 질곡 속에서 스페인 점령군에 대한 봉기 또한 곧잘 일어났다. 이런 사회 상황은 당시 혈기왕성하던 캄파넬라로 하여금 무관심 속에 나날을 보내도록 방치하지 않았다.

바로 이때 자신의 사상적 신념을 현실적인 실천을 통해 관철해내려는 캄파넬라의 제2의 인생이 열렸다. 그의 투쟁은 바로 스페인에 대한 남부 이탈리아 민족해방운동으로 발화하기 시작했다. 그는 일종의 이탈리아판 NL이었던 셈이다. 그는 자신의 조국이 처한 식민 상태에 울분을 토하며 조국 해방운동의 선봉에 나섰다.

캄파넬라는 자신의 점성술에 따라 1600년에 대혁명이 폭발하리라 확신하면서, 그에 대비해 비밀리에 동지 규합에 나섰다. 점성술이 혁명철학의 토대로 작용한 셈이었다. 그는 가톨릭교회의 수도사였음에도 당시 가톨릭교회와는 숙적관계에 있었던 터키 군대의 지원을 받으면서까지, 스페인 및 스페인 세력과 깊은 밀월관계를 유지하고 있던 봉건적 반동 세력을 축출하려는 굳센 의지를 보여주었다. 이러한 그의 결의는 그가 지은 「우리의 주님 그리스도에게 바치노라」라는 시에 잘 드러나 있다.

그리스도여, 이제 당신의 자식들은

십자가에서 희생된 당신의 모습보다

당신을 십자가에 매달리게 한

그들을 더욱 닮아가고 있노라.

(…)

성자聖者라 불리는 자의 대부분은,

여색女色, 배반, 모욕, 싸움만을 일삼고

(…)

주여, 당신이 다시 지상에 내려오실 때엔

무구武具를 갖추소서.

당신의 적은 터키인도, 유대인도 아니고,

바로 당신 왕국의 사람들이니

그들은 당신을 또 다른 십자가 위에

매달려 하고 있노라.

비록 400여 년 전에 쓰인 시이지만, 오늘날의 기독교도들을 향해 울부짖음을 토해내는 것은 아닐는지…….

캄파넬라는 당시 참다운 그리스도 정신에서 벗어난 교회의 고위 성직자나 사이비 수도자들이야말로 가톨릭교회의 대적大敵이 아닌 가 하고 반문하고 있다. 반면 터키인들은 비록 가톨릭을 신봉하진 않지만, 조국 해방과 참다운 가톨릭 재건에 도움이 된다면 오히려 동지가 되어 손잡을 수 있지 않겠는가 하는 숨은 뜻을 잘 드러내고 있다.

캄파넬라는 이러한 고귀한 이념 아래 혁명 계획을 수립하고 혁명

조직을 구축하는 데 전념했다. 그는 자신을 따르는 이들에게 단합과 상호 애정으로 충만한 공산주의적 공화국 수립을 약속하기도 했다. 포섭된 동지 중에는 귀족을 비롯해 혁신적인 성직자도 포함되어 있었을 뿐만 아니라, 개중에는 캄파넬라를 구세주로까지 믿고 따른 자들도 있었다고 한다. 그러나 불행히도 그의 조국 해방 계획은 1598년 배반한 동지가 스페인 관헌에 밀고함으로써 수포로 돌아갔다. 그는 곧 체포당했다.

이단자로서 일찍이 '요시찰 인물'이었던 캄파넬라는 이제 반역자라는 죄목까지 덧씌워져 대죄를 저지른 중죄인으로서 사형이 거의 확실시되고 있었다. 그런 와중에서도 의지가 남달리 강하고 역사적 사명감에 불타 있던 캄파넬라는 끝내 희망을 잃지 않고 살아남기 위해 초인적으로 버텨나갔다. 물론 극심한 고문을 받고 '반역 음모'를 모두 자백하지 않으면 안 되었다.

그런데 당시에는 어떠한 대죄인이라도 광인은 결코 처형할 수 없다는 불문율이 강력히 지켜지고 있었다. 캄파넬라는 마침내 1600년 4월 초부터 처형을 면할 수 있는 유일한 방법으로 미친 사람 흉내를 내기 시작했다. 우리나라 일제강점기에도 이와 비슷한 사례가 있다. 당시 사회주의 이념으로 무장해 강력하게 비타협적인 독립투쟁을 펼치던 박헌영도 일제의 공산당 박멸 작전에 의해 구속당했다. 박헌영은 한시라도 빨리 감옥에서 벗어나 굳건히 지하조직 운동을 이끌어나가기 위해 어떻게 출옥할 것인가 하는 문제를 두고 고심을 되풀이할 수밖에 없었다. 그는 공식적인 광인 자격증만 쟁취한다면 출옥 허가를 받을 수 있다는 사실을 알게 되었다. 그는 광적으로 미친 척하기 시작했다. 심지어는 자기가 싼 똥을 간수가 보는 앞에서 직접

입안에 처넣어 어기적거리며 씹기도 했다. 그는 역시 신념의 사나이였다. 각고의 노력 끝에 드디어 공식 광인 자격증을 쟁취해내 감옥에서 풀려날 수 있었던 것이다. 그는 전주로 가 어느 벽돌공장에서 소매를 걷어붙였다.

예로부터 사형을 면하기 위해 위장 광인 행세를 하는 것은 흔한 일이었다고 한다. 따라서 스페인 관헌들은 당연히 캄파넬라의 발광증의 진위 여부를 가리기 위해 의학적 검사를 비롯한 온갖 수단과 방법을 동원했다. 상상할 수도 없는 극렬한 고문이 뒤따랐음은 물론이다.

이 검사는 무려 1년 이상을 끌었다. 마지막 시련은 마흔 시간 가까이를 밧줄로 묶어 공중에 매달아놓고 잠도 재우지 않으면서 계속해서 고통을 가하는 무시무시한 체형이었다고 한다. 내부분의 죄인이 이 마지막 고통을 이겨내지 못하고 죽어갔을 만큼 참혹한 고문이었던 모양이다. 캄파넬라는 고문 중에서도 가장 잔혹한 것으로 알려진 이 시련을 끝내 이겨냈다. 이를 통해 그는 자신의 의지가 얼마나 강한가를 다시 한번 자각하게 되었고, 이를 자랑스럽게 여기기도 했다.

캄파넬라의 초인적인 의지와 인내심이 드디어 빛을 발한 것이다. 그는 정식 '광인 자격증'을 쟁취함으로써 기어코 생명을 건질 수 있었다.

사형을 면하긴 했으나 대신 종신형을 선고받았다. 60세가 가까운 1626년 5월 고향인 칼라브리아 주 도미니크 수도원이 스페인 왕에게 제출한 석방 청원서가 받아들여져, 그는 마침내 27년간의 옥중생활을 마치고 자유의 몸이 되었다. 문제는 여기서 그치지 않았다. 그의 석방을 불만스럽게 여기고 있던 교황청 당국의 요구로 캄파넬라는 석방 한 달 만에 재구속되었던 것이다. 결국 교황청 감옥에 2년간 감금되었다가 몇 년 뒤 다시 풀려났다. 그러나—오늘날 한국의 상황에서도 거의 불가능하게 비치지만—이토록 엄혹한 30년 가까운 감옥생활이 바로 그의 왕성한 저술활동의 산실이었다.

물론 그는 저술활동에만 전념하지는 않았다. 탈옥도 기도했다. 하지만 탈출 계획이 발각나는 통에 그는 나폴리의 가장 악명 높은 감옥의 지하감방에 수감되기도 했다. 햇빛이라곤 전혀 들어오지 않는 습기 찬 감방이었다. 거기서 그는 손발이 묶인 채 죽지 않을 정도로 최소한의 양식만 공급받으며 4년을 보내야 했다. 이렇게 감옥에 갇혀 혹독한 생활을 영위하는 동안 그의 명성이 전 유럽에 널리 퍼지면서 그의 추종자들이 줄을 이었고, 이윽고 석방되기에 이르렀다.

오랜만에 자유를 얻은 캄파넬라는 정력적으로 활동을 재개하고 사회 참여에 박차를 가했다. 하지만 그는 새로이 반발을 샀다. 설상가상으로 그의 애제자 한 명이 스페인 부왕副王 암살 사건에 연루됨으로써 캄파넬라는 배후 조종 인물로 지목받게 된 것이다. 게다가 법정에서 갈릴레오를 옹호하고 나섬으로써 교회의 새로운 반감을 불러일으켜, 또다시 옥고를 치를 운명에 봉착했다. 급기야 그는 변장을 하고 로마를 탈출해, 그의 지지자가 많은 프랑스로 망명하는 데 성공했다.

파리 시민들의 대대적인 환영 인파에 묻혀 그는 마치 개선장군과도 같이 파리에 입성했다. 당시 프랑스인들은 이탈리아인이 지배하는 교황청의 종교 정책에 노골적인 반감을 지니고 있었기에 수난자 캄파넬라에 대한 호기심이 더욱 비등했다. 당대의 명재상 리슐리외는 직접 그를 뜨겁게 환영하기까지 했다. 다음 해에는 국왕 루이 13

세까지 알현하는 영예를 누리기도 했다. 이 사례는 캄파넬라에게 보여준 프랑스인의 환영의 도가 어느 정도에 달했는지를 여실히 짐작케 한다. 게다가 캄파넬라의 70세 생일날, 마치 운명의 장난처럼 프랑스 국민이 그토록 오랫동안 기다려왔던 왕자까지 탄생했다. 그가 바로 루이 14세였다.

1638년 캄파넬라는 점성술에 의거해 자신의 죽음이 임박했음을 예감했다. 그해 5월 21일 새벽, 그는 자신이 묵고 있던 파리 도미니크 수도원에서 많은 동료의 기도 속에 71세의 나이로 파란만장한 일생을 마감했다. 이 수도원과 그의 무덤은 프랑스 대혁명 때 파괴되어 아쉽게도 그 흔적을 찾을 수 없게 되었다.

그러나 캄파넬라의 공산주의적 유토피아 저술 『태양의 나라Citta del sole, The City of the Sun』는 1623년 그의 독일인 제자에 의해 프랑크푸르트에서 라틴어로 출판되었다. 이 저서는 새로운 메시아가 나타나 세속화하고 부패한 교회를 정화할 것이라 역설하며, 신정적神政的이고 공산주의적인 국가 및 사회질서를 대안으로 제시하고 있는 작품이다. 한마디로 새로운 가톨릭 정신에 입각한 보편 국가의 건설이 그의 목표이자 이상이었다. 가톨릭이 그에게 전부였던 것이다.

어쨌든 그의 공산주의 이념은 중세의 거대한 비전으로 충만한 신비주의를 연상시키는 한편, 그의 일생은 사회주의 사상의 진로가 얼마나 험난할 수 있는가를 교훈적으로 예고해주기도 한다.

4

시대정신의

거처

001 연대를 고대하며

사상의 역사로 볼 때, 이미 고대 희랍에서부터 공동체 안에서의 인간적 '연대'가 얼마나 중대한 사회적 과업인가 하는 것이 소리 높여 강조되어왔다. 플라톤은 그 선두 주자였다.

플라톤은 자신의 본질적인 정치철학적 목표를 인간사회에 내재하는 이기적 특화 욕구의 극복 및 공동체 전체의 절대적 단합 방안을 찾는 데 두었던 것처럼 보일 정도다. 그는 모든 개체가 여럿 아닌 '한 사람'이 되도록 하고, 나라 전체가 여럿 아닌 '한 나라'가 되도록 만들어나가는 것을 당위적 과제로 인식했던 것이다. 이처럼 플라톤은—물론 많은 근대적 사회주의자들이 같은 견해를 지니고 있지만—개별 구성원이 전체와 스스로를 동일시할 때 한 사회체제의 연대가 가장 효율적으로 확보될 수 있다는 믿음을 지녔다.

한마디로 플라톤과 근대적 사회주의자는 사회적 '연대solidarity' 추구라는 본질적으로 동일한 목표를 지니고 있었다고 말할 수 있다. 공산권이 몰락한 오늘날, 적어도 이론상으로는 거의 유일한 사회주의 지향 세력이라 할 수 있는 사회민주주의 역시 '연대'를 자신의 기본 가치라고 선언한다. 서유럽의 사회민주당 및 노동당은 반드시 '기본 가치'라는 명칭이 아니라도 예를 들어 '기본 지주支柱' '이상' 또는 '이념' 등의 이름으로 자신들의 연대 지향성을 명백히 밝히고 있다.

이런 면에서는 아리스토텔레스 역시 크게 다르지 않았다. 그는 "친애philia-friendship"라는 독특한 개념을 동원하면서까지 공동체 구성원 간의 군건한 결속을 지향하는 인간적 유대관계의 의미를 강조하며, 우리 인간의 삶에서 가장 필수적인 것이 바로 연대라고 역설하기도 했다. 그는 무엇보다도 스스로 동포라 부른 '인류'에 대한 사랑과 국가적 단합, 즉 '친애'를 가장 참된 형태의 정의라고 극찬하기까지 했다. 뿐만 아니라 그는 국민적 이해관계에 대한 동일한 입장과 동일한 실천 행위를 '합심unanimity'이라 일컬으며, 정치적 차원에서 국가의 최고선이라고 규정하기도 했다.

이처럼 연대에 대한 사상적 탐구의 역사는 철학의 역사만큼이나 장구하다고 할 수 있다.

연대의 이념사

우리가 일상적으로 쓰는 말 가운데 '연대連帶보증' '연대책임' 등속의
어휘가 있다. 그런데 흥미롭게도 우리가 지금부터 살펴보고자 하는
'연대' 개념은 바로 이 단어들과 이념적 배경을 공유하고 있다. 여기
서도 드러나듯이, 연대란 우리의 평소 생활과 떼려야 뗄 수 없이 직
결되어 있는, 대단히 통상적인 용어이자 개념이다. 연대가 이처럼 일
상적으로 활용되는 상용어이긴 하지만, '보증'이니 '책임'이니 하는
이 두 어휘와도 한데 어울리는 것을 보면, 뭔가 근본적으로 무겁고
법적으로 심각한 의미를 지니는 듯한 느낌을 던지고 있음도 부인하
기는 어렵다.

하기야 '연대'라는 단어 자체가 원래 '연대 보증'을 의미하는 프랑
스 법에서 유래한 것으로 알려져 있다. 말하자면 '공동체의 책임'(공
동의 의무, 보증)이라는 로마 법 전문 용어가 본래의 법적인 의미를
그대로 유지한 채 '연대solidarité'로 바뀌어 프랑스 법에 올곧게 수용
되었다는 말이다. 이런 취지에서 18세기 프랑스 계몽주의의 대표 저
술로 손꼽히는 디드로와 달랑베르의 『백과전서Encyclopéie』는 '연대'
를 "여러 채무자가 자신들이 빌렸거나 빚진 액수를 되돌려줄 각오가
되어 있음을 인정하는 어떤 의무의 성질"이라고 규정하고 있다. 연
대 개념은 채권법이 규정하는 '연대보증'의 법률적 의미를 안고 출
발한 것이다.

이런 연대 개념에 거의 처음으로 정치적 의미를 부여한 인물은 공
상적 사회주의자로 널리 알려진 샤를 푸리에Charles Fourier였다. 그리
고 그의 동료이자 생시몽의 제자이기도 했던 피에르 르루Pierre Leroux

는 1840년 『인성론De Humanité』을 저술하면서 연대 개념을 대단히 정교하게 체계화시켰다. 그는 마르크스 이전의 공산주의자였고, 나중에는 연대 및 사회주의 개념을 자신이 최초로 철학에 도입했다고 주장하기도 한 인물이다. 르루는 '기독교적 자비christian charity' '사회계약social contract', 사회에 대한 '유기체organism' 개념 등 기존의 이 세 입장을 비판하면서 자신의 이론을 전개한다.

우선 그는 '기독교적 자비'가 타인에 대한 사랑을 자기애自己愛와 조화시키지 못한다고 비판하면서, 타인과 함께하는 삶에 대한 순수한 애정이 타인에 대한 사랑으로 자연스럽게 스며나오는 것이 아니라 그것을 단지 어색한 책무 같은 것으로 인식할 따름이라고 쏘아붙인다. 그 외에도 기독교적 자비에는 평등 문제가 들어설 여지가 전혀 없다고 타박한다. 이런 관점에서 그는 정의롭게 조직된 사회를 건설하는 데 '연대'의 이념이 자비보다는 훨씬 더 뛰어난 수단이 될 수 있다고 단언한다. 나아가 르루는 홉스나 루소 식의 입장이 애초부터 개인에 대한 원자화된 시각을 전제로 성립한 것이었기 때문에 그들의 사회계약 이념 역시 근본적으로 잘못된 것일 수밖에 없다고 통박한다.

이러한 비판적 관점에 입각하여 르루는 연대를 주로 '관계relationship'의 차원에서 고찰한다. 그는 사회를 인간 상호 간의 관계로 간주했고, 사회주의를 이러한 사회 속에서의 거대한 연대 조직으로 인식할 따름이었다. 한편 그는 연대가 시민권의 주요 요소 또는 국가 정책에 대해 영향력을 행사하는 주요 도구가 되어야 한다고는 생각지 않았다. 그는 연대를 정치적인 것이라기보다는 사회적인 속성을 더 강하게 띠는 개념으로 이해했던 것이다.

한편 '연대'에 관한 가장 권위 있고 체계적인 연구 업적의 하나로 손꼽히는 것은 뭐니 뭐니 해도 1893년에 출간된 뒤르케임Durkheim의 『사회분업론The Division of Labour in Society』이다.

뒤르케임은 전통 및 사회적 결속이 해체되는 상황에 주목하며 '무엇이 사회를 지탱하게 하는가What holds society together?'라는 사회학의 근본 문제부터 제기하고 나섰다. 그의 핵심적인 관심은 바로 개인화된 인간과 사회적 연대 사이에 대체 어떠한 연관성이 내재해 있는가를 탐색하는 것이었다. 그는 사회를 합리적 타산이나 사적 이해 또는 사회계약의 산물이 아니라 사회적 규범, 공유된 가치 및 관행 등의 소산으로 간주했다. 그리하여 사회 구성원들을 통합하는 규범적 메커니즘이 무엇인가를 찾아 나섰고, 결국 연대가 바로 그 핵심 요소의 하나라는 인식에 이르렀던 것이다.

뒤르케임은 사회발전 단계에 따라 연대를 '기계적 연대mechanical solidarity'와 '유기적 연대organic solidarity', 두 유형으로 나누어 고찰한다. '기계적 연대'는 사회적 분화가 덜 이루어진, 단순하고 동질적인 삶의 방식이 지배적인 전통사회에서 발달한 유형이다. 전통사회는 동질적인 생활 조건, 생활양식, 문화와 신앙 등으로 연결된 사람들로 구성되어 있다. 이런 맥락에서 뒤르케임은 모든 인간이 두 종류의 의식을 소유하고 있다고 본다. 하나는 인격적인 특성과 결부된 '개체의식individual consciousness'이고, 다른 하나는 사회의 다른 모든 구성원과 함께 지니고 있는 '공유의식common consciousness'이다. 전통사회에서는 '공유의식'이 지배적이다. 주민들의 생활 조건과 생활양식이 동질적일 뿐만 아니라 사고방식 역시 유사하기 때문에, 공유의식이 발달한 전통사회에서는 연대가 대단히 강할 수밖에 없다. 이런 의미에서 기계적 연대 개념은 물질적·주관적 요소를 아우른다. 한편 뒤르케임은 연대라는 것이 '개인적 존재성'에서 '집단적 존재성'으로의 인간적 변모가 수반되어야 제대로 기능을 발휘할 수 있는 속성을 지니고 있기 때문에, 이러한 연대가 본격적으로 작용하기 시작하면 인격의 해체가 이뤄질 수도 있음을 암시했다. 하지만 일반적으로 단단한 물체가 서로 강하게 밀착하는 것에 견주어, 그가 이러한 연대를 '기계적 연대'라 불렀으리라 짐작된다.

반면 이러한 전통사회와 달리 현대사회에서는 직업적·사회적 분화가 고조되어 있다. 결과적으로 생활 조건, 문화 및 이데올로기의 거대한 차이가 현대사회를 지배한다. 따라서 뒤르케임은 전통과 전래된 사회적 규범 등에 의해 이뤄지던 강한 연대가 뒷전으로 물러나고, 그 자리에 복잡한 노동분화 및 전문화에 의해 조성된 '상호 의존성'이 들어서게 되었다고 보았다. 심화된 노동분화로 인해 '공동체 의식'이 발붙일 곳을 찾지 못하면서 결국 '개체의식'이 전면에 등장하게 되었다. 특히 우리 인간은 다른 사람들의 생산품에 의존해 살아갈 수밖에 없는 존재이기 때문에, 현대사회는 사회적 분업으로 말미암아 이질적인 생산자 사이의 다양한 상호 의존 현상이 필연적으로 나타나게 된다. 마치 우리 인간의 신체가 이질적인 기능을 지닌 다양한 유기적 요소로 이루어지는 것과 마찬가지로, 우리 현대인 역시 이 복잡한 사회구조의 한 유기적 구성 인자로서 상호 의존적인 존재로 살아갈 수밖에 없다는 말이다. 뒤르케임은 바로 이러한 노동분업이 야기하는 현대인의 상호 의존성을 '유기적 연대'라고 규정했다. 이런 관점에서 그는 노동분업이 심화되면 될수록 개인은 더욱 사회 의존적이 되는 반면, 각자의 활동 영역이 특수화되면 될수록 더욱 개인적이 된다고 주장했다. 집단의식이 규제할 수 없는 특수한 기능으로 인해 강한 개인의식이 생성될 것이라는 추론인 셈이다.

그러나 뒤르케임은 전통사회의 기계적 연대와 현대사회의 유기적 연대 간의 상호 관련성에 대해서는 그다지 명확한 분석을 시도하지는 않았다. 그가 우려했던 것은 기계적 연대가 약화되면서 생겨날 빈 공간이 어쩌면 자동으로 채워지지 않아 도덕적 공백 상태로 남게 될지도 모른다는 점이었다. 즉 기계적 연대가 줄어들 때 새로운 형태의 연대가 그 자리를 대신하지 못하면, 사회생활이 난관에 봉착할지도 모른다는 우려였던 것이다. 뒤르케임은 현대사회에서 그 새로운 연대의 역할을 떠맡을 수 있는 유일한 대안이 바로 노동분화라고 보았다. 왜냐하면 노동분화의 증대에 따라 상호 의존성과 협동의 필요성이 덩달아 증진될 것이라고 내다보았기 때문이다. 결과적으로 사회적 결속이 늘어남으로써 사회발전이 촉진될 수 있고, 법과 도덕의 발전 역시 뒤따를 것이라고 생각했다. 법과 도덕은 개인과 개인 상호 간 그리고 개인과 사회를 결속시키는 매체 구실을 한다. 그에게 도덕은 연대의 원천으로서, "다른 사람들을 배려하도록 만들고 자신의 고유한 이기심의 충동을 통제하도록 강제하는 모든 것"을 의미했다.

한편 뒤르케임도 사회발전과 더불어 긍정적인 차원의 사회적 연대 역시 약화되리라는 의구심을 떨쳐버리진 못했던 듯하다. 그는 일정한 조건이 충족되면 현대사회의 새로운 유기적 연대도 발전할 수 있다고 믿었다. 그리하여 개인적 능력과 자질들이 자유롭게 펼쳐질 수 있는 길을 개척해나가는 것이 필요하다고 역설했다. 이를 위해 그는 사회적 기능이 자연적 재능에 부합하도록 분배되어야 하며, 자신의 재능에 합당한 개인적 지위를 확보하지 못하도록 막는 일체의 장애물이 제거되어야 마땅하다고 강조했다. 이윽고 뒤르케임은 이웃 사랑과 정의를 외치면서, 모든 개인이 자기에게 가장 걸맞은 기능을 수행할 수 있고 또 자신의 노력에 대해 정당한 보상을 받을 수 있는 사회질서의 확립을 촉구했다. 그는 무엇보다 사회 저변 계층이 새로운 기능 분야에 다가갈 수 있는 길이 활짝 열려 있지 않으면 안 된다는 소신을 지녔다. 이것은 뒤르케임에게는 '정의'의 문제와 직결되었다. 그는 정의가 "모든 종류의 연대에 필수적인 부속물necessary accompaniment"이라고 규정했다. 이윽고 뒤르케임은 심각한 사회적 불공정성으로 인하여 연대가 심한 타격을 입게 될 것이라는 소신에 입각해, 현대사회는 어려운 상황에 처한 동료 시민들을 다양한 방식으로 지원함으로써 가능한 한 불평등을 폭넓게 축소시켜나가고자 최대한의 노력을 기울이지 않으면 안 된다고 힘주어 역설했다.

이런 의미에서 뒤르케임의 선구적인 연대 개념 연구는 아직도 미완의 과제로서 역사적 의미를 지닌다고 할 수 있다. 특히 연대와 평등과 정의의 상관성 문제, 통합력으로 작용하는 법의 의미, 개인주의의 증대 현상, 가족과 다양한 사회 집단 내부에서 그리고 전통적인 지역 공동체 안에서 연대의 끈이 약화되어가는 배경에 관한 관심 등은 지금도 심도 있는 사회철학적 탐구에 영향을 끼치고 있다.

다른 한편 뒤르케임이 역사 발전 정도에 따라 순차적으로 등장하는 것으로 파악한 이 두 가지 연대 개념이 오늘날 한 지역에서 같은 시기에 출현할 가능성 역시 배제할 수 없다는 점도 주목을 요한다. 특히 지역별 특성이나 전통의 차이에 따라 개별 지역의 사회발전의 수준과 속성 역시 달라질 가능성이 높기 때문에, 이러한 시차적 개념을 획일적으로 적용하는 데는 무리가 따를 수 있다는 점도 유념할 필요가 있다.

역사의 진전에 따라 연대의 개념 역시 오늘날 대단히 폭넓게 확장되면서 심화되는 과정을 밟아왔다.

물론 '좁은 의미의 연대' 개념은 엄밀하고 단호할 수밖에 없다. 예컨대 빌트wildt는 『블록하우스Bloackhaus』에서 연대를 "함께 행동하는 자 또는 함께 연관된 자로서 특정한 집단의 구성원이 행하는 협력과 상호 인정에 의해 생명력을" 갖는 가치로 규정한다. 여기에 연대가 통일체를 형성하는 다수의 결속된 행위 및 공통된 신념과 깊은 관련을 맺고 있음이 암시되어 있다. 다소 다른 맥락에서 라이첸슈타인Reitzenstein은 연대를 "동등하고 공통적인 생활 상태를 공유하는 다수의 사람이 공동의 목표를 위해 '사회적 적대자'에 맞서 서로에 대해 책임지는 공동의 사회적 행위"를 의미한다고 해석한다. 이런 견해는 연대가 바야흐로 저항의 대상이 되는 대립적 존재를 상정하는 동시에 그에 대한 투쟁 의지와 결부되기 시작했음을 상기시킨다. 손쉽게 노동운동의 기본 성향이 연상된다. 이처럼 좁은 의미의 '고전적인' 연대 개념은 사회 상태의 동질성, 행위의 공통성 등 기본적으로 공동체적 소속감을 강조하는 성향을 보여준다.

이윽고 연대 개념은 서서히 확장된다. 예컨대 샤를 지드Charles Gide는 "우리가 연대라는 표현을 같은 몸통에 속하는 모든 부분의 상호 의존으로 이해한다면, 연대는 바로 삶의 근본 특성"이라고 단언한다. 이처럼 연대가 우리의 일상의 본질적인 요소로 각인되기 시작한 것이다. 특히 제2차 세계대전을 겪고 난 뒤에는 마치 민주주의가 모든 노선 및 세력의 전유물처럼 널리 애용되었듯이, 이 연대가 수많은 사회단체, 정당, 정부에 의해 광범위하게 공유되었다. 이러한 '넓은 의미의 연대'는—개별 국가 및 사회의 전쟁 참상을 신속히 극복하기 위한 국민적·사회적 결속의 효율적인 방편으로 인식되어—활용할 수 있는 모든 경우와 환경에 빠짐없이 불려다니게 된 것이다. 이윽고 연대 개념의 "과잉 현상"이 나타날 수밖에 없는 상황도 조성되었다.

하지만 그럼에도 자유주의는 요지부동이다. 앞서 살펴본 바와 같이, 자본주의의 철학적 기초이기도 한 자유주의적 개인주의가 감싸고도는 개인은 바로 '거인'이다. 애덤 스미스가 "한 사람의 큰 부자가 있기 위해 최소한 500명의 가난한 사람이 있어야 한다. 그리고 소수의 풍요는 다수의 빈곤을 가정한다"고 솔직히 털어놓았듯이, 한 명의 '거인'이 존재하기 위해서는 수없이 많은 '조무래기'의 희생이 뒤따라야 하고, 또 이들이 그를 떠받들지 않으면 안 되도록 되어 있는 것이 현실이다. 이러한 '거인'만을 숭배하는 자유주의적 개인주의로부터 어떻게 감히 '연대'를 기대할 수 있겠는가. 왜냐하면 이 경우 연대는 거인을 겨냥하는 활과 창을 의미할 수 있기 때문이다. 반면 '조무래기'들은 자신의 개인적 결핍이나 결함을 외부의 도움을 빌려 보완하려는 본성을 지니고 있음은 당연한 일이다. 따라서 기존의 특권을 제거하고 사회적 조건을 골고루 하기 위해 단합과 연대를 필연적으로 요구할 수밖에 없다. 왜냐하면 "동일한 집단이나 공동체에 속한" 사람들과 연대한다는 것이 "비교적 쉬운 일이기 때문"이다. 바로 이런 의미에서 노동자 연대가 "동일한 사람들 사이에서의 연대, 즉 공동체에서의 연대"의 "가장 좋은 본보기"가 되리라는 것 역시 자연스러운 일이다.

이 연대는 프랑스 혁명의 구호 가운데 하나인 '형제애fraternity'와 맞물린다. 이 혁명을 주도한 당시 부르주아 계급은 농민과 노동자 등 인구의 다수를 점하고 있던 하층 집단이 혁명 대열에 동참함으로써 승리를 쟁취할 수 있다고 확신했고, 이들에게 형제애를 설파하는 구호를 휘날리며, '혁명이 성공하면 당신들은 과거의 귀족들과 형제자매와 다를 바 없이 어깨를 나란히 할 수 있다'는 환상적인 동등권 보장을 역설하면서, 함께 뭉쳐 힘차게 싸울 것을 호소한 것이다.

하지만 연대는 19세기 노동운동의 직접적인 산물로서, 노동자 계급의 동질적인 이해관계를 반영하는 사회민주적 투쟁의 전통에 입각해 있다. 요컨대 지배 계급의 특권을 제거함으로써 만인에게 자유와 정의와 번영을 가져다주기 위한 사회주의적 노동 투쟁의 현장에서 이 연대가 성립하고 발전해온 것이다.

예컨대 베른슈타인Eduard Bernstein은 사회주의의 어원을 '사회Gesellschaft'를 의미하는 불분명한 '소시에타스societas'의 개념으로부터가 아니라, 좀더 명백한 '동아리Genosse' 또는 '동아리 관계Genossenschaft'를 뜻하는 '소시우스socius'로부터 이끌어내야 마땅하다고 주장한다. 이렇게 볼 때 사회주의는 "동아리 의식 및 관계성을 쟁취하기 위한 운동"으로 규정된다. 여기서 소시우스는 "동등한 권리를 지닌 소속원 또는 조합원"을 일컬으며, '동아리 관계 또는 연대성'을 뜻하는 게노센샤프트Genossenschaft는 사회주의와 관련되는 "법 원칙Rechtsprinzip", 즉 민주주의를 가리킨다. 말하자면 사회주의는 특정 사회의 구성원 모두가 동등한 법률적 권리와 동아리로서의 연대감을 향유하도록 만드는 민주주의의 실현 운동·이론·체제를 의미하는 것이다. 즉 "공속감 또는 동류의식"과 "인간 상호 간의 사회적 유대감"이야말로 사회주의 사상의 본질에 속하는 것으로 이해된다. 이처럼 베른슈타인에게는 사회 구성원 간의 "연대"를 어떻게 확보할 것인가가 관심의 초점이었다. 이런 의미에서 그는 무엇보다 노동자 계급의 연대가 필연적임을 힘주어 역설한다.

베른슈타인에 따르면, 사회주의는 여러 개인 및 집단들의 특수 이해관계를 제거하고 보편적 이해관계를 확립하기 위한 이념이다. 따라서 사회주의는 계급적 이해관계의 공통성으로부터 출발한다. 노동자는 계급의 총체성 속에서는 당연히 진보를 거스르는 이해관계를 갖고 있지 않다. 오히려 노동자 계급은 생산과 교류 모든 분야에 걸쳐 사회 진보에 최대한 관심을 집중시키는 세력이다. 그들은 소유에 대한 특수 이해관계에 적대적인 까닭에 사회주의 이념의 전담 세력이 될 수밖에 없다. 베른슈타인은 "보편성에 대한 헌신" 속에서 노동자 계급의 사회적 윤리를 찾아낸다. 물론 그는 노동자들에 대해 무조건적인 환상을 품지는 않았다. 그들이 여러 공장과 기업체 등에 흩어져 노동을 영위해나가기 때문에, 때로 그들의 이해가 충돌할 수밖에 없다는 것을 불가피한 현상으로 받아들였던 것이다. 바로 이런 현실 인식에 입각해 베른슈타인은 보편적 이해관계를 결집하는 노동자 계급의 '연대'가 필수적으로 뒤따르지 않으면 안 된다고 역설하고 또 역설한 것이다. 그러나 그것은 "정치투쟁을 통해 국가 속에서" 비로소 구현될 수 있고, 이러한 정치투쟁은 민주주의 속에서만 최대의 성공 가능성을 보장받을 수 있다고 강조했다. 노동자 계급의 "정치적 기본권"은 "일체의 계급적 특권을 제거하는 것"이기 때문에, 노동자 계급이야말로 모든 사회 계급 가운데 유일하게 단호한 민주주의의 지지자로 등장한다. 뿐만 아니라 가장 단호하게 연대를 추구하는 사회집단이기도 하다. 이런 의미에서 베른슈타인은 민주주의야말로 노동자 계급의 가장 자연스러운 투쟁 수단이자 목표라고 선언한다.

한편 오늘날 연대는 단순히 노동자 계급만의 투쟁 수단을 뜻하지는 않는다. 그것은 시민사회의 발전으로 말미암아 이제 사회 각 분야의 필수 덕목으로 자리를 굳혔다. 연대는 동등한 사회 구성원으로서 지녀야 할 자발적인 인간적 유대의식과 도덕적 의무감을 가리킨다. 그것은 특히 사회적으로 불리한 대접을 받는 종속적 개인 및 집단의 낙후된 상황을 개선하기 위한 공동체적 결속과 단합의 표현이다. 그러므로 연대는 예외적인 경우(예를 들어 장애인 전용 주차장 설치 등)를 제외하고는 국가 영역에서 벗어난 기본 가치에 속한다. 왜냐하면 그것이 국가에 의해 부추겨질 경우 파쇼적이고 전체주의적인 상황으로까지 치달을 수 있기 때문이다. 예컨대 이승만은 평소의 그답지 않게 대단히 탁월한 정치 구호를 내건 적이 있다. "뭉치면 살고 흩어지면 죽는다"는 범국가적인 연대를 촉구하는 구호를 제시했던 것이다. 이것은 국가에 의해 강압적으로 주도되는 연대가 어떻게 전체주의로 몰락할 수 있는가를 지극히 상징적으로 예시하는 고전적 사례에 해당된다.

이런 의미에서 연대는 오히려 국가에 대한 사회의 저항으로 해석할 수 있다. 그렇더라도 연대는 집단적 속성을 띠어 곧잘 개인적 자유와 충돌할 소지가 있기에 항상 자발성에 뿌리를 드리워야 한다. 연대는 또한 개인적 능력에 따른 자유경쟁이 치열하게 전개되는 곳, 예컨대 자유주의적 개인주의가 지배하는 영역에서는 손쉽게 무장해제당할 수 있는 약점을 지니고 있다. 뿐만 아니라 그것은 정서적 일체감, 의식적인 노력, 상황에 대한 합리적 판단까지 동시에 요구하기 때문에 이를 현실화한다는 것이 그리 손쉬운 일은 아니다.

그러나 험준한 역사적 과업을 달성하고자 할 때나 또는 우리에게 가해지는 역사의 채찍질이 험난할 때, 개인과 개인 그리고 개인과 사회가 굳게 결속하고 있다면, 우리의 의지는 강화되고 고통은 약화될 것이다. 개인과 개인, 개인과 사회 상호 간에 구축되는 역사적 연대가 그만큼 절실하고 소중한 것이기 때문이다. 그러므로 개인적 관용과 사회적 자유를 조화롭게 구축하며, 어떻게 국가 구성원 전체의 평화로운 단합을 추구해나갈 것인가를 모색하는 것이 우리에게 주어진 중대한 역사적 과제다.

우리는 지금 '역설'이 요청되는 시대에 살고 있다. 공산권이 몰락한 뒤 특히 과거 동독 쪽에서는 이전 시대를 그리워하는 새로운 조어가 만들어지기도 했다. 독일어로는 향수를 뜻하는 노스탤지어를 노스탈기Nostalgie라 부르고, 동쪽 즉 east를 오스트Ost라 칭한다. 해서 동유럽을 오스트오이로파Osteuropa라고 부르는 것이다. 특히 과거 동독 사람들은 흔히 '오스탈기Ostalgie'에 시달린다는 말을 되뇌곤 했다. '오스탈기' 즉 동쪽이라는 '오스트'와 향수라는 '노스탈기'가 합쳐진 이 말은, 이를테면 과거 동유럽 또는 동독 시절을 향수처럼 그리워한다는 의미를 함축하고 있는 신조어다.

무엇보다 독일 통일 이후, 특히 과거 동독 지역 주민들은 사회주의 체제하에서 지녔던 공속감과 연대의식이 자본주의적 경쟁심으로 돌변해가는 현실을 마주하며 망연자실하곤 했다. 그리하여 외국인, 특히 베트남이나 모잠비크에서 온 유색인 노동자들에 대해 거의 인종주의적인 냄새까지 풍기는 박해와 테러를 일삼기도 했다. 그것은 사실 서독인들에 대한 열등감의 발로일 수도 있었다. 즉 우리 위에는 서독인들이 있지만 우리 밑에도 '우리가 짓밟을 수 있는' 누군가가 있다는 것을 과시하기 위해 또는 고조되는 실업 사태에 대한 반발의 일환으로 외국인 노동자들을 추방함으로써 자신들의 일터를 확보하겠다는 다부진 자본주의적 생존의지의 표출일 수도 있었다.

과거 공산 체제하에서는 이 외국인 노동자들과 형제애로 연대할 줄도 알았다. 또 그것을 미덕으로 여겼다. 그러나 사회주의 체제가 붕괴되면서 이들은 완강한 자본주의적 경쟁 대상으로 변질되었고, 동시에 혐오의 표적으로 돌변했다. 국제주의적 배려가 민족주의적 탄압으로 전락한 것이다. 그러므로 '오스탈기'라는 신조어야말로 과거 사회주의 체제를 체험한 동독 주민들이 당면한 자본주의적 정서에 대해 품고 있는 자조적인 감수성을 예리하게 드러내는 화법의 하나라고 할 수 있다.

우리는 지금 "역사의 미로"를 걷고 있다. 이 미로 위에서는 전진하거나 퇴보한다는 것이 아무런 의미 없는 개념일 수 있다. 그러므로 우리는 완전히 새로운 "역사의 기하학"을 준비하지 않으면 안 될 것이다.

왜 연대가 필요한가

오늘날 특히 이 한반도에 정착해 살아가는 우리에게 연대가 왜 절실히 요구되는가?

서양 역사에서 근대는 해방의 시대였다. 신분적 예속에서 개체를 해방시키는 일이야말로 가장 본원적인 해방의 지상명령이었다. 그리하여 보편적 이성을 소유한 존재로서 개인의 자유와 평등을 어떻게 확보할 것인가가 긴급을 요하는 시대의 대명제로 떠올랐다. '자유' '평등', 그리고 '형제애'를 절규한 1789년 프랑스 대혁명은 이런 요구를 압축적으로 대변한 대사건이었고, 그것은 이미 사회 깊숙이 뙈리를 튼 자본주의적 경제질서를 정치적으로 공식화하고 완결하는 마지막 미화 작업이기도 했다.

그러나 하나의 모순이 극복되면 또 다른 새로운 모순이 그 자리를 대신하는 것이 우리 인류사의 일반적 발전 경향이다. 프랑스 대혁명 역시 역사 발전을 한 단계 높은 수준으로 끌어올리긴 했으나, 어쩔 수 없이 하나의 모순을 또 다른 모순으로 대체시킨 역사의 숙명적 한계를 극복하지는 못했다. 결국 우리 인간은 신분과 종교의 속박에서 벗어나긴 했으되 또다시 자본과 개인주의의 새로운 사슬에 얽매이는 모순의 악순환에 포박당하지 않으면 안 되었다. 자본은 인간을 상품으로 전락시켰고, 개인주의는 인간을 계급적 이기주의의 노예로 만들고 말았던 것이다.

신분질서에 뿌리를 드리운 봉건적 불평등 체제에 대한 부르주아 계급의 정치적·법률적 대공습은 프랑스 대혁명으로 일단락되었다. 그리고 상품관계에 입각한 자본주의적 불평등 체제에 대한 프롤레타리아 계급의 사회경제적 대역습은 러시아 혁명으로 귀결되었다. 20세기를 가장 괄목할 만하게 장식한 사건은 사회주의 체제의 성립과 그 붕괴다. 세계사적인 관점에서 볼 때 20세기는 볼셰비키 혁명으로 돛을 달아 올렸고, 공산권의 몰락으로 닻을 내린 셈이다.

그런데 지금 우리의 논제인 '연대'와 직결된 가치는 무엇보다 자유와 평등이라고 할 수 있다. 특히 근대 이후 '결사의 자유'라든가 '법 앞에서의 평등' 개념은 공동체 성립의 민주적 기본 요건으로 작용했을 뿐만 아니라, 무엇보다 평등은 공동체 내의 구성원 상호 간뿐만 아니라 공동체와 공동체 상호 간에까지도 요구되는 목적 개념이기 때문이다.

이 자유와 평등은 근대사의 본질적인 개념이다. 프랑스 혁명의 구호는 그것을 극명하게 드러낸다. 그중 우선순위는 당연히 자유에 놓였다. 앞서 살펴봤듯이 사회가 단지 이러한 개인들의 집합으로만 간주되기 때문에 '공동체'라든가 '보편적 가치'에 대한 실질적인 관심은 지극히 희박할 수밖에 없다. 개인들은 자연스레 외부, 즉 국가와 사회로부터 오는 제재를 거부한다. 그러나 개인적 결핍이나 결함을 바깥의 도움을 빌려 벌충하고자 하는 평등은 자신과 외부 세계와의 비교에서 비롯된다. 그러므로 집단적 척도에 호소할 수밖에 없다. 따라서 연대의 정신적 터전이 바로 이 평등이 되는 것은 지극히 자연스러운 현상이다. 자유가 '거인'의 가치관이라면 평등은 곧 '조무래기'의 정신적 지주인 것이다.

이러한 평등을 구현해나가는 데는 크게 봐서 두 개의 노선이 있다. 하나는 자신의 힘으로, 말하자면 강력히 구축된 연대를 통해 자기 의지와 목표를 실력으로 관철시켜나가는 길이다. 여기에는 반드시 평화적 수단만 뒤따르지 않는다. 극단적으로는 폭력 혁명에 호소할 수도 있다.

다른 하나는 위로부터 시도되는 개혁적 성향의 것으로, '가진 자' 또는 '거인'의 자발적인 관용과 아량에 의존하는 경우가 지배적이다.

그러나 어떤 경우를 막론하고 평등 문제는 특정한 개인 또는 개인의 집단에 대한 간섭이나 통제를 통해 비로소 실마리가 풀리기 때문에 자연스럽게 국가나 사회의 개입에 의존하게 된다. 복지국가 체제도 그러한 사례의 하나가 될 수 있다. 거시적으로 보면 연대의 강도強度와 국가적 개입의 심도는 불가분의 상관관계를 맺고 있다. 강력한 연대가 국가의 개입을 심화시키는 동력으로 작용할 수도 있고, 반대로 국가의 자발적인 개입이 연대를 약화시키거나 불필요하게 만드는 힘이 될 수도 있다. 이때 자유주의적 개인주의와 자본의 힘으로 완전무장한 부르주아지에 의해 주도되는 국가가 과연 어떤 노선을 선호할 것인가는 불 보듯 뻔한 일이다.

지금 세계화 시대의 한국은 어떠한가? 국가는 현재 '시장 절대왕정' 체제의 공신과 다를 바 없어 보인다. 자율적인 개혁을 추진할 의지와 능력이 모두 결여되어 있음은 물론이다. 그러므로 이른바 사회적 '조무래기'들의 자발적 연대가 절실할 뿐만 아니라 필연적임은 두말할 나위가 없다.

19세기 말엽 자본주의의 급격한 팽창과 더불어 사회적 모순이 터질 듯 부풀어올랐음에도 불구하고 그것을 타개할 활로가 보이지 않던 시대, 암담한 체념과 우울한 회의가 문학과 예술뿐만 아니라 철학과 사상 체계에까지도 밀어닥친 적이 있다. 그리하여 한편에서는 허무주의와 염세주의가 기세를 부리고, 다른 한편에서는 니체 식의 힘과 초월의 논리가 유포되기도 했다.

오늘날 이와 유사한 회의와 체념과 혼란의 비극적 색조들이 뒤섞여 물 위로 떠오르기 시작한다. 18세기 말을 혁명의 분출로 인한 혼란의 시대, 19세기 말을 기대했던 혁명의 불발로 말미암은 회의와 번민의 시대라고 한다면, 20세기 말은 혁명의 부정否定으로 인한 체념의 시대라고 부를 수 있을 듯하다. 여하튼 현재의 이 체념적 혼란은 소련 및 동유럽 격변이 몰고 온 역사적 후유증 탓이라고 할 수 있다.

특히 한반도를 둘러싸고 펼쳐지는 국제 환경은 괄목할 만한 것이다. 사회주의권의 몰락과 그와 직결된 독일 통일이라는 세계사적 사건은 무엇보다 한반도에 중대한 영향을 끼치는 환경적 요인으로 작용하고 있다.

첫째, 사회주의권 붕괴와 더불어 독일에서 보듯이 자본주의권은 민족 통합으로 나아가고, 소련·유고슬라비아 등의 사례에서 나타나듯이 이전 사회주의권은 민족 분리의 경향으로 치닫고 있다. 어쨌든 분리의 이데올로기든 통합의 그것이든 간에 사회주의의 몰락은 민족주의를 고양시키고 있음이 명백하다. 이러한 현상은 자본주의적 무한 경쟁에 의해 더 강화될 전망이다. 한국은 세계화의 구호에도 불구하고, 아니 바로 그 때문에 민족주의적 경향이 심화될 가능성이 짙다. 예를 들어 독서 시장을 압도적으로 휩쓸었던 『나의 문화유산 답사기』『일본은 없다』『무궁화 꽃이 피었습니다』 등과 같은 책의 판매는 이런 사태를 보여주는 자그마한 사례들에 지나지 않는다. 또한 IMF 폭풍이 휘몰아쳤을 때, 지극히 자연스럽게 '국치일' '신물산장려운동' '신국채보상운동' 등 일제강점기에나 들어보았음 직한 민족주의적 구호들이 난무하기도 했다. '태극기 밑에서 함께 뛰자'는 홍보용 스티커는 차라리 애교스러웠다.

둘째, 현재 북한은 특히 소련 및 동유럽 공산권의 붕괴 이후 국제적 고립에서 벗어나지 못하고 있다. 이렇게 볼 때 북한은, 과거와는 달리 통일보다는 오히려 평화공존에 더 강한 애착을 보이는 듯하다.

이런 의미에서 북한이 야기한 핵 갈등은 평화공존을 전투적인 방법으로 쟁취해나가려는 안간힘의 표출이라고 할 수 있다. 이른바 남한의 '햇볕정책'과 역사적인 남북 정상회담 개최도 그러한 시대적 변화의 산물이다. 그러므로 민족주의는 세계화의 시대적 대세로 인해 쇠잔해지기는커녕 아직도 기회가 있을 때마다 더욱 가속화되고 있는 현실이다.

'세계화' 이데올로기 역시 국제주의의 외피로 눈가림한 민족주의적 패권 전략의 하나라고 할 수 있다. 말하자면 그것은 세계동포주의적 화합이 아니라, 오히려 민족적 경쟁력 강화에 토대를 둔 세계 제패 의지의 정치적 표현에 다름 아니라는 말이다. 바로 이런 의미에서 자본주의로 거의 단일화된 이른바 세계화 시대임에도 '불구하고'(정확히는 그 때문에), 일반적인 진단과는 전혀 다르게 민족주의의 조용한 종언이 아니라 오히려 민족주의의 떠들썩한 부활이 초래되리라 예측되는 것이다.

널리 알려져 있다시피 민족주의는 전통적으로 양면성을 지녀왔다. 한편으로 국내적으로는 '초계급'적 연대와 일체성을 강조하는 형식적 정당화 논리에 호소하면서, 실제로는 민족 구성원 상호 간의 실질적인 사회적 불평등과 차별성을 은폐하기 위해 이용되기도 했다. 다른 한편 국제적으로는 형식적인 주권적 '독립국가'로서의 이상에 의지하면서, 실제로는 민족 상호 간의 불평등과 착취를 은닉하는 세계적 합리화 논리로 기능하기도 한 것이다.

앞으로의 세계사 전개 방향으로 미루어볼 때, 이제 세계는 '신제국주의Neo-Imperialism'를 향해 나아가는 쪽으로 가닥을 잡을 듯하다. 이것은 물론 공산권의 몰락과 불가분의 관계를 맺고 있다.

지금까지 자본주의권은 '반공'이라는 대외적 공동 목표 하나로 한 국가 내부의 반민주, 부자유, 불평등 등을 외면하거나 등한히 할 수 있는 객관적 정당성을 확보하는 게 가능했다. 그만큼 반공은 절대적이었다. 그러므로 미국은 반공을 높이 내걸기만 하면, 이승만이나 박정희, 이란의 팔레비, 필리핀의 마르코스, 니카라과의 소모사, 아르헨티나의 피노체트 같은 독재자들에 대해서까지도 헌신적인 지원을 아끼지 않았던 것이다.

그러나 이제는 자본주의권을 내부적으로 완강히 결속시켜주던 공산권이라는 외부의 적을 상실했다. 그리하여 자본주의 국가들 내부에서는 그간 공산주의와의 대결이라는 명분에 의해 보류하거나 무시해오던 사회 내부의 적, 즉 비민주적 정치질서, 억압된 자유, 방치된 국민 복지 등을 향해 본격적으로 눈을 돌리지 않으면 안 되는 불가피한 상황에 내몰림 당하고 있다.

미국, 일본, 한국 등지에서 '개혁'의 구호와 더불어 등장한 이러한 자본주의 국가들 내부의 사회 정비 작업은, 실제로는 군사적·경제적인 상호 결속력을 점차 상실해갈 수밖에 없는 자본주의권 내부의 격화될 경쟁에 대비하기 위한 긴급 조치의 일환이라고 할 수 있다. 우리의 경우 그것은 무한 경쟁을 설파하는 '세계화' 정책으로 자연스레 가닿았다. 이런 의미에서 '세계화' 또는 '지구화' 논리는 국제주의로 눈가림한 민족주의적 재무장 운동이라고 규정할 수 있다. 그러므로 나는 머지않아 자본주의 국가들 상호 간의 격렬한 경쟁과 충돌로 점철될 '신제국주의' 시대가 도래하리라 예측하는 바이다.

결과적으로 이러한 역사 발전이 민족적 연대를 강화하도록 강제하는 외적 요인으로 작용하리라 여겨진다. 이러한 시대에 더구나 민족통일을 지상 목표로 삼고 있는 한반도 정착민으로서 우리는 어떻게 해야 하는가?

비록 민족주의 일반의 부정적 속성을 나무라는 '이론주의자'나 현실 정치인의 입장에 적지 않은 정당성이 깃들어 있다 해도, 우리나라의 민족주의를 말할 때는 좀더 겸허하고 신중해지지 않으면 안 된다. 왜냐하면 우리의 민족주의는 분리가 아닌 통일을 지향하며, 갈등이 아닌 화해를 추구하고, 적개심이 아닌 형제애를 촉구하며, 공격과 팽창이 아닌 방어와 역사 복원을 희구하기 때문이다. 우리의 민족주의는 억누르기 위해서가 아니라 억눌림에서 벗어나기 위해, 빼앗기 위해서가 아니라 빼앗김에서 빠져나오기 위해, 갈등을 부추기기 위해서가 아니라 갈등을 넘어서기 위해 존재한다. 물론 오스트리아 출신 작가 그릴파르처Franz Grillparzer가 현대적 인간상의 변화를 우려하면서, '인간성Humanität'이 '민족성Nationalität'을 통해 야수성Bestialität으로 변질될 위험성이 높다고 경고한 것을 잊지 말아야 할 것이다. 나치즘으로 전락한 20세기 독일의 민족사가 그 전형적인 사례다.

그러므로 민족주의는 창窓이요, 민족주의의 폐해는 그 창에 낀 성에와 같은 것일 수 있다. 성에를 닦아낸다고 해서 결코 유리창 자체가 없어지진 않는다. 오히려 더 맑아질 뿐이다. 또는 성에 자체가 흐릿하게 가로막고 있다고 해서 그 창이 존재하지 않는 것도 아니다. 성에를 통해서가 아니라 바로 창을 통해서 외부 세계와 만나고 있기 때문이다. 이것은 지극히 단순한 사실이다. 하지만 지극히 단순히 잊히는 사실이기도 하다.

일반적으로 국제적 차원에서 정치적·경제적·군사적 불평등이 지속되거나, 언어·문화적 특성을 공유하면서도 자신만의 고유한 민족

국가를 이뤄내지 못한 민족이 민족통일을 지속적으로 열망할 경우, 또는 민족 구성원 사이에 사회적 불평등이 상존하지만 그러한 내적 모순이 민족 외부에서 오는 부당한 압력의 결과라고 인식될 때, 민족주의는 결코 소멸하지 않을 것이다. 그것은 잠복해 있다가도 일정한 외적 자극이 가해지면 일시에 터져나올 시한폭탄과도 같다.

특히 민족통일을 최대의 민족사적 과업으로 삼고 있는 우리 민족은 민족주의를 결코 외면할 수 없다. 물론 우리는 민족주의가 유해한 잠복균이 아니라 건강한 활력소로 생동할 수 있도록 건설적으로 가꿔나가는 노력을 게을리해서는 안 될 것이다. 우리의 민족주의는, 만일 성공적으로 성취되기만 한다면, 특히 적대적 이데올로기인 자본주의와 사회주의의 평화적 통일까지 달성할 수도 있기 때문에 세계사적인 의미를 지닐 수도 있는 것이다. 우리의 민족주의는 지금까지 우리의 민족사적 전통이 그래왔던 것처럼, 끝없는 가시밭길을 돌파함으로써 이윽고 날카로운 가시에 둘러싸인 아름다운 장미와도 같은 세계사적인 결실을 잉태하게 될 것이다. 이럴 때 우리 민족이 '민족적'이 됨으로써 결과적으로 역사의 '진보'에 헌신적으로 공헌하게 될 것임은 두말할 나위도 없다. 이를 위해 민족적 연대는 불가피하다.

한마디로 대외정책은 국내정치의 연장이라 할 수 있다. 이런 의미에서 대북한 정책의 개혁 없이는 대내적 개혁이 불가능할 뿐만 아니라 무의미하다는 점을 명심할 필요가 있다. 즉 남한의 개혁은 통일 정책의 개혁을 통해 비로소 완결될 수 있다.

이런 의미에서 우리의 지상명령은 한마디로 '평화적 통일과 통일을 통한 평화' 쟁취라 할 수 있다. 따라서 북한의 국제적 고립과 경제적 난관을 민족공동체적 관용으로 이해하고 지원하는 자세가 바람직하다. 예컨대 서독은 과거 동독이 차관을 도입할 때 국제적 보증을 서주기도 했음을 떠올릴 필요가 있다. 이처럼 북한을 타도의 대상이 아닌 포용의 대상으로 여기기 위해 냉전시대의 유물인 국가보안법의 폐지는 필수적이다. 더불어 정부의 통일정책 역시 냉전 및 공안 세력이 아닌 합리적인 탈냉전 집단이 주도해야 할 것이다. 특히 공산권 붕괴와 독일 통일은 민족의 재발견이나 민족적 통합에 대한 열기를 고취시키고 있다. 이러한 현상은 국제 경쟁에 대비하기 위해서도 민족 내부의 경제적 교류의 활성화가 시급하고 필수적이라는 공감대를 확산시키고 있다. 이러한 것이 머지않아 들이닥칠 '신제국주의'의 공습을 민족적으로 함께 막아내기 위한 자그마한 사전 공동 노력의 하나가 될 수 있다.

이러한 시대 변화와 민족적 요청에 발맞춰 연대에 의해 좀더 심화될 새로운 공동체 의식의 함양이 절실히 기대된다.

뿐만 아니다. 우리는 대내적으로도 이른바 '양극화 현상' 등으로 인한 사회 균열이 심각한 수준에 이르러, 국민적 연대가 긴박하게 요청되는 극한적인 사회 현실을 일상적으로 체험하고 있다.

매스컴의 여론조사에 의하면, 우리나라 국민은 대체로 '법 앞에서의 평등 원칙'을 믿지 않는다고 한다. 무서운 현실이다. 지금 우리는 비인간적인 민생과 '시장만능주의'의 폐해로 인해 심각한 사회분열증에 시달리고 있다. 빈익빈 부익부 현상이 심화되어 사회경제적 갈등이 야기되고 성장 잠재력이 떨어지는 악순환이 반복되고 있다. 이런 상황에서 무전유죄, 유전무죄에 이어 '무전무학無錢無學' '유전유학有錢有學'까지 일상화되고 있다. 절박한 현실이다.

이명박 정부가 들어선 이래 이런 모순이 더욱 악화되어온 듯하다. 그러나 이러한 현실을 타개하는 데 앞장서야 할 국가는 벙어리가 된지 이미 오래다.

한마디로 지금 우리 한반도는 계급모순과 민족모순이 한데 뒤엉켜 일촉즉발의 위기 상황을 향해 도도히 항진해나가는 것처럼 보일 정도다. 극심한 세계경제 위기와 악화 일로를 걷고 있는 남북한 관계, 그리고 남한사회 내부의 심각한 '사회적 정신분열증' 구조에 더해, 전 지구를 강타하고 있는 생태계 위기 상황까지 가세하고 있다.

이 난국을 어떻게 타개할 것인가?

권위주의가 행패를 부리던 지난 시절 우리는 숨 막히는 고통에 시달리면서도 목이 터져라 '총화단결'을 외치도록 강요당하지 않았던가. 그러나 이제는 앞장서서 서로 두 손을 굳게 움켜잡고 자발적으로 '총화단결'을 외쳐야 할 때다. 왜냐하면 지금 우리는 범국민적 연대와 각성이 절박하게 요구되는 극점에 서 있기 때문이다.

이러한 상황에서는 무엇보다도 '시민'과 '노동자'가 맨 앞줄에 나서서 팔을 걷어붙이고 굳건한 연대의 모범을 보여야 한다. 왜 그런가?

긴급 제안: '4대 연대운동'

시장의 공기는 자유롭다. 노동자들의 걸쭉한 입담, 비린내, 삿대질과 쌍소리, 홍정꾼들의 절규, 심지어 단속군의 호루라기 소리조차 정겹고 푸근하다. '장하다! ○○상회 막내아들, 사법고시 합격!'이라는 현수막이 바람에 싱그럽게 나부끼기도 한다. 말 한마디 못 하며 기계 부속품처럼 하루 종일 서서 일하는 공장보다는, 적어도 시장에는 내 물건 사가라고 마음껏 고함이라도 지를 수 있는 자유가 있지 않느냐며 쾌재를 부르는 사람도 있다. 이처럼 시장에서는 온갖 유형의 말들이 난무한다. 그만큼 철저하게 개인의 이해관계를 지키고 충족시키기 위해 최선을 다하기 때문이다.

이미 17세기에 영국의 베이컨은 '우상론'을 제시하며, 인간 정신에는 여러 가지 편견이 도사리고 있어 객관적 사실을 올바르게 인식하는 데 걸림돌로 작용한다고 경고한 바 있다. 그는 그 편견들을 '우상idols'이라고 불렀는데, 그중 하나를 바로 '시장의 우상idols of market-place'이라고 지적했던 것이다. 베이컨은 시장은 사람들이 일상적으로 거래하고 교제하는 곳이고, 주로 인간과 인간의 만남, 접촉, 교제 등에서 흔히 우상이 만들어지기 쉽기 때문에 이를 일러 특히 '시장의 우상'이라고 규정한 것이다.

그는 사람들을 교류케 하는 것이 바로 언어이고 언어는 또 일반적인 이해력에 근거해 만들어지기 때문에, 언어가 만약 그릇 형성되면 오성이 상당한 자극을 받을 수밖에 없다고 보았다. 이런 의미에서 예컨대 학자가 어떤 주제에 대해 자기를 방어하기 위해 사용하는 개념이나 그에 대한 해명도 결코 이 장애를 극복할 수는 없다고 역설했다. 이를테면 베이컨은 언어야말로 명백하게 오성을 강제하고 좌우하는 것이므로, 모든 것을 혼란 속으로 밀어넣을 뿐만 아니라 사람들을 온갖 공허한 논쟁과 무가치한 공상 속에 빠뜨리는 주범이라고 비판한 것이다.

어쨌든 시장이 사익을 위해 흥정하는 곳임은 분명하다. 달리 말해 공허하고 혼란스러운 이기주의가 활개치는 공간이 바로 시장이다. 반면 광장은 공익을 위해 절규하는 곳이라 이를 수 있다. 규탄의 함성을 내지를 수 있는 곳이 바로 광장인 것이다.

인간은 무엇보다 모여야 한다. 그러지 않고서는 역사 발전을 이룰 수 없다. 이런 의미에서 정의롭지 못한 정치체제와 사회질서에 맞서 집단적으로 항거함으로써 마지막 승리를 쟁취하기 위해 굳게 단합하며 집결하는 곳이 바로 광장이라 할 수 있다. 따라서 광장에서는, 시장에서와는 달리 개인의 이익을 얻어 걸치기 위한 은밀한 흥정이 벌어지는 것이 아니라, 대의를 향한 공개적인 규탄의 함성이 터뜨려진다. 뜨겁게 서로 맞잡는 연대의 손들이 있다. 이를테면 '민심이 천심'이라는 것을 궁극적으로 입증해내는 곳이 바로 광장이라는 말이다.

시장이 우리 인간들이 실제로 어떻게 살아가고 있는가를 보여주는 곳이라고 한다면, 광장은 인간이 어떻게 살아가야 할 것인가라는 문제의식을 일깨워주는 곳이라 이를 수 있다.

우리나라에서도 서서히 '광장의 문화'가 여기저기서 본격화되는 낌새가 보인다. 반가운 현상이다. 월드컵과 더불어 광화문과 시청 앞 광장에서 '붉은 악마'가 용솟음쳤다. 민족의 혼과 자부심을 확인하고 일깨우기 위해, 강제동원령 없이도 민중이 자발적으로 모여든 것이다.

그러다 장면이 바뀌면서 급기야는 붉은 악마들이 붉은 티셔츠 대신 넘실거리는 촛불을 켜들기도 했다. '악마'의 축제가 거룩한 촛불로 부활한 것이다. 이윽고는 바로 이 광장에서 이 민중이 미군 장갑차에 의해 억울하게 세상을 떠난 두 여중생의 혼을 달래는 애국 시민으로 거듭나거나, 대통령 탄핵소추를 자행한 '의회 쿠데타'에 맞서 시대의 어둠을 밝히는 장렬한 민주 전사로 탈바꿈하기도 했다. 광우병 파동에 맞서서 군건한 국민건강생활 지킴이로 진화한 곳도 바로 광장이다.

이런 촛불의 물결이 민주의 해일로 돌변하지 말라는 법이 있는가. 무엇보다 광장이란 군사 퍼레이드가 아닌 민주 시민의 연대의 환호성이 터져나오는 곳이 되어야 하기 때문이다.

인류의 역사는 시장과 광장의 역사다. 나는 지금 시장에서 광장으로 사람들이 몰려가는 꿈을 꾸고 있다. 사실상 이는 밀실을 걷어차고 광장으로 집결함으로써, 끝내는 진정한 민주주의를 완결짓는 '광장 공동체주의'가 이루어지길 고대한다는 말이기도 하다.

물론 광장이 연대를 필연적으로 촉구할 수밖에 없다 함은 자명한 이치다. 황당한 역사적 현실 속에서는 황당한 문제의식이 고개를 쳐드는 일이 황당할 정도로 흔히 발생한다. 나는 현재 다음과 같은 질문들을 던지며 황당해하고 있다.

— 자유주의적 거인주의가 횡행하는 개인주의적 자본주의 사회에서 과거 봉건사회나 구공산권을 지배하던 공동체적 인간 연대의 끈을 다시 불러내는 '역설'을 창조해낼 수는 없을까? 그것은 단지 초혼제에 불과한 게 되어버릴 것인가?

— '자주의식'을 준수하면서 '연대의식'을 어떻게 펼쳐나갈 수 있을 것인가? 이를테면 자본주의적 개인주의와 봉건적이거나 사회주의적인 공동체주의를 조화롭게 결속하는 '역설'은 어떻게 현실화 될 수 있겠는가?

이런 따위의 물음들이다.

그러나 한 사람만이 '역설'에 대해 꿈꾸면 꿈에 불과할 뿐이지만, 만일 많은 사람이 '역설'을 꿈꾼다면 그것은 현실이 되지 않겠는가 하며 스스로를 위로하기도 한다. 하지만 지금 우리나라는 '전쟁'이라도 터진 것만 같다.

대외적으로는 일본의 독도 영유권 억지 주장과 역사교과서 왜곡 및 위안부, 북핵 문제, 여기에 엎친 데 덮친 격으로 터져나온 중국의 동북공정 문제 등이, 그리고 대내적으로는 대통령 선거 파행과 그로 인한 민주주의의 역행 양상, 국정원 사태, 경제위기, '색깔론' '양극화' 심화 현상 등등이 사회적 갈등과 분열의 골을 날로 깊게 만들고 있다. 위기의 시대다. 하기야 우리는 지금껏 온갖 시련을 줄줄이 겪어온 민족이다. 그러나 좌절한 적은 없다.

이러한 대내외적인 위기 상황에서 나는 우리의 역사적 걸림돌을 디딤돌로 만들어나갈 수 있는 소박한 정책을 하나 제안하고자 한다. '4대 연대운동'이 바로 그것이다.

첫째, 국제적 연대다. 국제정치의 요체는 아군 세력을 증강하고 적을 고립시키는 일이다. 이런 의미에서 우리는 우선 다각적인 외교 활동을 통해 독도 영유권 침해, 위안부 파문, 역사교과서 왜곡 문제 등 일본의 군국주의 부활 기도의 실체를 전 세계의 양심과 지성에 널리 알리는 일부터 서둘러야 한다.

'과부가 과부 마음을 더 잘 안다'고 하지 않던가. 우리는 무엇보다 러시아를 포함해 중국, 인도네시아, 필리핀, 베트남, 타이완, 싱가포르 등 일본 제국주의에 의해 직접 침탈당한 바 있는 식민지 피해 당사국들과의 연대를 조속히 강화해야 한다.

이를 통해 반인도적인 식민 지배 참상에 대한 국제적 공동 조사를 실시함으로써, 야만적인 일제 침략의 진상을 철저히 규명해내야 한다. 이를 토대 삼아 과거를 반성하지 않으면서 오히려 역사 왜곡 등 새로운 패권주의적 망동을 서슴지 않는 일본을 응징하기 위한 국제적 공동 대응 방안을 함께 모색해나갈 지역적 연대 기구 설립이 필요하다. 나아가 특히 중국과의 좀더 공고한 협조 체제 구축은 다양한 목적을 실현하기 위해 상당히 절실할 뿐만 아니라 바람직하리라 여겨진다.

둘째, 남북 연대다. 우리의 지난 역사가 일방적으로 왜곡당하고 있는 현실에서 남한과 북한이 결코 따로일 수 없다는 것은 아주 자명한 일이다. 이런 의미에서 일본의 과거사 왜곡 및 독도 영유권 억지 주장에 관해 북한이 팔을 걷어붙이고 나서서 일본을 원색적으로 비난하고 있음도 지극히 자연스러운 현상이다. 북한은 특히 남한 땅인 독도와 관련해 "독도는 우리나라의 신성한 영토"라고까지 항변하면서, 일본의 독도 편입 움직임에 대해 "일본의 영토 강탈 야망이 지금 극한점에 이르렀음을 보여주는 용납 못 할 범죄 행위"라고 윽박지르기도 한다. 뿐만 아니라 "올해를 일본의 과거 청산 원년으로 만들자"며, 북한 스스로가 솔선하여 거족적인 대일 과거청산 공동 운동 추진을 남한에 촉구하기까지 할 정도였다.

이처럼 일본의 영토 야욕 및 과거사 왜곡 작태는 역설적으로 우리 민족의 내부 단합을 촉진하는 호기로 작용한다. 일본은 본의 아니게 남북한의 일체성 회복과 민족적 결속을 앞장서서 적극 조장하고 있는 셈이다. 이를 남북한 관계 개선을 위해 지혜롭게 활용할 수 있어야 한다.

셋째, 한일 양심 세력의 연대다. 나치 독일이 저지른 침탈 행위를 전후 독일이 얼마나 감동적으로 반성해왔는지를 살펴보면, 일본과는 참으로 "하늘과 땅 차이"라는 걸 직감할 수 있다. 어느 독일 연구자는 "독일이 100점 만점에 50점 정도라고 할 수 있다면, 일본은 겨우 2~3점에 지나지 않는다"고 말할 정도다. 다음은 『경향신문』 2005년 3월 21일자가 우리에게 들려주는 이야기다.

일본과 더불어 제2차 세계대전 침략국인 독일은 자발적으로 그리고 철저히 과거사 정리를 추진해왔다는 점에서 일본과 대비된다. 독일은 1950년대 나치 피해자에 대한 보상법을 제정하고, 1960년대 들어서는 본격적인 인적 청산에 돌입했다.

특히 민주주의 교육과 인권 의식으로 무장한 독일의 1960년대 젊은 세대는 나치 세대와의 차별성을 강조하면서, 이전 세대의 과거 행위를 낱낱이 추적했다. 아우슈비츠 재판도 이 무렵 시작됐다. 제2차 세계대전 직후 연합군 주도로 진행된 뉘른베르크 전범재판을 보완하기 위한 목적이었다.

독일인들은 타국의 압박이 아니라 '내부의 힘'으로 홀로코스트(유대인 대학살)라는 반反인륜적 범죄를 저지른 범죄자들을 찾아내 재판정에 세웠고, 이들에 대한 공소시효마저 없앴다. 이런 식으로 제2차 세계대전 이후 동독에서는 약 1만 3000명이, 그리고 서독에서는 약 5000명이 파시즘 전쟁범죄와 반인륜 행위로 유죄판결을 받았다. 서독인 가운데 800명은 사형선고를 받고 500명이 형장의 이슬로 사라졌다.

독일은 과거 청산은 물론 과거사 반성도 철저히 했다. 역대 정권이 들어설 때마다 과거사를 기억하고 반성한다는 의식을 반복적으로 행함으로써 국민 공감대를 넓혀나갔다. 가장 상징적인 사건은 1970년 폴란드 바르샤바를 방문한 빌리 브란트 서독 총리가 나치 희생자들을 기리는 게토(유대인 집단 수용시설) 기념비 앞에서 무릎을 꿇은 일이다.

리하르트 폰 바이츠제커 서독 대통령은 1985년 제2차 세계대전 종전 40주년을 기념해서 "과거에 대해 눈감은 자는 현재를 볼 수 없다"는 유명한 연설을 남겼고, 슈뢰더 총리도 폴란드의 아우슈비츠 해방 60주년 행사에 참석, 과거사를 거듭 사죄했다. 또 독일 정부는 물질적 보상으로 세계 80개국에 흩어져 있는 나치 피해자 및 희생자들에게 지금까지 1400억 마르크(약 84조 원)를 지불했다. 민간 차원에서도 강제노동 피해자 등에 대한 책임을 인정, 정부와 함께 '기억, 책임 그리고 미래'라는 이름으로 25억 마르크(1조5000억 원) 규모의 재단을 만들었다.

한편 일본은 어떠한가. 일본인은 전후에 A급 전범 용의자인 기시 노부스케를 태연히 총리로 뽑았다. 또한 현 총리는 전후 최고 우익으로 평가받는 아베다. 더욱이 가장 결정적인 문젯거리는 바로 이런 사람들을 스스로 뽑고 그대로 방치하고 있는 낮은 수준의 '주류 일본인'이 엄존한다는 사실이다. 그럼에도 불구하고, 아니 바로 그러하기 때문에 우리는 동북아 평화 및 우호적인 선린관계 구축을 위해 양심적인 일본 지식인과 시민단체와의 협력을 좀더 강화해야 한다.

넷째, 특히 국내의 노동운동 및 시민운동 양대 세력의 연대다. 오늘날 우리가 직면하고 있는 대내외적인 위기 상황을 고려할 때, 현재 무엇보다 노동운동과 시민운동의 연대가 가장 절실한 역사적 과제 중 하나로 부각된다.

노동자와 시민의 연대:
노동운동의 '사회 세력화'와 시민운동의 '정치 세력화'

시민과 노동자들이 함께할 수 있는 통합적 사회운동 개발은 건설적이고 미래지향적인 사회발전을 도모하기 위한 지극히 바람직한 시대적 과제라 할 수 있다. 이때 민족 및 민주화 운동이 양측의 통합의 고리로 작용할 수 있을 것이다. 왜냐하면 한편으로 민족 문제는 시민이나 노동자 구별 없이 민족 구성원 전체의 이해관계와 직결되어 있고, 다른 한편 민주화 문제 역시 국민 구성원 전체의 자유와 화합에 직접적인 영향을 끼치기 때문이다.

우리 사회는 자본주의의 범람으로 인해 소중한 공동체적 가치와 인간적 연대의식의 침수를 적잖이 겪어왔다. 자유와 평등이 동시에 억눌림당하거나 또는 자유의 명목으로 평등이 무참히 파괴되곤 하는 사회 현실은 우리의 일상 체험세계로부터 그리 멀리 떨어진 게 아니다. 급속한 산업화와 무조건적 경제성장의 소용돌이 속에서 정치적 억압과 경제적 착취를 정당화하는 신화가 만들어지기도 했다. 자유의 철학도 평등의 윤리도 충실히 자리잡지 못한 사회에서 급기야는 '세계화'의 이름으로 '무한 경쟁'의 팡파르가 섬뜩하게 울려 퍼지기도 한다. 한마디로 우리는 지금 신자유주의의 거친 격랑 속에서 어떻게 사회적 불평등과 민주주의의 위기를 극복해낼 것인가 하는 역사적 과제에 맞닥뜨리고 있다.

우리 사회는 과연 어디로 흘러갈 것인가? 더욱이 우리 한반도는 현재 남쪽의 '개인'과 북쪽의 '집단'이 최선을 다해 날카롭게 칼을 벼리면서 '통일'을 외치고 있다. 이러한 해괴한 구도 속에서 이른바 남한의 개인적 '자유'와 북한의 집단적 '평등'은 과연 얼마나 참된 것인가.

세계사적 성감대인 한국사회는 지금 이중의 시련에 봉착해 있다. 말하자면 한국사회는 현재 개인의 자유를 어떻게 쟁취할 것인가, 그리고 그 토대 위에서 어떻게 집단적 연대를 동시에 구축해낼 것인가 하는 이중적 '회복운동'을 전개해나가야 하는 역사적 갈림길에 서 있다. 우리는 개체적 자유 회복과 집단적 연대 구축의 동시적 관철이라는, 서로 모순된 두 가지 목표를 동시에 달성해야 하는 지엄한 역사적 시련 속에 내던져져 있는 것이다.

따라서 우리는 한편으로는 마치 동터오던 유럽의 근대처럼 지역주의, 학벌, 문벌 등 한국 고유의 집단적 '신분질서'로부터의 개인 해방, 즉 개체적 자유 회복을 도모하지 않으면 안 된다. 이를 통해 비로소 합리적인 현대사회를 건설해나갈 수 있을 것이다. 다른 한편으로는 사회적 평등과 국민적 연대를 복원해내기 위해 개인의 진정한 해방 위에 우뚝 선 공동체주의에 호소하지 않으면 안 된다. 그러므로 개인의 해방과 해방된 개인 간의 집단적 연대 구축, 이 두 과제에 동시에 육박해 들어감으로써 우리는 인류사적 이상이라고 할 자유와 평등을 동시에 구현하는 데 한발 더 근접할 수 있다. 또한 이를 통해 근대화를 실질적으로 완결시켜나가면서 인간다운 삶을 보장하는 미래 사회 건설에 박차를 가할 수 있다. 말하자면 개인주의와 공동체주의를 동시에 추구함으로써 인간적 해방과 단합을 실현하는 균형잡힌 사회체제를 구축해나가야 한다는 말이다.

이런 의미에서 무엇보다 노동운동과 시민운동의 단합과 결속은 그러한 세계로 나아가기 위한, 힘들긴 하겠지만 의미심장한 역사적 첫걸음으로 기록될 것이다.

여기서 '시민'과 '노동'은 무엇을 가리키는가. 그 발자취부터 간략히 더듬어보자.

'시민' 개념 역시 역사적으로 꾸준히 변천해왔다. 예컨대 고대 희랍에서 시민이란 민주적 동참권을 소유한 자유민을 의미했고, 따라서 여성이나 노예, 이방인 등은 당연히 그 범주에서 제외될 수밖에 없었다. 인구나 규모 면에서도 지극히 취약했다. 도시의 주민 수도 불과 1000~2000명에 지나지 않았다. 크기도 가장 큰 폴리스로 알려진 아티카가 2500제곱킬로미터 정도였고, 대부분 수백 제곱킬로미터를 넘지 않았던 것으로 전해진다. 대체로 현재 우리나라 읍·면·동 수준이 아니었을까 짐작된다.

그런데 폴리스 시민 중 상층부는 하나의 '거대한 가족'과도 같은 문화 집단을 이루고 있었다. 하층민 역시 공동의 종교 예식 등을 통해 하나로 뭉쳐 있었다. 이런 상황에서 타공동체와 자신을 엄격히 구분짓는 것이 폴리스 시민들에게는 중요한 임무로 비칠 수밖에 없었던 듯하다. 비록 남성 중심 사회이긴 했으나 자신들의 일체성을 확보하고 스스로를 지켜나갈 필요성이 상존했던 것이다. 그러므로 헬레니즘 시대에는 철학자 정도나 되어야 비로소 폴리스의 범주를 뛰어넘는 '세계인' 행세를 할 수 있었던 것 같다.

다른 한편 흔히 '시민'으로 옮겨지는 독일어 뷔르거Bürger나 불어 부르주아지Bourgeosie는 성城이나 요새로 번역되는 Burg 또는 Bour 에서 비롯된 어휘다. 이를테면 '성안에 거주하는 자' '성안 사람들' 정도의 의미를 지닌 말이었던 듯하다. 문자 그대로 이들은 튼튼한 성벽 안에서 마땅히 보호받아야 할 사람들이었으니, 신분적으로나 정치적으로도 매우 중요한 사회집단의 구성원들로서 지배 계층에 속하는 무리였다고 할 수 있다. 그 외 하층민들은 성 밖에 내버려진 존재들이나 마찬가지였다. 그러다가 이 '시민'은 자본주의의 발달과 더불어 사회적 생산수단을 소유한 유산계급, 즉 지식을 소유한 예술가, 학자, 문인 등과 자본을 소유하고 있는 금융인, 상인 등을 아우르는 부르주아지라는 말로 불리기 시작했다. 그에 반해 무산 계층은 '프롤레타리아트Proletariat'로 지칭되었다.

1789년 프랑스 대혁명은 이 시민의 행로에 밝은 미래를 기약해 주었다. 이 부르주아 혁명의 와중에 그리고 그 결과로 '시민권citizens' rights'은 여러 선언 및 법률에서 "인간 및 시민의 권리rights of man and citizen"로 자리잡았던 것이다. 한마디로 프랑스 대혁명 선언은 추상적이고 보편적인 인간의 기본 권리와 시민 계급의 구체적이고 특수한 이해관계를 포괄하고 있다.

결과적으로 인권 개념은 한편으로는 시민 계급의 특수한 이해관계를 추상적으로 포장해 보편적인 인간의 권리인 것처럼 꾸며내는 기능을 떠맡았고, 다른 한편으로는 실제로는 시민 계급의 이해관계만 지배적으로 관철됨으로써 그 자체가 상대화·허구화되는 궁지에 빠지기도 했다. 어쨌든 이러한 시민이 사실상 인간사회를 대표하고 규정하는 결정적인 존재로 공인받았던 것이다. 아직까지 자본주의 권을 지배하고 있는 일반적인 운동 논리는 바로 이 프랑스 대혁명의 정신적 기조 그대로라고 말할 수 있다.

어쨌든 사유재산을 통해 독립된 인간으로 대접받는 존재, 즉 재산을 소유함으로써 비로소 스스로 그 자신의 주인이 되는 존재가 바로 '시민'으로 인식되었던 것이다. 그렇지만 본질적으로 자본주의적 시민사회는 자본 또는 상품 소유자를 의미하는 이들 유산자와, 이들에 대해 원천적으로 대립하는 부류로 이해되는 무산자 또는 노동력의 판매자로 구성된다. 그럼에도 형식법적으로는 이들 무산대중에게도 '동등한' 시민이 될 수 있는 통로가 항상 열려 있다. 따라서 누가 본질적으로 진정한 시민의 범주에 속하는가가 사실상 기술, 능력, 자질, 근면의 문제인 양 이해되는 곤궁에 빠지기도 한다.

다른 한편 우리나라 '시민'의 운명은 매우 유별난 듯 보인다. 우리나라에서는 '시민'이란 말이 "서울 시민 여러분!"과 같은 어법처럼, 농촌이 아니라 도시에 거주하는 주민을 총칭하는 초계급적 의미를 띠는 일상어로 자리잡은 전통을 간직하고 있다. 그러므로 예컨대 재벌이나 달동네 주민들도 아무런 구별이나 차별 없이 '시민'의 범주에 공평하게 아우러질 수 있다. 따라서 생산수단의 사적 소유 여부를 따지는 엄격한 경제 이론적 잣대 같은 것이 무용지물이 됨은 두말할 나위도 없다. 심지어는 "자유민주주의 체제를 위협하는 세력에 강력히 맞서고, 시장 경제질서를 흔드는 무리에 대항하기 위해 출범"했다는 한 우익 단체까지 '자유시민연대'라는 간판을 들이밀고 활개친 적이 있을 정도다. 우리 사회는 이처럼 '시민'이 구체적으로 무엇을 일컫는가, 또 무엇이 되어야만 하는가에 관한 엄정한 논의 및 합의 과정을 묵살해버린 듯 보인다. 그러므로 이런 상황에서 '시민운동'이란 것이 '전체 도시 주민의 운동'인가, 아니면 도시 주민 중 '특정 계층을 위한 운동'인가, 그것도 아니면 '일반 국민 중 특정 범주를 위한 운동'인가 하는 본질적인 문제가 제기되는 것은 물론이다.

반면 특히 이처럼 유별난 한국적 상황에서 이렇게 이해되는 시민의 한 핵심적인 구성 인자로, 아니면 대립적인 한 축으로 이해될 수도 있는 노동자의 현실은 어떠한가.

예컨대 한때 서울에서 지하철 파업이 일어나자 온 언론이 '시민의 발을 묶는다'고 아우성을 친 적이 있다. 이를 달리 해석하면, 노동자는 시민이 아니라거나 혹은 노동자 없이는 시민은 발이 묶여 꼼짝달싹도 못 한다는 뜻이 된다. 아니면 노동자 없이는 국민이 존재할 수도 없게 된다는 말일 수도 있다. 그러나 과연 우리 노동자들이 현재 그러한 사회적 대우를 받고 있는가.

사실 이 노동자들이야말로 밤낮을 가리지 않고 우리에게 입을 것과 먹을 것을 장만해주기 위해 묵묵히 땀 흘리는 사람들, 우리 사회를 지탱하고 이끌어가는 원동력을 제공하는 존재들이다. 노동을 가리키는 영어의 'labour'는 로마 시대 노예노동을 의미하는 'labor'에서 유래하였고, 프랑스어 'travail'는 '다루기 힘든 황소나 말에 편자를 씌울 때 요동치지 못하도록 묶어두는 세 개의 말뚝'을 뜻하는 라틴어 'tripalium'에 그 기원을 두고 있다. 이외에도 '노동'이란 마소를 부려먹는 일과 흡사하다고 생각해 고문과 다를 바 없는 것으로 여겼다는 기록이 전하기도 한다. 어쨌든 노동은 흔히 예속 상태를 뜻하는 말로 쓰였던 듯하다. 그런데 현재 우리나라 노동자들은 고대에나 있었음 직한 바로 이러한 노예의 처지에서 과연 얼마나 벗어나 있다고 할 수 있을까.

여기에 '민중' 개념까지 가세하면 상황은 더 복잡해진다. 한때 '민중'이란 용어가 '민중운동' '민중신학' '민중사회학' 등과 연결되면서 사회운동 세력뿐만 아니라 학문세계에까지 풍미한 적이 있다. 한편으로는 공안 당국에 의해 그것이 프롤레타리아를 지칭하는 말이라 하여 이를 입에 올린 사람이 소위 '빨갱이'와 동일시되며 고통을 겪기도 했고, 다른 한편에서는 일종의 '어둠의 자식'들이나 착취당하는 피지배 계층 일반으로, 또 어떤 때에는 '국민 대중'의 줄인 말 등으로 편의에 따라 탈바꿈하기도 했다. 한자어 무리 '중衆'은 피 혈血과 돼지 돈豚이 합쳐진 합성어로, 곧 '피 흘리는 돼지'와 같은 제물 정도로 뜻풀이된다고 한다. 일반 백성에 대한 왕조 시대의 역사적 이해 수준을 가늠케 하는 어법인 듯하다.

하기야 한때는 '민중'이란 어휘를 이따금 입에 올리지 않으면 진보적 성향과는 담을 쌓은 보수·반동처럼 치부되어 손가락질받기도 한 적이 있다. 반면 지금은 실종신고를 해야 할 정도로 이 용어가 행방불명되어버린 듯한 느낌마저 든다.

어쨌든 자본주의 사회 체제의 존립을 가능케 하고 또 그 성장과 발전의 밑거름이 되면서도 정치적·경제적 억압의 주된 대상으로 내몰림당하는 존재를 민중이라 부를 수 있다면, 이러한 민중의 핵을 차지하는 것은 단연 노동자라 할 수 있다. 이 노동자야말로 사회발전의 핵심 동력이면서도 그 혜택으로부터는 가장 멀리 내던져진 소외 집단으로, 당연히 이러한 민중의 주체 세력이라 일러 마땅할 것이다. 그러나 민중을 하나의 고정된 구조 틀 속에 정렬시켜 획일적으로 공식화한다는 것은 대단히 힘든 일이다. 오늘날 한국의 민중은

굉장히 다양하고 복잡한 성향과 이해관계를 지닌 존재들이기 때문이다.

예컨대 여성 노동자와 남성 노동자는 관심 분야와 이해관계 등에서 당연히 차이가 날 수밖에 없다. 또한 대기업, 중소기업, 하청 기업 등 업종과 노동 현장의 차이에 따라서도 노동자들이 이질적인 이해관계를 지닐 수밖에 없음은 물론이다. 뿐만 아니라 노동자들은 깨끗한 환경 속에서 살아가고 싶은 주민이기도 하면서, 동시에 일자리 때문에 마구잡이식 개발도 거부하기 힘들어하는 주민이기도 하다. 혹은 지역감정에 사로잡혀 있는 노동자이기도 하면서, 그러한 것을 떠나 오로지 계급적 노선에 충실하려는 노동자일 수도 있다. 오직 민족통일을 위해 헌신하고자 하는 노동자일 수도 있지만, 반대로 그것을 뛰어넘어 오히려 계급착취 청산에 열렬히 매달리는 노동자일 수도 있다. 또는 풍족하게 살아가는 자본가들을 끝없이 부러워하면서 보수 정당에 기꺼이 한 표를 던지는 유권자가 될 수도 있다. 동시에 땅값 때문에 자신의 주거공간이 개발되기를 원하기도 하고, 또 때로는 그것을 반대하기도 하는 시민이다. 또한 전교조 가입 교사이면서도 자기 아이에게 사교육을 시킬 수밖에 없는 처지로 내몰림당하는 부모가 되기도 한다. 양심적으로 살아가며 많은 시민단체를 후원하면서도 투자가치가 있는 목 좋은 아파트를 열심히 찾아다니는 시민이 어찌 한둘이겠는가.

대체로 우리 모두는 적당한 자기합리화와 불편한 양심으로 어쩔 수 없이 스스로를 옥죄면서 분열된 나날을 살아가는 보통 사람들이 아닐까 한다. 그러함에도 이들은 우리 사회의 초석이다. 나는 이러한 민중을 '초민礎民'이라 일컫고자 한다.

이처럼 초민은 지극히 다양하고 이질적인 이해관계, 이데올로기, 문화 양식 등을 짊어지고 살아간다. 따라서 이론적인 잣대로 마치 계급을 분류하는 방식처럼, 면도칼로 도려내듯 다른 사회집단과 날카롭게 구별해내기란 대단히 힘든 존재다. 그러므로 이러한 다양성과 복합성을 고려하지 않는 결정론적인 획일주의적 민중 이해에 기초한 현실 인식은 심각한 장애와 후유증을 낳은 가능성이 굉장히 높을 것이다.

요즈음 시민운동의 상황은 어떠한가? 만일 시민운동의 주체 및 표적이 사회적으로 억눌리고 착취당하는 소외 계층으로 설정된다면 시민의 핵심 구성 인자가 민중이 되는 것은 자연스러운 현상이다. 하지만 '시민'이 구체적으로 무엇인지, 또 무엇이 되어야만 하는지에 관한 엄정한 검증 절차가 사실상 생략되어버린 듯하다. 따라서 시민운동이 바야흐로 천하를 주름잡듯 우렁차게 활보하는 새로운 시대가 도래했음에도, 이것이 '전체 도시 주민을 위한 운동'인지 아니면 '특정 계층을 위한 운동'인지가 아직 애매한 상태로 남아 있다. 그런 와중에 급기야는 "정권의 홍위병"이라든가, 자금 출처가 의심스럽다는 등의 비난을 받는 홍역을 치르기까지 해야 한다.

이런 의미에서 현재 시민운동은 이념뿐만 아니라 그 실천 방향 면에서도 사실 색깔이 모호한 존재로 오해받을 소지가 적잖다. 자칫하면 '코에 걸면 코걸이'식의, 정체불명의 사회적 '적당주의'의 견인차로 비칠 우려가 높은 것도 사실이다. 심각하게 유념할 사항이다.

이러한 시민운동은—특히 공산권 붕괴 및 YS의 '문민정부' 등장과 더불어—극히 제한적인 수준에서나마 민주주의가 서서히 틀을 잡아나갈 무렵 싹이 텄다. 무엇보다 흥미로운 것은 YS 정권의 등장,

'세계화'의 확산, 전통적인 재야운동의 쇠퇴, 시민운동의 대두가 동시다발적으로 이루어졌다는 점이다.

이런 의미에서 김영삼 전 대통령은 성공적인 '환상주입형' 정치인이라 할 수 있다. 그는 세계화니 OECD 가입이니 등을 역설하며 우리 한국이 모든 면에서 마치 당당한 선진국의 지위에라도 올라선 양 야단법석을 떨었고, 실은 또 그 허세에 많은 사람이 매료되어 바야흐로 우리의 모든 사회적 모순이 깨끗이 청산된 것처럼 착각하도록 만드는 데 성공했다. 그리하여 재야운동권조차 여권으로 흘러 들어가거나 야당으로 빠져나가면서 자기들끼리 보무도 당당히 '적전' 분열까지 감행하는 용맹을 보이기도 했다. 이런 식으로 마치 모든 사회 문제가 해결되어 마침내 평화와 안정의 시대가 도래한 듯한 환상에 젖게 만드는 동안 우리를 급습한 것은 다름 아닌 IMF 동란이었다.

1970년대까지만 해도, 가장 모범적인 한국사회의 저항 이데올로기는 의심할 여지 없이 자유민주주의였다. '진정한' 자유민주주의의 실현이야말로 제도권 야당뿐만 아니라 재야 세력이 뜻을 함께한 정치적 목표였다. 그러나 광주 민주화운동을 체험한 1980년대 이후 파쇼적 통치질서가 더욱더 기승을 부릴수록 그에 맞서 싸우는 저항 세력의 저항 이념 또한 더욱더 과격한 양상을 띨 수밖에 없었다. 차가 급작스레 우회전('우경화')할 때, 그 안에 타고 있던 승객들은 불가피하게 왼쪽으로 급격히 쏠릴('좌경화') 수밖에 없지 않은가 하는 저잣거리의 통설이 난무하던 시절이었다. 지배 권력은 자신들의 야만적인 군사 통치를 미화하기 위해 스스로 '자유민주주의 수호'를 통치 명분으로 부각시켰다. 그러나 자유민주주의적 기본 질서를 억압하고 파괴한 전두환 군부 정권 스스로가 부르짖는 '자유민주주의의 수호'가 어찌 조소의 대상이 되지 않았겠는가. 그리하여 기존 체제를 근본적으로 거부할 수밖에 없었던 저항 세력은 공안 당국에 의해 소위 '좌경·용공·폭력·혁명 세력'이라고 지탄받으며 잔혹한 탄압을 감내하지 않으면 안 되었다.

이러한 상황이 나타나기 전 박정희 시대에 이미 통치의 효율성을 강화하기 위해 사회가 군사 기구처럼 획일적으로 조직화되었다(예컨대 예비군 및 통반장 조직 등). 전체주의적 정치 현실이 지배하기 시작한 것이다. 이런 참담한 상황에서 어떻게 시민운동 식의 민주적 정치참여 시도가 감히 고개를 내밀 수 있었겠는가. 이런 의미에서 소위 '좌경·용공·폭력·혁명 세력'이야말로 시민운동의 밑거름이었노라고 말할 수 있다. 무엇보다 혹독하게 억압당하면서도 민주주의를 수호하기 위해 결연한 투쟁을 멈추지 않았던 이들의 숭고한 희생 의지로부터 바야흐로 시민운동의 새싹이 돋아났기 때문이다.

그러나 시민운동이 싹 틀 그 무렵 세계화의 유령이 파고들기 시작했다. 어쨌든 민주적 공동체에 대한 충성심을 방기하며 원자화된 개인의 사적 이익만을 높이 기리는 세계화 시대의 시장독재 체제에 맞서 바야흐로 시민운동이 비약적으로 떠올랐다. 때로는 그것이 신자유주의에 의해 핍박받는 국가를 대신하는 과제를 떠맡기도 했다. 지난날 시장의 무분별한 '폭력 행사'를 일정하게 규제해온 국가가 더이상 맥을 못 추게 된 상황에서 제3의 대안으로 국가도 시장도 아닌 시민운동 집단이 힘을 결집할 수 있었기 때문이다. 특히 복지, 실업, 의료, 문화, 인권, 여성, 빈곤, 교육, 청소년, 환경, 장애인 문제 등속처럼, 국가의 힘에는 부치지만 그렇다고 시장에 내맡길 수도 없는 영역들에서 시민운동 세력은 숨은 역량을 적극 발휘할 기회를 폭넓게 확보해온 것이다.

오늘날 정당 체제 외부에서 다양한 시민의 이해관계를 결집하고 표출하며 또 그를 관철시키기 위해 노력할 수 있는 거의 유일한 조직이 시민운동 세력뿐 아니겠는가라는 암묵적인 사회적 합의도 이뤄진 듯 보인다.

뿐만 아니라 이 시민운동은 보편적 공익과 이상적 사회 윤리를 실현·확립하고자 노력하지만, 특히 우리의 지역주의라든가 또는 지역적 대표성에 입각하는 정당 체제 등에 의해 자주 억눌림당하거나 외면당하기도 하는 일부 '소수파'의 도덕적 순결성을 지원할 수도 있는 대중 조직이기도 하다. 물론 미래지향적으로 기대할 바이긴 하나, 바로 이 시민운동이 국민적 신뢰를 한 몸에 받을 수 있는 건전한 사회 양식을 습득한 미래형 사회 지도자나 정치인을 단련·배출하는 훈련소 역할을 떠맡을 날도 머잖아 찾아오지 않을까 예측된다. 시민운동이 이상적인 정치 엘리트나 탁월하고 참다운 지도자를 육성해내는 예비훈련 교장이 되지 말라는 법이 어디 있는가.

물론 우리 한국의 시민사회 현실이 그렇게 녹록해 보이지는 않는다. 분열과 갈등을 부추기는 다양한 위협 요소들이 사회 곳곳에 시한폭탄처럼 잠복해 있기 때문이다. 예컨대 비정규직 노동자들이 일상적으로 겪는 사회적 시련과 박해는 현재 우리 사회의 계급적 분열이 어느 정도로 위험 수위에 육박해 있는가를 웅변으로 증언한다. 이게 다가 아니다. 국내에 거주하는 외국인 수가 이미 전체 인구의 2퍼센트인 100만 명을 넘어섰다는 보도가 뒤따른다. 우리 사회도 어느새 '글로벌·다문화 사회'의 문턱을 넘어선 것이다. 그리하여 우리 시민사회는 우리가 지금껏 한 번도 체험해본 적이 없는 문화적 충격과 갈등을 어떻게 극복해나갈 것인가 하는 새로운 과제까지 짊어지고 있다. 뿐만 아니라 한국인은 작게는 가문·혈연·문벌·학연, 크게는 지역공동체와 민족공동체에 이르기까지 유형과 속성을 달리하는 다양한 공동체에 연루되어 그 집단의 부정적 자의식에 지배당하고 있다. 우리 사회의 정치, 사회, 문화 분야 등에 이 집단의식이 침투하지 않은 영역은 거의 찾아보기 힘들다. 대체로 모든 사회 문제 밑바닥에는 전체 한국사회의 윤리 규범처럼 작용하는 이러한 부정적 공동체 의식이 독기를 머금고 똬리를 틀고 있다. 이를 어떻게 극복해나갈 것인가.

다른 한편 노동계의 현황은 어떠한가? 일반적으로 노동 현장에서는 다른 어떤 곳에서보다 사회적 불평등이 더욱 첨예하게 드러날 수밖에 없다. 특히 소수 소유주 집단이 절대다수 고용인들의 생존 수단에 대한 결정권을 거의 독점하고 있기 때문이다. 또한 노동 현장에는 사회의 다른 부문에서 깨뜨려지기도 했을 법한 가혹한 위계질서가 아직도 막강한 힘을 발휘하고 있다. 즉 노동자 개인은 지엄한 상하 복종 구조 속에 끈질기게 복속되어 있는 것이다. 어쨌든 현재 우리 사회 실정으로 볼 때 노동자들이 안팎으로 존엄한 인간으로서의 대우를 제대로 받지 못하는 상황에 놓여 있다는 데는 의문의 여지가 없다. 이러한 현실에서 그들이 동등한 발언권을 행사하는 하나의 필수 불가결한 사회 세력으로 공존하길 기대할 수 있겠는가. 아직도 요원하다.

「세계인권선언」도 "일하는 사람은 누구나 자기 자신과 자기 가족에게 인간의 존엄성에 알맞은 생활을 보장해주는, 그리고 필요한 경우에는 다른 사회적 보호수단으로 보충되는, 공정하고 유리한 보수를 받을 권리를 가진다"(23조), "사람은 누구나, 합리적인 노동 시간 제한 및 정기적인 유급휴가를 포함한 휴식과 여가를 누릴 권리를 가진다"(25조)고 선언하고 있다.

우리 노동자들도 지금 이런 수준의 적정한 인간적 권리를 공정하게 부여받고 있을까. 어림없는 일이다.

OECD 대표부의 통계에 따르면 2011년 현재 우리나라의 근로자 1인당 연평균 근로 시간은 2193시간으로, 전체 회원국 중 2위였다. 연평균 근로 시간이 가장 많은 나라는 멕시코로 2250시간이었고, 한국에 이어 칠레 2047시간, 그리스 2032시간 순으로 집계되었다. 반면 네덜란드는 한국보다는 무려 814시간이 적은 연평균 1379시간으로, 근로 시간이 가장 적은 나라로 꼽혔다. OECD 평균 1인당 연간 근로 시간은 1776시간에 지나지 않는다.

반면 한국의 노동생산성은 국제적으로 매우 낮은 수준으로 분석된다. OECD가 비교하는 경제 전체의 노동생산성은 국내총생산GDP을 총 근로 시간, 즉 1인당 1년간 근로 시간에 근로자 수를 곱한 수치로 나눈 것이다. 한국의 노동생산성은 2012년 기준으로 시간당 29달러인데, 이는 OECD 국가들 중 아래에서 여섯 번째에 해당된다. 따라서 오랜 시간 일하지만 생산성은 그리 높지 않은 최악의 조합으로 평가받는다.

뿐만 아니라 2007년 기준 우리의 노동조합 조직률은 10.8퍼센트에 지나지 않아, 영국의 28.0퍼센트, 호주의 19.0퍼센트, 일본의 18.1퍼센트, 미국의 12.1퍼센트에도 못 미치는 수준이다. 게다가 2012년 기준 비정규직이 50퍼센트에 육박하고 있다.

이런 상황에서 지금 우리 노동운동이 내딛어야 할 첫걸음이 과연 노동자의 본격적인 '정치 세력화'일까?

아직은 아닌 듯하다. 이런 각박한 현실에서 노동운동이 정치투쟁까지 떠안아야 한다면, 노동운동권에 심각한 분란과 희생을 요구하는 일이 될 것이다.

물론 정치 현실 및 정치적 역학관계와 무관할 수는 없지만, 다른 급선무가 있지 않을까 한다. 무엇보다 노동자의 '사회적 기본권' 쟁취가 좀더 시급하다고 판단된다. 다시 말해 노동자들이야말로 존엄한 사회집단이며 핵심적인 사회 계급의 하나임을 사회로 하여금 공인하도록 만드는, 노동자의 '사회 세력화'가 더욱 절실히 요청된다는 말이다. 현재 노조에 가입해 있는 노동자 170만 명만이라도 서로 힘을 합쳐, 예컨대 한 달에 1000원씩만 모은다면 매달 20억 가까운 거액이 모인다. 이 자금을 노동자의 사회적 기본권 쟁취에 활용한다면 상당히 유용한 결실을 기대할 수 있지 않을까 한다.

이런 일이 과연 어떻게 이뤄질 수 있을까. 노동자의 사회적 권능과 존재 가치를 공인받도록 만드는 결정적 계기는 특히 노동조합 중심의 경제투쟁에 의해 촉진될 수 있다. 물론 노동자의 경제투쟁이 사회적으로 '집단 이기주의'의 발로라며 비난받을 소지가 없지는 않다. 그렇더라도 노동자의 경제투쟁이 우리 실정에 적합한 수준의 임금, 노동 조건 및 사회보장 등의 쟁취를 목표로 삼는다면, 그것은 최소한의 생존 요구에 지나지 않는다. 굶주리는 사람들이 먹을 것을 요구한다고 해서 그것을 과연 집단 이기주의의 발로라고 매도할 수 있겠는가.

이런 의미에서 실질적이고 일상적인 민중적 삶의 현장을 벗어난,

고차원적이고 엘리트주의적인 순수 이념투쟁은 당분간 자제할 필요가 있다. 그렇지 않으면 계속 '사무실 운동' 또는 '성명서 낭독운동'으로 일관할 가능성이 적지 않다. 가령 집을 그려보라고 하면, 이 글을 쓰고 있는 나부터도 그러하지만, 지식인은 대개 지붕부터 그리기 시작하는 습성이 있다. 반면 일하는 사람은 대체로 주춧돌부터 그린다. 이런 차원에서 지금 우리에게 우선 필요한 것은 지붕, 아니 높이 올려 퍼지는 사상누각 같은 어마어마한 이념체계라기보다는, 주춧돌같이 일상을 내실 있게 지탱해줄 구체적인 삶의 현장에서 나오는 순박한 지혜의 목소리다.

만일 자신이 '순수 이념투쟁가' 쪽이라면 우선 가슴에 손을 얹고 스스로에게 엄숙히 물어볼 필요가 있다. '민중이 주인이 되는 세상'을 건설하자고 외치면서 자신은 민중을 주인처럼 모시기 위해 얼마나 땀 흘리며 그들에게 구체적으로 다가갔었던가 하는 것을. 그리고 다른 편을 '개량주의자'라고 손가락질해대면서 노선 투쟁을 일삼은 대신, 민중의 삶의 난관을 타개하기 위해 과연 이들에게 어떤 구체적인 도움의 손길을 베풀었던가 하는 것을……. 자칫하면 '가까이하기엔 너무 먼 당신'이나 '당신들만의 천국'으로 낙인찍혀 오히려 민중으로부터 버림받을 수도 있음에 유념해야 한다. 풀뿌리로 돌아가야 하는 것이다.

1848년 혁명을 망명지에서 맞으면서 러시아의 사회주의자 알렉산더 헤르첸Alexander Herzen은 이렇게 역설한 바 있다. "무한히 멀리 떨어진 목표는 목표가 아니라 함정 같은 것이다. 목표는 더욱 가까이 있어야 한다"라고. 그는 자유주의의 허구성을 질타하면서, 중요한 것은 미래의 유토피아가 아니라 지금 당장 빵이 필요한 인민 대중의 질곡이라고 절규했던 것이다. 요컨대 추상적인 관념과 비실제적인 목표가 아니라 무엇보다도 구체적인 실현 가능성을 우선으로 따지려드는 이러한 역사 인식은, 더구나 오늘날과 같은 상황—완벽한 인간해방의 구현이라는 거대한 공산주의적 실험의 오류와 허구성이 역사적으로 실증된 이러한 시점—에 좀더 겸허하고 합리적인 호소력을 지닌다. 멀리 있는 물로는 가까운 곳의 불을 끌 수 없지 않겠는가.

이러한 관점에서 제1차 세계대전 전 독일 사회민주주의의 개량주의의 대부로 이름을 날렸던 게오르크 폰 폴마Georg von Vollma의 개량주의 정당화 논리 역시 경청할 만하다. 그는 이렇게 역설한다.

우리는 학문적 이론의 대변자일 뿐만 아니라 동시에 고통당하는 민중의 대변자이기도 하다……. 만약 우리가 종교적 종파나 학문적 학파가 되고자 한다면, 그렇다면 우리는 물론 불편한 현실을 걱정할 필요도 없이 공중누각 쌓는 일만 부지런히 해나가면 된다. 종파와 학파는 절대성과 함께 일하며, 실행 가능성과 상관없이 그들의 요구를 내세우기만 하면 되기 때문이다. 그러나 현실 속에서 일하는 정당은 그렇게 할 수 없다. (…) 우리를 일으켜 세우고 강화시키는 미래에 대한 희망은, 현재에 대한 기대를 질식시킬 것이 아니라 오히려 그것을 본격적으로 활성화시키지 않으면 안 된다.

여기서 폴마는 첫째, 오늘날의 용어로 전환하면 '대중성'의 문제를 제기하고 있다. 왜냐하면 절대 이론 수준의 "공중누각 쌓는 일"은 그에게 비현실적으로 비쳤고, 따라서 대중에게 뿌리를 드리워야 할 정치적 당黨으로서 결코 용인할 수 없는 엘리트주의적 편향에 지나지 않기 때문이다. 둘째, 요원하고 추상적인 목표(예컨대 '계급 없는 사회'의 실현 등)는, 마치 앞서 헤르첸이 날카롭게 지적한 것처럼, 대중에게 현실의 질곡에 대한 아무런 구체적인 대안으로 기능할 수 없다는 점을 강조하고 있다.

로마의 철학자 세네카는 "인간은 죽는 것이 아니라 자살하고 있다"고 갈파한 바 있다. 이는 인간은 자연스레 죽음의 길을 걷는 게 아니라, 무리한 행동으로 스스로의 생명을 단축시킨다는 말이다. 마찬가지로 우리는 우리의 미래지향적 혁신 노력이 죽지 않고 자살할 수 있다는 사실을 명심해야 한다. 마치 열매는 맺지 못하면서 잎사귀만 무성해 그늘만 드리우는 탓에 살아 있는 것이라고 말하기 난감한 나무처럼, 세상을 혁파하려는 우리의 개혁 의지 역시 지나치게 방자하거나 저돌적이어서 아무런 결실을 거두지 못한 채 고사할 수도 있다는 말이다.

여우도 물을 건너려 할 때는 먼저 그 꼬리부터 물속에 담가본다고 한다. 비슷한 목소리로 『시경詩經』은 "시작을 잘하지 못하는 사람은 없어도 끝맺음을 잘하는 사람은 드물다"고 읊고 있다. 명심할 일이다. 시작하기는 쉬워도 끝맺기는 어려운 법이다. 우리는 끝을 떠올리는 자세로 첫걸음을 떼어놓아야 할 것이다.

예전 대통령 선거에서 나에게 가장 인상적이었던 선거 구호 중 하나는 바로 '준비된 대통령'이라는 김대중 후보의 외침이었다. 하기야 아무런 준비 없이 태연히 대통령 후보로 나설 배짱 좋은 사람이 이 지구 위 어디엔들 있겠는가만, DJ는 멋들어지게 이것을 선거 구호로 등장시켰다. 어쨌든 가장 높은 자리라는 대통령 직책을 위해서도 '준비'가 필요하다면 우리네 밑바닥 노동자들에게는 그보다 수천, 수만 배의 준비가 더 필요할 것임은 불 보듯 뻔한 일이다. 허나 도무지 그렇지 못하다. 불만이 터질 듯 가득한 탓에, 모든 것을 속전속결로 해치우고 새로운 질서를 눈 깜짝할 정도로 신속히 세우고자 안달할 수밖에 없는 그 애절한 현실적 염원을 모른 척할 수 없는 노릇임은 물론이다.

하지만 우리 시대가 안고 있는 문제들은 혁명의 단칼로 명쾌히 처치될 수 있을 만큼 그렇게 만만하지 않다. 이런 면에서 마르크스·엥겔스는 오히려 우리보다 더 행복했을는지 모른다. 왜냐하면 그들은 날카롭게 벼린 '단칼'을 소지하고 있었을 뿐만 아니라 그럼에도 그것의 사용이 어떠한 가공할 만한 결과를 초래할 것인가를 쓰라리게 체험할 기회는 갖지 않아도 되었기 때문이다. 현실세계에는 이처럼 한 칼에 통쾌하게 해치울 수 없는 다양한 모순이 난마처럼 얽혀 있다. 현실은 그만큼 복잡하다. 이러한 현실의 여러 문제점이 과연 혁명을 통해 씻은 듯 치유될 수 있을까.

물론 혁명적 낭만은 있을 수 있다. 그러나 낭만적 혁명은 존재하지 않는다. 혁명은 절박한 힘의 대결과 가혹한 희생을 요구한다. 뿐만 아니라 역사가 베풀어주는 은혜도 구비해야 한다. 혁명적 실험은 가능할지 모른다. 그러나 그 성취는 수많은 혹독한 관문을 통과한 이후에나 가능하다. 이러한 지난한 난관 돌파조차 과거 소련에서 보듯이 역사로부터 허망하게 외면당하기 일쑤다. 이러한 시점에서 우리는, 비록 공산주의적 획일주의와 전체주의에 대한 자유주의적 대응 논리라는 시대적 제약을 안고 있긴 하지만, 다음과 같은 이사야 벌린Isaiah Berlin의 충고를 경청할 여유를 지녀야 한다.

지금 이 시대에 필요한 것은 (…) 보다 많은 신념이 아니다. 오히려 정반대의 것, 말하자면 보다 적은 메시아적 열정Messianic ardour, 보다 많은 계몽된 회의주의enlightened scepticism, 개별적 특성에 대한 보다 많은 관용toleration of idiosyncrasies이다.

벌린은 제국주의, 볼셰비즘, 파시즘을 체험한 제2차 세계대전 이후 냉전적 적개심과 종교적 광신 그리고 도그마티즘이 기승을 부린다고 인식된 상황에서 이런 발상의 전환을 촉구했다. 소련과 동유럽의 공산주의가 역사적으로 종언을 고한 오늘날의 현실에서 하나의 신념 체계에 대한 거대한 실험의 임종을 좀더 겸허하게 맞아들인다는 뜻에서, 그리고 후쿠야마류의 자유민주주의적 독단을 좀더 이성적으로 통제하고 저지하기 위한 내적 결단을 예비한다는 의미에서도, 이런 유연한 성찰과 "계몽된 회의주의"가 우리에게 더 절실한 것이 아닐까 한다.

혁명의 필요성과 혁명의 가능성은 별개의 문제다. 그러나 필요성이 주어져 있지 못할 때 가능성을 운위하는 일이 부질없는 것과 마찬가지로, 가능성이 전혀 담보되어 있지 못할 때 필요성을 절규하는 것 역시 무책임한 일일 수 있다. 혁명의 현실적 불가능성을 냉철히 주시한다는 것은 결코 패배주의의 발로가 아니다. 그것은 오히려 '하늘에서 땅으로 내려오는' 마르크스·엥겔스의 철학적 방법론을 수용하는 자세이기도 하다.

비 올 가망이 없을 때는 '낙관적 신념을 불태우며' 마냥 하늘을 바라보고 서 있기만 해서는 안 된다. 오히려 허리를 굽히고 땅, 땅을 파야 한다.

마르크스와 엥겔스도 결코 개량을 거부하지 않았다. 그들은 노동자 계급이 취해야 할 전술적 태도로 이른바 '전부 아니면 무無 원칙Alles-oder-Nichts Prinzip'을 배척했다. 이러한 원칙은 무정부주의자들의 소신으로, 결국 "정치에 대한 무관심" 또는 "정치로부터의 격리"에 지나지 않는다. 물론 그들은 혁명과 단절된 개량이 아니라 궁극적으로는 혁명의 절정으로 귀결될 그러한 유기적 개량을 고려했다. 이런 관점에서 노동자 계급은 그들이 처한 역사적 조건, 사회 내부의 여러 조직적 역학관계, 자체 역량 등에 기초해 개량주의자가 되지 않으면서도 개량을 위한 투쟁에 헌신할 수 있다는 것이 마르크스·엥겔스의 생각이었다. 혁명의 역사적 조건이 완비되지 못했을 때 노동자 계급의 투쟁은 결국 개량에 집중될 수밖에 없었다. 이것이 서유럽 노동운동이 걸어온 길이고, 그런 경향은 소련 및 동유럽 사회주의권이 붕괴한 즈음에 좀더 정당한 호소력을 발휘하는 듯 보인다.

이런 맥락에서 우리는 마르크스·엥겔스가 왜 '최종 심급in letzter Instanz'이라는 표현을 사용해가며 역사 발전에서의 경제적 결정성의 궁극성을 추단했던가를 간접적으로 헤아려볼 수 있다. 사회발전의 매순간과 매 계기가 아니라 사회적 생산양식 자체의 거대한 교체야말로 궁극적으로는 경제적 요인에 의해 규정되고, 그 결정적 단계에 이르기까지 역사는 다양한 발전 형태, 즉 진화evolution와 혁명revolution과 퇴행involution을 반복하면서 전개된다. 이렇게 볼 때 이른바 '혁명의 필연성'은 '지금 당장, 여기서'가 아니라 '마지막에 가서는'이라는 장구한 역사적 전망으로 재해석되어야 한다. 그러므로 자본주의의 폭력적 전복이 유일한 당면 가능성이 될 수 없다는 말이다. 마치 봉건주의의 태내에서 서서히 배태되어 나온 자본주의적 경제

질서가 이윽고는 봉건주의적 종말이 혁명적으로 완결되기 전에 이미 전 사회에 튼튼히 뿌리내리고 있었던 것처럼, 혹시 자본주의의 품속에도 그것의 모순을 지양하는 새로운 힘이 평화적으로 배양되고 점진적으로 확산될 충분한 기회가 우선적으로 필요하지 않겠는가.

자크 아탈리도 '진보는 죽은 사상인가'라고 물으며, "역사의 미로를 걷는 인간"을 묘파하고 있다. 그는 이렇게 외친다. "미로에서는 전진한다거나 퇴보한다는 것이 아무런 의미 없는 개념일 뿐이다. 그러므로 완전히 새로운 역사의 기하학을 준비해야 한다. (…) 미로 속에서는 뒤로 가는 것이 전진일 수 있으며, 길을 잃는 것이 터득의 수단이 되기도 하기 때문이다."

소련 및 동유럽 사회주의권의 몰락은 역사적 발전이 한 단계에서 다음 단계로 넘어가려면 어떤 물질적·정신적 전제를 충족시키지 않으면 안 되는가를 우리에게 교훈적으로 드러내 보여줬다. 역사는 월반과 추월을 허용하지 않는다. 다만 단축을 관용할 따름이다. 어쨌든 역사적 현실은 언제나 변화한다. 그 변화는 때로는 점진적·평화적으로, 때로는 급진적·혁명적으로 이루어진다. 장기적인 안목에서 볼 때 완만한 역사적 변화의 축적이 혁명으로 집약될 수도 있다.

21세기를 맞이한 우리 역시 이런 새로운 "역사의 기하학"을 마련하지 않으면 안 된다. 물론 우리는 돌아서지는 않아야 한다. 그러나 돌아갈 수는 있다. 이를테면 우리는 변절하지는 않으면서 변장할 수는 있지 않은가.

이런 취지에서, 물론 정치와 경제를 확연히 갈라놓을 수 있는 건 아니지만, 일정 기간 동안 시민운동 세력이 정치투쟁을 전담토록 하는 방안을 모색하는 것이 좀더 바람직해 보인다. 이미 노동운동을 대변하는 정당 조직이 만들어져 정치적으로 맹활약하고 있는 상황이니 더욱 그러하다. 물론 수적인 열세로 인해 아직까지 괄목할 만한 성과를 이뤄내지는 못했지만, 그럼에도 사회 저변 계층의 진보적 요구와 이해가 컸음에도 그것이 정치적으로 적정하게 대변되지 못했던 그동안의 문제점을 서서히 극복해나가는 전기를 점진적으로 마련하는 계기가 될 수 있지 않을까 싶다. "높고 튼튼한 제방도 개미와 땅강아지 구멍 때문에 무너진다"는 한비자의 말씀이 암시하는 바가 적잖을 듯하다.

이런 상황에서 한편으로는 진보 정당과 시민운동 세력이 연대하여 정치투쟁을 전담하고, 다른 한편으로는 노동운동권이 전적으로 경제투쟁에 몰입할 수 있는 분업 구도가 만들어진다면, 우리 사회의 총체적 발전을 기약하는 획기적인 토대가 구축되지 않을까 한다. 시민운동과 노동운동의 연대 아래 이러한 '분업' 추진이 좀더 효율적으로 촉진될 수 있음은 물론이다.

앞서 살펴본 것처럼 특히 오늘날과 같은 상황에서 노동운동과 시민운동이 굳게 연대한다면, 대단히 바람직한 사회적 결실을 수확하리라 예측된다. 왜 그런가?

첫째, 특히 공산권이 몰락한 뒤 '혁명의 시대'가 막을 내리고 있음은 역력하다. 혁명 자체의 근원적인 불필요성이 입증되었다는 말이 아니라, 그 가능성이 잠정적으로 소진되었다고 말하는 것이 더 정확한 표현일 것이다. 그 자리에 개량과 개혁이 대신 들어섰다. 그것은 시대적 요청일 뿐만 아니라 현 시점에서 거의 유일하게 열려 있는 역사적 항로이기도 하다.

어쨌든 '힘 센 놈이 최고'라는 식의 자본주의적 '호랑이의 자유'에 대한 혁명적 도전이었던 사회주의 체제는 당과 국가의 일방적 지시를 복창하기만 하는 '앵무새의 평등'으로 막을 내렸다. 자본주의의 '평등 없는 자유'를 뒤쫓는 긴장된 추격전이 결국 사회주의의 '자유 없는 평등'의 몰락으로 일단락된 것이다. 공산권의 몰락은 바로 '자유 없는 평등'의 좌절을 뜻한다. 이런 의미에서 앞으로의 세계는 '자유 속에서의 평등 구현'의 이상을 향해 항진을 계속하리라 예상된다. 거시적으로 볼 때, 이런 상황에서 우리 시민운동과 노동운동의 결속은 '자유 속에서의 평등 구현'이라는 세계사적 소명까지 일정하게 충족시키는 역사적 행보로 기록될 것이다.

둘째, 세계화 시대에 이르러 '계급'으로서의 노동자의 단합 역시 근본적으로 동요하고 있음에 유념할 필요가 있다. 그동안 방만하게 운영되어온 기업, 은행, 공공 부문 등이 안정과 구조조정이라는 이름으로 매각 또는 통폐합되거나 군살빼기 등을 시도할 경우, 기업의 대량 도산과 노동자의 대량 실업이 불가피해진다. 반면 자본가들이 노동력을 어디서나 쉽게 구할 수 있을 뿐만 아니라 자본을 언제 어디로든 쉽게 이동시킬 수 있는 상황에서는, 노동자에 대한 자본가들의 협상 능력이 강화될 수밖에 없다. 결과적으로 초국적 기업은 이제 조직 노동자들을 협상 테이블의 파트너로 여기기보다는 오히려 무시하거나 파괴해도 좋은 시대착오적 장애물 정도로 간주할 가능성이 높아진다. 그에 발맞춰 이러한 거대 기업과 자본가들의 영향력이 그 어느 때보다도 더 커지고 있는 현실이다.

반면 사회적 안전망이 제대로 구축되지 않은 상태에서 대량 실업이 발생함으로써, 노동자들 간의 집단적 유대가 약화되면서 분열과 좌절이 늘고 있다. 하지만 시민운동의 역량과 활동 공간은 세계화

시대를 맞아 더욱 확장되고 있는 듯 보인다.

그러므로 시민운동이 노동운동의 이해관계를 대변하고 동시에 노동운동 측에서 시민운동을 측면 지원함으로써, 결과적으로 개혁 세력의 저변 확대가 가능해지리라 여겨진다. 물론 현재 우리 시민운동은 일종의 백화점식 두루뭉수리 속성을 적잖이 지니고 있어 계급적 정체성이 대단히 불투명한 편이다. 따라서 시민운동 입장에서 볼 때, 노동운동을 적극 지원함으로써 자신의 원군을 확대할 수 있을 뿐만 아니라 민중성을 확보할 계기를 얻을 수도 있다. 자신의 운동 기반을 확장하는 수확을 거두게 됨은 물론이다. 한편 노동운동 쪽에서는 자신의 지원 세력을 확보함으로써 무엇보다 사회적 고립과 소외를 지양하는 역동적인 기회를 만들어가는 이점이 있다.

셋째, 지금은 또 어떤 시대인가. 일반 국민은 좀처럼 감내하기 힘든 혹심한 불경기와 대량 실업 사태가 국민의 삶을 벼랑 끝으로 내몰고 있다. 뿐만 아니라 한 치 앞도 내다보기 힘든 세계적인 경제 위기와 헝클어진 남북관계, 국민과 정부의 교통 대란 등 사회적 갈등과 분열이 가속화되는 추세다. 요컨대 정신적 혼란과 물질적 고통이 동시에 우리를 엄습하고 있다. 난국이다. 개혁이란 것도 물 건너간 지 오래다. 지금 우리는 대내외적으로 극약 처방을 요하는 위기 국면을 맞고 있다.

바로 이런 상황에서 그 어느 때보다도 '급진적 개혁'이 더욱더 절실히 요구된다. 그러나 현 시점에서 이러한 급진적 개혁을 활발히 추진할 수 있는 주도 세력은 노동운동의 측면 지원을 받는 시민운동권이다. 혁명 못지않게 개혁 역시 급진적으로 수행할 수 있다.

혁명은 무엇보다도 폭력적·불법적으로 수행되는 법질서 및 정치제도의 급격한 변화 양상을 일컫는다. 그러므로 혁명 주체 세력은 목숨을 걸고 기존 지배 질서에 정면으로 맞설 각오로 임한다. 기존 세력이 타도되든지 혁명 세력이 박멸당하든지 하는 생사를 건 양자택일의 가능성만 있을 따름이다. 따라서 목숨 내놓고 새로운 지배 질서를 구축한 혁명 세력의 시책과 노선을 어느 누구도 감히 거부하지 못한다. 거부는 곧 종말을 뜻할 뿐이기 때문이다. 이런 의미에서 어떠한 급진적 혁명 세력도 권력을 장악한 직후에는 스스로를 지키기 위해 즉시 보수화할 수밖에 없다. 그러나 혁명만 급진적인 것은 아니다. 개혁도 충분히 급진적으로 과격하게 수행할 수 있다.

개혁은 주어진 법과 제도하에서, 그리고 개혁 세력의 의도와 목표가 만천하에 공개된 상태에서 추진된다. 법과 제도라는 민주적 절차와 범주 안에서 수행되기 때문에 살기등등하지는 않다. 요컨대 개혁 세력은 목숨을 걸고 개혁에 나서지는 않는다. 평화적이다. 그러므로 개혁 지원 세력의 합법적이고 합리적인 결속이 필수다. 대중을 이해시켜야 할 뿐만 아니라 대중의 이해관계까지도 충족시킬 수 있어야 한다. 이처럼 평화적인 여론 형성 및 여론의 지원을 전제한다는 점에서, 개혁은 장기간을 요하는 과업이다. 그렇지만 시간을 질질 끌면 서로가 의도했던 개혁의 지향점에 차이가 있음이 더욱더 뚜렷해지는 탓에 개혁 세력 간에 반목이 싹틀 여지가 있다. 따라서 개혁은 급속히 이뤄지는 것이 바람직하다. 한마디로 장기성 전술 설정과 단기성 전략 강행, 요컨대 원대한 개혁철학의 제시와 급격한 개혁 정책의 수행, 이것이 바로 개혁의 본질적 특성이면서 모순이기도 한 것이다.

반면 수구 세력은 시간을 확보하기만 하면 개혁을 저지시킬 수도 있는 강력한 전래의 '군사력'을 보유하고 있다. 개혁이 혁명보다 어려운 또 다른 이유가 바로 여기에 있다. 요컨대 개혁의 대상이 되는 집단의 의지와 자세가 매우 강경하다는 말이다. 수구 세력은 전통적인 이득의 상실과 개혁 세력의 압력에 대한 공포로 불안에 떨 수밖에 없게 되고, 그렇기 때문에 이런 상황은 그들로 하여금 과격한 자기 수호의 길로 나서도록 강제한다. 자신의 이해관계를 수호하기 위해 그들은 무섭게 저항한다. 그러므로 개혁 추진 세력에게서 살기가 느껴지는 것이 아니라 오히려 개혁의 청산 대상에게서 살기가 느껴지는 것이다. 그런 까닭에 수구 세력들은 쉽사리 똘똘 뭉친다. 뿐만 아니라 이들은 기득권이라는 탁월한 군비까지 갖추고 있다. 반면 개혁은 민주적으로 추진되어야 한다는 부담까지 안고 있지 않은가. 그러므로 많은 경우 개혁 세력은 수구 세력의 완강한 저항에 좌초하기 일쑤다. 뿐만 아니라 개혁 세력 자체의 불화나 허약한 결속력이 그에 가세하는 일조차 잦다. 역사적으로 보면 반反개혁 세력을 효과적으로 제어하지 못했다는 것이 개혁의 가장 큰 실패 사유로 꼽히기도 한다. 이명박 정권의 등장은 바로 이러한 개혁의 본질적 고뇌를 적절히 활용한 성공적인 사례로 기록될 것이다.

바로 이러한 개혁의 본성으로 인해 '급진적' 개혁 수행이 절실히 요구된다. 그러나 개혁 대상이 다양한 시민생활과 직결되어 있는 관계로 다변화되어 있다. 뿐만 아니라 개혁은 구체적인 정치적 결단과 조처를 통해 실행에 옮겨진다. 이런 의미에서 개혁은 시민운동의 본질적 영역이라 할 수 있다. 그에 더해 노동운동의 측면 지원을 받을 수 있다면, 시민운동에 의한 급진적 개혁 추구는 대단히 현실적이며 바람직한 결과를 가져올 수 있을 것이다.

지금이 바로 그 시기다. 그리고 그것을 시민운동 세력이 앞장서서 추진해나가지 않으면 안 된다. 예컨대 2000년 총선의 낙선운동은 이른바 '급진적 개혁' 노력의 자그맣지만 성공적인 사례의 하나라 할 수 있다. 하지만 현재 박근혜 정부의 등장으로 말미암아, 그동안 혼수상태에 빠지긴 했지만 미동이나마 하던 개혁 움직임조차 거의 숨이 막혀버린 듯하다. 바로 이런 상황에 처했기 때문에 '급진적 개혁'이 더욱 절실히 요구되는 것이다.

노동운동과 마찬가지로 시민운동 역시 명백한 인간해방 운동임을 잊지 말아야 한다. 그런데 지금 우리 사회에서 가장 비인간적인 대우를 감내하지 않으면 안 되는 집단이 바로 노동자들이다. 그러므로 오늘날 이 두 세력이 연대한다는 것은 자연의 이치와도 같은 것이다. 어차피 인간해방의 영역에서 필연적으로 만날 수밖에 없는 관계이기 때문이다.

하지만 시민운동 세력은 조선시대의 '아전'과 유사한 사회적 특성을 지닐 수도 있음에 유념할 필요가 있다. 말하자면 과업을 바람직하게 잘 수행해내면, 지배 세력과 피지배 집단의 효율적인 교량 역할을 충실히 함으로써 양쪽의 이해관계를 조화롭게 통합해낼 수도 있지만, 반대로 잘못 풀리면 양쪽에서 한꺼번에 협공당함으로써 모두로부터 버림받는 존재로 전락할 수도 있다. 개혁운동의 본성이 그러하듯이, 시민운동 집단은—비록 '정치적 중립성'을 스스로 강변하기는 하지만—'중간 매개체적인 특성'에 따르는 위기의식을 항상 감내할 수밖에 없는 내재적 문제점을 안고 살아갈 운명이라는 것이다.

역사적인 과업에 양면성이 수반되는 일은 대단히 흔하다. 이런 면에서 시민운동 세력은 가장 위험하고 기회주의적인 존재가 될 수 있지만, 동시에 가장 보람 있고 웅대한 일을 해낼 수 있는 존재이기도 하다. 위험한 존재이기 때문에 위대한 존재가 될 수도 있다는 말이다.

어쨌든 시민운동은 노동자들이 '사회적 기본권'을 쟁취할 수 있도록 노동운동의 '사회 세력화'를 지원해야 한다. 다른 한편 노동운동은 시민운동 세력이 급진적인 사회 개혁을 강력히 추진할 수 있는 정치력과 정치적 발언권을 확보할 수 있도록 시민운동의 '정치 세력화'를 폭넓게 후원해야 한다. 요컨대 현 단계 우리 사회의 절박한 과제는 노동운동의 '사회 세력화'와 시민운동의 '정치 세력화'라는 말이다. 이 과업이 이 두 세력 간의 굳건한 연대의 결실이자 촉매제가 될 수 있음은 물론이다.

그런데 시민과 노동자들이 화합적인 진로를 모색한다는 차원에서 우리는 과연 어떤 길을 선택할 수 있을까? 말하자면 노동운동과 시민운동의 상호 연대를 더욱 심화해나가기 위해 과연 어떠한 공동의 진로를 상정해볼 수 있겠는가 하는 말이다.

앞서도 언급했지만, 예컨대 민족 문제는 시민이나 노동자 구별 없이 민족 구성원 전체의 이해관계와 직결되어 있다. 모든 국민의 자유와 화합을 도모하는 민주화 문제 역시 마찬가지다. 이런 의미에서 시민운동과 노동운동의 결속을 가능케 하고 또 촉진해나갈 수 있는 바람직한 수단 및 진로는 결국 민족운동과 민주화 운동으로 모아진다고 할 수 있다.

따라서 복고적 취향이라 비판받을 수도 있지만, 현 시점에서 '선민주 후통일' 노선을 택하는 것이 바람직하리라 여겨진다. 무엇보다 민주화 운동과 민족운동이 전체 사회 계급의 단합과 결속의 토대 위에서만 내실을 기할 수 있기 때문이다.

여기서 통일이란 무엇보다 민주적 변혁을 가리킨다. 분단과 민주주의는 양립할 수 없기 때문이다. 그러므로 통일은 장시간을 요하는 민주주의의 확립 과정이 될 수밖에 없으며, 민주주의를 구축하는 일이 곧 통일 대비 작업 그 자체가 된다. 이런 의미에서 일단 민주화 운동 전선에 모든 세력이 결집하는 것이 좀더 합리적이라 할 수 있다.

지금 우리 사회가 안고 있는 최대 모순의 하나는 인간적 연대에 깊숙이 자리잡은 공동체 의식과 불평등에 튼튼히 터를 잡은 위계질서가 공존한다는 사실이다. 예컨대 같은 고향 사람이라든가 같은 학교 출신은 우대받지만, 특정 집단 내부에서의 상하 구별은 지극히 엄격하다. 우리 사회에는 '이웃사촌'과 '양반-상놈'이 더불어 살고 있다는 말이다. 이 위계질서는 국가의 관료제도뿐만 아니라 기업, 공장, 교육기관 등 사회의 거의 모든 분야에 속속들이 뿌리를 드리우고 있다. 이 동맥경화증 같은 위계질서는 사회적 불평등을 끊임없이 재생산해내는 바탕이 될 뿐만 아니라, 사회적 결속을 뿌리째 뒤흔들어놓는 분열의 진원지 구실을 한다. 줄여 말하면, 이런 모순을 극복하기 위해서는 무엇보다 정치적·사회적 평등의 확산이 절실히 요구된다. 이러한 여러 사회적 환경을 고려할 때 '선민주 후통일' 노선이 좀더 효율적이고 합당하리라 여겨진다.

나아가 한반도 상황과 국제적인 배경을 고려할 때 우리 사회에서는 노동운동의 온건화 전략이 좀더 호소력을 지니리라 여겨진다. 반면 시민운동은 더욱 급진적인 노선을 취하는 것이 바람직할 것이다. 말하자면 '온건화'하는 노동운동과 '급진화'하는 시민운동이 만나야 한다. 구체적으로 노동운동이 자본주의의 기본 틀을 용인하는 한도에서 개선 방책을 모색해야 한다면, 시민운동은 기존의 자유민주적 정치질서의 범주 속에서 과격하고 급진적인 개혁을 추구해야 한다는 말이다.

그런데 도대체 이 두 세력을 어떻게 만나도록 이끌 것인가? 이 문제는 결국 실제로 어떻게 연대할 것인가 하는 대단히 구체적인 실천 방법론과 직결된다. 물론 앞으로 더 심도 있는 논의를 수행해야 할 지극히 어렵고 중대한 문제이긴 하지만, 이 기회에 원론 격으로 몇몇 기본 방향을 제시하는 것으로 마무리짓고자 한다.

문제는 무지갯빛 희망 사항이나 무책임해질 수 있는 탁상공론 수준의 설왕설래가 아니라, 현실적인 가능성을 지닌 구체적 방안을 과연 어떻게 찾아낼 것인가 하는 점이다. 지극히 절실한 과제일수록 지극히 어려운 해법을 요구한다는 것 역시 지극히 자연스러운 현상이다. 이러한 일상적인 고충을 염두에 두면서 일단 공론의 장을 실험적으로 열어본다는 정도의 의미에서, 우선 가능성이 엿보이는 몇가지 기본 방안을 제시해보고자 한다. 그러나 이 구상이 오직 현 시점에 응용 가능한 단기적인 방책에 불과하다는 점에 유념할 필요가 있다.

첫째, 우리는 사회운동의 새로운 주체 형성 문제를 신중히 따져보지 않으면 안 되는 시점에 서 있다. '시민 없는 시민운동'이라든가 '노동자 없는 노동운동'식, 요컨대 '명망가 또는 직업운동가 중심 운동'이라는 현실적 한계와 문제점을 어떻게 극복해나갈 것인가를 진지하게 모색해야 할 단계에 와 있다는 말이다. 부문별 운동의 주체를 좀더 선명하게 재정립함으로써 표방하는 구호와 실질적인 이해관계를 좀더 결속력 있게 합치시킬 수 있을 것이다.

둘째, 이와 관련하여 우선 추상적·형식적 구호에 머물기 일쑤인 외형상의 물리적·횡적 연대 수준을 넘어서기 위한 부단한 노력이 요구된다. 지금 우리는 '붕어빵' 사회에 살고 있다. '붕어빵'에 붕어가 없듯이, 겉으로 표방하는 구호와 속의 내용이 한결같지 않은 '표리부동'이 진리처럼 통용되는 사회에 살고 있다는 말이다. 겉보기에만 그럴듯한 '구호'가 억지춘향 격으로 난무하는 상황이 지배하고 있다.

그러므로 실력은 없으면서 허세로 떠벌린다는 뜻의 허장성세虛張聲勢 만은 탈피할 때가 되지 않았나 싶다. 이런 면에서 대단히 실질적인 구호들을 선별해서 쓸 줄 알았던 박정희 시대로부터도 배울 게 있다. 가령 '일하며 싸우고, 싸우며 일하세'는 얼마나 호소력 있고 알찬가. 이승만 시대에는 '못 살겠다, 갈아보자!'라는 호방한 구호도 있었다. 심지어는 당시 어느 지방의 담벼락에는 '두고 보자 ○○○, 찍고 보자 ○○○, 먹고 보자 ○○○' 하는, 대단히 리드미컬하면서도 민심을 정확히 전달하는 감동적인 구호까지 등장하기도 했다. 이제는 '자본주의 타도'라든지 '신자유주의 지배 질서 타파' 등속의 추상적인 구호나 강령 수준에서는 벗어나야 한다. 아울러 그러한 관행하에서 느슨하게 이뤄지곤 하던 구두선류의 도덕적 공동보조식 외형적 연대 선언에서는 벗어나야 한다. 이런 식의 '되면 좋고 안 되면 말고'를 넘어서는 것을 추구해야 할 때가 무르익은 듯하다.

이즈음에서 '선택적 지원 연대' '사안별 연대'식 운동 방안을 추진해보는 것도 바람직할 것이다. 일례로 근로 여성들의 보육 및 출산 문제와 같은 구체적인 주제 하나를 선별해, 이에 직접적인 이해관계를 지닌 시민운동권 내의 여성운동 단체와 노동운동권 내의 여성 노동자 계열이 연대하는 방식을 모색하는 것이 효율적일 수 있다는 뜻이다. 주거 환경, 교통, 의료 및 교육, 실업, 양성 평등, 군복무 기간

단축, 각종 선거 문제 등 구체적인 연대 사안이 적지 않을 것이다. 즉 외형적인 구호나 명분이 아니라 실질적이고 구체적인 이해관계로 묶이는 사회운동 방안을 강구하는 것이 더 바람직하지 않겠는가 하는 말이다. 일전에 노동운동 측이 제시한 바 있던 '독자적 민중 후보' 노선과 시민운동 쪽의 '낙천·낙선 운동' 가운데 과연 어느 편이 사회로부터 더욱 강력한 지지를 받았으며 그로 인해 더욱 강한 영향력을 행사할 수 있었던가를 신중히 음미해볼 필요가 있다.

어쨌든 어떻게 하면 공통의 이해관계를 더 원활하게 충족시킬 수 있을 것인가 하는 사회운동의 기본 원리를 깊숙이 따져봐야 할 때다. 이처럼 사안별 이해관계로 결속할 수 있는 연대 기구들은 정책 수립 및 예산 집행 문제 등도 공동으로 수행할 수 있는 여력을 좀더 쉽게 확보할 수 있을 것이다.

셋째, 운동의 목표를 효율적으로 관철해내기 위해서는 능동적이고 핵심적인 운동의 주체뿐만 아니라 그 배후 지원 세력의 육성 또한 필수적이다. 이해관계에 의해 이끌릴 수밖에 없는 인간사회에서는 그 운동 관계자들이 실제로 몸담아 살고 있는 지역에서 가장 직접적으로 이해득실이 판가름난다. 이런 의미에서 시민운동과 노동운동이 가장 효과적인 연대의 장을 마련할 수 있는 곳은 '중앙 무대'가 아니라 '주변부 지역' 차원이라고 할 수 있다. 이런 경우에도 물론 '○○ 노동운동 단체의 ○○ 지부'와 '○○ 시민단체 ○○ 지부' 간의 외형적 연대 방식이 아니라, 구체적인 이해관계로 엮인, 특정 이슈 및 사안과 직결된 연대가 되어야 함은 물론이다.

넷째, 운동의 조직적인 연대 구축을 위해서는 구체적인 실천 방안을 토론할 공론의 장 역시 당연히 필요하다. 이를 위해서는 다양한 운동 단체 간의 조직적 연대 사업 부문을 전담할 부서 책정이 우선적으로 이뤄져야 하고, 이를 위해 편제 개편이 뒤따를 수밖에 없다. 시민운동 단체에 예컨대 '노동 위원회'가, 노동조합에 '시민 위원회'와 같이 교류를 전담할 조직이 만들어지면, 이질적인 두 기구 간의 실천상 소통이 더 원활해질 것이다. 이로써 두 단체 간의 화합과 연대가 심화될 것임은 물론이다. 이를 위해 가능한 한 두 위원회가 운영위원회나 정책위원회 등 각 단체의 핵심적인 정책결정 기구 내에 설치되는 것이 더 바람직하지 않을까 한다.

거듭 말하지만 시민운동이 본질적으로 정치투쟁을 전담하고 노동운동이 핵심적으로 경제투쟁에 전념하는 사회운동의 분업 체제를 성사시키는 것이 현재 우리 시대의 당면 과제라 여겨진다. 물론 결정적인 단계에서는 노동운동이 정치운동화할 수밖에 없음은 당연한 일이다. 하지만 앞서도 언급했듯이, 우리 노동운동은 현실적으로 아직 '사회 세력화' 수준에도 도달하지 못한 것처럼 보인다.

이런 상황에서 만일 노동운동이 계급투쟁의 성격을 띠는 이념적 정치운동에 집중한다면, 일반 국민의 전폭적인 공감과 지원을 확보할 가능성이 희박하리라는 점을 명심할 필요가 있다. 심지어 노동자 집단 내부의 단합조차 제대로 이뤄내지 못하고 있는 실정 아닌가. 거기에 비정규직과 해외 이주노동자 문제까지 겹치면 양상은 더 심각해진다. 상황이 이러한 탓에 노동운동 측에서 쏘아올리는 이념적 계급투쟁으로 인해, 그나마도 허약한 수준에 머물고 있는 노동자 간의 연대마저 허물어지고 국민적 지원까지 위축되지 않을까 적잖이 우려된다. 반면 한국적 실정에 부합하는 수준의 임금 인상이나 작업환경 개선 문제 등 인도적이고 평화적인 경제투쟁에 주력한다면, 적잖은 사회적 공감을 불러일으키며 국민적 지원을 활성화할 수 있으리라 여겨진다. 말하자면 무엇보다 여론의 지지를 얻을 만한 호소력 있는 노동운동 방안을 모색하는 것이 급선무다.

다른 한편 시민운동은 이런 노동운동에 비해 좀더 유리한 활동 공간을 풍부히 확보하고 있다. 왜냐하면 운동이 일반 시민생활과 연루된 다양한 이해관계와 직결되어 있기 때문이다. 이처럼 시민운동은 광범위한 '시민' 영역에 포진해 시민적 이해관계의 직접적인 충족을 목표로 삼고 있는 까닭에, 상대적으로 폭넓은 여론의 지지를 획득할 수 있는 유리한 고지를 점하고 있다. 따라서 시민운동은 이러한 이점을 적절히 활용해 시민사회의 정치적 개혁을 좀더 적극적으로 주도하는 일에 앞장서야 할 것이다.

이러한 노동운동과 시민운동이—보다 많은 공동체 구성원들과 함께, 보다 정당한 방법으로, 보다 인간다운 삶을 영위할 수 있도록 더불어 노력하는—인간 해방운동이라는 사실에 대해 과연 누가 이의를 제기하겠는가. 그러므로 연대할 수 있고 또 연대해야만 하는 명분이 더욱 진가를 발휘하게 되리라 여겨진다. 지금은 도전에 한계를 두는 대신 한계에 도전하는 용기를 가져야 하는 때인 듯하다.

연대의 인간학적 토대와 자연

우리 인간은 왜 연대해야 하는가?

우리는 유한한 존재이기 때문이다. 이 유한성은 곧 죽음을 의미한다. 모든 인간으로 하여금 절대적으로 평등한 존재가 되도록 이끌어 주는 것이 바로 죽음이다. 어느 누구도 거부할 수 없고 어느 누구도 회피할 수 없는 것이 죽음이기 때문이다. 그러므로 죽음은 자연적 절대평등의 영역에 속한다. 이처럼 우리 인간은 하나같이 죽을 수밖에 없는 허무한 존재들이다. 이처럼 유한하고 평등한 존재끼리 서로 손잡을 수 없다면, 이 인간적 삶이 얼마나 허망하고 피폐해지겠는가. 우리 인간에게 연대란 공존·공생을 위한 지극히 자연스러운 본능적 행위일 수밖에 없다.

연대는 자연의 순리를 따르는 일이다. 왜냐하면 바로 자연이 우리 인간을 죽을 수밖에 없는, 본성적으로 고독한 존재로 창조했기 때문이다. 그러므로 우리 인간은 모두가 공유하고 있는 이러한 허망한 절대평등의 울타리 안에서, 서로를 아끼고 도우며 더불어 살아가야 할 자연적 소명을 지니게 된 것이다. 이런 의미에서 우리 인간은 모두 유한한 존재로서 운명공동체일 수밖에 없다. 따라서 자신의 산물들이 공생·공영을 평화롭고 공평하게 누리게 될 것을 바라는 것, 바로 이것이 자연의 자연스러운 소망 아니겠는가. 이것이 곧 자연의 섭리다.

그런데 '생명生命'이란 무엇인가? 그것은 '살라는 명령'이다. 대체 누가 '살라고生' '명命'했는가. 바로 자연이다. 그러므로 인간이야말로 생명의 원천인 자연을 가장 많이 빼닮은 생명체일 수밖에 없다. 자연과 인체는 대단히 유사한 구조로 짜여 있다. 바위는 사람의 뼈, 흙은 사람의 살 등과 각각 걸맞지 아니한가. 그러나 인간에게 삶을 준 것과 마찬가지로, 자연은 죽음도 부여했다. 그러니 자연이 인간의 소유가 아니라 인간이 자연의 소유임을 어찌 망각할 수 있겠는가.

따라서 모든 인간은 삶을 끝내고 죽어서 자연으로 되돌아갈 수밖에 없는 존재들이다. 자연으로 되돌아갈 수밖에 없는 이런 유한성이 인간적 고독과 연대의 원천이다. 호르크하이머Horkheimer도 연대의 "실존적인 동인을 '고독'이라" 했다.

무릇 이 생명의 세계는 끝없는 변화와 변화하는 끝을 끝없이 되풀이하는 곳이다. 이 광대한 자연의 틀 속에서 볼 때 우리는 그저 눈 깜빡할 동안만 이곳에 존재할 뿐이다. 하지만 이 '순간'이 '영원'이 될 수도 있다. 단풍잎이 하루아침에 변하는 것이 아니듯, 순간의 연속이 영원임은 지당한 일이다. 마찬가지로 낙엽이 떨어질 때, 낙엽 지는 그 순간은 봄, 여름, 가을, 겨울의 종합에 다름 아니다. 나뭇잎이 떨어지는 바로 그 순간을 위해 숱한 사시사철이 흐르고 쌓여야만 했다. 그러므로 순간 역시 영원의 집적일 수 있다. 영원에 순간이 녹아들어 있고, 순간에 영원이 담겨 있는 법이다. 이러한 나뭇잎이 떨어져 거름이 되고, 그것이 다시 나무를 키우는 새로운 바탕 힘이 된다. 마찬가지로 개체와 인류 사이에도 이런 끌힘이 서로를 당기고 있다. 인류는 개체의 집적이며, 개체는 인류의 새로운 거름이 되려 떨어지는 나뭇잎과도 같은 존재라 할 수 있다. 생명의 원천이 자연이니, 이 자연의 품속에 어찌 서로 무관한 것들이 존재할 수 있겠는가.

인간의 몸을 구성하는 물질 역시 내 몸의 일부가 되기 전에 자연 속에 더불어 존재하던 것들이다. 나는 예컨대 소, 돼지, 닭을 먹는다. 일생 동안 수많은 소의 몸 일부가 내 몸의 일부가 된다. 수많은 돼지의 몸 일부가 내 몸의 일부로 변한다. 나는 쌀, 콩, 보리를 먹는다. 이 모든 곡식 역시 내 몸의 일부가 된다. 나는 사과, 배, 딸기를 먹는다. 여러 과일이 내 몸의 일부가 된다. 내가 마신 물과 물 안에 있는 미생물 역시 내 몸의 일부가 되는 것이다. 내가 들이쉰 공기도 내 몸의 일부이고, 내가 보는 빛도 내 몸의 일부가 된다. 이렇게 생각해보면 내 몸은 빛, 공기, 물, 딸기, 사과, 무, 배추, 보리, 콩, 쌀, 닭, 돼지, 소 등등이 섞여 이뤄진 것임을 알 수 있다. 그런데 이 몸으로 일생을 살다가 죽으면 내 몸은 어떻게 되겠는가.

자연으로부터 취해서 만들어지고 유지되어오던 내 몸이 생명활동을 끝내면, 흩어져서 본래의 자연으로 되돌아간다. 즉 자연과 합쳐지는 것이다. 그런데 내 몸을 이루었던 물질이 내가 죽은 뒤에는 어떻게 될까. 생명이 끝난 몸이 썩는다는 것은 곧 미생물에 의해 분해됨을 의미한다. 그리고 미생물에 의해 분해됨은 미생물이 먹는다는 것이다. 또 미생물이 먹는다는 것은 내 몸을 이루었던 물질이 이제는 미생물의 몸이 됨을 뜻한다. 그런데 이 미생물을 벌레가 먹으면 이제는 벌레의 몸이 된다. 이 벌레를 새가 먹으면 이제는 새의 몸이 되고, 이 새를 짐승이 먹으면 짐승의 몸이 된다. 이처럼 동물의 몸이 분해되어 식물의 몸이 되고, 식물은 또 다른 동물의 몸이 되는 것이다.

이런 과정을 되돌아보면, 내 몸을 이루었던 물질이 결코 지구 위에서 사라지는 것이 아니다. 다만 다른 형태로 바뀌면서, 지구가 존재하는 한 이 지구에 영원히 존재하게 된다. 따라서 현재 내 몸을 이루는 물질의 일부는 수천, 수만 년 전 어떤 동물의 몸이었을 수도 있고, 그것이 그 후에 여러 식물과 동물의 몸으로 바뀌어오다가 이제 내 몸에 비로소 정착한 것이라 할 수 있다. 이렇게 생각해보면 지구 위의 모든 생명체가 근본적으로 무관할 수는 없다. 즉 지구 위의 모든 존재는 하나의 거대한 몸이라고 할 수밖에 없는 것이다. 지금 내 이 몸은 얼마 후에 낱낱이 흩어져서 자연과 합해질 것이다. 내 몸의 일부는 어쩌면 100년 뒤에는 풀이 되고, 300년 뒤에는 사과가 되고, 500년 뒤에는 코끼리가 되고, 1000년 뒤에는 어떤 다른 사람의 몸이 되는지도 모른다.

이런 의미에서 지구는 하나의 생명체라 할 수 있다. 거대한 하나의 생명체인 지구 입장에서 볼 때, 개개의 작은 생명체들이 생겼다가 반짝하고 없어지는 것은 별 문젯거리가 되지 않는다. 사실은 없어지는 게 아니라 이 지구 위에서 형태가 바뀐 채 존속해나갈 뿐, 결코 지구를 벗어나지는 않기 때문이다. 사람의 몸을 이루는 물질은 처음부터 지구의 일부였고, 현재도 지구의 일부이며, 앞으로도 지구의 일부로 영원히 존재할 것이다. 지구 위에서 한정된 시간 동안만 생명활동을 하는 '나'는, 그 시간 동안만 다른 존재와 구별되는 개체로서 존재할 뿐이다. '나'는 태어나기 전이나 죽은 후에는 '나'라는 개체로서 존재할 수가 없다. '나'는 살아 있는 동안만 존재한다. 따라서 '나'에게는 지구의 일부, 즉 자연의 일부로 살아서 존재하는 것, 즉 생존하는 것이 가장 중요한 일이 될 수밖에 없다.

자연이 이처럼 자신을 가장 닮도록 창조한 인간에 대해 어찌 유별난 관심을 보이지 않겠는가.

방금 내 몸속에서 더운 피를 타고 흐르던 내 숨결이 바로 옆 사람의 가슴으로 흘러 들어가는 공기가 되고, 조금 전 어느 집 문창살을 부러뜨린 거센 바람이 지금은 내 이마의 땀결을 고르는 부드러운 미풍이 되어 살랑거리기도 한다. 그러하니 자신만 생각하며 살아간다는 것은 자연의 순리를 거스르는 행위가 될 수밖에 없다. 사람끼리 나누는 악수는, 아니 함께 부여잡는 손은 또 얼마나 인간적이며 자연적인가. 우리는 단 한 사람의 손만 잡는 게 아니라 여태까지 그들이 더불어 손잡았던 모든 사람의 손을 잡는 셈이 된다. 그러하니 우리가 서로 부여잡는 이 손길이 어찌 우리 사이에만 멈춰 설 수 있겠는가. 그것은 이윽고 살아 있는 모든 것, 물과 공기, 이 지구와 온 인류를 향하여 원대하게 뻗어나갈 웅장한 연대의 미세한 진원지일 따름이다.

이런 의미에서 연대는 인간의 가장 자연스러운 본성에서 우러나오는 가치라 할 수 있다. 따라서 우리는 그것을 잃은 것이 아니라 다만 잊고 있었을 따름이다. 그러하니 우리의 본성을 간곡히 다시 떠올리기만 하면, 연대는 자연스레 되살아날 수 있다. 그러므로 오로지 자신만을 생각하며 삶의 길을 홀로 걷는 사람은 결국 인생의 마지막 길도 홀로 끝내게 되지 않겠는가.

심한 한파가 몰아치던 어느 날, 네팔 지방의 한 산길을 두 사람이 걷고 있었다. 추위가 살을 에는데, 인적도 민가도 눈에 띄지 않는 외딴 험로가 계속되었다. 얼마쯤 가다가 두 사람은 눈 위에 쓰러져 신음하고 있는 한 노인을 발견했다.

"우리 이 노인을 함께 데려갑시다. 그냥 두면 얼어 죽고 말 거요."

그러자 동행인이 화를 냈다.

"무슨 말입니까? 우리도 살지 죽을지 모르는 판국에 저런 노인네까지 끌고 가다가는 모다 죽고 말 거요."

사실이 그러하긴 했으나 먼저 말을 꺼낸 사람은 그 노인을 그냥 내버려둘 수는 없다고 생각했다. 그는 노인을 들쳐 업고 길을 걷기 시작했다. 동행자는 벌써 앞서 가버려 보이지 않는데, 갈수록 힘이 들어 견딜 수 없을 지경이었다. 몸에서는 땀이 비 오듯 흘렀다. 이처럼 몸에서 더운 기운이 확확 끼쳐서인지, 등에 업힌 노인은 차츰 의식을 회복하기 시작했다. 두 사람은 서로의 더운 체온으로 인해 추운 줄 몰랐다.

마침내 둘은 마을에 이르렀다. 그런데 이들은 마을 입구에 한 사내가 꽁꽁 언 채 쓰러져 죽어 있는 것을 발견했다. 이들은 시체를 살펴보고는 깜짝 놀라지 않을 수 없었다. 그는 바로 자기 혼자 살겠다고 앞서 가버렸던 동행자였기 때문이다.

이처럼 연대는 고통을 나눔으로써 함께 살아남을 수 있는 힘으로 작용한다. 연대가 바로 인간 본성의 자연스러운 발로이기 때문이다. 그러므로 연대를 외면하는 일은 자연의 섭리에 등 돌리는 행위가 된다.

연대와 '전통주의적 진보주의'

역사 발전은 결코 단선적으로 이뤄지지 않는다. 역사는 빛과 그림자를 동시에 간직한다. 밝음과 어둠이 교차하면서 역사의 날줄과 씨줄이 짜이는 것이다. 그러므로 모든 역사 발전 단계에는 어둠과 빛이 뒤섞여 있을 수밖에 없다. 말하자면 어제의 어둠이 오늘의 빛이 될 수 있고, 오늘의 밝음이 내일의 어둠으로 변모할 수 있다는 말이다. 그리하여 '혁명revolution'과 '진화evolution'와 '퇴행involution'을 되풀이함으로써 역사의 흐름이 만들어진다.

우리는 흔히 옛것을 사랑하는 사람들을 수구주의자니, 국수주의자니, 보수주의자니 하는 멸칭으로 한꺼번에 싸잡아 윽박질러버리는 잘못을 태연히 범하기도 한다. 물론 과거를 획일적으로 미화하고 숭상하는 태도는 결코 바람직하다고 할 수 없다. 그렇다고 해서 오늘날에까지 맥맥이 살아 움직이는 지난날의 지혜로운 삶의 흔적들까지 송두리째 내팽개쳐버리고자 한다면, 그 또한 결코 현명한 처사는 못 된다. '온고지신溫故知新'이라 하지 않던가. 과거의 샘에서 신선한 교훈을 끌어올려 오늘과 내일의 자양분으로 삼아나가는 일은 또 얼마나 지혜로운 삶의 태도인가. 뿐만 아니라 자신의 잘못과 부족함의 원인을 우선적으로 자기 내면에서 먼저 찾아보려는 진취적 자세역시 참으로 마땅한 일이 아닐 수 없다. 자기 집에 비가 새고 있는데도 비 새는 곳을 직접 찾아내지는 못하고, 자기 집을 찾아온 손님에게 그걸 물어봐서야 되겠는가. 이런 뜻에서 '유령보다 훨씬 더 유령같은' 외래 풍조나 또는 이른바 '기지촌 지식인'의 허물 같은 것을 벗어던지는 작업과 무엇보다 우리의 내실 있고 바람직한 전통을 되찾는 일을 하나로 묶는 것이 당연하고도 바람직한 일이라 할 수 있다.

마치 이러한 논리에 발을 맞추기라도 하듯, 우리나라에서도 '낡고 오래된' 지난날에 대한 관심이 새로이 용솟음치기도 하는 특이한 사회 분위기가 만들어지곤 했다. 어쨌든 전통은 우리가 힘들 때 적이 안심하고 찾아가 몸을 기댈 수 있는, 한때 친숙했던 편안한 언덕 같은 것이기도 하다.

사실 이러한 전통은 "정체성正體性의 원천"일 뿐만 아니라 "축적된 지혜의 보고寶庫"다. 따라서 민족을 결속시키는 중요한 고리 역할을 할 뿐만 아니라 보편타당한 가치를 함유하고 있는 소중한 인류사적 자산의 하나라 할 수 있다. 하지만 이런 뿌리 깊은 전통 속에는 그 자체를 스스로 거부하고 극복케 함으로써 궁극적으로 새로운 세계의 문을 열도록 만드는 역사의 동력이 숨어 있는 법이다. 말하자면 전통이란 스스로를 키워나가려 하면서도 동시에 자신을 부인하는, 끝없는 진통의 연속인 것이다. 어느 학자는 철학적인 차원에서 '전통'을 "불변하는 고정적 실체가 아니라 항시 새로운 자극과 수혈을 받으면서 부단히 생성·변화하는 것"이라고 명쾌하게 규정하기도 했다.

전통은 곧 진통이다. 그리하여 전통은 이러한 진통의 힘으로 미래에 꽃망울을 터뜨릴 씨앗을 이미 자신의 내면에 고스란히 품고 있는 것이다. 전통은 뿌리이자 곧 새싹이다. 그리고 이러한 전통을 고스란히 담고 있는 그릇이 문화다.

그런데 문화가 "단순히 눈에 보이는 이러저러한 문화유산이나 풍속이 아니라 한 민족의 정신적 삶의 표현과 실현"이라고 한다면, 이 문화에는 수천 년 동안 다듬어지고 길들여진 가공할 만한 잠재력이 내재해 있을 수밖에 없다. 모국어가 "문화적으로 학습되는 가장 우수한 기술"인 것과 같은 이치다. 그러므로 이러한 문화 속에는 고유한 공동체적 동질성과 일체감 형성을 촉진하는 원초적인 동력이 깃들어 있게 마련이다. 그리하여 문화는 특정 공동체 내부에서 인간적 결속과 유대감을 증진시키는 괄목할 만한 수단으로 기능하는 것이다. 문화란 곧 인간을 결속시키는 위력적인 단합의 무기가 된다. 인간과 인간, 인간과 자연이 한데 어우러져 만들어지는 문화는 본래부터 시공을 초월한 인간적 동류의식을 본능처럼 담아낼 수밖에 없다. 따라서 국제적인 화합과 인류적 연대의 지극히 효율적인 동력으로 작용할 수도 있음은 물론이다. 문화란 곧 국제 평화의 첨병이기도 한 것이다.

이런 의미에서 무엇보다 '전통의 창조적 계승'이야말로 중대한 역사적 과업의 하나라 하지 않을 수 없다. 물론 우리 인간은 자신의 의지에 입각해 역사를 창조할 수 있다. 그렇더라도 과거로부터 물려받은 유산과 전통의 토대 위에서만 역사를 새롭게 만들어나갈 수 있을 따름이다. 그러므로 우리는 역사의 진보를 위해, 과거와 현재와 미래 사이의 바람직한 연계와 조화를 이끌어내어야 할 역사적 책무를 안고 있다.

특히 이러한 전통문화가 사회적 연대의 전통적인 토대로 기능한다. 거기에 내재해 있는 강력한 공동체적 동질성과 일체감이 인간적 결속과 유대감 증진의 풍부한 밑거름으로 작용하기 때문이다. 뿐만 아니라 문화는 국제적인 화합과 인류적 연대의 효소이기도 하다. 바로 이러한 관점에 입각해 나는 올바른 연대 구축과 증진을 위한 토대가 될 수 있으리라는 기대와 믿음에서, 이른바 '전통주의적 진보주의' 이념을 제창하고자 한다.

한마디로 말해 '전통주의적 진보주의'는 우리의 문화적 전통의 민족적 특수성에 내재해 있는 보편적이고 합리적인 인간적 삶의 원리를 탐색해내고 발전시켜나가려는 문화적 의지의 표출이라 할 수 있다. 그를 위해 무엇보다 우리 한국인의 공동체적 삶의 저류를 관통하는 의식 구조, 생활 정서, 삶의 양식 등의 정체성을 규명하는 일이 선행되어야 할 것이다. 그러므로 서양 문물의 직수입, 문화적 하청 작업 또는 가공 방식 등은 결코 바람직하지 않다. 그에 앞서 일차적으로 우리 전통문화의 원초적인 본질부터 파헤쳐야 한다. 그런 연후에 그것을 토대로 전통문화의 역사적 의의와 시대 적합성 등을 비판적으로 따지고 들어감으로써, 그 속에서 역사 발전에 진보적으로 기여할 만한 주체적 동력을 찾아나가야 할 것이다. 왜냐하면 보편성을 망각치 않으면서도 특수한 실천적 주체성을 확보해내려면, 일차적으로 전통에 뿌리내린 문화 정체성을 찾아내고 존중하는 자세가 무엇보다도 절실히 요망되기 때문이다. 우리는 실천적 주체성을 문화적 주체성으로부터 이끌어낼 수 있음에 주목해야 한다.

그런데 이 문화적 정체성 탐구 과제와 관련하여 함께 고려하지 않으면 안 될 사실이 있다. 그것은 전통문화가 곧 인권을 신장시키는 데 대단히 소중한 자원으로 활용될 수도 있다는 점이다. 예컨대 스티븐 영Stephen B. Young은 "전통적 가치traditional values에 의거해 절차와 제도를 구축함으로써 인권 옹호의 진보가 가장 잘 이루어질 수 있다"고 역설하면서, 대부분의 사회 구성원에게 중요한 의미를 부여하는 기존의 가치 체계 위에 새로운 인권 구조를 정립하는 것이 가장 바람직하다고 이야기한다.

물론 우리의 궁극적인 희망과 목표는 무엇보다 보편적이고 이성적인 차원의 국제적 화해와 인류적 단합의 구현이라 할 수 있다. 그를 위해 무엇보다 문화적 전통에 내재해 있는 배타적이고 시대 역행적인 요소부터 과감히 척결해야 할 것이다. 이를 위해서는 대내외적으로 우선 두 가지 과업이 동시에 수행되어야 한다. 하나는 민족 내부적 차원의 것으로서, 민족별 문화적 고유성을 심화시켜나감으로써 한 공동체 내부의 인간적 결속과 유대감 증진에 박차를 가하도록 가일층 노력해야 한다는 점이다. 다른 하나는 국제적 영역의 것으로서, 민족 간 문화적 공통성 개발 및 교류 확대에 주력함으로써 인류 평화에 기여할 수 있는 보편적 요소와 방안을 공동으로 탐색해나가는 국제적 노력 또한 게을리 말아야 한다는 점이다. 이런 차원에서 '문화국수주의' 및 '문화사대주의'가 동시에 배격되어야 함은 물론이다. 우리 모두가 "문화 창조적인 존재"이기 때문이다. 그러므로 우리는 "의미 있는 세계를 만들며, 또 그 속에서" 살아갈 수 있는 역량을 충분히 지니고 있는 존재들이기 때문에 문화적 "자아의 제국주의" 역시 충분히 극복해낼 수 있을 것이다. 뿐만 아니라 '침팬지의 성녀' 제인 구달Jane Goodall도 자신만의 문화를 고수하고자 하는 "문화적 종분화" 현상을 "정신의 문화적 감옥"이라고 개탄하면서, 이것이야말로 인간의 도덕적·영적 성장을 저해할 뿐만 아니라 인간 가족이나 지구촌, 그리고 국가들 간의 연대까지 파괴하는 치명적인 위협이라고 단언한다. 요컨대 세계 평화를 가로막는 장벽 그 자체로 인식하는 것이다.

지금은 세계화 시대다. 국제적 유통과 교류를 증진시키는 세계화 역시 어둠과 밝음을 동시에 지니고 있다. '문화제국주의'가 범람함으로써 다양한 문화를 향유할 기회가 늘어나기도 하겠지만, 동시에 전통문화가 억눌림당하며 차별대우 받는 일 역시 늘어날 수밖에 없다. 말하자면 세계화는 '자아의 제국주의'를 극복하도록 이끄는 긍정적인 힘으로 작용할 수도 있고, 반대로 민족적 전통을 사수하도록 유혹하는 국수주의적 아집의 부정적 추동력으로 기능할 수도 있다.

이런 현실에 직면해 무엇보다 문화적 전통 속에 온존해 있는 병든 뿌리를 잘라내는 동시에 새싹을 올곧게 키워 거목으로 성장토록 이끌어가는 진취적 자세가 절실히 요구된다. 이러한 것이 바로 '전통주의적 진보주의'다. 그리고 바로 이것이 참다운 연대의 원동력으로 작용할 것이다. 거목도 처음에는 새싹이었다. 그리고 '오래된 미래'의 밑거름이 곧 과거인 것이다.

이런 에피소드가 있다. 한바탕 큰 전투를 치르고 나자 크게 부상당한 병사 한 명이 애타게 물을 찾고 있었다. 마침 군목軍牧 한 사람이 있었는데, 그만이 약간의 물을 갖고 있었다. 군목은 자신의 수통을 그 병사에게 건넸다.

부상당한 병사는 무심코 그 물을 마시려 했다. 그런데 그때 그는 모든 소대원의 눈이 자신에게 집중되고 있다는 것을 알아챘다. 그들 또한 목이 타기는 마찬가지였을 것이다. 그 부상병은 목마른 것을 질끈 참고 그 수통을 소대장에게 건네주었다. 소대장도 물론 정황을 모를 리 없었다. 소대장은 그 수통을 받아들더니 입에 대고 꿀꺽꿀꺽 큰 소리를 내며 물을 마셨다. 그러고는 그 수통을 부상당한 병사에게 돌려주었다. 부상당한 병사가 물을 마시려고 보니 수통의 물이 조금도 줄어들지 않았다. 그 부상병은 소대장의 뜻을 미루어 짐작할 수 있었다. 그 역시 수통을 입에 대고 소대장처럼 꿀꺽꿀꺽 소리를 내며 맛있게 물을 마셨다. 그러고 나서 그 수통은 다른 병사에게 전해졌다.

소대원 전원이 모두 꿀꺽꿀꺽 물을 마셨다. 마침내 수통은 군목에게로 돌아갔다. 그러나 그 수통에 든 물의 양은 처음 그대로였다. 그렇지만 이제 갈증을 느끼는 사람은 아무도 없었다.

002 '자연살이'

인간은 자연의 산물이다. 우리는 자연 속에서 태어나고 자연 속에서 살고 있다. 지금 이 순간에도 우리 인간은 그 속에 있고 자연은 우리 가운데 있다. 어느 날 우리는 다시 그 속으로 사라져갈 것이다. 그런데 우리 인간이 그 자연을 느끼지 못하는 것은, 자연이 멀리 떨어져 있기 때문이 아니라 그것이 너무 가깝고 우리가 한 번도 그곳에서 벗어난 일이 없기 때문일 것이다. 자연 속에 우리 인간이 있듯이 우리 인간 안에 자연이 있으며, 자연과 인간이 둘이 아니고 곧 하나임을 자연스럽게 깨달아야 할 것이다.

자연은 인간적이어야 하고, 인간은 또 자연적이어야 한다. 자연과 인간은 생명공동체이기 때문에 '자연을 인간답게 그리고 인간을 자연스럽게', 이것이 우리 삶의 구호가 되어야 하지 않겠는가. 이러한 것이 실은 인문학적 삶의 태도이기도 하다.

이런 의미에서 자연의 순리에 따르는 삶의 태도야말로 가장 자연스러운 인간적 자세라 할 수 있다. 자연은 다 바라보고 있으며 다 알고 있다. 하지만 쉽게 입을 열지는 않는다.

자연은 자신에게 쏟아준 인간의 애정에 자연스럽게 귀 기울일 줄 안다. 그러나 우리 인간은 자연을 부자연스럽게 끌고 다니려고만 한다.

꽃을 사랑한다면서 그 꽃을 꺾는 존재가 인간이며, 아름답다고 찬탄하며 꺾은 꽃이 시들면 그걸 여지없이 쓰레기통에 처박아버리는 게 또한 인간 아닌가. 가장 아름다운 것이 가장 모질게 버림받을 수 있다는 것을 깨우쳐주는 존재가 실은 인간이다. 그러나 아무리 성가시고 쓸모없는 것이라 하더라도, 바위틈을 뚫고 피어오르는 잡초까지 뽑아버리지는 못한다.

어느 철학자는 참으로 멋들어지게 인간을 잎이나 나무라 한다면, 자연은 나무나 숲이라 일컬을 수 있다고 했다. 숲만 보고 나무를 보지 못할 것인가, 아니면 나무만 보고 숲은 보지 않을 것인가. 나무를 떠난 잎, 자연을 떠난 인간이 정녕코 살 수 있겠는가.

자연은 우리 인간의 마지막 동반자다. 그러므로 인간이 자연을 학대하는 것은 곧 자신의 삶 자체를 학대하는 것이 된다. 자연이 인간의 소유물이 아니라 인간이 자연의 소유물이기 때문이다.

따라서 우리는 자연으로부터 부지런히 배워야 한다. 허나 우리가 반드시 명심해야 할 것은 인간은 자연을 따름으로써만 자연을 지배할 수 있다는 사실이다.

자연정치론

자연은 인간의 교사다. 아리스토텔레스도 『정치학』에서 "자연은 모든 것을 인간을 위해 불완전하고 무의미한 것으로는 만들지 않는" 존재라고 했다. 루소도 인간이 자기 자신의 참다운 본성을 찾아내기 위해 자연으로부터 배우지 않으면 안 되고 그러기 위해 "숲속에 은거"하라고까지 권유했다. 이런 취지에서 루소는 모든 인간이 거짓말 투성이인 책이 아니라 결코 거짓을 말하지 않는 자연의 소리에 귀 기울이지 않으면 안 되리라고 역설했다.

이처럼 어머니의 품이며 학교며 절 같은 곳이 바로 자연이고, 자연의 모든 것이 책이고 스승이며 성직자임에도 불구하고, 자연은 인간에 의해 일방적으로 폭행당하기만 하는 존재로 전락했다. 그러므로 자연과 멀어진 문명인들은 문명화되는 수준과 속도만큼 순수의 빛을 잃게 될 것이다.

자연은 겸허와 순수를 가르친다. 허니 자연에 귀 기울일 게 어디 한둘인가. 그윽이 내려 쌓이는 눈에서 차곡차곡 쌓아가는 땀 흘린 결실의 아름다움을 엿듣고, 머물지 않고 마냥 흘러가는 구름의 헌거로움에서 사리私利에 파묻히지 않는 광활한 여유를 엿볼 수 있다. 둥글었다 이지러졌다 하는 달의 의연함에서 즐거워도 날뛰지 않고 쓰러져도 신음하지 않는 유유자적함을 배운다. 자연은, 바람이 부는데 흔들리지 않는 나무도 이상하지만, 바람이 자는데도 계속 흔들리는 나무 역시 온전하지 못하다는 것을 우리에게 가르친다.

이인로가 『파한집破閑集』에서 말하듯 "뿔 있는 놈은 이빨이 시원찮고, 날개가 있으면 다리가 두 개뿐이며, 이름난 꽃은 열매가 없고, 고운 빛깔의 구름은 쉬 흩어지는 것처럼", 인간 역시 크게 다를 바 없는 존재이리라. 비범한 재주와 눈부신 자질이 크게 뛰어나면, 공명功名이 떠나가 함께하지 않음도 흔히 일어나는 일이다. 미인박명美人薄命이니 재승박덕才勝薄德이니 하지 않던가. 이처럼 자연은 다른 꽃보다 앞서 피는 꽃이 지는 것도 더욱 빠를 수밖에 없음을 깨닫게 해줌으로써, 우리로 하여금 한탄과 절망에서 벗어나도록 친절히 이끌어주기도 한다.

이런 의미에서 인간이 자연과 더불어 그리고 자연의 질서에 따라 함께 살아가야 함은 자연스러운 이치라 할 수 있다. 숱한 선혈이 '자연과 가까울수록 병은 멀어지고, 자연과 멀수록 병은 가까워진다'고 간곡히 되뇌었음을 공손히 기억할 필요가 있다.

어쨌든 오늘날 인간의 치료도 자연의 섭리를 따라야 한다는 자연의학적 논지가 점차 설득력을 얻고 있다. 자연의학자들은 자연과 인체는 대단히 유사한 구조로 짜여 있다는 믿음을 공유한다. 곧 바위를 사람의 뼈로, 흙을 사람의 살로 풀이한다. 마찬가지로 물은 피, 강줄기는 혈맥, 그리고 풀뿌리와 나무뿌리는 모세혈관에 걸맞은 것으로 이해하는 것이다. 그리하여 동사凍死하거나 산불에 타죽거나 사람이나 맹수에게 죽임을 당한 산짐승의 시체는 간혹 볼 수 있지만 병으로 죽은 짐승들의 모습은 보기 어려운 것처럼, 그들은 인간도 원래 자연에 의해 주어진 자연 치유력을 스스로 지니고 있다는 관점에서 출발한다.

자연의학 전문가들에 의하면, 서양 의학도 애초에는 한의학과 거의 다를 바 없이 유기적인 자연적 체질론에 입각해 있었다고 한다. 예컨대 히포크라테스도 인간의 자연적 체질을 다양하게 분류하고 그에 따라 인간의 품성적 기질이나 직업 등을 잘게 나누었을 뿐만 아니라 또 그에 맞는 병의 치유법까지 제창했는데, 실은 그러한 방식이 근대에 이르기까지 지속되었다고 주장한다.

그런데 이러한 서양 의학의 전통적인 정신을 짓이겨놓은 장본인은 바로 병균을 발견한 코흐Robert Koch라고 한다. 왜냐하면 세균의 정체를 찾아내고부터는 육체의 유기적인 총체적 구조와의 관련성 속에서 치료가 이뤄지지 못하고, 단순한 국부 치료가 기승을 부리게 되었기 때문이다. 예를 들어 눈이 충혈되면 양의는 안약만 준다. 또는 위염이 발생하면 양의는 항생제를 주는데 그게 또 지독해서 소화제를 같이 줄 때도 많다는 것이다. 그러면 위염 자체는 치유될지 모르지만, 항생제의 독성으로 인해 간이나 콩팥 등 아무런 이상도 없던 다른 장기들까지 심각한 손상을 입게 된다는 말이다.

이들에 따르면, 건강이라는 영어 단어 'health'의 어원은 '전체 건강'을 뜻하는 'hal'인데, 'health'와 'whole'(전체)이라는 말이 여기서 비롯되었다. 또한 의학은 영어로 'medicine'인데, '치료하다' '나누어 측정하다' 등의 뜻을 지닌 라틴어 'medicina'에서 유래했다고 한다. 이처럼 자연의학 종사자들은 서양 의학이 인간과 자연을 분리하고 인체를 여러 조각으로 잘게 나눠 분석함으로써, 그걸 마치 기계 부속품의 조합처럼 이해하는 인습에 사로잡혀 있다고 주장한다.

그러나 자연의학적 이해 방식은 전혀 다른 논법에 기초한다. 가령 몸에 열이 날 때 그것을 열을 냄으로써 심신의 균형과 조화를 회복하라는 자연 치유력의 발동 현상으로 받아들여, 증상만을 완화하는 해열제를 쓰는 대신 오히려 열을 돋우는 약초나 음식을 먹는 걸 당연하게 받아들이는 식이다. 우리의 오랜 생활 관습처럼 '이열치열以

熱治熱'인 셈이다. 옛 중국의 명의 화타도 가슴에 쌓인 분노로 인해 생긴 어느 고관대작의 울화병을 오히려 화를 돋우어 고쳤다는 일화를 남기고 있다.

중국에서 가장 오래된 전통의학서로 알려진『황제내경黃帝內經』에는 "통痛은 통通이다"라는 말이 있다. 말인즉슨 우리 신체의 어느 부위에 통증痛症이 생기면, 그것은 모든 막힌 부분을 뚫어주어 반드시 그걸 통通하게 하라는, 즉 질병을 치료케 하려는 자연의 본능적 사전 경고나 사전 요청이라는 뜻이다.

요컨대 모든 증상이 인간의 신체를 정상으로 되돌리기 위해 자연 치유력이 자연스럽게 움직이기 시작하는 표시로 이해되는 것이다. 즉 그것은 신체에 이상이 있거나 과도한 무리가 가해지고 있다는 사실을 알려주는 신호등 역할을 하는 것으로 인식된다. 따라서 그 증상을 없애려고 바로 거기에 양의학적으로 약을 투입하거나 수술을 행한다면, 그건 아예 신호등 자체를 제거함으로써 더 심각한 질환을 유발하는, 자연을 거스르는 참으로 어리석고 잘못된 행위가 되는 셈이다.

이런 의미에서 사회과학 분야에서도 '양의학적' 접근법이나 '자연의학적' 방법론 중에서 하나를 선별적으로 적용할 수 있을 것이다. 말하자면 사회 내부에 모순이나 분규가 발생할 때, 그러한 부정적인 현실을 학문적으로 해석하고 치유하려는 경우에 의학적인 방식을 따를 수 있으리라는 것이다.

이때 '자연의학적' 방법론이 좀더 유효적절하지 않을까 싶다. 이를테면 우리가 사회 및 정치 현상을 고찰할 때, 전체 구조를 파편처럼 잘게 부숴 조각조각 내는 양의학적 요법보다는 사회구조의 구성

인자들을 전체적인 유기적 관련성 속에서 총체적으로 투시하는 '자연의학적' 방법론이 더 내실 있고 바람직하지 않겠는가 하는 말이다. 요컨대 사회적 병리 증상의 표출을—그러한 문제점들을 신속히 극복함으로써 단호하게 사회의 건강성 회복에 매진하라는—'사회적 자연'의 자연스러운 요청이요 경고로 받아들이는 실천 지향적인 총체적 접근이 사리에 더 부합하지 않겠는가 하는 것이다.

나는 이를 '자연정치론'이라고 규정한다.

인간은 자연의 산물 중에서 가장 영리한, 아니 정확히 말하면 가장 교활한 존재다. 인간만큼 대대적이고 계획적이고 상습적으로 자기 자신의 종족을 파괴하고 말살하는 포유류가 과연 이 자연 어디에 존재하겠는가. 어디 그뿐인가. 예컨대 누에는 애벌레처럼 생겼고, 뱀장어는 뱀과 닮았다. 그래서 사람들은 누에나 뱀장어를 보면 징그럽다고 질겁하기 일쑤다. 반면 실 뽑는 여인들은 누에고치를 즐거이 어루만지며, 어부와 뱀장어 장수는 뱀장어를 홍겹게 쓰다듬는다. 이처럼 자신의 이해관계에 따라 자연을 어루더듬기도 하고 기피하기도 하는, 그렇지만 영원히 자연을 등지지는 못하는 기회주의적 생물이 바로 인간 아니겠는가.

목이 탈 때 사람은 샘을 찾는다. 그러나 목을 축이고 나면 금세 샘에 등을 돌리고 만다. 황금 접시에 담았던 귤이라도 과즙을 짜내면 즉시 시궁창에 내던지지 않던가. 물에 빠져 허우적거릴 때는 안간힘을 써서 움켜잡으려 애쓰던 나무토막도 뭍에 오르면 허심탄회하게 내팽개치는 게 인간이다. 어쨌든 항문으로는 썩은 냄새를 내뿜으면서도 코로는 황홀한 향기만 맡고 싶어 안달하는 존재가 바로 인간 아닌가. 그런 인간이 어찌 향내만 맡자고 할 것인가. 가령 열쇠로 문을 잠글 때는 이게 열리면 어쩌나 하고 속을 태우지만, 그걸 열 때는 거꾸로 이게 열리지 않으면 어쩌나 하고 걱정하는 딱한 주체가 바로 우리 아닌가.

허나 이런 이중성을 인간 자신은 알려고 하지 않는다. 정원의 꽃들이 향기롭고 아름답게 되길 원한다면, 때때로 거름이 풍기는 고약한 악취를 맡을 각오를 하지 않으면 안 되는 게 자연스러운 이치다. 하지만 인간은 향기는 항상 향기여야 하고 구린내는 항상 구린내여야 한다는 단세포적인 욕심을 버리지 못한다. 향기와 구린내 사이에 준엄한 장벽을 쌓아놓고는 오로지 향기로만, 향기로만 매진하려 할 뿐이다. 심지어는 향기가 아닌 것을 향기라 우기고 구린내가 아닌 것을 구린내라 윽박지르기까지 하지 않던가. 이처럼 인간의 욕망은 끝이 없는데도 근심이 바로 욕심에서 비롯된다는 사실에 대해서는 무관심으로 일관한다.

허나 '뱁새가 깊은 숲에 보금자리를 만드는 데 필요한 것은 나무 한 가지에 불과'하고, '두더지는 강에서 물을 마시지만 필요로 하는 물은 배를 채울 만한 분량뿐'이다. 낙타는 엄청나게 무거운 짐을 등에 질 수 있지만, 개미는 불과 부스러기 하나밖에 지지 못한다. 하지만 둘 다 온 힘을 기울인다는 점에서는 전혀 다를 바 없다. 마찬가지로 코끼리는 어마어마한 양의 물을 마시지만, 쥐는 겨우 한 모금의 물밖에 마시지 못한다. 그래도 쥐나 코끼리 모두 배를 가득 채운다.

열매를 맺으려 땀 흘려 일하는 호박꽃의 뛰어남을 가시밖에 없는 장미가 어찌 따를 수 있겠는가만, 과연 자연이 장미꽃더러는 예쁘다 하고 호박꽃보고는 못생겼다고 손가락질하겠는가. 결국 같은 의미에서 자연 앞에서는 인간 역시 평등한 존재다.

데이비드 흄이 『인간 본성론』에서 언급했던 것처럼, 인간은 자연으로부터 가장 많은 욕망과 욕구를 부여받았으면서도 그것들을 충족시키기에는 가장 미약한 수단만 제공받은 존재일 뿐이다. 반면 사자는 항상 많은 양의 고기를 필요로 하기 때문에, 그에 걸맞게 자연으로부터 강인한 용맹과 강력한 살상력으로 보상받지 않았는가. 이런 의미에서 자연은 인간으로 하여금 서로 협동함으로써 스스로의 결함을 보완하지 않으면 안 된다고 가르치는 것이다.

여기서 우리가 결코 망각해서는 안 될 것이 있다. 인류가 우리를 '시민'으로 만들어주기 전에 대자연은 우리를 먼저 '인간'으로 만들어주었다는 사실을. 그러하니 사람을 헐뜯고 미워하고 업신여기면서 과연 산과 들과 강을 좋아한다거나 꽃과 숲의 향내를 사랑하고 새소리를 즐긴다고 말할 수 있을까. 사람이 싫어 자연에 파묻힌다는 말보다, 오히려 사람이 좋아 자연을 찾는다는 말이 더 진솔하지 않을까 싶다.

루소도 『에밀』에서 "자연은 결코 우리를 기만하지 않는다. 우리 자신이 언제나 스스로를 기만하는 것"이라고 힘줘 말했다. 그렇기 때문에 루소는 신이 창조한 모든 것은 선善 그대로였으나 인간의 손길이 닿자 모든 것이 악으로 변했다고 개탄해 마지않았다. 말하자면 그는 '양심을 사랑하고 이성을 깨닫고 자유를 선택하는 것을 선善'으로 인식했다. 그리하여 우리에게 내면의 신적인 목소리를 경청하도록 촉구했던 것이다. 루소가 "자연으로 돌아가라"고 외쳤다면, 그것은 단지 '자연 상태'에서의 인간의 자족과 행복에 대한 그리움의 표현일 뿐이었다. 그러므로 자연으로 돌아간다는 것은 그에게는 이 사악한 인간사회에서 어떻게 하면 '자연 상태'와 같은 낙원을 복원할 수 있을 것인가 하는 자신의 따스한 소망에 대한 다짐 비슷한 것이리라.

인간은 자연의 일부다. 아니, 자연 그 자체다. 자연의 영어 단어는 '네이처nature'인데, 이 말은 라틴어 '나투라natura'에서 유래했고 그 뜻은 '태어남'이나 '만들어짐'이라고 한다. 요컨대 서양에서의 자연 nature, natura이란 '생명이 나타나는' 것으로 풀이된다. 그러므로 자연을 가장 많이 닮은 생명체가 인간이라는 것이다. 아니, 인간 자체가 바로 자연이라는 말도 된다.

한마디로 인간은 자연의 산물이다. '자연'이 인간의 '본성'으로 풀이되는 것도 결코 우연한 일이 아니다. 사전에서도 자연이 "사람이나 물질의 본디 성질, 본성"으로 해석되고, '자연스럽다'라는 말이 "꾸밈이나 거짓이나 억지가 없어 어색하지 않다"고 묘사된다.

마르크스도 '인간의 자연화Vernatürlichung des Menschen'와 '자연의 인간화Vermenschlichung der Natur'를 설파한 적이 있다. 그에게 자연은 물론 인간화하고 사회화한 자연이다. 그러므로 변화시킬 수 없는 자연은 존재하지 않는다. 자연은 인간에 의해 변화하고 인간은 또 그를 통해 자신의 자연, 곧 본성을 변화시키는 것이다. 인간은 자연의 일부일 뿐만 아니라 동시에 자연을 변형시키는 힘으로 인식된다. '자연의 인간화'란 결국 '자연의 사회화'를 의미하며, 인간적 노동의 지속적인 투여 과정을 일컫는다. 마르크스에 따르면, 그러나 인간은 사회화한 자연 곧 개조된 자연의 인간화, 사회의 개조, '사회의 인간화'를 지향한다. 그러므로 마르크스는 인간의 역사 과정을 자연의 사회화와 사회의 인간화의 종합, 즉 노동과 해방의 총화로 파악하는 것이다. 그리고 이러한 역사 과정 중에 '인간의 자연화', 요컨대 인간의 자연, 즉 인간적 본성의 변화가 이루어짐을 역설하고 있다. 그러므로 인간과 자연 간에는 변증법적 상호 관계가 성립한다는 말이 된다.

어쨌든 자연은 인간의 원류다. 허나 인간에 의해 자연스럽게 더럽혀지는 조상인 것이다. 거칠게 말해도 좋다면, 자연을 유일하게 망가뜨리는 존재이면서 동시에 유일하게 그 자연을 살려낼 수 있는 존재가 바로 인간이다.

인류는 인간과 가장 가까이 있는 자연부터 차례차례 숙청해온 역사를 밟아왔다. 그리하여 역사는 예컨대 토인이나 아메리카 인디언, 에스키모 등 자연에 가까운 존재들이 어떻게 신속히 핍박당하고 축출당했던가 하는 것을 잘 드러내 보여준다.

가령 미국 남동부 애팔래치아 산맥 남쪽 끝에 살면서 농경과 수렵 생활을 해오던 인디언 체로키 족 1만3000명이 1838년에서 1839년에 걸쳐 오클라호마의 보호구역으로 강제 이주당한 적이 있다. 하지만 그중 무려 4000여 명의 체로키들이 1300여 킬로미터에 달하는 긴 여정 중에 추위와 음식 부족, 질병, 사고 등으로 목숨을 잃었다고 한다. 다른 한편 1855년 미국 피어스 대통령은 북미 인디언 수쿠아미시족의 추장 시애틀에게 자신의 부족들이 거주하는 땅을 미국 정부에 팔고 보호구역으로 이주하라고 제안하기도 했다. 하지만 인디언들에게 땅은, 백인들에게와는 달리, 돈으로 계산할 수 없는 생명줄이나 다를 바 없었다. 미국 독립 200주년을 맞아 미 정부는 이 시애틀 추장의 답서를 공개한 바 있다. 이 문서에는 야만인을 자처하는 한 인디언이 당대와 한 세기 뒤의 문명세계에 던지는 간곡한 호소와 애끓는 탄원이 담겨 있다.

어떻게 감히 하늘의 푸르름과 땅의 따스함을 사고팔 수 있습니까? 우리의 소유가 아닌 신선한 공기와 햇빛에 반짝이는 냇물을 당신들이 어떻게 돈으로 살 수 있단 말입니까?

이 땅의 모든 부분은 우리 종족에게는 거룩한 것입니다. 아침 이슬에 반짝이는 솔잎 하나도, 냇물의 모래밭도, 빽빽한 숲의 이끼더미도, 모든 언덕과 곤충들의 윙윙거리는 소리도 우리 종족의 경험에 따르면 성스러운 것입니다.

우리는 땅의 한 부분이고, 땅은 우리의 한 부분입니다. 향기로운 꽃들은 우리의 형제이고, 사슴, 말, 커다란 독수리까지 모두 우리의 형제입니다. 그리고 거친 바위산과 초원의 푸르름, 포니의 따스함, 그리고 인간은 모두 한 가족입니다. 산과 들판을 반짝이며 흐르는 물은 우리에게는 그저 단순한 물이 아닙니다.

물속에는 훨씬 깊은 의미가 담겨 있습니다. 그것은 우리 조상들의 피입니다. 깊고 해맑은 호수는 우리 민족의 역사와 기억들을 되새겨줍니다. 강은 우리의 형제로서 우리의 목을 적셔줍니다.

(…)

우리가 만약 당신들에게 우리의 땅을 판다면, 당신들은 당신들 자손에게 가르쳐야 합니다, 강은 우리의 가족이라고. 그리고 당신들은 우리가 사랑한 만큼 강을 사랑해야 할 것입니다.

우리는 백인들이 우리의 풍습을 이해하지 못한다는 것을 알고 있습니다. 당신들은 어머니인 땅과 형제인 하늘을 마치 보석이나 가죽처럼 사고파는 것으로 여기고 있습니다. 하지만 그 욕심은 땅을 모두 삼켜버릴 것이고, 우리에게는 결국 사막만이 남을 것입니다. 당신들의 도시는 붉은 사람들(인디언)의 눈을 아프게 합니다. 백인들의 도시에는 열려 있는 공간이 없습니다. 그곳에는 떨어지는 낙엽과, 봄에 피는 꽃, 그리고 날아다니는 곤충들의 날개 소리를 찾을 수가 없습니다.

도시의 소음은 우리의 귀를 모독하는 것 같습니다. 사람이 냇물 가에서 수다를 떠는 개구리들과 달콤한 풀을 뜯는 염소의 소리를 듣지 못한다면, 사는 것이 무슨 의미를 지니겠습니까? 나는 붉은 사람(인디언)으로서 이해할 수가 없습니다.

인디언은 화살처럼 호수 물을 부드럽게 스치며 불어오는 달콤한 바람의 속삭임을 좋아합니다. 그리고 솔방울 내음을 싣고 아침 비에 젖어 촉촉하게 불어오는 바람의 향기를 좋아합니다. 모든 생물이 같은 공기를 마시기에, 붉은 사람(인디언)은 공기를 소중히 여깁니다. 온갖 산짐승, 나무, 사람 모두가 한 공기를 마시고 삽니다. 하지만 백인들은 자신들이 마시는 공기를 별로 소중하게 여기지 않는 것 같습니다.

이 땅을 팔아달라는 당신들의 요청을 한번 검토해보겠습니다. 하지만 여러분의 요청을 받아들이기로 결정한다면, 나는 여러분에게 한 가지 조건을 제시할 것입니다. 당신들은 이 땅에 사는 모든 짐승을 형제처럼 존중해야 합니다.

(…)

우리가 우리의 자손들에게 가르쳤듯이, 당신들도 당신들의 자손에게 가르치십시오, 대지는 우리 모두의 어머니라고. 모든 것은 어머니인 땅으로부터 나오고 그 자식들에게 미치는 것이라고. 그리고 만일 땅에다 침을 뱉으면, 그것은 자기 자신에게 침을 뱉는 것이라고.

땅을 위해서 하는 일은 곧 우리 자손들을 위해 하는 일입니다. 생명의 실타래는 사람이 만든 것이 아닙니다. 사람은 그중 하나의 실가닥일 뿐입니다.

(…)

우리는 이해할 수가 없습니다. 이유 없이 살육당하는 들소와, 길들여지는 말들, 백인들에게 잘려나가는 울창한 숲과, 말하는 전깃줄 때문에 짓밟히는 아름다운 꽃들을 보면 당신들을 이해할 수 없습니다. 그 숲들은 어디로 갔죠? 모두 사라졌습니다. 독수리들은 어디로 갔죠? 모두 사라졌습니다. 이렇게 삶이 사라지면 곧 살아남는 것은 싸움의 시작뿐입니다.

어쨌든 자연에서 가장 멀리 떨어져나온 것이 가장 늦고 힘들게 자연으로 되돌아갈 수 있다. 예를 들어 흙이나 나무집은 부서지면 쉽게 자연으로 되돌아갈 수 있지만, 시멘트나 공산품, 화학제품 등의 쓰레기가 자연화되기는 대단히 힘들다. 사실 이러한 것들이 근래 환경오염이나 자연 파괴의 주범으로 일컬어지고 있지 않은가. 머지않아 남의 집을 방문할 때, 자연식을 위해 특별히 만들어진 고급 유기농 상점에서 최고 브랜드의 생수를 사서 선물로 건네야 할지도 모른다.

단순하지만 또 단순히 잊히는 것은, 인간이 존재하기 전에도 자연은 존재했고, 인간이 죽는다고 자연이 따라 죽지는 않지만, 자연이 죽으면 인간은 반드시 따라 죽는다는 사실이다. 그런데 이러한 인간은 역사가 열린 이래 지금까지 어떻게 살아왔을까? 달리 일컬어, 인간의 '자연살이'는 지금껏 어떠한 역사 과정을 거쳐왔을까?

원래 '살이'는 "어떤 일에 종사하거나 어디에 기거하여 사는 생활"

의 뜻을 더하는 접미사다. 감옥살이, 셋방살이, 시집살이, 타향살이 등이 그 대표적인 용례다. 이런 취지를 살려, 여기서는 자연 속에서 자연과 더불어 살아온 인간 생활의 다양한 형태와 속성이 어떠했을까를 찬찬히 더듬어보기 위해 이 '자연살이'란 용어를 적용하려 한다.

'자연살이'의 역사

'자연을 죽이면 자연이 죽인다.'

이는 생태계의 처절한 진리다. '인간 없는 자연'은 전혀 문제될 게 없지만, '자연 없는 인간'은 생존 불능이기 때문이다. 인간에게 자연은 전부이나, 자연에게 인간은 눈곱만 한 일부분에 지나지 않는다. 그러므로―더구나 생태계의 위기 상황에 직면하여―"인간이 마지막으로 기댈 데"는 오직 자연이고, 또 "현대 문명의 해독제는 자연밖에 없다"는 지론이 힘을 얻을 수밖에 없는 현실이다. 이런 의미에서 "자연의 한 부분"인 우리 인간에게 자연이 결코 "정복의 대상"이 아니라 "위대한 교사"일 수밖에 없음은 자명한 이치라 할 수 있다.

루소가 『인간 불평등 기원론』에서 잘 그려내고 있듯이, 원시시대의 우리 인간은 동물들과 크게 다를 바 없었을 것이다. 도처에 먹을 것과 숨을 곳을 제공해주는 풍요한 대삼림 속에서 다른 동물들과 뒤섞여, 일정한 주거도 없고 또 서로를 필요로 하는 일도 없이, 아마도 평생 서로 부딪칠 일이라든지 알고 지내든지 대화를 나눌 필요도 없이, 모두가 뿔뿔이 흩어져 고립적으로 원시생활을 영위했을 것이다.

수렵과 어로라든지, 아니면 맹수가 먹다 버린 찌꺼기들을 가까스로 주워 삼키며 구차하게 목숨을 부지하기도 했을 터이다. 애초 우리의 인간 조상들은 참으로 가련하고 기구한 신세였을 것이다.

이러한 원시 상태에서는 사람들 사이에 갈등이나 차별을 만들어 내는 조건도 거의 없었다. 인위적으로 설정된 불평등이 존재하지도 않았기 때문에, 연령이나 건강, 체력 등의 차이에서 생기는 자연적 불평등은 지극히 근소한 것에 지나지 않았을 것이다. 산업도, 언어도, 가옥도 존재하지 않았다. 인간은 다른 인간이나 인간 집단을 필요로 하지도 않았고, 싸움을 좋아하거나 상대방을 지배하려는 욕망 같은 것도 지니지 않았다. 그들은 고독했고, 쉽게 만족할 뿐만 아니라 허영심도 갖고 있지 않았다. 따라서 질투라든가 선망, 복수심, 좋은 평판을 받으려는 욕망 등등은 아주 원시적이고 비사회적인 인간들에게는 지극히 생소한 감정들이었다.

이처럼 수렵과 어로로 힘들고 단조로운 삶을 꾸려가던 시절, 한마디로 우리 인간은 예측할 길 없는 자연의 어마어마한 위력에 극단적인 공포를 느낄 수밖에 없었을 것이다. 홍수, 가뭄, 혹한 등 천재지변 같은 것이야말로 인간의 힘으로는 어쩔 수 없는 대재앙이었다. 그러하니 자연에 대한 외경심이 어찌 자연스레 샘솟지 않을 수 있었겠는가. 태양과 달을 향해 빌기도 했을 것이고, 또 거대한 바위나 가공할 맹수 역시 신령스러운 존재로 비칠 수밖에 없었을 터이다. 이처럼 자연이 주는 공포를 바로 자연 그 자체의 위력으로 극복하고자 했던 원시적 순박함이 우리 인류를 사로잡고 있었다. 이러한 상황에서는 천재지변 같은 자연의 대재앙에 맞서 최대한의 본능적 '생명활동'과 최소한의 의식적 '생존활동'만이라도 추구해나가고자 하는 의지 그 자체가 인간 '욕망'의 전부였을 것이다.

　인간이 생존하기 위해 꼭 필요한 것은 일차적으로 의식주를 해결하는 일이라 할 수 있다. 왜냐하면 먹을 것, 마실 것, 입을 것, 잘 곳이 지속적으로 마련되지 못하면 생존 자체가 위태로워지기 때문이다. 그다음으로 중요한 일은 위험을 잘 깨닫고 그에 적절한 행동을 취함으로써 그를 피하는 일이다. 이런 취지에서 우리는 인간이 살아가는 방식을 두 영역으로 나누어 살펴볼 수 있다. 하나는 몸 안에서 행해지는 '생명활동'이고, 다른 하나는 살아남기 위해 몸 밖에서 취하는 일련의 '생존활동'이다. 그런데 이 '생존활동'은 '의지'에 입각한 것이라 할 수 있는 반면, '생명활동'은 의욕이나 상상력에 의한 것이 아니라 '자연', 즉 본능에 따른 것이라 할 수 있다. 출생과 동시에 시작해 죽을 때까지 지속되는 혈액순환, 맥박, 호흡, 소화, 영양, 배설 등과 관련된 운동이 바로 '생명활동', 요컨대 "생명의 지탱을 위한 운동"이며, 이런 운동에는 상상력의 도움이 필요치 않다. 반면에 걷고, 움직이고, 사지를 움직이는 등의 행위를 '생존활동', 즉 "자발적 운동"이라 일컬을 수 있는데, 이는 "마음에 생각한 대로 행하는 운동", 곧 자유의지에 의해 수반되는 운동을 말한다.

　이처럼 최대한의 본능적 '생명활동'과 최소한의 의식적 '생존활동'만을 추구할 수밖에 없었던 이러한 원시 단계에서는 자연에 대한 맹종盲從이 인간적 '자연살이'의 거의 전부였다. 무엇보다 자연이 절대적인 힘을 지니고 있고, 그리하여 인간의 운명을 근본적으로 좌지우지할 수밖에 없는 전능한 존재로 인식되었기 때문이다. 이러한 자연에 대해 도대체 무엇을 어떻게 해야 할지 고대인들도 고심을 거듭할 수밖에 없었을 것이다. 여기서 자연스레 출현한 활로 중 하나가 자연숭배 정신이라고 할 수 있다.

그러나 오랜 세월에 걸친 완만한 진보의 결과 지혜가 차차 쌓이면서, 인간은 이제 모든 것을 자연과 우연에만 내맡기는 떠돌이 생활을 청산하고 서서히 집단적 정착생활을 꾸려나간다. 서로 뿔뿔이 흩어져 고립된 생활을 영위하던 동료 인간들이 힘을 합치면 자연의 재앙에 맞서 싸우기도 더 쉬웠을 것이다. 뿐만 아니라 자연의 혜택을 공유할 기회 또한 더 효율적으로 증대시켜나갈 수 있었을 터이다. 이윽고는 이 지상의 모든 것을 지배하는, 이른바 '만물의 영장'의 지위에까지 등극할 수 있는 발판도 서서히 마련해나갈 정도로 용기백배하기 시작했다.

점차 정착형 농경사회가 성립되기에 이르렀다. 가옥의 축조와 더불어 최초의 사유재산이 발생했고, 성적性的인 분업이 뒤따랐다. 또한 언어를 개발함으로써 지식을 축적하고, 또 그것을 후대에 전수할 수 있는 능력을 보유하게 되었다. 이윽고 이들은 관습을 세워나가고, 상벌에 대한 보편적인 기준을 마련하기도 했다.

농업경제가 도입되고 차츰 금속을 사용할 수 있게 됨으로써 사람들은 점차 일시적인 의존 상태에서 벗어나 좀더 영구적인 상호 의존 관계를 형성하는 단계로 나아갔다. 그러다가 불을 사용하고 토기를 굽기 시작하면서, 자연생태계에 대한 눈여겨볼 만한 본격적인 개입 및 훼손 행위라 이를 수 있는 연료 획득을 위한 삼림 벌채가 자행되기도 했을 것이다. 특히 철기시대에 이르면 철을 생산하기 위해 대량의 목탄이 필요해지고, 철로 만들어진 도끼의 위력이 그 위용을 널리 과시함에 따라 삼림 파괴는 가속화될 수밖에 없었다.

자연경제가 주축을 이루긴 했으나 이윽고 본격적인 자연 정복의 물꼬가 트이기 시작한 것이다. 토지가 경작됨에 따라 토지 분할이 이뤄질 수밖에 없었다. 그런데 수렵·어로에서 획득된 수렵물들과는 달리 농작물은 쉽게 부패하지 않는 까닭에 계속적인 점유와 부의 축적도 가능해졌다. 그에 따라 소유의 불평등이 점증하고, 자신의 부를 자식에게 유산으로 물려주는 행위 역시 가능하게 되었다. 결국 이러한 사유의 증대는 자연에 대한 침탈 위협의 증대로 연결될 수밖에 없었다. 이 시기 인류는 자연에 순종하면서도 '생존활동'의 영역을 확대하고 심화시키는 일을 게을리하지는 않았다.

다른 한편 예컨대 고대 중국과 같은 곳에서는, 사람과 사람 사이에서와 마찬가지로, 의당 인간과 자연 사이에도 의사소통이 가능하다는 생각이 사람들을 사로잡은 적도 있다. 인간의 노력과 정성을 자연이 잘 알아주리라는 이러한 '천인상응天人相應' 사상 역시 자연숭배 정신과 밀접하게 연관되어 있음은 물론이다.

어쨌든 이러한 정착생활의 연륜이 깊어가면서 자연에 대한 인간의 일차적 관심은 토지에 대한 애착과 탐욕으로 점철되었다. 왜냐하면 불변하는 토지야말로 사회적 부와 권력의 원천이 되기에 손색없었기 때문이다. 이에 토지 소유의 정도에 따라 사회 권력의 강약이 판가름나는, 토지 중심 사회가 생성되었다. 군주와 토지귀족 그리고 승려가 중심이 되는 신분적 특권과 그로 인한 사회적 불평등의 심화가 필연의 결과로 뒤따랐다.

서양에서는 르네상스와 휴머니즘의 시대를 겪으면서 이처럼 토지에 기초한 사회체제가 심각하게 동요하기 시작한다. 인간 자신과 자신을 둘러싼 자연세계에 대한 관심이 폭넓게 증대한 것이다. 결국 이미 알고 있던 기지旣知의 인간은 새로이 점검되고, 미지未知의 대륙은 새로이 점거되는 과정을 겪게 된다. 르네상스는 요컨대 '인간의 발견'과 더불어 '세계의 발견'을 가져온 것이다. 아울러 휴머니즘에 내포된 현세주의는 명확하게 현실세계와 자연으로 눈을 돌리게 만들었다.

자연에 대한 관심은 한편으로는 자연의 아름다움을 있는 그대로 표현하려는 문학 및 예술활동을 자극했고, 다른 한편으로는 자연을 관찰하고 탐구하는 과학적 정신을 일깨움으로써 근대과학과 기술 발달의 동력으로 작용했다. 코페르니쿠스의 지동설과 이를 뒷받침한 케플러와 갈릴레이의 학설에 의해 우주의 신비가 하나씩 벗겨지면서, 마침내 중세의 우주관을 뒤엎는 과학혁명이 일어났다. 이윽고 구텐베르크가 발명한 활판인쇄술은 새로운 지식과 사상을 전파하는 데 획기적으로 공헌함으로써 17세기의 지적 혁명을 가능케 하는 토대로 작용하기도 했다.

과학기술의 발달은 마침내 산업혁명으로 발화했고, 그에 힘입은 사회적 생산력의 폭발적인 증대는 결국 토지 중심의 전통적 지배 질서를 용인할 수 없는 차원으로 뻗어나간다. 그리하여 그에 걸맞은 새로운 사회체제를 구축하려는 치열한 욕구가 맹렬히 불타올랐다. 사회혁명이 뒤따랐다. 급기야 봉건적 지배 질서가 몰락하고, 자본주의 체제가 성립했다. 결과적으로 자본주의적 상품생산 체제가 석권함으로써 자급·자족적인 생산 방식의 지양, 지역적 한계 및 신분적 구속의 철폐 등이 촉진될 수밖에 없었다. 이 봉건적 생산양식에 대한 초기 부르주아 계급의 저항은, 엥겔스의 지적처럼 "농촌에 대한 도시의, 토지 소유에 대한 산업의, 자연경제에 대한 화폐경제의 투쟁"을 의미했던 것이다. 그러나 경제적 실력을 확보한 부르주아 계급은 그것으로 만족하지 않았다. 급기야 그들은 정치권력까지도 마땅히 손에 넣지 않으면 안 된다는 것을 절감했다. 무엇보다 막스 베버의 지적처럼, "경제적으로 몰락해가는 계급이 정치권력을 손에 쥐고 있다면 그것은 위험한 것이며, 결국은 민족의 이익과 배치될 수밖에" 없으리라는 믿음을 저버릴 수 없었기 때문이었다.

특히 영국과 프랑스에서 여러 차례 되풀이되었던 시민혁명은 이런 충돌의 가장 집약적인 표출이었다. 그리고 바로 이 시민혁명을 통해 각종 봉건적 특권과 질곡이 제거되는 획기적인 계기가 만들어진다. 하지만 이렇게 출범한 국민국가는 자본주의의 발달과 더불어 점차 극심한 갈등과 경쟁관계로 빠져들 수밖에 없었다. 물론 이러한 치열한 경쟁으로 말미암아 결과적으로는 과학과 예술이 꽃피고 생산력의 막대한 증대가 이뤄지긴 했지만, 그것은 한마디로 심각한 자연 파괴 및 정복의 필연적 대가일 수밖에 없었다. 어쨌든 대대적인 기계공업화와 생산력 증대를 야기한 산업혁명으로 인해 인류는 자연의 지배자로 등극하는 결정적 계기와 만난다. 그로 말미암아 자연 생태계는 극심한 몸살을 앓을 수밖에 없었다. 결국 산업사회로 진입한 이후 폭발적인 인구 증가, 대대적인 과학기술 및 도시 발전, 기하급수적인 경제성장 등으로 인해 자연생태계 자체의 수용 범위를 훨씬 초과하는 극심한 과부하가 걸린 것이다.

급기야 전 인류를 말살할 수도 있는 세계대전이 연이어 터져나오기까지 했다. 그 와중에 자연은 무분별한 정복의 대상으로 전락해 마구잡이로 노략질당하는 뼈아픈 세월을 겪지 않으면 안 되었다. 그리고 그것은 요컨대 과학적·합리주의적 자연관에 의해 정당화되기도 했다.

결국 "자연이 낳은 이자만으로도 모자라 자연이 축적해놓은 자본까지 갉아먹는", 이를테면 대량생산과 대량소비를 촉진하는 문명사회가 만개한 것이다. 땅에서 나온 게 죄다 땅으로 되돌아가는 농경사회에서는 쓰레기 같은 게 배출되기 힘들었다. 반면 땅에 들어가도 삭지 않는 화학제품과 공업제품만을 양산하는 산업사회에 와서는 땅과 지하수가 당연히 더럽혀질 수밖에 없다. 부르주아지가 쟁취해낸 결정적인 역사적 승리의 혹독한 부산물이라고 할 만한 현상이다.

종내는 자연에 대한 방종放縱으로 일관하는 향락적·물신주의적 인간중심주의가 제왕처럼 군림하게 되었다. 그리하여 무한정한 자연개발과 무분별한 생태계 파괴로 인해 비극적인 자연재해가 결정적으로 자초될 수밖에 없는 상황이 도래한 것은 그 자연스러운 귀결이다.

하지만 인간의 이성은 자연계의 악순환에 더욱 박차를 가할 뿐이다. 바야흐로 자본주의의 국제적 팽창과 더불어 세계화 광풍이 전 지구를 휩쓸고 있다. 현재 이러한 역사적인 세계화 추세에 발맞춰 첨단 기술의 범람과 사이버 돌풍, 환경오염 및 자연 파멸에 대한 공포까지 세계화되고 있는 실정이다. 물론 이를 극복하기 위한 투쟁도 더불어 세계화되고 있다.

이런 상황에서 알프스가 나를 크게 깨우친 적이 있다. 오랜 기간 유럽에서 유학했음에도 그곳을 찾을 기회를 한 번도 장만해낼 능력을 갖지 못했는데, 하필이면 우리나라가 IMF로 된통 시련을 겪고 있을 무렵 뜻하지 않은 기회가 찾아왔다. 나는 주저 없이 알프스로 가는 짐을 꾸렸다.

우리의 땅 금강산에는 감히 오르지도 못하면서, 그보다 훨씬 높은 남의 산에까지 이렇게 태연히 오를 수 있다는 사실에 대해 대체 어떤 자긍심을 가져야 할지 속이 스멀거리기 시작했다. 지성인답게 야릇한 갈등에 가슴을 쥐어뜯으며, 어쨌거나 4000미터 고지를 케이블카로 정복할 수 있었다.

그런데 태고의 자연을 간직하고 있어 마치 빙하시대를 연상시키는 듯한 이 알프스 산골짜기에도 자본주의적 인간이 홍수처럼 범람하고 있었다. 스위스는 이제 높은 산을 오르내리는 케이블카와 호텔과 관광객들로 넘쳐나는 나라, 현지인이 사는 주택보다 호텔이 더 많아 매일 매일이 주말이나 휴가철과 다를 바 없는 나라가 되어버린 것이다. 하지만 호텔들은 정겨운 이름들을 한껏 뽐내고 있었다. '눈 쌓인 들판' '알프스의 행복' '새들이 깃든 숲' '저녁노을' '숲속의 고요' '알프스의 장미', 심지어 '콜로라도'까지 눈에 띄었다.

놀랍게도 이 알프스 산자락 마을에는 폭이 1미터가량, 길이가 고작 2미터 될까 말까 한 장난감같이 생긴 차들만 쏘다니고 있었다. 전기자동차였다. 대량생산이 불가능한 탓에 이 꼬마 차 한 대 값이 우리 돈으로 무려 5000만 원을 호가한다고 한다. 이런 애틋한 모습에 걸맞게 인형같이 생긴 조그만 '쓰레기 집'이 만들어져 있어 덩치 큰 쓰레기들을 담아내고 있었다. 또 길가 곳곳에는 쓰레기용 플라스틱 봉투가 두 귀처럼 양쪽에 쫑긋 달라붙어 있는 쓰레기통이 놓여 있어, 언제나 자유롭게 봉투를 끄집어내 손쉽게 쓰레기를 처리하게끔 되어 있기도 했다.

한편 이처럼 서구사회는 지나치게 합리적이고 온통 수지타산에 의해서만 이끌리는 듯 보여, 모든 게 기계적으로 작동하는 것처럼 비쳤다. 공동체적 유대의식이 졸아들고 인간미가 메마를 수밖에 없는 것이 그 자연스러운 귀결이 아닐까 싶었다. 예전에 이런 일도 있었다. 불이 난 동양인 친구 집에 헐레벌떡 뛰어 들어온 어느 유럽 학생이 만사 제쳐두고 "내가 빌려준 내 책도 탔니?" 하는 물음부터 숨 넘어가듯 던지더라는 것이다. 알프스도 정결하나 정겹지 못하고, 산뜻하나 산生 듯하지는 않고, 투명하나 신명은 없는 것처럼 보였다.

하지만 알프스는 '원시'에의 노스탤지어를 끊임없이 일깨움으로써 우리에게 버리고 떠나온 자연으로 되돌아가라고 끈기 있게 타이르고 있는 듯 느껴졌다. 자연의 소리에는 원시인다운 순수한 영혼의 여울이 있다. 그것은 우리를 하나로 껴안고 얼싸안게 만드는 순박한 힘을 지니고 있는 것이다. 이 알프스는 우리에게 원시를 향한 애틋한 망향가를 가슴 메이듯 절창하라고 촉구하는 듯 보였다.

그렇지만 오늘도 알프스의 오솔길과 호텔들에서는 서로 피 흘리며 붙들고 싸우는, 자유경쟁 정신으로 중무장한 자본주의 시대의 야만인들이 칼춤을 우아하게 추어대고 있을지 모른다. 그렇더라도 알프스의 빙벽과 계곡들에서 인간에 대한 사랑과 믿음을 일깨우는 북소리와도 같은 원시인의 함성 역시 끊임없이 들려오고 있음도 명심해야 하리라.

어쨌든 스위스는 자본주의의 요정이었다. 그러하니 스위스에도 자본주의적 낭비의 물살이 홍건할 수밖에 없었다. 가령 한 줄에 띄엄띄엄 연결되어 수천 미터 산꼭대기까지 쉴새없이 왔다갔다하는 케이블카는 미리 공지된 운행 시간 내에는 손님이 한 명도 없더라도 연이어 오르내려야 한다. 물론 계약을 엄격히 준수해야 한다는 것이 자본주의의 뛰어난 장기임에는 틀림없다. 하지만 보통 때는 거의 텅 빈 케이블카들만 왔다 갔다 하며 엄청난 양의 전력을 헛되이 탕진할 뿐만 아니라 동시에 자연의 이름으로 자연생태계까지 훼손하고 있으니, 이러한 비생산적인 현상을 도대체 어떻게 받아들여야 할까.

이 알프스 여행길에 한 식당에서 취리히 대학 교수 한 분과 우연히 자리를 같이하게 되었다. 대단히 부러운 듯 스위스 자연환경의 탁월성을 칭송하는 나에게 그는 체르노빌을 대표적인 사례로 꼽으며, 외부에서 잠입해 들어오는 환경오염 때문에 스위스도 그리 편안하지만은 않다고 투덜거렸다. 그는 사실상 국제정치 이론에서도 지금 심각하게 대두되고 있는 흥미로운 쟁점 하나를 부지불식간에 건드린 것이다.

국제정치에서는 현재 국가이기주의를 추구하는 현실주의와 공동선을 지향하는 이상주의가 서로 갈등을 일으키고 있는 형편이다. 요컨대 어떻게 하면 국가 간의 공동적 이해를 '침해하지 않으면서'(혹은 침해하면서까지도) 자기의 국가적 이해관계를 한껏 충족시킬 수 있을까 하는 문제를 둘러싼 논쟁이다. 무엇보다 환경 위기는 이러한 쟁점을 색다르게 노출시키고 있는 대표적인 사례로 꼽힌다. 예컨대 다른 나라에서 무작정 불어닥치는 오염된 공기를 도대체 어떻게 막아낼 것인가 하는 문제 등속이다. 하염없이 몰려오는 미세 먼지로부터 자기 나라의 국가 이해를 어떻게 지켜낼 것인가.

이러한 문제의식은 정치사상의 본질에까지 손쉽게 파고든다. 이를테면 개체적 이해관계를 구현하고자 하는 개인주의와 공동체적 단합을 지향하는 집단주의 간의 긴장을 과연 어떻게 조화시킬 것인가, 다른 말로 하면 도대체 어떻게 자유와 평등을 동시에 그리고 서로를 생채기 내지 않고 송두리째 확보할 수 있을 것인가 하는, 인류의 영원한 꿈이기도 한 사상적 명제를 새롭게 건드리고 있다는 말이다.

이처럼 환경오염과 기후온난화 등 자연적 이상 징후 현상은 전 지구적 차원에서 발생하고 확산되는 것이기 때문에, 결과적으로 현재 전 인류로 하여금 자기 국가만의 민족적 사리사욕에 집착할 수 없도록 만드는 역설적 상황을 강요하고 있다. 결국 전 지구의 생존 및 인류적 공생을 위한 범세계적 단합과 결속이 결정적으로 요청되는 시대가 도래한 것이다. 더구나 첨단 기술과학의 시대, 정보화 시대, 사이버 시대 등 수많은 얼굴을 하고 나타나는 현대사회는 '새로운 패러다임의 전환'을 촉구하고 있다. 그리하여 바야흐로 우리 인류가 "지구상 모든 생명체와 더불어 살 수밖에 없는 운명공동체"임을 자각함으로써 "생명문화 공동체" 건설에 발 벗고 나서지 않으면 안 되도록 압박받는 상황에까지 이르렀다. 무엇보다도 "전 세계 인류가" 현재 "구체제와 과거 방식"이 아니라 "범지구적 행동"을 정당화할 수밖에 없는 "명백하고도 시급한 위험에 직면"해 있기 때문이다.

결국 민족국가적 이기주의와 전 지구적 이타주의의 공존이라는 모순된 현실이 지배하게끔 되었다. 다시 말하면, 오늘날 인간이 자초한 한계 상황을 인간 스스로가 극복하지 않으면 안 되도록 유도하는 역사적 '시혜' 같은 것이 베풀어지는 현실이 도래한 듯 보인다는 말이다. '이성의 간지'일까, 인간의 이기적 본성이 극한 상황에 처하자 마치 인간적 공생주의를 강압하는 인류사의 변증법적 제재가 팔을 걷어붙이기 시작한 듯 보인다. 이윽고 자연과 인간의 합일을 지향하는 '생명공동체' 시대가 본격적으로 열리기 시작한 것이다.

되돌아보면 인류는 지금껏 '자연'에서 출발해 또다시 '자연'으로 회귀하는 삶의 양식을 발전시켜온 것처럼 보인다. 우리 인류는 자연에 '맹종盲從'해온 무기력한 고대사회에서 출발해, 자연에 대한 '순종順從'으로 일관한 정적인 중세 봉건사회를 거쳐, 이윽고 자연의 정복과 파괴에만 몰두하며 자연에 대한 '방종放縱'을 일삼는 완력적인 근대 자본주의사회로 와닿은 것처럼 보인다는 말이다. 그러다가 오늘날 급기야는 환경오염, 생태계 파괴, 자본주의적 물신숭배와 황금만능주의가 무절제하게 부추겨지는 혼란스러운 세계화 시대를 도래케 함으로써, 급기야는 자연을 '추종追從'하지 않으면 안 될 단계로 진입한 듯 여겨진다.

이 지상의 모든 생명체는 의당—생사를 초월하여—언제나 이 자연의 일부로서 그리고 이 자연 속에서 영원히 더불어 존재할 수밖에 없는 동등한 존재다. 뿐만 아니라 인간이야말로 바로 자연 자체를 가장 많이 빼닮도록 창조된 생명체라고 할 수 있다. 그러므로 자연이—가장 성실하게 자신의 섭리에 충실하도록 창조했을 뿐만 아니라 그러한 자신의 뜻을 가장 뛰어나게 잘 인지하고 있는—그러한 인간에 대해 특별히 유별난 관심을 기울일 수밖에 없음 또한 지극히 자연스러운 일이라고 할 수 있다.

어리석은 자는 자연을 섬기고, 열은 자는 자연을 짓부수며, 지혜로운 자는 자연에서 배울 것이다. 그러므로 힘을 사랑하는 인간이 아니라 사랑의 힘을 가진 인간이 자연과 어우러질 것임은 자명한 이치라 할 수 있다. 이런 의미에서 자연은 곧 우리 인간의 마지막 동반자라고 할 수 있다. 그러므로 인간이 자연을 학대하는 것은 곧 자신의 삶 그 자체를 학대하는 것이 된다. 자연이 인간의 소유물이 아니라, 인간이 자연의 소유물임을 어찌 잊을 수 있겠는가.

003 공동체 민주주의

우리의 공동체적 삶의 터전이자 최후의 피난처이기도 한 자연이 지금 심각한 위기에 봉착해 있다. '환경을 보호하자' '지구를 살리자' 등등의 구호가 난무하는 현실이 그러한 위기 현상을 극명히 드러내 보여준다.

오늘날 자연이 기하급수적으로 수탈당하고 있다. 자신의 이기적인 행복과 쾌락만을 배타 독점적으로 향유하기 위해, 인간은 마치 자연계의 '거인'처럼 지구상에 존재하는 다른 종種의 생명 질서까지 결정적으로 교란하고 있는 것이다. 무엇보다 안타까운 것은 자연이 심각하게 피폐해져감에 따라 인간의 '자연nature', 즉 인간의 '본성' 자체가 날로 극심하게 황폐해져간다는 사실이다. 우리 인간은 태양과 물과 나무처럼, 우리에게 아무런 보상도 바라지 않고 자기가 가진 모든 것을 무상으로 다 내어주는 자연에 대해 철면피하게도 "매춘 행위"를 자행하는 부도덕한 '패륜아'와 다를 바 없는 존재다. 생태계 전체의 존속 가능성 자체를 결정적으로 위협하는 패륜적인 '거인'이 바로 인간이기 때문이다. 다음과 같은 수치가 이를 웅변적으로 증언한다.

예컨대 1600년에서 1900년경까지 인간에 의해 멸종된 생물이 4년에 1종꼴인 총 75종이었다면, 1900년대 초에는 1년에 1종, 1970년대 중반부터 1980년대 중반까지는 1년에 1000종, 그리고 1980년대 중반 이후부터는 하루에 100~150종씩 연간 4~5만 종이 맹렬히 사라지고 있다. 멸종 속도가 급격히 빨라지는 이런 추세라면, 20~30년 안에 전체 종의 5분의 1 정도, 100년 안에 2분의 1 정도가 사라지리라 추정할 수 있다. 심지어 전 세계 영장류의 절반에 달하는 303종이 인간에게 잡아먹히거나 서식지 파괴로 멸종 위기에 처해 있다는 연구 결과도 뒤따른다.

어찌 보면 인간은 참으로 불우한 생명체인 것만 같다. 한편으로는 자연을 지배함으로써 가난과 질병의 위협으로부터 벗어날 수 있었다 함은 어느 누구도 부인할 수 없는 사실이다. 그러는 한편 오히려 이런 자연 정복을 통해 결과적으로 공해, 환경오염, 생태계 파괴, 기상이변과 자연재해를 자초할 수밖에 없었다는 것 또한 명백한 사실이다. 안타깝게도 우리 인간사회는 이와 같은 참담한 모순에 의해 이끌려온 역사를 자랑한다. '시시포스 신화'라고 이를 만한, 인간적 한계이자 본질 탓일지도 모른다. "근대 이성이 낳은 비극"으로 간주할 수도 있다.

'살기 위해서 죽여야' 하고 또 '죽이기 위해서 살아야' 하는 이 가혹한 모순의 악순환에서 우리 인간은 도대체 어떻게 벗어날 것인가? 오늘날 이 물음은—문명 자체의 본질적인 위기가 결정적으로 도래했음을 각성시키기라도 하듯—전 세계적으로 그리고 모든 인간사회를 향해 끊임없이 울려 퍼지는 비상 경고 사이렌 같은 것이라 할 수 있다. 그것은 자연과 이 세계에 대한 전면적인 반성과 인식 쇄신을 촉구하며 자연과 인간의 새로운 관계 설정에 전념토록 압력을 가하는, 준엄한 인류사적 경고와도 같다.

그런데 오늘날 이 지구를 관통하는 시대정신은 과연 무엇일까? 그것은 한마디로 '거인주의巨人主義'다.

자유주의의 철학적 토대가 바로 개인주의이고, 또 자유주의가 표방하는 '개인個人'은 곧 '거인巨人'이다. 왜냐하면 힘 있는 존재만이 '자유경쟁'에서 궁극적인 승리를 쟁취할 수 있기 때문이다. 그러므로 자유민주주의 사회에서 개인주의는 '거인주의'로 안착할 수밖에 없다. 약육강식의 논리가 사회적으로도 높은 추앙을 받는 보편적 윤리 규범으로 각광받는다. '독주'의 자유만 있지, '공생'의 여유를 찾기 힘들 수밖에 없다. 그리하여 도덕적 진보나 인간적 자아실현 등의 이상적 가치들이 비실용적인 것, 속절없는 것으로 손가락질당하기 일쑤다.

심오한 경쟁주의에 편승한 심각한 약육강식의 사회 윤리가 일상화되면서, 결국 대다수의 약자가 도움을 호소할 길을 찾지 못한 채 막무가내로 쓰러지고 있다. 한 뼘의 인도주의조차 찾을 길이 막막하다. 그러하니 자신의 개인적 결핍이나 결함을 외부의 도움을 빌려 보충할 수밖에 없는 우리 힘없는 사회적 '조무래기'들은 '왈짜'들의 사익이 공익을 짓누르고 당당히 개선하는 상황에서 대체 어디로 발길을 옮겨야 할까. 사회적 비인간화 역시 급속도로 심화되고 있다.

문제는 이러한 거인주의가 '인간중심주의' 형태로 전 생태계에 결정적인 타격을 가하며 기세등등하게 군림한 지 이미 오래되었다는 사실이다. 결과적으로 인간 공동체 및 생태계가 동시에 심각한 위기에 봉착하는 절박한 상황이 도래한 것이다.

오늘날 이 지구사회에는 인류 역사에서 지금까지 거의 한 번도 체험해본 적이 없는 세계적인 '이중 위기'가 엄습하고 있다. '인간 위기'와 '자연 위기'가 바로 그것이다. 따라서 우리는 이러한 이중 위기로 인해 인간 및 생태 공동체에 대한 이념적·실천적 '구조조정'이 필연적으로 요구될 수밖에 없는 현실에 직면해 있다.

특히 이런 상황에서는 '자연 위기'와 '인간 위기'가 동전의 양면과도 같다. 인간 위기가 자연 위기를 배태할 뿐만 아니라, 역으로 자연 위기가 인간 위기를 심화시키는 위기의 악순환이 확대재생산되고 있기 때문이다. 그리하여 자연 위기와 더불어 심화되어가고 있는 인간성 상실 위기에 직면한 현 상황에서 어떻게 인간적 연대를 성취해낼 수 있는가, 나아가 인간적 위기를 극복하기 위해 어떻게 자연과 교감해나갈 것인가가 심각한 역사적 과제로 부상하고 있다. 오늘날 연대, 공존, 상생 등 새로운 민주적 덕목을 갈구하는 역사적 상황이 자연스레 도래하고 있는 것이다. 그러므로 오늘날의 현실은 민주주의에 관한 우리의 인습적 시각을 근본적으로 혁신할 것을 촉구하고 있다. 무엇보다 민주주의의 병폐는 좀더 많은 민주주의에 의해 치유될 수 있기 때문이다.

여기서 위기의 이중적 속성으로 말미암아 위기 극복의 순차順次 및 대응 방식의 차별화 문제가 자연스레 제기된다. 말하자면 어떤 위기부터 먼저 제압해나가는 것이 바람직한가, 그리고 인간 공동체와 생태계의 본질 및 상호 관계는 어떠한 것인가가 해결을 요하는 근본 문제로 대두된다는 말이다.

무엇보다 총체적 민주주의론 수립을 지향하는 기본 목표를 충족시키기 위해 우리는 특히 두 영역을 동시에 포괄하지 않으면 안 된다. 구체적으로 말해 인간 공동체를 위해 '환경민주주의', 그리고 생태 공동체와 관련지어 '생태민주주의' 개념을 한 울타리에서 서로 구별하여 분석·제시하지 않으면 안 된다. 그리하여 우리는 새로운 시대에 새로이 요구되는 민주주의 개념을 '공동체 민주주의론'으로 축약할 것이다. 우리의 이 시도는 특히 현실적 요청과 미래 지향성을 동시에 포괄하며 나름대로 새로운 민주주의적 이상을 제시하고자 한다는 점에서, 민주주의의 명예회복 기도의 일환이라고 이를 수도 있다.

한마디로 민주주의는 "사람들에 의한 사람들을 위한 정치체제를 구현하고자 하는 실천적 시도"다. 이러한 체제는 "인류 역사에서 실제로 완벽히 체현된 적"이 없는 "이상"에 머무르고 있을 뿐이다. 비록 온전히 실현되지 못하긴 했지만, 민주주의란—폴 우드로프가『최초의 민주주의: 오래된 이상과 도전』에서 자랑스레 선언하고 있듯이—"우리의 능력을 최고로 발휘할 수 있도록 자유를 약속하는 동시에 우리의 가장 나쁜 성향들로부터 우리를 보호"해주는 "하나의 아름다운 이념"임에는 틀림없다.

그러나 민주주의는 사실상 자신의 이러한 기본 속성으로 인해 왜곡당하며 혼란 속에 표류하기 일쑤였다. 민주주의는 오늘날 귀도 드루지에로의 수사처럼, 그 "해악"이 "양quantity의 승리"가 아니라 "저질

bad quality의 승리"라는 식으로 손가락질당하는 경우도 적지 않다. 이러한 차원에서 민주주의는 대체로 '정부를 어떻게 선출할 것인가', 그리고 '그 정부는 누구에게 책임을 져야 하는가'라는 한정된 의미로만 이해되는 편협한 시각에 사로잡힐 때가 잦다.

이러한 현상은 폴 우드로프의 지적처럼 "투표" "다수결의 원칙" "대표 선출제" 등의 민주주의적 "대역代役"들을 끌어들임으로써, 실은 "민주주의의 실체를 보지 못하고 그 그림자들만" 바라보도록 만드는 잘못된 관행의 산물이라고 할 수 있다. 이런 의미에서 우리의 이 시도는 "최초의 민주주의"를 고안해냈던 고대 아테네인들처럼, "가혹한 대가"를 지불해야 할 위험성이 상당히 높다. 그러나 "민주주의의 적"은 바로 두려움을 양육하는 "무지"와 또다시 무지로 이어지는 "두려움" 그 자체라고 할 수 있다. 우리는 '북극성'이 아니라 '북쪽'에 가닿기 위해 북극성을 따라 걷는다. 그리고 북극성을 따라 제대로 걷기 위해서는 밝게 빛나는 다른 많은 별과 이 북극성 사이의 차이를 제대로 숙지해야 함은 물론이다.

그러므로 우리는 궁극적으로 북쪽에 가닿기 위해, 먼저 북극성을 찾아내 이를 따라 걷는 도보여행의 첫 발걸음부터 조심스레 떼어놓는 소소한 작업에서 시작해야 한다. 우선 몇몇 기초 개념에 대한 면밀한 예비 점검에서 출발해 '공동체 민주주의'의 본질 및 목표를 분석·제시하는 것으로 마감하는 게 바람직하지 않을까 한다.

기초 개념 예비 점검: 자연, 환경 그리고 생태

자연이란 무엇인가?

이 우주와 자연은 초자연적인 "위대한 설계자"의 명령이나 도움 없이, 저절로, 자연스럽게 만들어졌다.

스티븐 호킹이 명쾌하게 지적하듯이, 우리 우주가 "각기 다른 법칙들을 지닌 수많은 우주들 중 하나"라고 믿는 "다중우주"의 개념을 따른다면, 우리는 우주를 만든 "자비로운 창조자"를 들먹일 필요도 없이 "물리 법칙의 미세 조정"을 충분히 설명할 수 있다. "우주가 존재하는 이유" 그리고 "우리가 존재하는 이유"는 한마디로 "자발적 창조"다. 그러므로 더 이상 "신에게 호소할 필요"가 없어진다. 말하자면 이 우주의 "위대한 설계grand design"는 결코 어떤 "위대한 설계자", 곧 신에 의해 이뤄진 것이 아님이 명백하다는 말이다.

이런 의미에서 자연은 자연법칙을 스스로 창조한 능동적 존재일 뿐만 아니라 동시에 이러한 자연법칙에 의해 스스로 지배받기도 하는 피동적 존재이기도 하다. 아울러 자연은 '생명의 창조자'인 동시에 '사멸의 주재자'이기도 하다. 모든 생명체의 삶과 죽음을 관장하는 절대적 존재라는 말이다. 그러므로 자연은 인간의 삶뿐만 아니라 동시에 죽음까지도 촉진·앙양시킬 수 있다. 무엇보다 자연이 인간의 물질적 생활공간이자 동시에 정신적 토대로 기능하기 때문이다. 이런 의미에서 자연의 질서는 삶과 죽음을 아우르는 생명의 질서가 될 수밖에 없다.

이처럼 인간과 자연이 불가분의 상호 관계로 맺어져 있음은 부인할 수 없는 사실이다. 이때 '인간 없는 자연'은 전혀 문제될 게 없다.

반면 '자연 없는 인간'은 생존 불능이다. 그러므로 인간은 결코 자연의 특권 계급으로 군림할 수도 없고, 해서도 안 될 존재다.

하지만 '자연'과 인간의 '본성' 사이에 긴밀한 상호 관계가 내재할 수밖에 없음은 지극히 자연스러운 현상이다. 유럽식 언어 이해 방식을 따르면, '자연nature'이 오늘날 한편으로는 '자연 사물들의 전체 또는 묶음'이라는 '집합적 의미'로 사용되면서, 다른 한편으로는 '본성'으로 풀이되기도 함은 자연스러운 일이라 할 수 있다. 이런 맥락에서 '자연'이 '인간 본성human nature'을 가리키는 말로 활용되기도 한다는 사실에 주목할 필요가 있다.

그러나 현재 특히 자연 위기와 관련된 논의를 펼치면서 흔히 개념적 혼란에 휩싸이는 일이 드물지 않다. 무엇보다 '환경'과 '생태'가 간과하기 힘든 해석상의 혼동을 야기하는 대표적인 개념이다.

일반적으로 '환경environment'이란 "유기체의 생존에 필요한 물리학적·생물학적인 외적 조건들external conditions의 완결된 범주complete range"를 일컫는 것으로서, "사회적·문화적, 그리고 (사람들을 위해서는) 제반 정치·경제적 고려뿐만 아니라 좀더 통상적으로 이해되는 토양, 기후, 식량 공급과 같은 요소들을 포괄"하는 것으로 이해된다.

하지만 모든 종류의 외적 조건을 '환경'이라고 규정할 수는 없다. 오직 생명체의 생존과 직결된 조건만이 환경의 범주에 속한다고 말할 수 있다. 이런 취지에서 예컨대 '가정환경' '주거 환경' '환경미화' '교육 환경' '작업 환경' 등속의 용어는 나름대로 타당한 일상적 의미를 지니는 용례들이다. 이처럼 '환경'이란 개념은 생명체의 생존 문제와 직결된다는 의미에서 "생명중심적 개념"이라고 할 수 있다. 다시 말해 "환경이란 생명을 주축으로 볼 때, 그것을 둘러싼 조건"을 일

킨는 개념이다.

문제는 오늘날 이 '환경'이 대체로 인간 생활에 직간접적으로 영향을 끼치는, 인간을 둘러싼 자연계의 다양한 조건, 즉 주로 인간의 환경만을 지칭하는 한정적 의미로 통용된다는 점에 있다. 달리 말하면 '환경보호' 기치는 환경을 보호하는 주체와 보호받는 객체를 분리시킨 사유에 토대를 둔 것이므로, 기본적으로는 인간중심적 시각에서 벗어나지 못하는 한계를 지닐 수 있다는 말이다. 무엇보다 인간적 삶의 조건만 문제시할 따름이기 때문이다.

이와 관련지어, '환경'이 '서술적'이 아니라 '평가적' 개념이라는 사실에도 주목할 필요가 있다. 말하자면 가치중립적인 환경이란 존재하지 않는다. 그러므로 일정한 기준에 입각해서 '좋다' '나쁘다'라는 평가가 항상 전제될 수밖에 없기에, 인간에게는 '좋지만' 다른 동식물에게는 '나쁜' 환경이 있을 수 있음은 두말할 여지가 없다.

이런 의미에서 오늘날 인간중심적 환경 보존 의지가 때로는 생태계 파괴나 자연 훼손의 본질적 문제점을 극복코자 하는 근원적 시도와 상충할 위험성조차 배제할 수 없다는 역설이 결코 억설이 아니라는 점에 유의해야 한다. 뿐만 아니라 환경이란 용어 자체가—앞에서도 보았듯이 '가정환경' '작업 환경' 등과 같이—지나치게 다양하고 포괄적이며 복합적이고 중첩적으로 사용되기도 한다. 이런 면에서 자연과의 본질적인 관계를 엄정하게 규정하고 통찰하는 어휘로는 그다지 적절해 보이지 않는다.

그렇다면 좀더 바람직하고 이상적인 대안이 있을 수 있을까. 바로 이런 측면에서 '환경'과 '생태계' 개념에 대한 좀더 면밀한 상호 검증이 필요하다. 앞서 지적했듯이 '환경'이 항상 생명과 직결되는 것과 마찬가지로, '생태계' 역시 생명과 떼려야 뗄 수 없이 맞물려 있는 개념이다.

철학자 박이문을 참고해, 크게 보아 세 가지 관점에 입각해서 환경과 생태계의 차이점을 좀더 손쉽게 드러낼 수 있지 않을까 한다.

첫째, 환경은 핵심적으로 인간의 생명하고만 관련되어 있는 반면, 생태계는 모든 종류의 생명체를 총괄한다. 따라서 환경이 "인간중심적"이라고 한다면 생태계는 "생물중심적" 개념이라고 할 수 있다. 이런 의미에서 환경이 "문화적" 개념인 데 반해, 생태계는 "생물학적" 범주에 속한다고 할 수 있다. 예를 들어 들녘에 아름답게 피어 있는 한 송이 해바라기와 빈센트 반 고흐의 아름다운 화폭에 담긴 해바라기 사이에는 어떤 상관관계가 성립될 수 있을까. 어마어마한 고액에 경매되는 고흐의 해바라기는 '환경'을, 반면 들녘에 외로이 서 있는 해바라기는 '생태계'를 각각 대변하지 않을까 한다.

둘째, 환경이 인간을 둘러싼 삶의 조건을 의미한다면, 생태계 ecosystem는 "삶의 장소인 거주지의 체계성"을 뜻한다. 원래 "eco-는 집 또는 거처를 의미하는 희랍어 oikos에서 유래한 접두사"다. '생태계ecosystem, ecological system'라는 용어는 1930년에 클래펌Arthur Roy Clapham(1904~1990)이 처음으로 사용했지만, 1935년이 되어서 "안정된 체계를 형성하기 위해 상호 작용하는, 살아 있거나 죽은 부분들로 구성된 분리된 단위discrete unit를 묘사하기 위해" 영국의 자연보호론자인 탠슬리 경Sir Arthur George Tansley에 의해 본격적으로 대중화되었다. 그런데 "생태계 원칙ecosystem principles은 보잘것없는 조그만 연못뿐만 아니라 나아가서는 호수, 대양 및 전 우주에 이르기까지 모든 규모에 골고루 적용될 수 있는" 총체적 속성을 지닌 것으로 이해된다.

셋째, 환경이 "원자적·단편적 세계 인식"의 경향을 반영하는 데 반해, 생태계는 "유기적·총체적" 본성을 드러낸다고 할 수 있다. 즉 환경이 자연과 인간에 관한 형이상학적인 이원론에 입각하는 개념인데 반해, 생태계는 인간과 자연의 합일에 기초하는 형이상학적 일원론에 뿌리내린 개념이란 말이다. 그러므로 환경이 단편적인 서양적·인간중심주의적 사고를 반영할 수밖에 없는 것이라고 한다면, 생태계는 모든 생명체의 상호 의존성을 불가피한 것으로 간주하는 동양적·총체적 사고 체계의 소산이라고 할 수 있다.

이런 관점에서 볼 때, 이 자연 속의 모든 생명체가 생명을 유지해 나가는 방식 및 상태를 의미한다고 할 수 있는 생태의 체계, 요컨대 생태계를 전제하지 않는 환경이 과연 자연의 이치에 부합한다고 할 수 있을까, 아니 그러한 환경이란 게 도대체 존재할 수 있을까? 뿐만 아니라 생태계를 등한히 하거나 도외시하는 '환경 정책'이란 게 과연 어떤 가치를 지닐 수 있겠는가?

이런 의미에서 생태 위기의 원천적인 극복을 위해서는 인간중심적 사고에서 탈피해 생명중심적 가치관으로 나아가는 패러다임의 전환이 필수적이다. 물론 인간과 자연은 결코 분리될 수 없다. 그렇지만 '생태계' 개념은 인간 역시 이 거대한 자연계의 단순한 한 구성 인자에 지나지 않는다는 원리에 엄중히 입각해 있다고 할 수 있다. 다시 말해 생태계를 광활한 기반이라고 한다면, 환경이란 그 토대 위에 세워진 다양하고 수많은 구조물 중 하나와 다를 바 없다. 그러므로 생태계는 인간의 생존을 좀더 근원적이고 확고하게 보장하고 보강할 수 있는 원동력으로 작용할 수 있는 범주다. 이런 의미에서 환경 논리는 바로 생태 원리에 순응하지 않으면 안 되는 것으로 여겨진다.

이처럼 생태계의 근원적 본성 그리고 생태계와 환경 간의 불가분의 상호 관계를 고려할 때, '생태환경'이란 개념이 좀더 적실해 보인다. 이런 관점에서 '생태환경'이란 모든 생명체의 상호 의존성 및 보완성에 대한 믿음에 뿌리내린 인간적 삶의 조건이라고 규정할 수 있다. 나아가 자연환경과 인공 환경의 변증법적 종합 개념으로 이해할 수도 있을 것이다. 말하자면 인간을 포함한 모든 생명체의 지속 가능한 공존·공생을 추구하는 실천적 개념을 '생태환경'이라 이를 수 있다.

이렇게 볼 때 '생태계'는 자연과 인간, 그리고 인간과 인간이 떼려야 뗄 수 없는 불가분의 관계로 결속되어 있는 운명공동체라고 할 수 있다. 그러므로 '너'가 존재하기 때문에 '내'가 존재할 수 있고, 또 '너'가 존엄하기 때문에 '나' 역시 존엄할 수 있다는 믿음에 뿌리를 드리우고 있는 것이다. 이런 의미에서 '생태환경' 원리는 이 자연계에 존재하는 모든 생명체의 평화공존을 지향한다고 말할 수 있다. 그리고 이 원리를 주도해야 할 핵심적 생명체는 바로 인간이다.

한마디로 우리 인간은 자연에서 와서 자연으로 함께 되돌아갈 '피붙이 운명공동체'다. 따라서 언젠가는 이 세계를 떠날 수밖에 없는 유한한 생명체로서 서로 아끼고 도와야 하는 천부적 의무를 공동으로 부여받은 존재인 것이다. 그러므로 공동의 삶의 터전인 공동체를 더불어 가꿔나가는 애틋한 협동과 상부상조 정신, 그리고 이 공동체가 그 뿌리를 드리우고 있는 우리 자연에 대한 숭고한 사랑과 존중심을 필연적으로 소지할 수밖에 없음은 자명한 이치다.

하지만 특히 현대인들은 공적인 영역보다는 자기 자신의 사적 세계에 좀더 결정적으로 집착한다. 그러므로 공공영역public sphere을 공공선을 위해 봉사하는 곳으로 인식하는 것이 아니라, 개인의 안전과 신분을 보장하는 보조장치 정도로만 이해한다. "공공영역을 식민화하는 주체, 그것은 바로 개인의 사적 세계"라는 주장까지 제기될 정도다.

개인주의의 발상지인 유럽에서는 공동체에 대해 부정적인 시각이 지배적일 수밖에 없다. 학문적으로도 "공동체Gemeinschaft란 오로지 하나의 밑바닥 흐름Unterstrom, 하나의 희망, 하나의 사회학적으로 무정형적인 감성"에 지나지 않을 뿐만 아니라, 거대한 정치·사회적 체제 분석을 위해서도 별반 쓸모가 없는 한갓 "찌꺼기 개념Residualbegriff"에 지나지 않는다는 경멸 섞인 비판이 심심찮게 제기된다. 동시에 공동체를 그룹과 같은 단순한 개념으로 평가절하하거나, 아니면 신뢰, 도덕, 연대, 이타주의나 상호성 등 질적인 현상을 뭉뚱그리기 위한 일종의 복합 개념 정도로 홀대하는 학문적 시각도 등장한다.

이와는 정반대로 공동체를 인간적 삶의 근원으로까지 극화하는 학자도 없지 않다. 그는 "강렬한 공동체적 정서가 없었다면, 인류는 말라비틀어져서 죽게 되었으리라고 확신한다. 공동체는 곧 인류사회의 토대foundation이고, 상호 의존의 정점이며, 총체성의 축소판이다. (…) 공동체는 영혼의 위안comfort of souls 이상의 것으로서, 종種의 생존survival of species을 의미해왔다. 공동체 경험을 계속 이끌어나가고 풍부하게 만들지 못한다면, 그리고 우리를 앞으로 이끌어가는 공동체의 영광glory에 대한 통찰력을 갖지 못한다면, 우리 모두는 마침내 소멸하고 말 것"이라고 단언한다.

뿐만 아니라 위기에 처한 인간적 삶에 대한 하나의 실천적 대안으로서 공동체의 가치가 고취된 적도 있었다. 특히 1960년대 이후 서유럽과 미국 등지에서 '공동체 실험communal experiment'이 대대적으로 감행되었다. 이 시기 미국은 베트남 전쟁과 히피의 창궐 등 심각한 사회 소요로 한창 등쌀을 앓고 있었고, 유럽에서는 프랑스 68혁명이 발발해 서구 자본주의 사회의 병폐가 맹렬히 성토당할 때이기도 했다. 물질문명이 빚어낸 인간적 소외 및 존엄성의 붕괴 양상에 대한 노골적인 저항이 공동체에 대한 향수로 전환되었던 것이다.

급기야는 1980년대 중반 이후 이 공동체 주제는 미국을 중심으로 특히 '공동체주의Communitarianism'의 표지판 아래서 활기찬 철학적·사회과학적 논쟁을 촉발하기도 했다. 나는 이러한 '공동체주의', 좀더 정확하게는 '공동체 자유주의communitarian liberalism'의 '반사회적 개인주의'에 대한 비판을 공유한다. 하지만 공동체를 주로 구체적인 행동과는 유리된 철학적 개념, 규범 및 명제에 대한 이론적 분석의 대상으로만 고착시키는 듯 보이는 이들 공동체주의자와는 달리, 나는 공동체를 구체적인 실천 대상의 하나인 역사적 현상으로 인식한다. 이런 견지에서 나는 추상적인 도덕률과 사변적인 철학적 규범 등에 집착하기보다는, 인간의 구체적인 삶과 일상적 생활이 지니는 가치에 더 강한 애착을 표명하는 것이 바람직하다고 생각한다. 이런 의미에서 나는 공동체를 하나의 '정치적인' 단위이면서 동시에 '생활 문화적인' 범주로 이해한다.

자연이 심각하게 피폐해져감에 따라 인간의 '자연nature', 즉 인간의 '본성' 자체가 더욱더 극심하게 황폐해진다. 이윽고 현대인은 '영혼 없는 기계'로 전락하고 있다.

사회적 질환이 팽배하지 않을 수 없다. 전문가들은 "치열한 경쟁, 빠른 속도로 변화하는 환경에서 우울증 등의 정신질환이 증가하는 것은 세계적인 추세"라고 한다. 대한민국은 지금 종합병원과 다를 바 없다. 뿐만 아니라 OECD 국가 중에서 한국은 근로 시간 1위, 비정규직 비율 1위, 산재사망률 1위, 저임금 노동자 비율 1위, 소득격차 2위, 사교육비 비중 1위, 이혼율 1위, 자살율 1위, 출산율 꼴찌를 기록하고 있기도 하다. 그런 탓에 1인당 국민소득은 세계 상위권에 속하지만, '국민 행복도'는 하위권에 머무는 기이한 나라의 대표적인 사례로 꼽힌다.

더구나 전 세계를 단일시장화하는 '세계화'의 확산과 더불어 소비주의, 물신주의가 덩달아 세계화되는 현실이다. 도처에 '시장형 인간'만 주조되고 있다. 물신주의가 팽배할 때 "공익을 추구하는 존재로서의 시민 개념은 사라지고 발가벗은 자신의 사적 이익만 추구하는 이기적인 '시장형 인간'만이 활개치게 된다." 결국 사회적 '사익 절대주의'가 그 자연스러운 종착점이다.

그럼에도 불구하고, 아니 사실은 바로 그렇기 때문에, 우리 인간은 자연과의 관련성 속에서 대단히 위선적이고 이중적인 품격을 몰염치할 정도로 과감하게 개발하고 발전시켜왔다. 한편으로는 "날카로운 칼로 자연을 난도질"하는 자연의 정복자로 군림하는 동시에,

다른 한편으로는 "흡사 보상 행위인 양 자연미를 찬양하는" 것과 같은 위선적인 문화를 열심히 키워왔다. 이러한 인간적 이중성이 실은 자연과 사회를 심각한 생존 위기에 빠뜨리는 데 폭넓게 기여해온 것이다.

어쨌든 이 세계를 지배하게 된 물질문명은 인간으로 하여금 자연을 자신의 탐욕스러운 부富와 이윤 축적을 가능케 하는 지극히 유용한 도구로 인식하도록 만들었고, 종내는 자연을 가장 믿음직스러운 '사유私有'의 대상으로 전락시킬 수밖에 없었다. 그러나 동시에 빼어난 인간의 위선적인 문화적 속성은 자연을 가장 믿을 만한 '사유思惟'의 대상으로 등극시키기도 했음은 물론이다. 이처럼 인간이 '만물의 영장'답게 '사유私有'와 '사유思惟' 사이에서 걸출하게 자연을 농간하는 와중에, 무엇보다 무차별적인 자연 훼손과 무자비한 인간성 파탄을 필연적으로 초래할 수밖에 없었다.

지금껏 인간은 마치 이 대자연의 절대자이기라도 한 것처럼, 이른바 '만물의 영장'이라는 미몽에 빠져 마구잡이로 전횡을 일삼아왔다. 결국 생태계를 가장 혹독하게 교란시켜온 결정적인 불순 세력이 바로 이러한 인간이라는 사실이 만천하에 드러났다. 현재 심각한 우려를 자아내고 있는 이른바 '환경 문제'는 실은 '인간 문제'와 불가분의 상관관계를 맺고 있는 것이다.

무엇보다 이 자연계에서 자연을 병들게 할 수도, 치유할 수도 있는 거의 유일한 생명체는 바로 인간이다. '병 주고 약 주는' 유일한 존재가 인간이라는 말이다. 인간은 자연 위기의 원인 제공자인 동시에 희생자로 그 위기의 중심에 서 있는 존재인 것이다. 그러므로 인간에 대한 이해 없이 자연에 대한 올바른 해석 또한 불가능할 뿐만 아니라 무의미할 수밖에 없다. 요컨대 인간과 자연은 변증법적 상호 관계로 결합된 존재다. 따라서 자연은 인간에 의해 변화하고, 이를 통해 인간 또한 자신의 '자연' 곧 '본성'을 변화시킨다. 말하자면 인간은 자연의 지배를 받으면서 동시에 자연을 변형시키는 힘으로 작용한다.

따라서 인간 공동체가 처한 환경 변화 없이 생태 공동체의 환경 변화를 기대한다는 것은 억지에 가깝다. 그 역도 마찬가지다. 우리는 주위 동료 인간에 대한 사랑 없이 도대체 자연에 대한 사랑이 어떻게 가능하겠는가 하고 되묻지 않으면 안 된다. 이렇게 볼 때 인간중심적 환경의 변화, 즉 인간 공동체 내부에서의 인간다운 삶의 구현이 선결 과제로 부각될 수밖에 없다.

예컨대 자신의 육신조차 제대로 보호하지 못하는 국민, 즉 '조무래기'들이 다수인 공동체적 현실에서 자연을 보호하자는 외침이 과연 얼마나 정당화될 수 있을까. 마실 물이 없어 갈증에 허덕이는 사람들에게 '수질정화' 운동에 동참하도록 촉구한다는 것이 과연 어떤 의미를 지닐 수 있을까. 먹을 것이 없어 굶주리고 있는 사람에게 '자연을 보호하자'는 외침이 과연 얼마나 호소력이 있을까. "곳간이 차야 예절을 알며, 의식주가 족해야 영욕榮辱을 안다"는 『관자管子』「목민牧民」편의 말처럼, 우리 인간은 자신의 근본적인 생존 욕구를 충족시킨 뒤에야 비로소 좀더 높은 가치의 실현을 위한 행동에 나서게 됨은 자명한 이치다.

뿌리 깊은 사회경제적 불평등으로 인해 상호 화합과 연대가 붕괴된 사회 현실에서 외치는 '자연을 보호하자'라는 호소가 얼마나 큰 호응을 기대할 수 있을까. 이런 의미에서 환경민주주의의 기본 목표는 최소한의 '사회적 생존 욕구'의 충족이라고 할 수 있다.

특히 자본주의적 '거인주의'에 의해 지배되는 현대사회에서는 자연보호를 위한 대장정에 나서기 전 우리 공동체 내부에 잠복해 있는 근본 모순에 대한 해결, 즉 '조무래기'들에게 우선 마실 물과 먹을 음식, 입을 옷을 제공하는 일이 선행되지 않으면 안 된다. 인간적 생존을 위해 필수로 요구되는 의식주 해결이야말로 '환경공동체' 민주주의의 근본 목표임은 두말할 나위도 없다.

그런데 우리가 몸담고 있는 자본주의 체제는 본질적으로 인간이 자연 의존적이기보다는 자연 지배적인 존재라는 철학에 깊이 뿌리내리고 있다. 무엇보다 자본 축적 자체가 심각한 자연 변형을 통해 이뤄질 수 있기 때문이다. 그런데 기술 혁신 및 기계 교체를 통한 노동생산성 증대는 결국 자연자원 소모 및 에너지 이용의 급격한 증대와 폐기물 양산으로 귀결되고, 이는 생태계 파괴로 연결된다. 이러한 자본주의적 속성에서 비롯되는 생태계 위기의 범주는 대단히 광범위하다. 지구 온난화, 오존층 파괴, 열대 우림 훼손, 어류 남획, 멸종, 방사능 오염, 사막화, 물 공급 감소 등 거의 모든 생활 영역에 걸쳐 있다. 특히 현재 이른바 '온실효과'로 인한 지구온난화 현상이 결정적인 지구적 환경 문제로 손꼽힌다. 지구온난화로 말미암아 지구 표면의 평균 온도가 상승함으로써 생태계 변화와 해수면 상승 등 여러 심각한 문제가 야기되고 있는 것이다.

이렇게 볼 때 환경민주주의는 결과적으로 자본주의의 폐해 치유 및 생태계 위기관리라는 이중 부담과 과제를 떠안는 것이다. 이러한 상황에서 '환경보호세'를 도입한다거나 주요 기업체에 '환경보조금' 지급을 의무화하는 조처, 또는 초·중·고·대학에 '환경' 관련 필수과

목을 신설하거나 '국토대장정' 유형의 '생태대장정' 행사를 장려하는 일, 나아가 환경 문제를 전담하는 '환경재판소' 및 범국민 배심원 제도 등을 창설하는 방안도 '환경공동체' 민주주의 정신의 함양을 위한 바람직한 현실적 대책의 하나라고 할 수 있다. 무엇보다 '환경' 공동체 민주주의의 본질적 목표가 바로 자연친화적인 인간의 기본권 신장에 있기 때문이다.

'생태'공동체 민주주의론

한마디로 '생태'공동체 민주주의의 기본 목표는 전체 생태계를 대상으로 하는, 인간에 의한 '자연의 기본권' 쟁취에 있다. 나는 이 '생태' 공동체 민주주의가 '자연의 휴머니즘' 논지에 입각하고 있다고 믿는다. 우선 서양의 자연관부터 간략히 요약해보자.

한마디로 서양의 근대적 과학기술 문명은―그것이 결과적으로 이 세계를 지배하게끔 되어버리긴 했지만―지극히 편협한 '자연관'에 사로잡혀 있다고 할 수 있다. 일본의 다카기 진자부로高木仁三郎는 서양의 자연관에서 대체로 다음과 같은 몇 가지 두드러진 부정적인 특성을 찾아내고 있다.

첫째로, 그것은 자연을 인간이 극복해야 할 제약이라고 본다. 이러한 제약을 극복하기 위해 잽싸게 노력해온 것이 바로 과학기술의 역사인 것이다.

둘째로, 그것은 자연을 인간의 유용성 측면에서 바라보게 함으로

써 가능한 한 많은 부富와 이윤을 탐욕스럽게 추구하는 행위를 정당
화하는 데 활용되었다.

셋째로, 이러한 행위양식은 "기본적으로 자연의 사유私有를 전제
로 한다." 그리하여 자연이 "부와 이윤의 원천"으로 인식되었기 때문
에, 사유는 자연을 필연적으로 "상품 가치"를 갖는 "매매의 대상"으
로 전락시키고 말았다. 결과적으로 엄청난 자연 훼손과 무자비한 인
간성 파탄까지 자초하게 된 것이다.

마지막으로, 이러한 자연관은 인간으로 하여금 "자연에 대한 인간
중심적인 행동을 인간 주체성의 발현이자 자유의 확대"로 간주하도
록 만들었을 뿐만 아니라, 이를 "진보와 자유라는 명분에서 정당화"
하도록 이끌기도 했다. 이런 의미에서 "합리주의" 정신은 "인간중심
주의의 자연관을 배양하는 온상溫床"이나 다를 바 없었다.

이러한 서양식 자연관의 뿌리는 멀리 고대 희랍에까지 가닿는다.
고대 희랍의 자연철학이 신神 외의 것에서 우주의 근본 원리를 찾기
시작했다는 의미에서, 제우스 등 여러 신이 주인공 역할을 맡던 구
시대적 '신화의 세계'로부터의 탈출 시도였다고 말할 수 있다. 그러
므로 이 자연철학은 "신화와의 결별"을 예고하는 "신화 부정 운동"으
로서, "새로운 정신 운동"의 징표라고 할 수 있다. 이를테면 이러한
정신 운동의 바탕에는 예컨대 '만물은 물'이라고 외쳤던 탈레스에게
서도 드러나듯이, 신이 개입하지 못하는, 자연계 스스로의 고유하고
자율적인 원리와 구조에 대한 믿음이 깔려 있다.

다른 한편 자연세계가 합리적인 질서를 내장하고 있다는 판단은
인간의 이성이 얼마든지 그 오묘한 질서 체계를 발견하고 터득할 수
있다는 믿음으로 손쉽게 발전해나갔다. 어쨌든 신화적인 세계관을

뛰어넘어 이성에 입각해 합리적으로 자연을 이해하고자 노력했다는 측면이야말로 희랍인들을 "고대세계의 다른 모든 민족과 구별시켜 주는 최대의 특징"이라고 할 수 있다.

그런데 이러한 고대 희랍인의 자연철학이 자신의 인간중심주의와 맞물릴 때, 인간의 자연 지배를 당연시하는 인간적 우월성에 대한 믿음을 손쉽게 배태할 수 있음은 자명한 이치다. '신화의 시대'를 뛰어넘어 '이성의 시대'로 진입했다는 것은 자연을 외경이 아니라 분석의 대상으로 '낮춰 보기' 시작했음을 의미하기도 했다.

이처럼 인간을 "만물의 척도"로 여기는 헬레니즘의 인간중심적 본성이 기독교 정신과 잘 맞아떨어지는 측면이 있음은 지극히 흥미로운 현상이다. 실은 서양인 스스로도 성서로 인해 자연에 대한 자신들의 태도가 "오만에 감염"되어왔음을 숨기려 하지 않는다. 그리하여 '창세기Genesis' 이래 지금까지 자연을 "소중히 여겨야 할 상대partner to be cherished"로서가 아니라, 가증스럽게도 "강탈해야 할 포로captive to be raped"로 취급해왔음을 엄중히 자성하기도 하는 것이다.

이런 측면에서 구약 「창세기」의 다음과 같은 구절이 자주 거론된다.

하나님이 이르시되 우리의 형상을 따라 우리의 모양대로 우리가 사람을 만들고 그들로 하여금 바다의 물고기와 하늘의 새와 가축과 온 땅과 땅에 기는 모든 것을 다스리게 하자 하시고, 하나님이 자기 형상 곧 하나님의 형상대로 사람을 창조하시되 남자와 여자를 창조하시고, 하나님이 그들에게 복을 주시며 하나님이 그들에게 이르시되 생육하고 번성하여 땅에 충만하라, 땅을 정복하라,

바다의 물고기와 하늘의 새와 땅에 움직이는 모든 생물을 다스리라 하시니라(1장 26~28절).

여기에는 자연을 바라보는 냉혹한 기독교 정신의 일단이 잘 드러나 있다. 무엇보다 인간중심주의적 관점에 입각한 인간과 자연의 이분법 논리가 전면에 드러나 있음을 쉽게 간파할 수 있다. 자연에 대한 '강탈'이 하나님의 이름으로 정당화 내지 촉진되고 있는 것이다. 기독교는 말하자면 인간의 초자연적 지위를 용인함으로써 인간의 자연 지배를 적극적으로 권장하고 옹호하는 편집증에 사로잡혀 있다는 말이 된다.

사실 이러한 정신사적 흐름이 서양인의 의식세계에 도도한 파도처럼 밀어닥친 것이다. 자연계의 모든 존재가 오로지 인간에게 쓸모를 제공할 때에만 그 존재 가치를 인정받을 수 있다는 인간중심적 실용주의 정신이 사실상 전통적인 서양 정신세계의 기본 축을 이루는 셈이다. 이런 까닭에 근대 이후 오늘날까지의 세계 문명이 희랍인의 합리주의 및 로마인의 실용주의 정신의 부활과 계승으로 점철되어왔다는 주장이 힘을 얻는 것이다.

결국 이러한 근대 과학적·합리주의적 자연관에 기대어 자본가 계급이 역사적 승리를 쟁취했다. 극심한 자연 파괴가 뒤따랐음은 물론이다.

특히 이러한 현실은 "자연의 유일한 주제"가 오히려 "휴머니티"가 되어야 함을 강력히 역설하는 듯 비친다. 인간이 자연의 "본질적인 작용 요소wesentlcher Wirkfaktor"이기 때문에—물론 "신이 원하는 것"과 "자연이 가르치는 것"을 동일시해온 경향이 없지는 않지만—자연이

"인간적 자연anthropogene Natur"일 수밖에 없음은 자명한 이치다. 특히 절박한 생태적·사회적 상황을 고려할 때 '자연의 휴머니티' 개념이 더욱더 절실하게 다가온다.

그런데 자연의 휴머니즘은 어떤 본성을 지니고 있는가. 자연은 모든 인간에게 어느 누구도 결코 거부할 수 없는 오직 하나의 '자연적 절대평등'을 부여했다.

흔히 '흙에서 나서 흙으로 돌아간다'고 말하듯이, 인간은 자연에서 와서 어차피 자연으로 되돌아갈 운명을 지니고 있다. 자연은 우리 인간을 죽음이라는 절대평등의 벽 앞에 함께 서 있을 수밖에 없는 유한한 존재로 창조했다는 말이다. 따라서 우리 인간은 이러한 절대 평등의 울타리 안에서 더불어 살다가 결국 더불어 이 세상을 하직할 '피붙이 운명공동체'로서, 서로를 아끼고 격려하며 돕고 함께 살아가야 할 자연적 소명을 부여받은 존재다.

뿐만 아니라 자연은—이러한 인간의 자연적 운명과 관련지어— 우리 인간으로 하여금 필연적으로 '연대'하도록 창조했다. 말하자면 우리 인간은 무한히 유한한 존재인 탓에, 연대하며 살아갈 수밖에 없도록 자연에 의해 운명지어졌다는 말이다.

다른 생명체와 마찬가지로 인간 역시 자연 앞에서 평등한 존재임은 두말할 나위도 없다. 이러한 인간의 '자연적 평등' 명제에 입각한다면, 평등한 인간사회 건설을 위해 매진하는 것이야말로 지극히 자연스러운 자연의 인본주의적 요청임이 자명해진다.

특히 죽음 앞에서는 우리 인간 모두가 한갓 무상한 유한자일 수밖에 없다. 그러므로 평등하게 허무한 존재들끼리 서로 손잡고 조화롭게 연대해나가지 않는다면, 이 인간적 삶이 더욱더 극심하게 피폐해질 것은 불 보듯 뻔한 일이다. 뿐만 아니라 필연적으로 자연으로 되돌아가야 하는 인간적 유한성으로 말미암아 인간은 본성적으로 고독할 수밖에 없는 운명을 타고난다. '끝'이 있을 수밖에 없는 존재가 어찌 고독해지지 않겠는가. 하지만 이러한 천부적인 고독이 인간적 연대의 원천으로 작용한다. 이런 의미에서 우리 인간에게 연대란 인간적 공존·공생을 위한 지극히 자연스러운 본성적 행위, 그 자체라고 할 수 있다. 그러므로 연대는 자연의 순리를 따르는 본능적 행위다.

이처럼 자연은 우리 인간으로 하여금 생태계의 모든 생명체와 평등하게 연대하도록 창조했다. 달리 말하면, 평등의식과 연대정신의 뿌리인 인간 본성human nature 자체가 바로 '자연nature의 인본주의humanity', 즉 자연의 '기본권'에 의해 근원적으로 배태되었다는 말이다. 요컨대 인간 본성이야말로 인간에 대한 자연의 '기본권' 행사의 직접적인 산물 그 자체인 것이다. 그리고 이러한 자신의 인본주의적 '자연권'이 인간을 비롯한 모든 생명체의 창조 원리의 골간으로 작용한다. 그러므로 전 생태계 역시 '휴머니티'를 지닌 인격체로 존중받아 마땅한 권리를 지닌다. 무엇보다 우리 인간이야말로 이러한 자연이 창조한 생명의 탯줄을 통해 생태계의 모든 생명체와, 마치 형제자매처럼, 불가분의 유기적인 상호 관계로 튼튼히 맺어진 존재이기 때문이다.

13세기 초 이미 성聖 프란체스코 역시 자연과 인간의 본성적 합일을 설파한 적이 있다. 그는 하느님에 대한 사랑과 인간을 포함한 일체의 삼라만상에 대한 사랑이 단일한 생명의 흐름 속에 일체를 이루고 있다고 본 것이다. 그러한 그에게 태양과 달, 물과 불, 꽃과 초목,

새와 들짐승 모두가 형제자매로 비칠 수밖에 없었다. 따라서 모든 피조물에 대해 동등한 사랑과 자비심을 호소한다는 것이 그에게는 지극히 자연스러운 일이었던 것이다. 프란체스코는 인간을 생태계에 군림하는 지배자적 존재가 아니라, 평등한 생물학적 환경 속에서 서로 의존하며 살아갈 수밖에 없는, 다른 피조물들과 동등한 내재적 가치를 지닌 자연의 한 부분으로 인식했다는 말이다.

아인슈타인까지 나서서 "생명에 대해 경외감을 지니고 있는 사람은 단순히 기도만 하지 않는다. 그는 생명을 지키기 위한 전투에 자신을 투신할 것이다. 다른 이유 때문이 아니라 바로 자기 자신도 주변 생명들의 연장선상에 있는 똑같은 생명이기 때문"이라고 역설한 바 있다. 그는 심지어 생태계 전체를 포괄하는 생명을 위한 '전투'까지 촉구할 정도였다.

유사한 입장에서 '20세기 환경운동의 원조'로 평가받는 알도 레오폴드Aldo Leopold는 모든 인간이 "공생"을 촉구하는 "생명 공동체biotic community"의 한 구성원에 지나지 않는다는 공통된 전제를 지니고 있음을 강조한다. 그에게 공동체의 범주는 지극히 광활해 토양, 물, 동물과 식물, 즉 '토지'를 총괄하는 것으로 나타난다. 따라서 인간의 윤리적 책무는 인간의 굴레를 벗어나 지상의 모든 것으로 확대될 수밖에 없다. 이런 관점에 입각해 그는 인간으로 하여금 이 지상의 모든 것이 자연 상태로 존속할 권리를 천부적으로 소유하고 있음을 인정하도록 촉구하는 이른바 "토지 윤리"를 제창하는 것이다. 레오폴드는 이러한 "토지 윤리"가 "인류의 역할을 토지 공동체의 정복자에서 그것의 광범한 구성원이자 시민으로 변화"시킴으로써, "인류의 동료 구성원에 대한 존중, 그리고 공동체 자체에 대한 존중을 필연적으로" 요구할 수밖에 없는 것으로 인식한다.

한마디로 이 생태계에는 존재 가치를 존중받지 못할 존재는 존재하지 않을 뿐만 아니라, 동시에 존재하지도 않아야 한다고 말할 수 있다. 무엇보다 우리 인간으로 하여금 생태계의 모든 생명체와 평등하게 연대하도록 이끄는 것이 바로 이러한 '자연의 휴머니즘'이기 때문이다. 이 생태계를 구성하는 모든 종은 상호 의존적이다. 따라서 그 균형을 깨는 것은 그 어느 구성원에게도 궁극적으로 이득이 될 수 없다. 자연이 우리 인간 역시 상부상조함으로써 스스로의 결함과 부족함을 보완하도록 창조했음은 물론이다. 자연이—자신이 스스로 생명을 부여한 꽃사슴과 지렁이, 장미와 잡초 등을 스스로가 결코 차별하지 않는 것처럼—인간 역시 상호 평등한 존재로 창조했음은 부인할 수 없는 사실이다. 루소 또한 『에밀』에서 "자연의 질서 아래에서는 인간은 모두 평등"하다고 역설한 바 있다. 이러한 인간의 '자연적 평등' 명제는 우리로 하여금 평등한 인간사회 건설이야말로 자연의 자연스러운 인본주의적 요청임을 절실히 깨닫게 하는 것이다. 셰익스피어조차 "자연의 부드러운 손길은 온 세상을 하나로 만든다"고 힘주어 강조할 정도다.

이렇게 볼 때 생태계의 모든 생명체는 자연적 창조 원리의 동일한 소산으로서, 서로 일가 친족이나 겨레붙이와 다를 바 없는 존재라고 할 수 있다. 그럼에도 우리 인간은—자연이 부여한 생래의 상부상조 및 평화공존 정신을 저버리고—같은 뿌리에서 잉태된 생태계의 뭇 친족에 대해 일상적으로 비행을 저지르는 '패륜아'와도 같은 신세로 전락하고 만 것이다. 그리하여 인간이 비록 "참으로 대단한 동물"이긴 하지만 "스스로 저지른 온갖 잘못 때문에 갈 길을 재촉"할 수밖에 없는 숙명을 지닌 탓에, 결국 "지구 구석구석 저질러놓은 잘못이 너무도 심각해, 짧고 굵게 살며 어지간히 말썽을 많이 부리고 가버린 동물로나 기억"되리라는 지극히 모멸적인 존재로 낙인찍히기도 하는 것이다. 이처럼 인간이란 그리 오래 번성하지는 못할 불우한 동물인 것만 같다는 자조적인 탄식이 꼬리를 문다. 이런 의미에서 자연 파괴는 곧 '친족 살해' 행위와 다를 바 없다.

어쨌든 자연은 우리에게 생명을 올곧게 부여하는 주체다. 그러므로 자연의 순리에 따르는 삶의 태도야말로 자연의 산물로서 가장 자연스러운 인간적 자세가 아닐까 한다. 이에 진정한 인간적 생존이 "자연과의 조화"를 쟁취함으로써 비로소 참답게 확보될 수 있을 것임은 자명한 이치다. 예컨대 아마존 깊은 밀림 속에 있는 '신비의 세계' 세오 도 마피아Ceo do Mapia의 전래 의술이 가르치는 바는 지극히 독특하다. 그 의술은 인간의 병이 자연과의 균형이 깨짐으로써 인간의 영혼이 상처받기 때문에 발생하는 것이라고 단정짓는다. 따라서 그 병에 대한 약을 쓰기 전에, 우선 마음을 치료하고 몸의 균형을 되찾으며 "자연과의 조화"를 회복하는 일부터 서둘러야 한다고 가르친다. 바로 이러한 원리가 '생태'공동체 민주주의의 토대를 이루고 있음 역시 자명한 일이다.

이런 취지에서 다음과 같은 '동물복지' 강화 방안은 바로 '생태'공동체 민주주의적 원리에 입각한 인간적 노력의 발로라 할 것이다. 예컨대 서울대공원의 돌고래 쇼 중단 조치와 아울러 '모든 돌고래를 바다로 돌려보내'고자 하는 다양한 움직임, 야생동물을 위한 사료 살포, 야생동물 밀렵 행위 감시, 불법 올무·덫 제거, 산란기의 물고기 포획 통제 등도 상당히 의미 있는 대책들이다. 이제는 바야흐로 '동물복지' 방안까지 진지하게 모색하지 않으면 안 될 상황에 이르렀다. 따라서 이러한 문제들을 전담할 군·관·민 합동의 범시민적 '동물윤리 복지위원회'의 설치도 지극히 바람직한 '생태'공동체 민주주의적 요구라고 할 수 있다.

그러나 "인간 중심의 사고는 뭇 생명을 도구화하기 쉽다." 그러므로 생명의 근원에 있어 인간과 다를 바 없는 짐승에게까지 "인간 중심의 사랑"이 아니라 내면적인 "생명 본위의 사랑"을 베풀어나갈 때, 인간은 비로소 스스로를 '만물의 영장'이라고 일컬을 수 있을 것이다.

우리는 이 지상의 모든 생명에 대해 '연민의 정'을 기울여, 동료로서 최대한 많은 것에 이득을 베풀고 최소한의 것에 부득이한 해를 끼치도록 노력해야 할 것이다. 생태계에 존재하는 모든 생명체가 생명生命, 즉 '살라는 명령'을 함께 부여받았을 뿐만 아니라 살 권리 역시 공평히 지녔으니, 우리가 줄 수 없는 생명을 어찌 우리 손으로 함부로 취할 수 있겠는가. 나아가 우리 인간이 만약 우리 자신의 생존을 위해 다른 생명체의 희생을 요구할 수밖에 없게 된다면, 우리 또한 다른 생명체를 위해 스스로 희생을 감수해야 함은 지극히 자연스러운 공동체적 연대의식이다. 그러므로 우리는 절제할 줄 아는 '살림살이'를 통해 우리를 살리고, 자연을 살리고, 생명을 아끼는 법을 깨치고 실천해나가지 않으면 안 된다. 여기에는 청빈한 삶의 신조가 자연스레 요구되며, "청빈paupertas이 나와 인류와 온 누리를 구하는 길이자 생명 가치를 구현하는 길"임을 결코 부인할 수 없을 것이다.

한마디로 '생명 사랑' 곧 '바이오필리아Biophilia'야말로 '생태'공동체 민주주의의 기본 이념이라고 할 수 있다. 생태학자 에드워드 O.

윌슨은 우리 인간이 무엇보다 자연 상태에서 진화되어 나온 까닭에 "다른 종들과 어울려 살고자 하는" 생래적 필요를 지닌다고 믿는다. 바로 이러한 사실을 표현하기 위해, 그는 생명을 뜻하는 '바이오'와 사랑을 의미하는 '필리아'를 합성해 '바이오필리아'란 신조어를 만들어냈다.

마무리 글

우리는 현재 전 지구적 이중 위기, 즉 인간 위기와 자연 위기로 인해 진통을 겪고 있는데, 이에 대처해나가는 데도 이중적 대응 논리가 절실히 요망된다. 하나는 인간과 인간 사이에, 다른 하나는 인간과 자연 사이에 이루어져야 할 공동체적 유대 구축이다. 이런 취지에서 민주주의를 상호 불가분의 관계로 연결된 두 개의 상이한 차원으로 구분할 필요가 있다.

　민주주의는 한편으로는 현실적인 당면 과제와 관련지어 자연과 인간 사이의 친화적 연결 고리로 기능하게 될, 인간 공동체 중심의 정신적·실천적 의지를 대변한다. 다른 한편으로는 이상적인 미래지향적 목표의식과 연관되어 인간 공동체의 범주를 뛰어넘어 전 생태계를 아우르는 총체적 가치 체계를 동시에 표방한다. 전자는 '환경' 공동체 민주주의, 후자는 '생태'공동체 민주주의로 각각 개별화될 수 있지만, 궁극적으로는 '생태환경' 민주주의, 요컨대 공동체 민주주의로 종합되는 과정을 걷게 된다.

'환경'공동체 민주주의는 인간중심적 환경, 말하자면 인간 공동체 내부에서의 민주화 추진 이념으로서 인간다운 삶의 구현, 즉 자연친화적인 인간의 기본권 신장을 지향한다. 반면 '생태'공동체 민주주의는 전체 생태계를 대상으로 하여 '자연의 기본권' 쟁취를 추구한다. 그러므로 전자는 궁극적인 '생태환경' 민주화 쟁취를 위한 첫 단계의 예비 과업을 수행하게 된다. 이를테면 자연의 '휴머니즘'을 어떻게 '사회화'할 것인가, 곧 자연과 공존·공생하기 위해 사회적 평등 및 연대를 어떻게 구축해낼 것인가를 자신의 기본 목표로 삼는 것이다. 반면 후자는 자연의 '휴머니즘'을 어떻게 '자연화'할 것인가, 다시 말해 전 생태계에 걸쳐 생명체 상호 간의 평등 및 연대관계 수립을 어떻게 구현해낼 것인가를 추구한다고 할 수 있다.

그러므로 '환경'공동체 민주주의는 자연의 섭리에 순응함으로써 인간이 비로소 생태계의 참다운 일원으로 거듭난다고 믿는 '인간의 자연주의naturalism' 원리에 입각하게 된다. 여기서는 자연이 피동적이고 대상적인 존재로 인식되는 반면, 인간은 능동적이고 자율적인 존재로 부각될 수밖에 없다. 하지만 '생태'민주주의는 인간의 '자연', 즉 인간적 본성이 자연에 그 뿌리를 두고 있다고 믿는 '자연의 휴머니즘' 정신에서 출발한다. 그러므로 자연이 능동적이고 규정적인 존재로 인식된다.

이런 의미에서 공동체 민주주의, 곧 '생태환경' 민주주의는 '환경'공동체 민주주의와 '생태'공동체 민주주의의 변증법적 종합 개념이라 할 수 있다. 무엇보다 '환경'공동체와 '생태'공동체가 상호 규정적으로 작용하면서, 궁극적으로는 인간과 자연의 합일을 지향하는 '생태환경' 민주주의로 종합되기 때문이다.

깨물어 안 아픈 손가락 없듯이, 생태계의 모든 생명체는 형제자매·겨레붙이처럼 운명공동체와 다를 바 없다. 그러므로 전 생명체가 천부적으로 동등한 존재라는 절대 명제에 입각해, 다시 말해 "자연에 적응하는 것이 정의"라는 기본 원칙을 좇아 생명공동체 건설을 위해 일로 매진하는 것, 이것이 바로 공동체 민주주의의 기본 정신이다. 모든 생명체 상호 간, 그리고 인간과 인간 사이에 온전한 공동체적 평등 체제 수립을 위한 전 생태계 내부의 연대 구축, 즉 모든 생명체의 평화공존 체제 건설이 공동체 민주주의의 본질적인 목표라는 말이다.

이런 의미에서 공동체 민주주의론의 기본 원리 역시 양면적 속성을 띠게 된다. 첫째, 자연 앞에서 모든 인간은 평등한 존재다. 그러므로 인간 공동체에 대해서는 초이기적 공생·공존·공영의 세계를 구축할 자연적 임무가 부여된다. 특히 불우하고 소외당하는 동료 인간의 인간적 해방을 위해 힘을 모아 헌신해야 할 엄중한 사명을 지님은 지극히 자연스러운 일이다. 이것이 바로 '환경'공동체 민주주의의 기본 목표다.

둘째, 생태계의 모든 생명체는 동등한 내재적 가치를 공유한다. 따라서 모든 생명체는 공존·공생·공영 가치의 균등한 향유를 가능케 하는 공정한 '생태환경'을 지속적으로 조성해나갈 의무 또한 공유하지 않으면 안 된다. 그 과업을 원천적으로 주도해야 할 핵심적인 소명을 지닌 존재는 물론 인간이다. 무엇보다 자연의 선택된 피조물이자 이 생태계의 신경중추임에도 불구하고 가장 치명적인 생태 위기를 자초한 장본인이기 때문이다. 이런 의미에서 생태문제는 결코 "근원적으로 자연에 대한 인간 권리의 문제"일 수 없고, 오히려 본질적인 인간적 의무와 직결되는 문제다. 이것이 바로 '생태'공동체 민주주의의 토대인 것이다.

제3부

한국 지식인 사회의

행로

1

자유와 평등을

향하여

조선시대에 어느 선비가 비 새는 안방에 우산을 받쳐 들고 앉아 있었다. 그렇지 않아도 찌든 가난에 끼니조차 제대로 잇지 못하던 그의 아내가 그 꼴을 보고서는 방바닥을 치며 '궁상 좀 고만 떨라'면서 바가지를 긁어대었다. 그랬더니 그 선비 하는 말이, '그래도 우리는 우산이라도 있어 남보다 낫지 않느냐'며 아내를 위로했다고 한다.

어느 언어학자에 따르면 '빈대떡'의 어원은 '빈자貧者 떡', 말하자면 가난한 사람들이 먹는 떡이라는 데서 유래했다고 한다. 이렇게 보면 우리나라는 전통적으로 가난뱅이들의 나라였는지도 모르겠다. 그럼에도 청렴한 까닭에 재물을 모으지 못해 혹심한 가난을 면치 못하는 상태를 일러 우리 선조들은 '청백리 똥구멍은 송곳 부리 같다'고 했다. 그러나 가난한 벼슬아치를 '청백리'라 부르며 국가적으로 널리 칭송해온 자랑스러운 전통을 지니고 있다. 가난은 명예로운 훈장이었고, 덕망의 상징이었던 것이다.

그렇더라도 빈 포대가 똑바로 서 있기 어려운 것처럼, 가난한 사람이 끊임없이 정직하게 살아간다는 것은 실로 어려운 일이다. 밭에서 열심히 일하고 있는 아빠 옆에서 놀던 아이가 자랑스럽게 "나도 커서 아빠 같은 훌륭한 농사꾼이 될 거야"라고 했다가 아빠한테 흠씬 두드려 맞았다는 이야기도 있다.

어느 날 시골의 한 농부가 친척 집 일을 도우러 서울에 왔다가, 하루는 밤이 이슥해서 숙소로 돌아가고 있었다. 그때 컴컴한 문간에서 웬 사내가 쓱 나서더니 공기총을 그 농부의 머리에 들이대고는 "가진 돈 다 내놔, 그렇지 않으면 머리통을 날려버리겠어. 빨리 돈 내놔!" 하고 윽박지르는 게 아닌가. 그러자 농부는 "쏠 테면 쏘쇼. 이놈의 도시에선 머리통 없이는 살아도 돈 없인 못 살겠더라!" 하고 맞받아치는 게 아닌가. 실로 날개 없이 날고 발 없이 달리는 게 돈 아닌가.

러시아의 문호 니콜라이 고골도 『검찰관』이라는 작품에서 "빳빳한 새 지폐를 손에 쥐면 새로운 행복이 뒤따라온다"고 썼다. 황금만능주의는 초역사적으로 활개친 듯하다.

『인간의 굴레』니 『달과 6펜스』 등으로 유명한 영국의 작가 서머싯 몸도 젊었을 때는 자신의 소설이 잘 팔리지 않아 애를 태운 적이 잦았던 모양이다. 이윽고 몸의 책을 출판한 출판사에서도 광고비를 더 이상 들이지 않겠노라고 선언하기에 이르렀다. 고민에 빠진 몸은 묘안을 생각해냈다.

그는 여러 일간지에 다음과 같은 구혼 광고를 실었다. "나는 스포츠와 음악을 좋아하며 온화하고 센티멘털한 성격의 백만장자임. 현재 서점에서 판매 중인 서머싯 몸의 최근작 소설 여주인공과 똑같은 젊고 아름다운 소녀와 결혼하기를 희망함." 이 광고가 나간 지 며칠 지나지 않아 런던의 모든 책방에서는 몸의 책이 고갈되었다고 한다.

무엇보다 자본주의가 화려하게 막을 올린 뒤로는 가난은 실패와 무능의 딱지로 따라다녔다. 심지어 사회적 불안이 엄습할 때면, 가난한 자는 오히려 사회적 불안 요인으로 인식되어 '요주의 인물'로 낙인찍히기 일쑤였다. 뿐만 아니라 가난은 사회가 아니라 개인의 책임으로 내몰림당하고 말았다.

전 세계 65억 인구의 절반 이상이 하루 2달러도 안 되는 돈으로 '생계를 유지한다는'(?) 참혹한 보도도 나왔다. 또한 세계 인구의 53퍼센트가 빈곤선에서 허덕이고 있는 것으로 드러났다. 농촌 인구의 약 3분의 1가량은 안전하게 마실 물을 공급받지 못하고 있는 실정이라고 한다.

아프리카 지역의 평균수명은 48세로 세계 평균치인 67세에 크게 못 미친다. 일본인의 평균수명이 82세로 가장 길고 보츠와나 공화국과 레소토 왕국은 35세로 가장 짧다.

아프리카의 유아 사망률은 8.8퍼센트로 선진국에 비해 거의 15배에 이르고, 1인당 에너지 사용량은 선진국이 개발도상국에 비해 5배나 된다.

주요 8국(G8) 정상회의 등에서 세계 지도자들이 빈부 격차 완화를 위해 노력한다고 강조하고 있지만, 소득뿐만 아니라 건강, 복지의 불평등은 계속 깊어지는 추세다.

더욱이 이른바 '세계화'의 급진전으로 인해 빈부 격차 심화까지 세계화되고 있는 실정이다. 어느 언론 매체의 보도에 의하면, 유엔은 근래 『불평등의 곤경』이라는 보고서를 공개해 국가 안팎을 가리지 않고 불평등이 날로 깊어진다는 심각한 우려를 급박하게 표명했다. 뿐만 아니라 심지어 "테러리즘은 불평등에서 비롯한다"고까지 질타했다.

유엔 경제사회국DESA은 이 보고서를 통해 세계 인구 20퍼센트가 지구상의 부 80퍼센트를 차지하고 있으며, 전 세계 국내총생산GDP의 80퍼센트를 선진국의 10억 명이 장악하고 있고, 나머지 20퍼센트를 개발도상국 50억 명이 나눠 갖고 있다고 밝혔다.

실업 문제에서는 라틴아메리카를 비롯한 개발도상국들이 심각한 문제를 안고 있는 것으로 지적됐다. 세계적으로 특히 젊은 층이 실업자 1억8600만 명의 47퍼센트를 차지하고 있어, 청년 실업 문제가 심각하다고 보고서는 덧붙였다. 나아가 전 세계 노동자의 4분의 1이 입에 겨우 풀칠할 수준인 하루 1달러의 수입도 못 올리고 있다고 개탄하면서, "이처럼 가난한 노동자의 대다수는 법적 보호와 기초적인 사회적 지원도 받지 못한 채 비공식 경제 부문에 남아 있다"고 지적했다.

이 문제와 관련해 유엔 경제사회국은 "비공식 부문 노동자의 60퍼센트가 여성"이라며, "여성 노동자가 남성 노동자보다 소수인 것을 감안하면 매우 높은 비율"이라고 덧붙였다. 그는 또 개발도상국의 실업률이 선진국보다 훨씬 더 높을 뿐 아니라 많은 나라에서 실업률이 급증하고 있는 형편인데, 바로 이 점이 가장 심각하게 다뤄져야 할 세계적 추세의 하나라고 지적했다.

결론적으로 이 보고서는 심화되는 세계적 불평등 문제를 개선하기 위해 무엇보다 민주주의를 진전시키고 취업 기회를 확대하며, 나아가 사회보호 프로그램 등을 강화함으로써 소외 계층을 끌어안아야 한다고 주장했다.

테러리즘을 비롯한 제반 폭력 문제를 사회적 불평등과 분열이라는 맥락에서 살피지 않으면 안 된다는 것이 이 보고서의 기본 입장이라고 할 수 있다. 이런 맥락에서 성장만 중시하고 분배와 평등을 무시하는 것은 매우 위험한 처사라고 하지 않을 수 없다고 경고한다.

최근 우리 대한민국도 위태롭기 짝이 없는 수준을 과시한다. 전체 국민 7명 중 1명이 소득 빈곤층이라는 보도가 줄을 잇는다. 게다가 가난과 낮은 학력이 대물림되고 있다는 연구 결과도 공표되었다. 무서운 현실이다. 최저생계비 수준의 소득으로 살아가는 빈곤층이 700만 명을 넘어선 것으로 집계된 지도 오래다.

빈곤층의 확대는 경기 침체와 높은 실업률, 빈익빈 부익부라는 사회의 양극화 현상 등과 깊은 관련을 맺는다. 빈곤층이 급증하는 것은 두말할 필요도 없이 경기 침체와 높은 실업률 때문이다. 문제는 장기 불황의 충격파가 고소득층보다는 저소득층에 훨씬 더 극심하게 미친다는 데 있다. 따라서 빈곤층의 발생 원인을 '개인의 나태함'이나 '무능력' 같은 데서 찾으려드는 것은 위험하고도 무책임한 발상이라고 할 수 있다. 의료비와 생계비 지원 등 정부의 좀더 적극적인 대 빈곤 정책이 절실히 요구되는 현실이다. 뿐만 아니라 기업과 사회단체를 중심으로 하여—정치자금 모금이 아니라—빈곤층 지원 기금 설립도 적극 검토해볼 만하다.

IMF 외환위기 이후 우리나라 전체 가구에서 절대빈곤층이 차지하는 비율이 2배 이상 증가한 것으로 나타났다. 절대빈곤층은 가구가 벌어들이는 소득이 최저생계비에 못 미치는 계층으로, 국가로부터 생계비 지원을 받아야만 하는 집단이다. 또한 절대빈곤층이 가난에서 벗어날 가능성도 외환위기 이후 급격히 떨어지는 추세라고 한다. 일단 '빈곤의 함정'에 빠지면 헤어날 길이 막막하다는 중론이다.

저소득층일수록 고용 여건이 나빠지면서 소득이 뒷걸음치기 때문이다. 이러한 현상은 빈익빈 부익부의 사회 양극화를 심화시키는 결과를 가져온다. 빈부 격차는 필연적으로 사회·경제적 갈등을 야기하고 성장 잠재력을 떨어뜨리는 악순환을 낳는다.

이런 상황에서 당장 시급한 것은 경제적 어려움에 처해 있는 빈곤층에 대한 지원이다. 애당초 벌어놓은 것이 없는 빈곤 가구에 소득마저 끊겼다는 것은 막다른 길에 내몰렸음을 의미한다. 한 여중생이 가정 형편이 어려워 전기료를 못 내는 바람에 전기가 끊겨, 촛불을 킨 채 깜빡 잠이 들었다가 화재로 참변을 당하기도 했다는 보도도 있었다.

뿐만 아니라 가난과 낮은 학력이 대물림되고 있는 실정이라는 연구 결과도 나왔다. 학생의 성적이 부모의 재력에 달렸다는 건 이제 상식이다. 수험생의 수능 성적이 부모의 재력과 정확하게 비례했다는 조사 결과도 나왔다. 학교 교육과 본인의 노력에 대한 믿음을 포기할 수 없는 많은 저소득 가정의 학부모들에게는 이보다 더 참담한 일이 어디 있겠는가.

우리 경제 규모는 세계 11위라지만, 빈부 격차에 따른 양극화 현상은 우리 사회를 위협하는 가장 심각한 요인으로 등장했다. 정치인들은 기회가 있을 때마다 경제적 양극화 해소를 핵심 과제로 제기하는 걸 잊지 않는다. 그러나 그 중심에 교육 문제가 들어서야 한다. 부모의 가난이 아이들의 더 큰 가난으로 이어지는 한 양극화는 해소될 수 없다. 교육을 매개로 한 빈부의 대물림을 끊지 않으면 안 된다. 그러자면 모든 아이가 공정한 교육의 기회를 누리도록 해야 한다. 해답은 명백하다. 공교육이 교육의 중심이 되도록 하는 것뿐이다. 아이들에겐 아무런 죄가 없지 않은가.

불교의 『장아함長阿含』「소연경小緣經」에는 이런 가르침이 있다. "세상에는 왕족과 바라문과 평민과 노예, 네 계급이 있다. 그러나 왕족이라고 해서 남의 생명을 해치고 재산을 약탈하거나 음란한 짓을 하고 거짓말과 이간질, 악담을 하며 탐욕과 성냄과 그릇된 소견을 가지고 있다면 그들 또한 죄를 범하게 되며 그 갚음을 받게 된다. 바라문이나 평민, 노예도 이와 마찬가지다. (…) 네 종족이나 계급은 그 사람의 혈통이나 신분으로서 차별되는 것이 아니다. 우리는 모두가 똑같은 사람이다."

기독교의 신약성서도 「갈라디아서」 3장 28절에서 "유대인이나 그리스인이나, 종이나 자유인이나, 남자나 여자나 아무런 차별이 없습니다. 그리스도 예수 안에서 여러분은 모두 한 몸을 이루었기 때문입니다"라고 선포하고 있다. 평등의 종교적 대헌장들이라고 할 수 있다.

인류 역사가 시작된 이래 평등의 존재 그 자체는 한 번도 외면당한 적이 없다. 평등은 박해당하기는 했으나 부인당한 적은 없다. 다만 평등을 허용하는 폭을 극단적으로 좁혀서건 또는 그것도 안 되면 저 먼 천국의 복락 속으로 그 완성을 기약 없이 미루어놓든 간에, 우리 인간은 평등에 대한 열망을 잠시도 게을리한 적이 없다. 어떻게 보면 세계사는 평등의 확장사라고 이름 붙일 수 있을지도 모른다.

그만큼 평등은 역사의 진전에 따라 그 폭과 넓이와 깊이를 한결 더 해왔던 것이다.

그런데 역설적이게도 평등의 가장 위대한 '적'은 다름 아닌 자유다. 그리고 이러한 전통은 아직까지 생생하게 살아 꿈틀거리고 있다. 근대 이후의 모든 사회 문제는 언제나 자유와 평등 사이의 대립관계를 어떻게 풀 것인가 하는 데 모아졌다고 해도 지나친 말은 아니다.

우선 자유주의의 역사적 승리는 자유를 일단 절대적 가치로 붙박아놓은 상태에서 평등에 대해 어느 정도의 관용을 베풀 것이냐 하는 쪽으로 논의의 흐름을 잡아가도록 만들었다. 전형적인 자유주의자에게는 따라서 자유가 당연히 평등에 우선한다. 단순히 그러한 정도에 그치는 것이 아니라, 때에 따라서는 자유와 평등의 대립적 속성을 과장하거나 또는 평등을 "보복의 도구"로 몰아붙이기도 한다. 아마도 가장 합리적인 자유주의적 대응의 하나는 자유를 "몸통"으로, 그리고 평등을 "다리"로 여기는 정도가 아닐까 한다. '몸통' 없는 '다리'는 있을 수 없어도 '다리' 없는 '몸통'은 있을 수 있기 때문이다.

이러한 '자유'로부터의 억압에 대한 최초의 본격적인 '평등'의 반발은 1848년 혁명에서 그 첫 신호탄이 타오른다. 이 혁명은 자유주의적 부르주아 계급들로 하여금 민주주의에 대한 공포를 새삼 환기시켜주었다. 그러는 한편 자유의 운동 원리를 새롭게 점검하는 자아비판적 계기를 만들어주기도 했다.

자유가 인민 대중의 행복을 보장해주지 못한다는 것이 확연해지자 자유에 대한 반란이 본격적으로 조직화되기 시작했다. 다양한 공산주의 및 사회주의 조류가 대오를 정비했다. 그들은 수단과 방법 면에서는 상당한 이질성을 노정하고 있었지만, 특히 경제적 평등의 구현이라는 궁극적 목표에 있어서는 대체로 견해의 일치를 보이고 있었다.

이러한 상황에서 자유주의적 부르주아 계급에 의해 고안된 자구책이 바로 자유민주주의였던 것이다. 그것은 경제적 평등이 아닌 정치적 평등만을 인민 대중에게 허용함으로써, 한편으로는 자유주의적 지배 세력의 경제적 기득권은 온존시키면서 다른 한편으로는 사회주의 세력의 변혁적 예봉은 미연에 무력화시키려는, 일종의 절묘한 정치적 타협책이기도 했다. 그러나 그것마저도 실은 적지 않은 주저와 불안 속에서 이루어졌다. 그 뒤 물론 여러 우여곡절을 겪긴 했지만 자본주의 사회는 오늘날 '자유 속에서의 평등 구현'의 역사적 단계로 진입했다.

한편 좀더 과격한 사회주의 세력들은 자유민주주의 체제의 허구성과 기만성을 폭로하면서 사적 소유의 철폐와 경제적 불평등의 제거만이 진정한 인간 해방의 길임을 역설했다. 이를 위해서 혁명적 방법이 유일한 대안으로 제시되었다. 그들은 대체로 평등 속에서 그리고 평등을 통해서만 자유를 온전히 구현할 수 있다고 믿었다. 러시아의 볼셰비키 혁명은 이러한 신조의 산물이었다. 소련은 한때 이러한 이상이 바야흐로 실현되었노라고 선포한 적도 있다. 그러나 그들은 단지 시민의 개인적 자유를 짓누르며 당과 국가의 일방통행식 명령만 복창하도록 만든 '앵무새의 평등'만을 현실화시켰을 따름이다. 나아가 그것조차 얼마나 허구적이었던가는 지금 공산정권의 궤멸로 인해 폭로된 셈이다.

이렇게 하여 '평등 속에서의 자유 구현'을 위한 혁명적 실험은 일단 좌절되었다. 그것은 거칠게 말해 자유에 대한 평등의 패배를 의미한다. 반면 자본주의 진영에서는 '힘센 놈이 최고'라는 식의 '호랑이의 자유'만을 찬양한다.

그리하여 우리 시대의 역사적 발전 과정은 '자유 속에서의 평등 구현'을 최고의 이상으로 하는 단계에 계속 머무르게 되었고, 그 한계를 극복하기 위한 시도들이 부분적으로 비주류의 범주에서 행해지고 있다. 이 단계가 언제까지 지속될 것이며, 또 그것이 어떤 방식으로 지양될 것인가에 대해서는 지금 아무도 명확히 예측할 수 없다.

자유가 빵 문제를 해결할 수 없듯이 빵 역시 자유의 문제를 풀지 못한다. 문제는 어떻게 하면 자유를 한껏 즐기면서도 빵 또한 마음껏 먹을 수 있는가 하는 데 있다. 자유롭게 빵을 먹을 권리와 먹을 빵을 평등하게 나누어 가질 수 있는 자유는 과연 어떻게 동시에 확보될 수 있을 것인가? 말하자면 평등과 성취, 균형과 능률, 복지와 경쟁 사이의 조화를 어떻게 이루어낼 것인가?

우리 시대의 역사적 과제다.

2

신입생

여러분께

젊은 알렉산더 대왕을 가르치면서 아리스토텔레스도 이따금 짜증이 났던 모양입니다. 그는 『니코마코스 윤리학』에서 "젊은이는 정치학 강의를 듣기에는 그리 적절한 청중이 아니다"라면서, 젊은이가 "인생의 여러 가지 행동에 경험이 없는 반면, 정치학의 논의는 이 행동들에서부터 시작하며 또 이것들에 관한 것이기 때문이다"라고 불편한 속내를 내비치기도 했습니다. 그러면서 또 이렇게 덧붙이는 것을 잊지 않았습니다. "젊은이는 자신의 정념을 따르기 쉬우므로 설사 정치학을 공부한다 해도 아무 소용이 없고 이익도 없을 것이다. 정치학의 목적은 지식에 있지 않고 실천에 있기 때문"이라고 못 박았습니다. 물론 그에게 '정치학'이란 학문 중의 학문으로서, "다른 모든 학문의 목적을 내포해야만 하며", 그 목적은 "인간을 위한 선"이어야만 했습니다. 이런 의미에서 우리가 지금부터 거론하게 될 사회과학을 아리스토텔레스가 지향하고자 했던 그러한 목적의식에 부합하는 '정치학'과 대단히 유사한 속성을 지닌 분야라고 간주한다고 해서 그리 큰 잘못을 저지르는 행위는 아닐 듯합니다.

키르케고르는 이런 우화를 남겼습니다. 호화 유람선을 타고 많은 승객이 밤바다를 헤쳐가고 있었습니다. 승객들은 대부분 마시고 춤추며 환락을 즐기기에 여념이 없었지요. 그때 한 사람이 수평선 끝에 흑점 하나가 떠오르고 있는 걸 발견했습니다. 그는 저 흑점이 얼마나 광포한 폭풍을 몰고 와서 또 얼마나 무서운 환난을 초래할 것인가 하는 걸 잘 깨닫고 있었습니다. 그러나 승객들은 아무것도 모릅니다. 춤추고 마시며 인생을 즐기는 행복감에 도취되어 있을 뿐입니다. 그는 도대체 누구이고, 어째야 하는 것일까요?

스스로 깨닫는 지식인이 될 것인가, 아니면 스스로도 깨닫지 못하거나 남이 깨달은 것을 보고도 깨닫지 못하는 지식인이 될 것인가는 자신의 결단에 달려 있다고 할 수 있습니다. 그러나 J. S. 밀은 『자유론』에서 이렇게 외칩니다. "자기 스스로 사색하지 않고 오직 다른 사람의 주장만을 맹종하는 데 불과한 사람들의 진실한 주장보다는, 오히려 적절한 연구와 준비를 다하여 스스로 사색할 줄 아는 사람들이 저지르는 잘못이 진리에 공헌하는 바가 더 많다"고 말입니다. 우리가 명심해야 할 게 있습니다. 옛 선인은 '선비는 죽일 수는 있어도 욕보일 수는 없다' 하였습니다. 이를테면 지식인은 증오당할 수는 있으나 경멸당해서는 안 되리라는 말일 것입니다.

헌데 지식인의 걸음걸이는 어떠해야 할까요?

모름지기 부드러워도 나약하지는 않고, 굳세어도 사납지는 않으며, 검소하되 인색하지는 않고, 너그러워도 어리석지는 않으며, 의연해도 각박하지는 않고, 품위를 지키되 우쭐대지는 않으며, 사려 깊으나 시무룩하지는 않고, 남을 기꺼이 도우나 참견하기를 좋아하지는 않아야 할 것입니다.

한 마리의 생선을 얻으면 한 끼의 양식이 되지만, 고기 낚는 법을 배우면 평생의 양식이 되는 법입니다. 과연 지식인은 한 끼를 택해야 하겠습니까, 아니면 평생을 좇아야 하겠습니까? 지식인이 아무리 자신의 속눈썹은 보지 못하면서도 만 리나 떨어진 바깥세상의 일에 대해 왈가왈부할 수밖에 없는 존재라고 하지만, 자신의 책 먼지도 떨어내지 않은 채 세상의 먼지를 없애겠노라고 팔을 걷어붙일 수 있겠습니까.

이러한 점들을 두루 고려할 때 우리 학도들에게 필요한 것은 당연히 지식보다는 지혜라고 할 수 있습니다.

그런데 여러분은 현재 대학의 실상이 어떠하다고 생각합니까? 대학은 결코 학원이 아닙니다. 말하자면 대학은 등록금(곧 자본)을 투자한 대가로 그에 걸맞은 소득을 얻어 걸치는, 지식의 물물교환이 이루어지는 곳이 아니라 인품과 지혜의 전수가 이루어지는 곳이어야 합니다. 특히 인간의 해방과 인류의 복지를 쟁취하고 드높이는 길을 탐구하는 사회과학에 몸담고 있는 학도라면 뭔가 달라야 하지 않겠습니까?

그러나 오늘날 우리 대학의 현실은 과연 어떻습니까? 대학은 지금 인품과 인품이 어우러져 진리와 지혜를 뼈아프게 추구해나가는 수련장이 아니라, 사회적으로 잘 팔리는 지식만을 눈치껏 싼값으로 적당히 사고파는 대형 할인매장으로 전락해가고 있습니다. 지식의 바겐세일과 '가격 파괴'가 연일 자행되고 있다는 말입니다.

나에게도 흥미로운 체험이 있습니다. 오전 11시에 시작해서 12시에 끝나는 강의가 있었는데, 조교가 출석을 확인한 뒤 10~20분이 지나면 꼭 강의실을 빠져나가는 학생이 한 명 있었습니다. 한 달이 넘도록 이 특이한 행동이 되풀이되었습니다. 나는 그 녀석에게 무슨 이상이라도 생긴 건 아닐까 하고 하루는 그를 불러 세웠습니다. 그 이유를 물었더니 그 학생의 대답은 지극히 간단명료했습니다. 더 늦게 식당에 가면 줄을 서서 오래 기다려야 하기 때문에 일찍 자리를 뜰 수밖에 없다는 답변이 돌아왔습니다. 식당의 시설 미비를 나무라야 할지, 아니면 점심 밥 한 그릇에도 미치지 못하는 수준 미달의 내 강의의 질을 탓해야 할지 한동안 망연했습니다.

또 한번은 내가 하는 정치사상 강의가 하도 재미가 없고 열기도 없어서 "오늘은 강의를 하지 않고 여러분과 이야기를 좀 나누고 싶다"고 서두를 끄집어내고는, "요즘 학생들이 주로 어떤 일에 관심을 기울이는지"를 물었던 적이 있습니다. 오랜 침묵이 흐른 뒤 어느 남학생이 손을 들어 대답했습니다. "저희는 지금 '속도전'을 생각하고 있습니다"라고. 나는 그게 뭐냐고 물었습니다. 그랬더니 그 녀석 왈, "어떻게 하면 남보다 빨리 대학을 졸업해서, 남보다 빨리 좋은 직장에 취직하고, 또 남보다 빨리 돈을 많이 벌 수 있을까 하는 걸 고민하고 있습니다" 하고 덧붙이는 것이었습니다. 지극히 정직한 답변이었습니다.

그 강의가 끝난 직후 이번에는 두세 명의 다른 학생들이 내 연구실로 찾아왔습니다. 그들은 "선생님, 저희도 드릴 말씀이 있습니다" 하고 말문을 여는 것이었습니다. 이 녀석들도 대단히 솔직했습니다.

"선생님, 저희가 무슨 문제에 대해 토론 좀 하자고 하면 저희는 소외당합니다" 하는 것이었습니다.

'속도전'을 추구하는 대다수의 학생에게 인문학적 진리가 당장 무슨 소용이 있겠습니까? 그들은 오히려 컴퓨터 자격증이라든가 영어회화 등을 더 중시할 수밖에 없지 않겠습니까. 반면 삶의 고뇌라든가 사회의 근본 문제 등에 대해 토론하고 싶어하는 '소수파'는 대학 안에서 소외당할 수밖에 없는 불안감에 사로잡혀 있습니다.

한번은 대학 입학시험 과정에서 이런 일도 있었습니다. 면접시험을 치르는데 어떤 여학생이 들어섰습니다. 진주여고 졸업생이었습니다. 나는 그 학생에게서 크게 배운 바가 있습니다. 그 학생에게 먼저 진주에 대해 자랑할 게 무엇이 있느냐는 질문부터 했습니다. 그애는 "논개요" 하고 대답했습니다. 나는 "논개를 어떻게 평가하느냐?" 하며 추궁을 멈추지 않았습니다. 그랬더니 그 녀석은 "무모하다고 생각해요"라고 대답하는 것이었습니다. 흥미로운 답변이었습니다. 그 이유를 다그쳐 물었더니, 그 여학생은 자신만만한 태도로 "약을 먹여서 죽이지 왜 같이 빠져 죽나요?" 하며 자신의 최후진술을 마쳤습니다. 경탄할 만한 '신세대'였습니다. 나는 그 수험생에게서 신세대의 본성을 감동적으로 배워 익혔습니다.

뿐만 아니라 오늘날 한국의 모습은 한마디로 '노래방 문화 세대'라고 할 수 있습니다. 가사를 익힐 필요가 사라진 시대에 우리는 살고 있습니다. 허니 가사가 때때로 뿜어내기도 하는 인간적 정서와 추억 어린 단근질 같은 것을 가슴에 담아둘 필요도 없어졌습니다. 스위치만 누르면 이미 준비되고 만들어진 가사가 화면에 떠 그걸 앵무새처럼 따라 읊조리면 그만입니다. 인간적 정감이 자리할 틈도 없이 기계와 기계가 서로 만나는 셈이 되어버렸지요. 오늘날 물론 성능 좋은 '인간 기계'일수록 사회적으로 더 높은 평가를 받는다는 것은 더 이상 물어볼 필요조차 없는 진리에 속하는 일이 되었습니다.

바로 이러한 상황에서 지금 우리 대학에는 절대 다수의 '속도전파'가 횡행하고 있는 것입니다. 뿐만 아니라 정치권도 그에 뒤질세라 이른바 실용주의적인 '신지식인'을 칭송하고 포상하는 데 여념이 없습니다.

우리는 위기를 맞고 있습니다. 사회과학은 무엇보다 사회와 역사에 대한 규범적인 가치판단을 전제로 합니다. 뿐만 아니라 그러한 가치판단에 입각한 행동을 필수로 요구하기도 합니다. 따라서 사회과학의 토대이기 때문에 '사회과학적 인문학'이라고 부를 수도 있는 역사와 사상과 철학 등은 그러한 가치 규범의 이해와 확립을 위한 필수적인 수단으로 기능해야 합니다. 왜냐하면 그것은 옳고 그름을 따지기 때문에 행동과 직결될 수밖에 없기 때문입니다. 어쨌든 오늘날 우리 사회에서는 참다운 진리를 향한 사색과 고뇌보다는 실용적이고 이기적인 '속전속결주의'가 활개치고 있습니다.

병을 진단하고 처방할 때 병의 원인을 먼저 밝혀내야 하듯이, 또 집을 짓거나 약을 지을 때 토질을 먼저 살피고 몸의 체질과 성향을 먼저 따져봐야 하듯이, 기초학문 분야가 바로 이런 역할을 떠맡지 않겠습니까?

이 모든 점을 자상히 고려할 때, 과학자들이 예술을 음미할 수 있게 해주는가 하면 예술가들이 과학을 이해할 수 있게 해주는 것이 최선의 교육이라고 할 수 있지 않을까요. 예술이나 인문과학 등 인간 본질에 대한 기초적 탐구는 실용적인 쓸쓸이나 당장 눈앞에 드러나는 성과를 노리고 수행되는 것이 아니라, 자연 및 인간의 본성을 가능한 한 가장 심층적인 차원에서 이해하려는 동기에서 비롯되는 연구라고 할 수 있습니다. 삶의 기초공사이며 삶의 천문학인 것이죠.

예컨대 사회과학의 토대로서의 사상은, 인문학과 더불어 조화를 지향하는 학문 분야라고 이를 수 있습니다. 자연과 인간, 인간과 인간, 과거와 현재와 미래의 조화를 추구하는 분야라는 말입니다.

인간의 역사에서 가장 먼저, 가장 영향력 있는 지식의 원천으로 기록된 것은 사상과 철학이었습니다. 그리하여 소크라테스, 플라톤, 아리스토텔레스나 공자, 맹자 등이 언제나 우리의 학문적 관심의 출발선상에 서 있는 것입니다. 이를 통해서도 우리는 지식인과 사상이 떼려야 뗄 수 없는 역사적 상관성을 지닌다는 사실을 잘 알게 됩니다. 우리는 여기서 무엇보다 사회과학의 인문학적 토대라고 할 수 있는 사상의 역사와 본성을 잠시 더듬어볼 필요가 있습니다.

역사는 삶의 흔적이며 발자취입니다. 이런 의미에서 사상은 종합예술이라고 할 수 있습니다. 뛰어난 사상가들은 정치, 경제, 사회, 교육, 문화, 예술, 심리, 윤리, 종교 등 인간 생활과 관련된 어느 분야 하나도 소홀히 다룬 적이 없습니다.

사상이 규범적인 가치판단을 전제로 한다는 것은 누구나 아는 사실입니다. 옳고 그름을 따지기 때문에 사상은 행동과 직결될 수밖에 없습니다. 그러므로 사상에는 기존의 모순을 정당화시켜주는 '어용'의 길과 그것을 원천적으로 거부하는 '저항'의 길만이 놓여 있다고 말할 수 있습니다. 따라서 사상은 항상 인간의 감성과 지성을 흥분시킬 수 있는 요소를 지니고 있는 까닭에 종종 허영에 찬 학도들을 관념적으로 들뜨게 만들 때도 적지 않습니다.

어쨌든 사상은 절규라고 할 수 있습니다. 허공에 대고 손가락질해 대는 황야의 외로운 외침이 아니라, 물론 비명으로 끝날 때도 적지 않습니다만, 현실적으로 핍박받는 역사와 사회를 향해 터뜨리는 절규, 그것이 바로 사상입니다.

그렇기 때문에 사상은 엄청난 정서적인 흥분, 아니 광란까지도 동반할 수 있습니다. 물론 사상은 역사적 변천을 거듭해왔습니다. 왜냐하면 그것이 '절규'이기 때문입니다. 절규해야 할 대상과 내용이 역사적으로 달라지면 사상도 따라서 변할 수밖에 없는 것 아니겠습니까. 물론 가장 영원한 것은 변화밖에 없습니다. 우리가 한번 발을 담근 똑같은 개울물에 우린 두번 다시 발을 담글 수는 없는 법입니다. 모든 것은 흘러가버리기 때문입니다. 문제는 사상으로 하여금 그 변화를 추종하도록 할 것인가, 아니면 그 변화를 만들고 이끌어가도록 할 것인가 하는 것입니다. 바로 이러한 측면에서 사회과학도 역시 역사 공부를 게을리하지 말아야 할 것입니다.

역사적으로 볼 때, 사회사상은 사회적 고통과 질곡과 억압에 대한 투철하고 신랄한 도전으로 점철되어왔습니다. 사상이나 이데올로기는 언제나 시끄럽고 어지러운 세상의 뱃속에서 태어나는 법이라는 말입니다. 그것은 혁명시대의 표지판이나 기념물 같은 것이라고 할 수 있습니다. 아직까지도 '사상범'이라는 불길한 죄목이 버젓이 살아 움직인다는 사실을 기억할 필요가 있습니다.

17세기 서양 사상의 요람지는 영국이었습니다. 청교도 혁명과 명예혁명 등으로 혼란을 거듭한 당시 영국은 결국 토머스 홉스와 존로크를 낳았습니다. 18세기의 사상은 프랑스에서 꽃 피었습니다. 이곳에서 세계사적 의의를 지닌 혁명이 터져나올 수밖에 없었던 것은 프랑스가 바로 봉건주의적 모순과 폐해가 가장 극렬한 곳이었다는 말이 되기도 합니다. 몽테스키외, 볼테르, 루소 등을 배출한 18세기의 프랑스는 그 유명한 프랑스 대혁명으로 막을 내리지 않았습니까. 이윽고 역사적 '서세동점'이 일어나 19세기에 사상은 자본주의가 싹트던 독일로 자리를 옮겨 마르크스와 엥겔스를 낳았습니다. 이윽고 20세기가 열리면서 러시아가 새로운 사상의 둥지로 떠올라 '혁명의 마술사' 또는 '혁명적 기회주의자'라고 일컬어지기도 하는 레닌과 트로츠키 등을 배출하기도 했던 것입니다.

한마디로 프랑스 대혁명에서 '이데올로기의 시대'가 비롯된다고 할 수 있습니다. 이데올로기의 시대는 바로 대중의 시대, 혁명의 시대인 것입니다. 그렇기 때문에 이데올로기에는 본래 피 냄새가 짙게 배어 있습니다. 하나의 이데올로기를 둘러싸고 수많은 살상과 도륙과 파괴가 자행되었던 것입니다. 프랑스 혁명과 러시아 혁명은 그 극점에 위치한다고 말할 수 있습니다.

한때 에드워드 실스Edward Shils나 대니얼 벨Daniel Bell 등에 의해 '이데올로기의 종언'이 구가된 적도 있긴 했습니다. 냉전에 편승한 이러한 폭력적 상상력은, 특히 마르크스주의 및 공산주의를 나치즘이나 파시즘과 같은 선 위에 놓음으로써, 그들의 사망진단서를 사전에 허위 발급하려는 불순한 정치적 목적 밑에서 만들어졌다고 할 수 있습니다. 그러나 그 직후에 발생한 흑인의 인권운동, 베트남에서 수행된 '추악한 전쟁'과 그로 인한 극심한 사회적 분열 등은 이 선언이 자랑스럽게 선포되는 바로 그 현장에서 사실상 그것이 표방했던 '갈등에서 해방된 무無이데올로기적' 정치세계의 환상을 여지없이 파괴시키고 말았던 것입니다. '이데올로기의 종언'이 종언을 고한 셈이었습니다.

우리는 여기서 새삼스럽게 "이데올로기 일반을 탄핵하는 것은 자기 자신의 이데올로기를 (새롭게) 만들어내는 것"이라는 E. H. 카의 경구를 떠올릴 필요조차 없을 것입니다. 요컨대 '이데올로기의 종언'은 또 하나의 새로운 이데올로기였던 것입니다. 이런 점에서 이탈리아의 정치학자 사르토리Giovanni Sartori의 명쾌한 언명은 지극히 인상적입니다. 그는 이렇게 설파했습니다. "풍요로운 사회에서 이데올로기의 격렬함이 줄어들 것이라는 것을 인정한다 하더라도, 이러한 강도의 약화를 이데올로기 자체의 소멸과 혼동해서는 안 된다"고 말입니다.

그러나 예컨대 1970, 1980년대 세계 경제의 침체, 선진 자본주의 국가들을 엄습한 인플레이션과 대량 실업, 복지국가의 퇴조 등은 오히려 이데올로기에 대한 관심을 끊임없이 진작시킨 요인이었습니다. 그리고 공산권의 몰락에도 불구하고 또는 그 때문에 야기될지도 모르는 자본주의 진영 내부의 심각한 알력 가능성 역시 이데올로기의 의미심장함을 외면하지 못하도록 만드는 기폭제 구실을 하게 될 것입니다.

뿐만 아니라 이른바 '세계화'와 '신자유주의'의 유령이 지금 전 세계를 배회하고 있지 않습니까. 한마디로 "자유 시장자본주의는 전 세계를 단일시장에 통합시키려는 '전체주의적' 이데올로기"라고 할 수 있습니다. IMF의 집중 포화에 신음한 바 있는 한반도의 상황은 더 이상의 다짐조차 번거로울 정도입니다.

한마디로 이데올로기의 생명력은 아직 그 명이 다하지 않았습니다. 지옥에서 가장 처참하고 고통스러운 장소가 하나 있는데, 그곳은 이승에서 위기의 순간에 중립만을 지켜온 죄인들을 마지막으로 처절하게 단근질하는 곳이라고 불경은 쓰고 있습니다.

개인적으로는 나 역시 힘든 문제가 발생하는 위험한 순간에 항상 중립을 지키며 정의의 사도처럼 행세하는 사람을 결코 신뢰하지 않습니다. 또한 아무런 위험도 따르지 않는 평화로운 순간에 과격한 말과 행동으로 일관하는 사람도 믿지 않습니다. 우리는 이러한 기회주의적 정의감과 무책임한 과격성을 가능한 한 멀리하도록 노력해야 합니다.

예컨대 달동네와 호화주택촌이 나란히 어깨를 마주하고 있다면, 우리는 사회과학도로서 둘 중 과연 어느 쪽이 우리의 사회적 현실을 솔직히 증언하고 있는 곳인가를 정확하게 집어내지 않으면 안 됩니다. 이럴 때 우리는 비로소 위장된 거짓을 응징하고 참다운 실체를 찾아냄으로써 다 함께 팔을 걷어붙여 진정한 공공복리를 건설해나갈 수 있게 되는 것입니다.

우리는 아름답게 꾸며진 겉모습에 눈멀지 말고 사회의 본질에 접근해야 합니다. 그러기 위해 무엇보다도 우리는 예컨대 달동네와 호화주택촌 둘 중 어느 한쪽을 우리 편으로 끌어들여야 합니다. 다른 말로 하면 현실적 모순의 본질을 파헤침으로써 그러한 사회 모순을 양산해내는 대상에 대한 저항을 일상화하는 쪽에 우리 자신을 배치시켜야 한다는 말입니다. 이것이 사회과학도로서의 바람직한 자세일 것입니다.

동시에 우리는 우선 우리 것부터 찾아나서야 합니다. 물론 외국 것이라고 모두 배척해야 한다는 말은 결코 아닙니다. 단지 우리 것을 보지 못하고, 아니 외면해버린 채 남의 것만 넋이 빠지게 찾아 헤매는 한심스러운 작태만은 그만두자는 말입니다.

본질적으로 개인의 사익보다는 집단의 공익을 우선하는 자세를 키워나가는 것이 더 바람직하리라 여겨집니다. 특히 불우하고 핍박당하는 집단의 인간적 해방을 위해 헌신해야 할 것입니다. 한마디로 우리 사회과학도는 모두 힘을 합쳐 기존 체제, 기존 질서의 모순과 부조리를 파헤침으로써 그로 인해 신음하고 억압당하는 약자 편에 설 수 있도록 혼신의 노력을 아끼지 말아야 하겠습니다. 우리는 '강자에게는 강하게, 약자에게는 약하게' 대처함으로써 역사의 진보를 확신하는 '저항'의 길로 나아가야 합니다. 이런 의미에서 왕관이 있는 곳보다는 단두대가 있는 곳을 향하는 것이 좀더 자연스러울지도 모르겠습니다.

우리는 진보進步가 '진짜 보석', 즉 진보眞寶라는 사실을 명심할 필요가 있습니다.

어느 수도자 이야기가 있습니다. 거기서 죽으면 구원받아 곧장 천국으로 향할 수 있는 가장 성스러운 곳이 어딘가에 있다고 했습니다. 그러나 그 수도자는 그런 곳에 가서 죽어 천국에 간다면 그건 아무런 가치도 없는 일이라고 하여 그곳을 뿌리쳤다고 합니다. 그러면서 죽으면 당나귀로 다시 태어난다고 일컬어지는 곳에서 죽어 천국에 가야 비로소 의미 있는 일이라면서 오히려 그곳을 향해 떠났다고 합니다. 물론 그 수도자는 오로지 자신의 의지에만 철저히 의지하려는 단호한 품격을 지켜나갔다고 할 수 있습니다. 이러한 투철한 자기 신뢰와 투지가 우리에게도 요구되는 게 아닐까요?

이 세계는 침묵하고 있습니다. 그러나 침묵이 부재를 의미하는 것은 아닙니다. 이 세계에는 우리 인간의 뜨거운 시선을 기다리는 숱한 의미가 보석처럼 숨어 있는 것입니다. 이 세계의 침묵에 맞서 의미를 채굴해내는 작업은 일종의 투쟁이며 모험이기도 합니다. 요컨대 인간의 존엄성을 쟁취하기 위한 고귀한 상상력의 충동질이라는 말입니다. 왜냐하면 숨은 의미를 채굴해내는 일은 정신적 고뇌와 긴장을 필연적으로 요청하며, 동시에 날카로우나 따스한 자신의 내적 결단을 촉구하기 때문입니다. 그러므로 단지 이 세계에 대해 뜨거운 애정을 지닌 자만이 냉혹하게 입 다물고 있는 이 세계의 침묵의 문을 열 수 있습니다. 말하자면 이 세계에 대해 뜨거운 애정을 지닐 때만 이 세계는 꽃잎이 열리듯 자신의 신비를 보여주려 한다는 말입니다.

예컨대 아인슈타인도 「내가 믿는 것」(1930)이란 글에서 "우리가 경험할 수 있는 가장 아름다운 것은 신비로움이다. 그것은 모든 진정한 예술과 학문의 원천이다"라고 절규하고 있습니다. 이런 의미에서 우리는 우리를 가까이 둘러싸고 있는 이 세계를 감히 발가벗기려 용트림해야 합니다. 관심이 많으면 많이 보게 되고, 많이 보면 많이 알게 되고, 또 많이 알면 많이 사랑하게 되지 않겠습니까. 그러하니 어린애 같은 호기심을 언제나 어른스러운 탐구심으로 바꾸어나가려는 자세가 특히 우리 사회과학도에게 절실히 요청되는 것이라고 할 수 있습니다. 이런 취지에서 인간이 저지르는 가장 큰 죄는 타인에 대한 증오심이 아니라 무관심이라는 사실을 가슴 깊이 새겨두어야 하리라고 생각합니다.

그렇다면 우리는 어떻게 해야 할까요? 인류 역사에 대해 가없는 환상과 당당한 야망을 지닌 자만이 사회과학도로 웅장하게 발돋움할 수 있을 것입니다.

허나 교수는 결코 만능선수가 아닙니다. 단지 지금 여러분이 겪고 있는 것을 조금 앞서 체험한 코치와도 같은 존재라고 할 수 있습니다. 예컨대 한 야구 코치가 타자에게 다음 투구를 어느 쪽으로 치라고 할 때, "나는 못 하겠다. 당신이 나와서 해보라"고 요구한다면, 그 코치는 그렇게 못 할 가능성이 지극히 높습니다. 이처럼 교수와 학생은 마치 코치와 선수 사이와 같다고 여겨집니다. 따라서 교수가 모든 것을 다 할 줄 아는 전지전능한 존재라서 학생들 앞에 감히 서는 것이 아니라, 먼저 비슷한 것을 체험한 선배로서의 쓰라린 경험담을 허심탄회하게 나눠보기 위해 그렇게 하는 것입니다. 그러하니 스승이 응당 제자의 자랑스러운 스승이 되어야 하듯이, 제자 역시 스승의 자랑스러운 제자가 되어야 하지 않겠습니까.

언젠가 프랑스에 불문학을 공부하러 왔던 영국의 어느 부유한 유학생이 있었던 모양입니다. 공부를 대강 적당히 해치우고서는 영국으로 돌아가서 자신의 프랑스 지도 교수에게 편지를 보낸 적이 있다고 합니다. "교수님, 저는 지금 영국에 돌아와서 교수님 덕분에 장래가 촉망되는 불문학자로 활동하고 있습니다. 교수님의 은혜에 보답코자 교수님이 부탁하시는 일이라면 그 청을 꼭 들어드리도록 하겠습니다. 제게 빨리 소식을 주시기 바랍니다." 그 프랑스 교수는 즉시 답장을 보냈습니다. 그 편지는 이러했습니다. "자네에게 꼭 하나 부탁하고 싶은 게 있네. 부디 나에게서 불문학을 배웠노라고 말하지 말아주게나. 이게 내 유일한 부탁일세." 우리가 이 프랑스 교수와 영국인 학생 같은 사이가 되어야 할까요.

이에 덧붙여 오늘은 또 나의 호랑이 중독증 얘길 좀 해야겠습니다. 바위만 한 들소를 잡아먹을 때와 장난감 같은 토끼를 잡아먹을 때, 호랑이가 바치는 공력功力에는 어떤 차이가 있을까요? 아무런 차이가 없다고 합니다. 이를테면 호랑이는 어떠한 것과 맞붙을 때도 온갖 정성과 힘을 기울이며 항상 최선을 다한다는 말입니다. 모든 일에 아무런 차별 없이 전심전력을 다하는 호랑이, 얼마나 멋들어진 동물입니까.

이 기회에 여러분도 스스로에게 한번 물어들 보기 바랍니다. 예컨대 학업에 임할 때, 과연 자신이 '최선을 다하는 자세로 임하는 호랑이'였던가 하고 말입니다. 나는 강의실에서 언제나 여러분 모두가 다 '미친 사람의 눈빛'을 갖게 되기를 소망한다고 역설해왔습니다. 물론 정신병자가 아니라, 하는 일에 미친 듯이 몰두할 수 있는 인간이 되어주기를 열망한다는 말이었습니다. 그것은 이를테면 무슨 일에든지 온몸을 바쳐 혼신의 열정을 한데 모아 미친 듯이 몰두하면 이루지 못할 일이 없으리라는 나의 조그만 상념에서 비롯된 것입니다. 예컨대 손톱만 한 돋보기도 초점을 하나로 모으면 하다못해 종이 부스러기라도 태우지 않습니까.

이런 의미에서 나는 대학에서는 '최고'가 아니라 '최선'이 필수라고 생각합니다. 최선을 다하면 그 응분의 대가로 최고가 될 수도 있지만, 적어도 우리나라에서는 최고라고 해서 반드시 최선의 필연적 결과라고 할 수 없는 경우가 무척 많기 때문입니다. 한마디로 말해 우리나라에서는 지금 '형식주의'가 기승을 부리고 있습니다. 무슨 수를 써서라도 남을 앞지르고 남과 결정적으로 격차를 만들고야 말겠다는 범국민적 결의 같은 것이 우리 사회를 병들게 하고 있습니다.

우리는 어찌해야 할까요?

한번은 강화도 어느 조그만 포구로 산보를 나갔다가 흥미로운 광경을 목격한 적이 있습니다. 일흔을 넘긴 듯한 어느 노부부가 정답게 앉아 은행 알을 팔고 있었는데, 그 위에 자그마한 팻말이 수줍게 올라앉아 있었습니다. 거기에 무어라고 쓰여 있었는지 압니까? "한국 은행 팝니다." 나는 어떠한 고매한 철학자가 쓴 글을 보고도 그렇게 경탄해본 적이 없습니다. 그래서 무려 몇 되씩이나 그 은행 알을 덜컹 사줄 수밖에 없었습니다. '밑바닥 인생'의 지혜는 이다지도 탄복할 만한 것이었습니다.

또 한번은 비 오는 날 구두를 고치러 동네 구둣방에 간 적이 있습니다. 구두를 다 손질하고 나자 그 구두장이가 구두에 약칠을 하는 게 아닙니까. 그래서 내가 대뜸 비 오는 날 구두 약칠이 무슨 쓸모가 있느냐고 빈정댔더니, 그 구두닦이가 하는 말이 "오늘처럼 비 오고 날씨 궂은 날 구두가 쉬이 망가지니 오히려 약칠을 더 잘해야 합니다" 하는 게 아닙니까. 나는 할 말을 잃었습니다. 나는 날씨 좋은 날 그저 겉으로만 번쩍거리는 구두의 광채만 줄곧 생각했던 것입니다. 한심스럽게도 이것이 소위 한 '대학교수'의 진면목이었습니다.

선비는 죽임을 당할 수는 있어도 욕보일 수는 없다고 일렀습니다. 특히 사회과학도는 자신의 가치관으로 인해 증오당할 수는 있습니다. 그러나 결코 경멸당해서는 안 될 것입니다. 썩어 문드러지기보다는 닳아 없어지는 편을 택하는 것이 우리 학도들의 거룩한 발걸음이라고 할 수 있습니다. 왜냐하면 이 세상에 희망 없는 일은 있을 수 없고, 다만 희망 없다고 생각하는 인간만 있을 따름이기 때문입니다.

인간은 이성이라는 미명하에 비이성적인 행동을 할 수 있는 유일한 피조물입니다. 뿐만 아니라 인간만이 웃을 줄 아는 유일한 동물이라는 것은 아주 명백합니다. 동시에 인간만이 웃음거리가 될 줄도 아는 유일한 동물이라는 것 역시 부인할 수 없는 사실입니다.

허나 우리는 흰 옥양목 도포 자락을 휘날리며 세상의 아름다움을 찾아나서는 선비가 되는 게 좋을까요, 아니면 투박한 작업복을 걸치고 거리를 청소하는 허드레 일꾼이 되는 게 더 나을까요? 어쨌거나 우리는 깨끗함 그 자체가 아니라 비질함으로써 비로소 깨끗해지는 그러한 대상과 늘 함께 자리해야 할 것입니다. 그리하여 우리는 좀 더 투박한 현실의 먼지 이는 거리로 내려와야 합니다. 그러나 추상적인 언어나 환상적인 이론으로써가 아니라 구체적인 몸짓과 실용적인 실천으로써 그리로 다가가야 할 것입니다.

우리 사회는 지금 비일상적인 것을 비정상적인 것으로 매도하고 다른 것을 틀린 것으로 오도할 정도로 각박하기 짝이 없습니다. 이러한 환경에서 자칫하면 여러분까지 그야말로 정신적 망명객이나 다를 바 없는 존재로 끌어내리고자 할 '보이지 않는 손'들이 도처에서 암약할지도 모를 일입니다.

따라서 우리 자신부터 언제나 균형 감각을 잃지 않으려고 애써야 합니다. 원칙을 송두리째 망가뜨리지 않는 개인과 사회집단에 대해서라면, 우리는 차가운 비판 속에서도 뜨거운 애정을 망각치 않으려고 뒤뚱거려야 합니다. 작은 이슬방울, 가느다란 실개천 하나하나까지 다 받아들임으로써 비로소 바다의 가없는 깊이가 온전해진다는 소박한 진리를 우리는 늘 무서운 마음으로 마주해야 할 것입니다. 지나치게 깨끗하여 주위로부터 고립당하거나 또 지나치게 때 묻어 쉽사리 유혹에 빠지는 일이 없도록, 우리는 스스로를 끊임없이 다그쳐야 하리라 생각합니다.

나아가 우리는 언제나 냉철해야 합니다. 그러나 비정해서는 안 될 것입니다. 이것이 바로 '차가운 머리와 뜨거운 가슴'의 논리입니다. 또한 우리는 치열하지만 거칠지는 않아야 합니다. 선량하되 나약하지 않고 의연하지만 각박하지 않으며 품위를 지키되 우쭐대지는 않는다면, 더 이상 무슨 말이 필요하겠습니까.

사회과학을 공부한다는 것은 희망에 대해 탐구하는 것을 의미합니다.

3

졸업생

여러분께

자랑스러운 졸업생 여러분!

여기 모인 여러분은 흔히 "여러분은 이제 졸업과 더불어 '사회'로 나갑니다"로 시작되는 축사를 자주 들어봤으리라 생각합니다. 그런데 사회로 '나간다'는 표현은 보통 일상생활 속에서 "저는 사회 경험이 별로 없습니다. 앞으로 많이 지도해주십시오"라든가, "저는 사회생활을 막 시작했습니다" 또는 "저 녀석은 사회 물을 너무 많이 먹었어" 등등의 관습적인 말투와 곧잘 뒤섞여 쓰이는 화법이라고 할 수 있습니다.

하지만 특히 대학은 대단히 의미심장한 사회적 단위입니다. 물론 우리나라에서도 대학은 사회의 핵심 구성원이며 사회와 떼려야 뗄 수 없이 직결되어 있는 존재입니다. 그럼에도 불구하고 우리는 사회로 '나간다'고 말하며, 사회생활을 '시작해야' 한다든지 '사회 경험을 쌓아야 한다'고 말들을 합니다.

이처럼 '사회'라는 개념은 특별히 이질적이고 동떨어진 존재처럼 여겨지고 있습니다. 대학의 울타리 안에서나 저잣거리의 보통 사람들에게도 사회는 심각한 거리감마저 느끼게 만드는 유별난 대상으로 비칩니다. 어떻게 보면 일종의 공포와 불안의 진원지로 여겨질 정도입니다. 따라서 사회로 '나가기' 위해서는 나름대로 비장한 각오가 필요하고, 또한 '사회 경험'을 제대로 쌓지 못한 사람들에게는 공포가 앞서는 눈치입니다. 반면 소위 '사회 물'을 많이 먹은 사람들은 또 그들대로 손가락질의 표적이 되곤 합니다. 사회 경험이 없어도 문제이며, 사회 물을 너무 많이 먹어도 골칫거리가 되는 실정입니다.

그런데 여러분, 여러분은 왜 이런 현상이 일어난다고 생각합니까? 가령 반상회나 예비군 조직 등을 통해 사회의 구석구석이 거미줄처럼 촘촘히 얽혀 있는데도, 그리고 텔레비전을 비롯한 각종 언론매체와 인터넷망이 전국의 거의 모든 가정을, 심지어는 온 세계의 미세한 움직임 하나하나까지 빈틈없이 연결시켜놓았는데도 왜 우리나라에서는 '사회'가 이런 식으로 별종 취급을 받고 있는 것일까요? 아니, 그 정도가 아니라 우리 사회는 왜 그 구성원들로부터 거리낌과 두려움의 대상으로 낙인찍혀 있을까요?

저는 지역갈등이니, 남남분열이니, 불신 풍조니, 높은 실업률이니 하는 식으로 우리 사회가 시민들에게 안정과 행복 대신 불안과 공포만 심어주는 존재로 가슴 깊이 아로새겨지기 때문에 혹시 그런 현상이 발생하지 않나 하고 생각해봅니다.

졸업생 여러분! 저는 오늘 오히려 이렇게 고쳐 말하고 싶습니다.

"오늘 졸업의 영예를 가슴에 가득 안은 여러분은 '사회로 나가는' 것이 아니라 더 큰 바다로 나아간다"고 말입니다. 말하자면 여러분은 오늘 새로운 운명을 개척해나가기 위해, 더욱 웅장한 배로 갈아타고, 더 큰 바다를 향해 패기 있게 나아가기 시작한다는 말입니다.

배는 항구에 정박해 있을 때는 안전한 법입니다. 그렇지만 배의 존재 이유가 결코 항구에 머물러 있는 데 있지 않다는 것은 누구라도 다 아는 사실입니다. 드높은 파도와 거친 바람을 무릅쓰고 미지의 바다를 헤쳐나가야 하는 것이 바로 배의 존재 이유입니다. 거친 파도와 싸우며 망망대해를 헤쳐가는 것, 그것이 바로 배의 진정한 존재 가치인 것입니다. 이처럼 무엇인가를 이루기 위해서는 모르는 곳을 탐험하는 개척정신이 반드시 필요합니다. 물론 한 번도 가본 적이 없기 때문에 위험이 따를 수밖에 없음은 자명한 일입니다. 하지만 목적지에 도달하기 위해서는 이런 위험을 극복하지 않으면 안 된다는 것 역시 자명한 일입니다.

이런 의미에서 졸업식을 거행하는 오늘이 여러분에게는 선박 진수식을 기념하는 날과도 같습니다. 이를테면 광활한 대양을 정복하기 위해 물샐틈없이 만들어진 위력적인 새 배를 진수하는 날이라는 말입니다.

여러분은 이제 보무도 당당히 굳세게 대양을 마주하고 있습니다. 이러한 날, 부디 '도전에 한계를 두지 말고 한계에 도전하는' 삶을 이끌어나가길 당부하고 싶습니다.

여러분은 궁극적으로 승리를 쟁취할 수밖에 없도록 운명지어졌습니다. 왜냐하면 대학이 여러분을 불굴의 정신력과 강인한 근력으로 이미 넉넉히 단련시켰을 뿐만 아니라, 또 여러분 스스로가 그러한 가혹한 훈련을 너끈히 소화해냈기 때문입니다. 이런 점에서 여기 모인 우리 모두는 졸업생 여러분의 자랑스러운 미래에 대해 넘치는 자부심을 갖고 있습니다.

이러한 가슴 가득한 자부심을 여러분 모두와 공유하고 있음에도 인생의 선배로서 졸업생 여러분께 몇 마디 당부의 말을 덧붙이지 않을 수 없습니다.

우리가 실패하지 않을 수 있는 유일한 길은 아무런 시도도 하지 않는 것입니다. 그러나 우리는 무언가를 시도하지 않으면 살아갈 수 없는 존재이기도 합니다. 우리 인간은 실패를 계획하지는 않고, 다만 계획을 세우는 일에 실패할 따름이라는 사실에 유념하지 않으면 안 됩니다. 나아가 기회란 찾아오는 것이 아니라 스스로 찾아내는 것이라는 사실 역시 명심할 필요가 있습니다.

따라서 우리 졸업생 모두는 안주安住할 것이 아니라 완주完走해야 합니다. 무엇인가를 이루기 위해서는 모르는 곳을 탐험하는 개척정신이 필수로 요청되기 때문입니다. 무엇보다 정의를 위해 저항하는 영혼은 횃불과도 같은 것입니다. 하나의 횃불에서 수많은 사람이 불을 나눠 가져도 그 횃불의 불꽃이 결코 사그라지지 않는 것과 마찬가지로, 정의와 양심을 사랑하는 자의 따스한 영혼은 아무리 많은 사람이 나눠 가져도 결코 메마르지 않을 것입니다. 이런 맥락에서 "군자는 의로움에 밝고 소인은 이로움에 밝다"고 말씀하신 공자님의 가르침에 다시 한번 귀 기울여볼 필요가 있을 것입니다.

여러분 모두는 이러한 영혼을 지니고 우리가 바라는 희망찬 목적지에 함께 성공적으로 도달하기 위해 열심히 노를 저어가야 할 운명공동체에 속하고 있음에도 유념해야 합니다. 이런 의미에서 우리는 본질적으로 개인의 사익보다는 집단의 공익을 우선하는 자세를 키워나가야 하리라 생각합니다. 그러므로 특히 불우하고 소외당하는 개인과 집단의 인간적 해방을 위해 솔선해야 함은 재론의 여지가 없는 사실입니다.

더구나 지금은 어떤 시대입니까.

'세계화'의 돌풍이 몰아닥치는 시대에 우리는 살고 있습니다. 그리하여 무엇보다 개인 간 그리고 사적 이해 간의 경쟁과 갈등이 부추겨지고 기림받는 상황이 엄습하고 있습니다. 협력과 연대를 통한 집단 이익의 실현이 점점 더 어려워지는 현실입니다. 결과적으로 도덕의 파탄과 공동체의 해체까지 초래할 결정적인 위기가 도래할지도 모른다고, 많은 동시대인이 심각하게 우려를 표하고 있기도 합니다. 이런 상황일수록 우리는 역사 발전을 함께 도모하는 공동체적 연대의 길로 나아가야 할 것입니다. 종이 한 장도 맞들면 낫다고 하지 않습니까.

졸업 후에도 가능한 한 서로 '소식'을 자주 교환하는 것이 바람직하리라 생각합니다. 무엇보다 뼈저리고 가슴 아픈 소식일수록 더 자주 나누도록 함께 애써나가야 할 것입니다. 이를 통해 우리는 모두가 함께 있다는 걸 재확인함으로써, 무엇보다 시대적 고통을 손잡고 극복해나가는 따뜻한 '고통 공동체'의 정겨운 일원임을 뜨겁게 공감할 수 있을 것입니다. 고통의 극복뿐만 아니라 행복의 공유를 위해서도 연대와 결속이 필수임은 물론입니다.

시각장애인임에도 역사에 길이 남을 『실낙원』이라는 명저를 남긴 영국의 존 밀턴은 "가장 잘 견디는 사람이 가장 잘 성취할 수 있다"고 강조한 바 있습니다.

저는 이 자리를 빛내고 있는 졸업생 여러분이 바로 그러한 인물임을 믿어 의심치 않습니다. 지금껏 얼마나 극심한 난관이 여러분에게 몰아닥쳤겠습니까만, 여러분 모두는 의연하게 '가장 잘 견딤으로써 가장 잘 성취해'냈습니다. 여러분의 초인적인 인내심이 지금 여러분이 손에 쥔 학위증을 더욱 빛나게 만들고 있습니다. 여러분은 중요한 여러분 삶의 한 구비에서 무언가 중대한 것 하나를 쟁취해냈습니다. 이것이 실은 여러분의 장구한 삶에서 장중한 승리의 자그마한 시작입니다. 끝없이 쟁취해내기 바랍니다. 축하합니다.

4

시민 여러분께:

'시민 참여와

국민 복지 확대로

민족통일을!'

지금 우리 사회가 안고 있는 최대 모순의 하나는 한편에서는 평등 및 인간적인 정情으로 진하게 어우러진 '공동체 의식'(우리가 남이 가?)과, 다른 한편에서는 불평등과 비인간적인 상하관계로 잘 길들여진 '위계질서'가 공존한다는 사실입니다. 말하자면 우리 사회에는 현재 '이웃사촌'(공동체 의식)과 '양반·상놈'(위계질서)이 더불어 살고 있다는 말입니다. 그런데 이 위계질서는 국가의 관료제도뿐만 아니라 기업, 공장, 교육기관 등 사회 모든 분야에 속속들이 그 뿌리를 드리우고 있습니다. 이 동맥경화증적 위계질서는 사회적 불평등을 끊임없이 재생산해내는 바탕이 될 뿐만 아니라 공동체적 결속을 뿌리째 뒤흔들어놓는 분열의 진원지 구실을 합니다.

한마디로 우리 대한민국에는 '울타리 정치론'이 통용됩니다. 공장, 기업체, 직장, 학교 등등 삶의 필수적인 현장의 '울타리' 밖에서는 민주주의가 거들먹거려지지만, 그 '울타리' 안에서는 비민주주의, 권위주의, 위계질서가 성행하고 있다는 말입니다. '울타리' 안팎이 표리부동, 즉 겉과 속이 다르다는 이야기가 되겠습니다. 예컨대 노동자들은 자신의 조직 울타리 '밖'에서는 심지어 최고 통수권자인 대통령까지 직접 뽑을 수 있는 장엄한 권리를 향유하지만, 자신이 일하는 공장이나 기업체 안에서는 제대로 된 발언권을 지니지 못하고 있습니다. 자신의 임금 결정이나 노동조건 개선 등 최소한의 기본적인 복지 문제에 대해서도 거의 상명하복식의 통제에 따라야 합니다. 자율권이 지극히 결여되어 있습니다. 사무직원들도 크게 다를 바 없습니다. 대학생들도 마찬가지입니다. 대통령 선거 문제에 대해서까지 당당히 한마디할 수 있는 권한을 향유하지만, 그 비싼 등록금을 갖다 바치는데도 학원 내의 일상생활을 통제하는 총장 선출 문제에 대해서는 거의 발언권이 없는 형편입니다. 시민은 시민으로서, 공무원은 공무원으로서, 대학생은 대학생으로서, 노동자는 노동자로서, 사무직원은 사무직원으로서, 당원은 당원으로서, 각자가 몸담고 있는 학원, 공장, 기업체, 단체나 기관, 지역 등지에서 사소한 생활 주변의 문제로부터 크게는 그 조직의 진로, 조건, 운영 또는 경영, 장長의 선출에 이르기까지를 더불어 결정할 수 있는 개별 사회 구성원 각자의 직접적인 동참권이 심각하게 위축되어 있다는 말입니다. 지방선거 정도를 제외한다면, 이러한 동참권이 실행되는 경우를 거의 찾아보기 힘들다고 해도 결코 과언이 아닐 것입니다.

따라서 모든 사회 구성원이 사회 모든 부문에서, 자신들의 직접적인 민주적 통제권과 의사결정권을 꾸준히 넓혀나가야 할 역사적 과제를 안고 있다고 할 수 있습니다. 이른바 '아랫사람'들 또는 '상놈' 들의 목소리가 좀더 커지지 않으면 안 된다는 말입니다. 이를 위해 서는 위로부터의 국가 개입과 아래로부터의 직접적인 사회 참여가 병행되어야 함은 물론입니다.

현재 세계화의 유령이 기승을 부리고 있습니다. 이 세계화는 장기 적으로는 국가 역할을 축소시키면서까지 시장 중심으로의 경제 구 조 재조정을 강압하는 신자유주의적 처방을 내던지고 있습니다. 무 엇보다 시장은 이른바 자유경쟁을 필수 불가결한 덕목으로 간주함 으로써 사회 구성원 사이의 공동체적 연대를 저지하며 이기심을 부 추기는 데 앞장섭니다. 여기서 시장은 개인 간의 경쟁, 이해관계 사 이의 갈등을 조장함으로써 타협과 협력을 통한 공동 이익의 실현을 어렵게 만드는 것이지요. 뿐만 아니라 경제적 이윤을 뛰어넘는 고귀 한 문화 및 예술의 향유 욕구나 쾌적한 사회 환경에 대한 인간적 기 대감을 짓이기기도 합니다. 이러한 시장에서의 투표는 1인 1표가 아 니라, 1원 1표의 원리에 의해 이뤄집니다. 시장에서 100만 원을 가진 사람은 1원을 가진 사람보다 100만 배의 권력을 행사하게 되지요. 결과적으로 모든 국민의 평등한 권리를 보장해야 하는 민주주의가 이러한 시장의 불평등으로 인해 거죽만 남게 되지 않겠습니까.

결국 우리는 대량실업의 위험이 존재하는데도 국가 규모를 줄이 고, 가난한 시민들에게 미미하게나마 베풀어왔던 사회보장을 축소 하거나 폐지하면서까지, 외국의 거대 자본에게 국내시장의 개방을 강요당하고 있는 실정입니다. 이는 필연적으로 사회 불평등의 심화, 실업 증대, 사회적 안전망의 박탈로 이어질 수밖에 없지요. 결국 사 회적 약자는 핍박과 외면 속에서 신음할 수밖에 없는 현실입니다.

따라서 우리 시민 스스로가 나서서 불가피하게 강제되는 완력적인 경쟁 체제로 인해 탈락하거나 낙오되는 동료 시민들의 사회적 고통을 나누어 지며 이들에게 임시 피난처라도 제공해줄 수 있도록 노력하지 않으면 안 됩니다. 무엇보다 궁극적인 피난처를 마련해줄 수 있는 국가가 세계화의 여파로 인해 이미 약화되어버렸거나 존재 가치를 상실해가고 있는 형편이기 때문입니다.

세계화 시대에 주위는 삭막하고 불안합니다. 바로 이때 시장 독재 체제에 맞서 시민운동이 떠오르고 있는 것입니다. 지난날 시장의 무분별한 폭력 행사를 일정하게 규제해온 국가가 더 이상 맥을 추지 못하게 된 상황에서, 제3의 대안으로 국가도 시장도 아닌 시민운동 집단이 힘을 결집하고 있는 것이지요. 요컨대 세계화 시대의 거인주의적 시장주의에 의해 점점 더 약화되고 있는 공동체적 연대의식을 재확립하기 위해 시민운동 세력이 힘을 모으고 있다는 말입니다. 마치 "뭉치면 살고 흩어지면 죽는다"던 이승만 시대의 통치철학이 부활하는 느낌까지 들 정도입니다. 어쨌든 특히 노동, 복지, 실업, 의료, 문화, 인권, 빈곤, 교육, 청소년, 환경, 장애자 문제 등속처럼 국가의 힘에는 부치지만 그렇다고 시장에 내맡길 수도 없는 영역에서, 시민운동 세력은 자신의 숨은 역량을 자율적으로 발휘할 기회를 찾고 있는 것이지요.

이러한 여러 대내외적인 여건을 고려해볼 때, 한국의 21세기는 '참여'와 '복지'와 '통일'의 세기가 되어야 한다고 생각합니다. 한마디로 "시민 참여와 국민 복지 확대로 민족통일을!", 이것이야말로 우리 시민들이 함께 추구해야 할 세기적 구호가 되어야 마땅하다 할 것입니다. 지금부터 이 구호가 담고 있는 구체적인 내용과 그 실현 방안에 대해 간략히 살펴보겠습니다.

첫째로, '시민 참여의 확대'는 이를테면 시민의 정치적·사회적 평등의 확산을 의미합니다. 이 부분은 시민 스스로가 국가나 지역 그리고 사회 조직 등의 정치나 운영 등에 직접적으로 참여할 기회를 확충함으로써, 궁극적으로는 일상생활 자체를 대대적으로 민주화시켜나가야 한다는 정신에 입각하고 있습니다.

둘째로, '국민 복지의 확대'란 국민의 사회경제적 평등의 확충을 일컫습니다. 지금까지 우리의 경제 정책은 성장제일주의에 집중해왔습니다. 그 과정에서 성장에 직접 기여하면서도 그 혜택으로부터는 배제되어온 수많은 사회 저변 계층이 양산되었습니다. 지금 우리는 이들 상대적인 사회적 낙후 계층을 위한 사회보장과 복지의 확대가 절실히 요청되는 시기에 있습니다. 현재 우리나라의 종합복지 수준이 OECD 최하위권으로 밝혀졌습니다. 국민행복지수는 경제협력개발기구 OECD 34개 국가 가운데 33위, 복지충족지수는 31위로 모두 최하위권을 맴돌고 있는 것으로 나타났습니다. 특히 자살율이 높은 반면 출산율과 주관적 행복도가 낮은 탓에, 국민행복 부문의 순위가 낮게 나오고 있다는 분석 결과가 제시되기도 했습니다.

이런 상황에서 단순히 장애인, 연소자, 실업자 등 사회구조적 소외 집단에 대한 배려뿐만 아니라 빈부 격차의 축소, 그에 따른 생활 및 소비문화의 불균형 극복, 사회 조직이나 기업 등에서의 남녀 권리 및 소득 평준화 등이 요구되는 것임은 두말할 나위도 없습니다. 아울러 일반 교육을 통일 지향적으로 전면 개혁할 필요가 있습니다. 그리하여 민족적 적개심을 극복하거나 반통일 지향적으로 뿌리내린 지역주의 등을 지양함으로써 '대결로부터 포용으로' 나아가는 새 시대를 열어야 할 것입니다. 이를 통해 절약되는 군사비는 당연히 사회복지 자원으로 충당되어야 할 것입니다.

셋째로, '민족통일'이란 결국 민주주의와 자주성의 토대 위에 구축되는 국토와 민족의 평화적 재통합을 의미합니다. 그러나 남한에서는 통일의 개념과 본질에 관한 논의나 합의가 전혀 이루어지지 않은 상태에서 통일의 방안들만 난무하는 딱한 실정이 되풀이되고 있습니다. 남한에서는 마치 통일의 본질과 기본 원칙에 대해 서로 충분히 동의하는데도 제시되는 방법들만 달라지는지, 또는 서로 다른 통일의 모형을 염두에 두고 있기 때문에 방안들이 그토록 차이가 나는지 하는 것 등에 관해 거의 한 번도 구체적이고 본격적인 토론을 해본 적이 없습니다. 이런 의미에서 남한에서는 '통일의 방안'이 아니라 '방안의 통일'이 더 긴급한 과제입니다. 지극히 복잡하고 난해할 수밖에 없는 문제이지만 거론된 김에 통일의 개념에 관해 간략하고 원론적인 문제제기 정도는 필요할 듯합니다.

통일이란 우선 갈라진 영토와 민족의 재통합을 의미합니다. 그것은 가능한 한 모든 차원에서 민족의 동질성을 회복하고 민족적 단합을 다시 이뤄내며, 휴전선 철조망을 제거하고, 그 철책 언저리에 포진하고 있는 적대적 군사력을 철수시키며, 나아가서는 서로를 겨냥하고 있는 무기 체계를 파기함을 뜻합니다. 여기에는 외국군과 핵무기의 철수도 당연히 포함됩니다. 따라서 통일은 의당 평화를 전제합니다. 통일 없는 평화는 있을 수 없으며, 평화 없는 통일 또한 불가능합니다. 통일은 상실된 민족적 자주성의 회복을 말합니다. 분단이란 바로 외세의 논리이기 때문입니다. 통일은 민주적 변혁을 가리킵니다. 분단과 민주주의는 양립할 수 없기 때문입니다. 따라서 민주주의와 자주화와 평화를 동시에 그리고 가장 확실히 보장해줄 수 있는 통일 방안만이 모든 민족 구성원이 동의하고 수용할 수 있는 것임은 자명한 이치입니다.

한마디로 말해 우리는 '시민 참여와 국민 복지 확대'로 축적되는 단합된 국민적 결속력을 바탕으로 적극적으로 '민족통일'을 추진해 나가야 한다는 말입니다. 그리고 바로 이것이 우리에게 주어진 21세기의 역사적 과제라고 할 수 있습니다.

그런데 이러한 역사적 과업을 효율적이고 성공적으로 수행하기 위해 과연 무엇이 필요할까요? 우리에게는 이른바 '3생 정치3生政治' 가 절실히 요구됩니다.

그것은 '생산의 정치' '생명의 행정', 그리고 '생활의 자치'를 일컫습니다.

3생 정치론

첫째 '생산의 정치'란 요컨대 한국인의 부정적 결함이라고 지적되어 오기도 한 우리의 민족적 특성들을 긍정적인 차원으로 승화시킴으로써 변증법적인 사회발전을 쟁취해내는 정치를 의미합니다.

흔히 한국 민족의 특수성으로 1) 높은 교육열과 그에서 비롯되는 고급 지식인의 풍부함, 2) 통일된 언어를 소유한 단일 민족의 결속력, 3) 순교도 두려워하지 않는 고도의 신앙심과 민족적 종교성, 4) 주위 열강의 끝없는 침탈 탓으로 닦인 불굴의 저항의식과 항거정신

등을 꼽습니다.

그러나 우리는 우리의 문제점이 되기도 했던 이러한 특성을 근본적으로 개혁해나가야 합니다. 그리하여 첫째, 살아남기 위한 생존 경쟁이 아니라 문화적 삶의 질 향상을 위한 지성적 공동 노력으로 승화시켜나가고, 둘째, 민족 구성원의 평등과 단합을 이끌어내는 굳건한 결속력으로 발전시켜나가며, 셋째, 추상적인 관념을 위한 순교가 아니라 현실사회의 구체적인 정의를 확립하기 위한 헌신적 결의로 변화시켜나가고, 넷째, 이러한 과업들을 끈기 있게 추진할 굽힐 줄 모르는 불굴의 원동력으로 만들어나가야 합니다.

왕왕 결함으로 작용하기도 했던 이러한 부정적인 한국인의 민족적 특성을 어떻게 발전적이며 미래지향적으로 변모시켜나갈 것인가, 그리하여 궁극적으로는 세계사적 진보에 어떻게 공헌할 것인가 하는 것이 21세기에 임하는 우리의 과업과 다짐이 되어야 할 것입니다.

둘째 '생명의 행정'이란 환경친화적 정책 집행을 추구하는 공적 자세를 일컫습니다. 우리는 자연 속에서 태어나고 자연 속에서 살고 있습니다. 지금 이 순간에도 우리 인간은 그 속에 있고 자연은 우리 가운데 있습니다. 그리고 어느 날 우리는 다시 자연으로 되돌아갈 것입니다. 자연 속에 우리 인간이 있듯이 우리 인간 안에 자연이 있으며, 자연과 인간이 둘이 아니고 곧 하나임을 자연스럽게 깨달아야 할 것입니다.

대내외적으로 지금껏 우리는 수많은 참상을 겪으며 살아왔습니다. 그러나 자연이 우리에게 보여주듯이 썩은 풀숲에서 여름밤을 밝히는 반딧불이 나오고 더러운 흙 속에 살던 굼벵이가 자라 가을바람에 이슬을 마시는 매미가 되는 것처럼, 또 진흙탕 속에서 연꽃이 피는 것처럼, 진실로 깨끗한 것은 언제나 더러운 것으로부터 나오고, 밝음 또한 언제나 어두움에서 비롯되는 것입니다. 방향성芳香性 식물은 성장하는 동안에는 향기를 내지 않습니다. 그러다가 이윽고 땅 위에서 짓밟히고 으깨어지면 달콤한 향기를 사방에 흩날립니다. 이처럼 자연은 어둡고 더러운 것이 지나간 연후에 더욱더 밝고 깨끗한 세상이 도래함을 가르치고 있습니다.

햇빛 비치는 좋은 날씨만 계속되면 모든 게 사막으로 변합니다. 휘몰아치는 거센 비바람이 있기에 새싹이 돋아납니다. 사막은 어딘가에 샘을 숨기고 있기 때문에 아름다운 것입니다. 그러므로 그 샘을 찾아야 합니다. 사람은 흔히 그게 절실히 필요한 것이라면, 3년 묵은 영험한 쑥을 갖기를 원합니다. 그러나 그 3년 묵은 쑥을 허둥거리며 찾아나서기만 하지, 그걸 바로 오늘 당장 만들어서 3년 뒤에 쓰려고는 생각하지 않습니다.

어차피 자연에서 와서 더불어 자연으로 되돌아갈 피붙이 운명공동체인 우리 인간은 모름지기 자연의 자연스러운 산물로 살아가야 할 것입니다. 자연으로 되돌아가 흙이 되기는 매일반일 터인데도 눈앞의 조그만 이익을 탐해 허망한 싸움을 그칠 줄 모르는 국민을 국가적으로 계도하는 행정적 계몽주의 정신이 우리에게 절실히 필요합니다. 자연친화적 노력을 통해 힘을 사랑하는 국민이 아니라 사랑의 힘을 가진 국민을 양성해나가는 범국민적 노력이 바로 '생명의 행정'인 것입니다.

셋째, '생활의 자치'란 예컨대 시장과 도로와 학교 건설, 공원 및 교통망 신설 등 시민의 일상적 삶과 직결된 주요 업무들을 시민이 직접 참여해 기획하고 통제하며 관리하는 행정 질서를 확립해나가는 정치·사회적 태도를 의미합니다. 이는 민주주의의 심화 및 확산을 위해서도 절실히 요망되는 사항이라고 할 수 있습니다.

존경하는 시민 여러분!

이처럼 새로운 2000년대는 우리로 하여금 시민 참여와 국민 복지 확대로 축적되는 결속력을 바탕으로 민족통일을 달성하라는 역사적 과제를 부여하고 있습니다. 이러한 과업을 앞서 말한 '3생 정치'의 정신을 통해 성공적으로 수행할 수 있을 것입니다.

특히 8·15 광복 이후 우리나라를 일관되게 지배해온 이념이 있다면 그것은 한마디로 '후딱후딱 이데올로기'라고 할 수 있습니다. 즉 '대충대충', 아니면 '빨리빨리, 그러나 아무렇게나' 정신이라는 말입니다. 성수대교와 삼풍백화점 붕괴는 그 조그만 사례에 지나지 않지요.

그러나 21세기를 살아갈 우리 모두는 좀더 신중하고 계획성 있는 자세로 사회생활에 임해야 하리라 생각합니다. 그럴 때 우리 사회는 인간과 자연을 존중하며 서로 굳게 뭉치는 인간의 얼굴을 가진 시민 공동체를 이룰 수 있을 것입니다. 그리고 이러한 시민 공동체를 기본 축으로 하여 통일된 민족 공동체 형성에 박차를 가할 수 있으리라 여겨집니다.

무엇보다 민족의 숙원이라 불리는 통일은 원래 하나이던 것을 다시 하나로 만들어나가는 지난한 역사적 과업입니다. 그러므로 통일은 대박 터지듯 터져나오는 일회적 사건의 결과가 아니라, 점층적으로 쌓아나가야 할 중첩적인 과정의 결실이라고 할 수 있습니다. 따라서 고통과 갈등을 감내하는 공동체적 유대와 결속이 무엇보다 소중한 것일 수밖에 없습니다.

이런 취지에서 공동체 담론의 의의와 가치가 자연스레 드러납니다. 과연 어떤 것일까요?

첫째, 공동체 영역은 전통문화나 생활관습 등 평소 우리에게 익숙한 지나간 '옛것'들에 대한 관심과 애정을 바탕으로 합니다. 그러므로 이들을 환기시킴으로써 사회적 결속을 든든히 하는 데 적잖이 이바지할 수 있으리라 여겨집니다. 우리는 특히 IMF를 겪으면서 미래에 대한 불안으로 인해 거족적으로 얼어붙은 적이 있습니다. 그런데 바로 그런 암담한 상황이 엄습하자 우리 국민은 놀라운 지혜를 발휘하는 면모를 보여주었습니다. 우리는 우리 자신에게 익숙했던 과거를 향해 눈길을 돌림으로써 스스로 위안을 찾고자 한 것입니다. 요컨대 미래를 구원하기 위해 과거를 동원한 것입니다. 물론 그러한 암중모색이 아마도 유일하게 허용된 사회적 자위행위였을지도 모르지만요. 그리하여 '옛것'에 대한 향수를 불러일으키는 여러 유형의 풍물들에 자연스럽게 시선을 던지는 애틋한 풍조가 번져나가기 시작했습니다. 예컨대 '옛날식 짜장면' '옛날식 포장마차' '고향의 맛' 등의 광고 문안만 해도 그렇거니와,「용의 눈물」「태조 왕건」등의 사극史劇을 비롯해「덕이」라든가「은실이」처럼 지난 옛 시절을 다룬 TV 드라마까지 폭발적인 인기를 끌기도 했습니다. 거기에 덩달아 복고풍의 대중가요가 새로이 우리들의 심금을 울리기도 하지 않았던가요. 이를테면 '익숙했던 것과의 재회'가 이루어진 것입니다. 말하자면 현재와 미래에 대한 불안으로 말미암아 그래도 적이 안심하고 몸을 갖다 기댈 수 있도록 해주는, 한때 친숙했던 과거의 습속에 대한 신뢰감이 새로이 샘솟기도 했다는 말이지요. 이처럼 공동체적 삶의 전통은 우리가 힘들 때면 찾아가 부담 없이 기댈 수 있는 편안한 언덕 같은 것이기도 합니다. 뿐만 아니지요. 오늘날 대부분의 현대인이 동경해 마지않는 유기농, 홈메이드, 핸드메이드, 자연산, 토산품, 슬로푸드, '웰빙' 등등이 혹시 지나간 시대의 공동체적 생태와 어우러지는 품목들은 아닐까요. 말하자면 자연을 벗 삼았던 고색창연한 지난 시절의 삶의 양식에서 지혜를 찾아냄으로써, 현대 산업사회의 갖은 병폐와 맞서 싸우며 육체적·정신적 건강의 조화를 온전히 도모하고자 하는 현대인의 안타까운 의지의 표출은 아닐까 하는 말입니다.

둘째, 공동체적 유대감, 공속감은 상부상조하는 잠재적 인성을 일깨움으로써 현대인의 삭막한 정신적 공황상태를 치유할 뿐만 아니라, 나아가서는 사회적 갈등과 분열을 순화하는 '사회적 윤활유' 구실을 할 수도 있습니다. 우리 인간은 서로 아끼고 도와야 할 소명을 안고 이 지상에 태어났습니다. 그리고 우리는 주위에 굶어 죽어가는 동료 시민이 있다면 그들을 무조건 살려내야 할 천부적인 의무 역시 부여받았습니다. 그러므로 공동체를 더불어 가꾸어나가는 애틋한 협동정신을 키우고, 이 공동체가 그 뿌리를 드리우고 있는 우리 자연에 대한 숭고한 사랑을 넓혀나가며, 이러한 인간과 자연을 서로 따스히 이어주는 푸근한 문화적 공감대를 널리 펼쳐나감으로써 우리는 지혜롭게 사회적 난관을 헤쳐가는 힘을 얻을 수 있지 않겠습니까. 이런 의미에서 공동체적 연대는 인간 본성에서 비롯되는 자연스러운 정신적 가치라고 할 수 있습니다.

셋째, 다른 한편 아리스토텔레스도 말한 바 있듯이 '항해의 안전'이 선원의 공동 목표인 것과 마찬가지로, "시민 모두의 목표" 역시 자신이 속한 "공동체의 안전"에 있습니다. 이처럼 시민이라는 용어 자체가 본질적으로 공동체를 전제하고 공동체와 직결된 개념이라 할 수 있지요. 그런데 오늘날 우리 사회에서는 '시민사회'니 '시민운동'이니 하는 용어들과 결부된 새로운 이념이 중대한 사회적 영향력을 행사하고 있습니다. 그러므로 사회적 문제를 함께 해결해나가고자 하는 이러한 시민사회의 덕목에서 어찌 공동체적 실천 과정을 외면할 수 있을까요. 더욱이 공동체 정신의 핵심 요소라고 할 수 있는 연대라는 측면에서 볼 때, 동일한 집단에 속한 사람들과의 연대야말로 '공동체적 연대'의 가장 좋은 본보기라고 할 수 있다면 더 말할 나위도 없지요.

넷째, 특히 우리 한반도 주민은 민족통일을 완수해야 할 민족사적 소명을 지니고 있는 까닭에 민족의식과 공동체적 연대는 대단히 중요한 상관성을 지닐 수밖에 없습니다.

물론 이러한 공동체 정신이 적잖은 병폐와 심각한 결함을 지니고 있음을 결코 부인할 수도 없고 부인해서도 안 될 것입니다. 독일의 나치스가 그 대표적인 사례라고 할 수 있지요. 그러나 음지가 있으면 반드시 양지가 있을 수밖에 없지 않던가요. 뿐만 아니라 앞으로의 세계사적 발전이 개인의 자유를 옹호하는 '개인주의'와 개인에 대한 개입을 통해 공동체적 결속을 지향하는 '집단주의'의 대결로 점철되리라는 전망에 견주어볼 때, 바로 이 공동체 정신이 자못 유익한 역사적 길잡이가 되어주리라 믿지 않을 수 없습니다.

나는 '공동체적 삶'이 휴머니즘에 뿌리내린 문화적 동질성, 민주주의에 기초하는 정치적 동등성, 자연과의 교감을 지향하는 자연적 동화성, 그리고 민족통일에 의해 이룩되는 공간적 동일성의 토양 위에 비로소 피어날 수 있는 삶의 한 방식이 아닐까 감히 생각합니다.

이 세상에는 한계만 지니고 있거나 가능성만 가진 사람, 그 어느 편도 존재하지 않습니다. 그러므로 이러한 인간적 한계를 조금씩 줄여 나감과 동시에 그 가능성을 조금씩 높여나가리라 기대되는 '공동체적 삶'에 한뜻으로 매진하는 것, 그것이 바로 오늘날 우리에게 주어진 시대적 소명이 아닐까 합니다.

| 단편소설 |

목격자

대형 강의실이다.

아니, 찜질방이다. 열기가 뜨거웠다. 그러나 가라앉은 잠수함처럼 서늘한 열정으로 가득했다.

애초 강의실에 들어서는 F 교수의 낯빛은 유별났다.

"학생 아닌 사람은 나가주세요."

그의 첫마디였다. 결연했다. 이 멘트는 권위주의 시대의 특산품이 었다. 특히 그 시절, F 교수는 심하게 찍힌 '요주의 인물'이었다.

이런 일도 있었다.

한번은 그의 조교가 연구실 안으로 헐레벌떡 들이닥친 적이 있었 다. 안색이 창백했다. 그는 "선생님, 어째야 할지 망설이다가 이렇게 후닥닥 찾아뵙게 되었습니다" 하며, 힘들게 입을 열었다. 제 안방 드

나들듯 하던 연구실인데, 예사롭지 않았다. F 교수는 차를 권했다.

"어디 불편한가? 안색이 별로 안 좋아 보이는군. 자, 어떤 고민거리라도 주저 말고 다 털어놓게나." F 교수는 평소처럼 다정히 다독거렸다.

조교는 가정 형편상 결혼도 서두르지 않으면 안 되었다. 아들 녀석까지 하나 두었다. 가정을 꾸리랴, 힘든 공부도 해나가랴, 그 친구의 일상은 무척 분주했다. 하지만 대단히 성실했다. 게다가 주변머리 없어 보일 정도로 순수하기 짝이 없었다.

"선생님, 무척 떨렸습니다."

첫마디부터가 심상치 않았다.

"처음 당하는 일이라 엄청 겁이 났습니다. 혼자 고민도 많이 했습니다. 그러다가 선생님을 찾아뵐 용기를 가까스로 내게 되었습니다."

F 교수는 조금이나마 그를 편안하게 해주려고, "국기에 대한 경례처럼 무슨 개회사가 그리도 장중한가" 하고 장난스레 미소까지 지어 보였다.

조교는 큰기침을 한 번 내뱉더니, 조용히 말문을 열었다.

"실은 몇 주 전 어느 한밤중이었습니다. 보안대원이라 자칭하는 험상궂은 청년 두엇이 저희 집에 갑자기 들이닥쳤습니다."

앉음새를 고치더니 조교는 "그런데 그 녀석들 중 하나가 황당무계한 말을 내뱉는 게 아니겠습니까" 하고 말하며, 숨이 가쁜지 차를 한 모금 들이켰다.

"그는 검지를 찌를 듯이 제 이마 가까이 들이대며 '당신 교수는 외국 유학 시절부터 빨갱이야, 아주 교묘한 불순분자지' 하는 게 아닙니까. 제가 아니꼽다는 표정을 짓자, 그 친구는 '아니, 조교라는 양반

이 여태 그런 것도 몰랐어?' 하며 다그치듯 윽박질렀습니다. 그러자 다른 녀석이 바통을 이어받듯이, '오늘 우리가 귀한 몸을 이끌고 예까지 특별히 행차한 것은 특별한 일이 있어서야' 하며 퉁기듯이 말을 이었습니다. '지금 우리의 최대 관심사가 뭔지 알기나 해? 그건 바로 F 교수의 교내 동태야. 당신이 만일, 그가 강의시간에 무슨 말을 하는지, 그리고 주로 어떤 사람들과 자주 어울리는지 하는 것 등을 정기적으로 우리에게 자세히 알려주기만 하면, 만사형통이야. 경제 문제를 비롯해 당신의 모든 애로사항을 다 깨끗이 해결해주겠소. 당신의 앞날이 확실히 보장될 게요. 이제 출셋길이 탄탄히 열리게 될걸' 하고 말하며, 구역질나는 미소까지 흘리는 게 아닙니까. 그러곤 '당신만 믿겠소. 또 연락드리지' 하고 말하며, 독기 품은 눈길로 모질게 쏘아보다가 되돌아갔습니다."

그날 밤의 몹쓸 정경이 떠오르는지, 조교는 한숨까지 폭 내쉬면서 말문을 닫았다. F 교수는 대수롭지 않은 듯이 껄껄 웃었다.

"아무튼 고맙네. 저질 코미디야. 아무 걱정 말고 하던 논문 준비나 계속 열심히 하게나, 허, 허, 허."

하기야 F 교수는 외부 활동에 더욱 진력하는 편이었다. 여러 진보 성향의 매체에도 자주 글을 올렸다. 물론 현실 비판적인 논조였다. 하지만 비판에만 머물지 않고, 늘 대안 제시도 곁들였다. 그러면서도 고등학생 정도면 다 이해할 수 있는 쉬운 글발로 엮어나갔다. 전례를 찾아보기 힘들 정도로, 거의 독보적인 본새라는 중평을 얻기도 했다. 반응도 가히 폭발적이었다.

그런데 하필 바로 이 '조교 집 보안대원 난입사건'이 터진 직후, 살벌한 공안 한파가 휘몰아쳤다. 온 나라가 얼어붙었다. 그에 뒤질세라 저항의 열기 또한 뜨겁게 불타올랐다. 글발과 말발이 서전을 장식했다. 가장 먼저 기민하게 조직을 짜기 시작한 것은 역시 선언문 대오였다. 전국적으로 동시다발형 시국 선언문 항전이 꼬리를 물었다. F 교수는 또다시 물 만난 고기가 되었다. 그는 선언문 기초 작업의 최전방에 배속되었다. 역시 공격이 최상의 방어였다. 조교를 기습한 보안대 공세 같은 것도 겉절이처럼 숨을 죽였다.

F 교수의 변함없는 우군은 언제나 세상 밑바닥을 혓바닥으로 핥듯이 살아가는 사람들이었다. 그 역시 늘 못 가진 자들의 손가락 같은 벗이 되고자 애썼다. 그런 까닭에 그는 자신의 강의 역시 허공에 장중히 울려 퍼지는 강단의 주문呪文이 아니라, 절박한 거리의 외침 같은 것으로 가득 채워지길 꿈꿔왔다. 나아가 이 지상에 금본위제도가 아니라 인간본위제도가 들어서야 한다고 역설하기도 했다. 그리고 그를 위해 강자가 밑에 있고 약자가 위로 올라서는 '인간 피라미드'를 제도적으로 구축해내야 하리라 드세게 항변하곤 했던 것이다.

아무튼 F 교수는 청빈한 학자로 널리 알려져, 특히 학생들로부터 깊은 존경을 한 몸에 받고 있었다. 불의에 항거하고 정의에 항복할 줄 아는, 우리 시대의 대표적인 양심적 지성인이라는 평판까지 나돌 정도였다. 대쪽 같은 최후의 조선 선비 같다고도 했다. 결코 불의와 타협하지 않을 지조 높은 정의의 사도라는 평가가 늘 F 교수를 따라다닌 것도 그리 새삼스러운 일은 아니었다. 동료들은 그를 개라고 놀리기도 했다. 윤동주의 「또 다른 고향」이란 시에 빗대어, F 교수야말로 '밤을 새워 어둠을 짖는 지조志操 높은 개'라 추스르기도 한 것이다.

F 교수는 마흔을 갓 넘긴 나이였다. 하지만 그의 머리는 백두거사

라 불릴 정도로 눈 덮인 흰 벌판 같았다. 게다가 고난도 근시였다. 백발에다 작고 동그만 안경테 탓에, 환갑 지난 노인처럼 늙어 보이기 일쑤였다. 옷차림까지 수수하기 그지없었다. 그가 넥타이를 매는 일은 길에서 10만 원짜리 수표를 주울 가능성만큼이나 희박했다. 그는 마치 중고상에서 얻어 입은 듯이 보이는 남루한 복장을 즐겨 걸치고 다녔다.

F 교수가 강단에 올라섰다.

'학생 아닌 사람은 나가달라'는 말에도, 다행인지 강의실 문을 나가는 사람은 아무도 없었다. 마이크를 손에 쥐었다.

그의 '철학적 인간학' 강의는 학생들 사이에서 인기 절정이었다. 그는 다양한 인간적 삶의 철학적 측면을 깊이 있게 짚어나갔다. 이론과 실천의 통일이야말로 준엄한 그의 생활신조였다. 그는 이론을 생활화하는 동시에 생활을 이론화해나가야 함을 강조하곤 했다. 그의 강의엔 박진감이 넘쳤다. 학생이 주인공이었고, 그는 감독처럼 보였다.

F 교수는 메가폰을 힘껏 움켜잡고, 강의의 포문을 열었다.

"어떻게 살아갈 것인가?"

그가 던진 첫 화두였다.

"누구에게나 이 물음은 가장 결정적이고 현실적인 인간적 문제일 수밖에 없습니다. 그러므로 살아 있는 한 끊임없이, 스스로 답하고 또 스스로 풀어나가지 않으면 안 될 긴박한 물음이기도 하지요. 그러나 '나의 삶을 어떻게 살아갈 것인가?' 하는 문제에 보다 명확한 답을 찾아내기 위해서는, '나는 무엇인가?' '인간은 무엇인가?' '삶이란 무엇인가?' 하는 문제에 대한 탐구가 선행될 수밖에 없습니다. 동시에 삶의 기본 터전이라 할 수 있는 가정과 사회, 민족과 국가, 자연환경 등에 대한 나름대로의 기본 입장 역시 전제되어야겠지요. 그러므로 이 물음은 지극히 일상적임에도 불구하고 지극히 어렵고, 또지극히 단순하면서도 지극히 복잡한 문제일 수밖에 없습니다. 하지만 바로 이러한 특성으로 인해 우리 삶이 무한한 가치와 희열로 가득 찰 수도 있음을 잊지 말아야 할 것입니다. 왜냐하면 고통 없는 삶이 바로 고통 그 자체이기 때문입니다."

앞줄에 앉은 모자를 삐뚤게 쓴 남학생이 급히 손을 들었다.

"그런데 교수님, 고통을 주는 특이한 삶의 방식도 있는 듯해 한 가지 여쭙고 싶습니다. 예전에 어떤 책을 읽어보니, 이런 충격적인 글귀가 나오더군요. '민족과 나라가 부강해지기 위해서는 밭갈이에 대해 말하는 사람보다 쟁기를 잡는 사람이 더 많아야 하고, 전쟁에 대하여 평하는 자보다 갑옷을 입은 사람이 더 많아야 함은 정해진 이치가 아니겠는가. 그런데 학자들은 계속 말만 하고 평하기에만 익숙해 있는 존재들처럼 보인다.' 대략 이런 구절이었습니다. 이런 냉소적인 비판에 대해 교수님은 어떻게 생각하시는지요?"

부드러웠지만 뼈아픈 질문이었다.

"할 말이 없네만, 사실입니다. 정곡을 찔렀어요. 사실 우리 교수들은 천리마더러는 짐을 잘 끌지 못한다고 잔소리하고, 짐말보고는 천리마처럼 잽싸게 달리지 못한다고 손가락질해대기 일쑤지요. 솔직히 말하면, 우리 학자들은 야구 방망이더러 '너는 이를 쑤실 수 없는 꼬락서니를 갖고 있다'고 비아냥대는 이쑤시개가 되는 경우도 비일비재합니다. 자기와 다르다고 하여 그것을 틀린 것이라 비난하는 태도야말로 지극히 흔히 볼 수 있는 학자적인 풍속이라 할 수 있겠습니다. 여러분도 잘 알고 있지 않습니까, 얼마 전에 동양철학 전공하는 어느 교수 한 분이 학교를 떠나버린 일을…….

그는 나와도 친한 사이였는데, '대학에는 산소가 너무나 희박해 숨쉬기조차 힘들다'고 일갈하고는, 대학 문을 박차고 표표히 떠나버렸지요. 그분은 나와 함께 소주잔을 기울일 때면, 교수사회의 고질을 한두 마디 어휘로 날카롭게 축약해내는 명수였습니다. 그는 교수들이 스스로를, 나라에서 견줄 사람이 없을 정도로 빼어난 선비를 일컫는 '국사무쌍國士無雙'이라 자화자찬하지만, 실제로는 입에는 꿀을 바르고 뱃속에는 칼을 품는다는 '구밀복검口蜜腹劍'하는 존재라고 싸잡아 몰아치기도 했습니다. 하기야 정든 대학을 떠나시게 된 어느 노 교수님께서는 정년퇴임 석상에서, "교수들은 교수 회의를 자주 하지 않으면 자주 하지 않는다고 불평을 늘어놓지만, 또 자주 하면 또 너무 자주 한다고 불만을 터뜨리는 존재"라 일갈하기도 하셨지요. 하지만 이런 얘기를 주절주절 늘어놓다보니, 같은 교수로서 누워서 침 뱉기 하는 것 같아 여러분에게 면목이 서질 않는군요. 나 역시 준마의 꼬리에 붙어 천릿길을 가는, 고작 한 마리 파리와 다를 바 없는 존재에 지나지 않은가 하고 늘 자신을 타박하고 있긴 합니다만……."

F 교수의 목소리가 말라가는 개울물처럼 졸아드는 듯했다. 학생들은 때때로 그를 구름 타고 노니는 신선이거나 거센 폭풍우를 몰고 올 천둥소리 같다고도 했다. 하지만 지금 그는 탈옥이라도 하고 싶은 심정이었다. 그는 낙엽 진 들판을 바라보듯, 강의실 천장에 쓸쓸한 눈빛을 던졌다. 바로 그 순간, 우아한 연두색 옷차림을 한 여학생

하나가 수줍은 듯이 손을 들었다. 구세주 같았다.

"선생님, 그런데 학자들과 달리, 평생 말이 아니라 일만 하며 살아가는 노동자는 과연 어떠한 존재인가요? 그리고 그들의 바람직한 삶의 자세는 어떠한 것이고, 또 그들의 사회적 위상은 어떠해야 한다고 생각하시는지요?"

늑대를 피했더니 호랑이가 나타난 꼴이었다. 계속 당혹스러운 질문만 봇물 터지듯 이어졌다. 조바심이 일었다. 괴로웠다. 무의식중에 시계로 눈이 갔다. 오늘 밤 성 사장과의 약속이 떠올랐다. 마음이 좀 풀어지는 듯했다.

다행스럽게도 얼마 전 초빙을 받고 간 어느 노동조합의 강연장에서 했던 말이 불현듯 떠올랐다. F 교수는 국내 최대 조직을 자랑하는 그 노조의 고문 직책도 맡고 있어서, 정책 및 노선에 대해 조언과 비판도 아끼지 않았다. 그 덕분인지, 그는 노조원들로부터 상당한 신뢰와 존경을 한 몸에 받기도 하는 편이었다.

"노동자는 낙타입니다."

여기저기서 웅성거리는 소리가 들려오는 듯했다.

"한마디로 노동자는 인간낙타라는 말입니다. 잘 알다시피 거대한 몸통을 지닌 낙타는 무거운 짐을 싣기 위해 항상 무릎부터 꿇지 않으면 안 되지요. 그러곤 불타는 사막을 타는 목마름으로 무한정 걸을 수밖에 없습니다. 실은 우리 노동자도 다를 바 없지요. 그들은 한평생 무릎 꿇고 무거운 짐을 짊어진 채 하염없이 살아가야 합니다. 허나 그런 짐조차 없다면, 그들은 단 하루도 살 수 없지요. 그러하니 그런 혹독한 짐이라도 마냥 짊어질 수 있다는 게, 그들에겐 얼마나 큰 축복이겠습니까.

부유하다는 것은 마시면 마실수록 우리를 더욱 목마르게 하는 소금물과도 같은 것이라 할 수 있습니다. 사회 한편에는, 이런 소금물로 절여진 지폐로 완전 무장한 백전불굴의 맹수들이 도사리고 있습니다. 그리고 다른 한 구석에는, 이들이 먹다 버린 찌꺼기나마 가까스로 주워 삼키며 구차하게 목숨을 부지할 수밖에 없는 수많은 양들이 있습니다. 그런데 이 야수와 양들 사이에, 과연 박애와 휴머니티를 기대할 수 있을까요?

어쨌든 보살펴줄 사람이 없는 탓에 스스로 보살필 수밖에 없는 사람들, 이들이 실은 인간낙타인 셈이지요. 무전유죄, 유전무죄에 이어, 이제는 '무전무학無錢無學' '유전유학有錢有學'이 일상화되고 있는 실정입니다. 이제 더 이상 '개천에서 용 나는' 일은 없다고들 입을 모으고 있지 않습니까?

그런데 바로 이 인간낙타들이야말로 밤낮을 가리지 않고 우리에게 입을 것, 먹을 것을 장만해주기 위해 묵묵히 땀 흘리며 일하는 사람들입니다. 그러면서도 거드름 피우지 않고 공장에서건 들판에서건 질박하게 자신의 일에만 매달리는 사람들, 바로 우리 사회를 지탱하고 이끌어가는 원동력을 제공하는 이들이지요. 태어날 때의 고통 외에는 평생 고통을 모르고 사는 부자들의 쾌락은 바로 이러한 인간낙타의 눈물로 만들어지는 게 아닐까요?"

목이 타는 듯했다. 병째 물을 들이키고는 말을 이어나갔다.

"하지만 정부 당국은 이러한 인간낙타들의 수고에 보답하고 그들을 위로하기 위해, 한 번쯤이라도 정책적 배려를 해본 적이 있을까요? 우리의 삶과 우리가 누리는 번영을 가능케 해주는 이 소박한 사람들의 노고에 머리 숙여 감사하기 위해, 농촌 구석구석이나 노동 현장 곳곳에 단 한 번만이라도 가령 '문화 위문단' 같은 것을 파견할 생각을 해본 적이 있을까요?

하지만 이른바 '일선장병 위문 공연단' 같은 것은 빠짐없이 만들어지지 않았던가요? 아울러 부유층이나 특권층을 위해서라면, 정부 당국뿐만 아니라 막강한 사회단체들이 수억 원 정도 뿌리는 것쯤은 예사로 여기지 않습니까? 그래서 로열 발레단이나 베를린 필하모니도 불러오지요. 그리고 '노동자 천국'이라는 소련에서 볼쇼이 발레단을 모셔오기도 합니다. 허나 우리 인간낙타들에게는 이 모든 게 실은 진열장 속의 보석과 다를 바 없는 것이지요. 정부가 바뀌어도 이 인간낙타들은 바뀌지 않고, 그들의 주인만 바뀔 따름이지요. 주인 노릇하기 위해 머슴처럼 보이려 애쓰는 사람들이 바로 정치인인데, 더 할 나위 있겠습니까?"

F 교수는 갑자기 목이 메었다. 기침이 솟구쳐 올랐다. 손수건으로 입을 훔치고 다시 마이크를 잡았다.

"그런데 이 대목에서, 우리가 꼭 명심하지 않으면 안 될 게 있습니다. 가난한 사람들을 도와주면 선행으로 칭송받습니다. 하지만 우리 사회에 왜 가난뱅이가 존재해야만 하는가 하고 따지고 들면 불순분자로 매도당합니다.

우리 사회에서 빈곤층의 주류는 노동자들입니다. 그런데 우리 없이도 노동자는 살아갈 수 있지만, 노동자 없이 우리는 살길이 막막해집니다. 따라서 우리 전 사회의 행복 여부는 노동자의 행복 여하에 달려 있다고 해도 지나친 말이 아닙니다. 그러므로 노동자가 행복하게 살아갈 수 있는 사회를 건설하기 위해 더불어 분투 노력하는 것, 이것이야말로 우리 지식인들의 근본 사명임을 잊어서는 안 될 것입니다. 어쨌든 불순분자로 낙인찍혀 고초를 당하는 일이 있더라도, 우리 사회의 대다수를 이루는 가난한 사람들, 요컨대 인간낙타들을 위해 봉사하고 헌신하는 것이야말로 우리 지식인들의 타고난 숙명이자 인간적 도리임을 뼈에 새기고 또 되새겨야 하리라 생각합니다.

그리고 이 기회에 꼭 되짚어보지 않으면 안 될 게 하나 더 있습니다. 바로 노동자가 불행의 길을 자초할 수도 있다는 사실입니다. 이를테면 자본가가 끊임없이 사회의 폭군으로 군림할 수 있게 되는 것은, 이들이 노동자들을 착취하기 때문만이 아니라, 너무나 많은 노동자들이 풍족하게 살아가는 이들 자본가를 끊임없이 부러워하기 때문에도 가능해진다는 말입니다. 따라서 우리 지식인은 이러한 노동 형제들을 항상 깨우쳐나가지 않으면 안 됩니다. 그런데 이런 상황에서 우리 지식인은 도대체 어떻게 살아가야 할까요?

옛 선인이 선비는 죽임을 당할 수는 있어도 욕보일 수는 없다고 일렀습니다. 다시 말해 지식인은 증오당할 수는 있어도 경멸당해서는 안 된다는 말입니다. 먼지가 되기보다는 차라리 재가 되는 것, 이것이 더욱 바람직한 지식인의 삶의 길이 아닐까요, 여러분?"

강의실 안은 생수처럼 정갈했다. 기침 소리 하나 들리지 않았다. 그는 꼿꼿이 서서, 계속 말을 이어나갔다.

"하지만 나에게도 부끄러운 일이 적잖습니다. 나 역시 우리의 들판과 강산에서 늘 마주하는, 양순하고 너그러운 슬픈 눈망울의 누렁소를 내내 잊고 살아왔음을 솔직히 고백하지 않을 수 없습니다. 나는 그를 찬미하는 노래를 한 번도 불러준 적 없으면서, '송아지, 송아지, 얼룩송아지' 하며, 보지도 알지도 못하는 저 머나먼 이국의 홀스

타인 얼룩송아지만을 목청껏 예찬하기만 해왔던 것입니다. 우리의 것은 보지도 못하고, 아니 외면해버린 채, 남의 것만 꽁지 빠지게 찾아 헤매는 한심스러운 생활 습성을 스스로 길들여온 셈이지요. 부끄러운 일입니다.

그런데 이 '얼룩송아지 정신'이 활짝 꽃피어, 이윽고는 매우 값비싼 수입품 보트 장난감을 들고 특급 호텔에서 생일잔치를 벌이는 동화세계가 만들어지는 것은 아닐까요? 어른이 되어서는, 고액의 이탈리아제 손수건과 타조가죽 지갑 세트가 들어 있는 프랑스제 장 루이세레 정장을 걸치는 신사가 됩니다. 그러고는 엄청난 고액의 블랙그래머 모피코트를 즐겨 입는 여성과 역시 고가의 미제 오이코시 아동복 정장을 입힌 아이를 데리고, 독일제 BMW를 타고 나들이 가는 가정의 주인으로 행세하게 되지요. 그리하여 그들은 고귀한 샹들리에가 장엄한 색조를 던지는 양옥집과 골프장만 한 잔디밭, 하다못해 일제 양념통과 조미료, 타이제 금도금 수저 세트까지 갖추어진 집안에서 삶의 즐거움을 창조하기에 여념없게 되지요. 그렇게 인생을 살다가 죽어서는 이탈리아제 대리석 관에 묻히는 사람들, '요람에서 무덤까지' 신의 축복이 약속된 사람들…….

우리의 '누렁 송아지'가 '얼룩송아지'에 떠밀려 저 가난한 농촌의 들판에서 날로 사위어갈 때, 우리 머릿속에는 '민족'이 점점 메말라가고 있었습니다. 통째로 수입한 캐나다제 통나무 주택에서 이탈리아제 가구의 감미로움을 즐기며 사는 사람과 새벽마다 공중변소 앞에서 다리를 배배 꼬며 차례를 기다려야 하는 달동네 주민들은 과연서로를 같은 민족이라 여길 수 있을까요?"

F 교수는 이마의 땀을 손수건으로 훔쳐내며 목소리를 가다듬었다.

"그런데 돈 버는 방법엔 딱 세 가지밖에 없습니다. 일하든가, 구걸하든가, 도둑질하는 것, 그게 다지요. 만약 일하는 사람의 수입이 매우 적다면, 그것은 너무나 많은 사람이 구걸하거나 도둑질하고 있기 때문이라 할 수 있습니다. 그런데 우리 사회에는 거지와 도둑놈 중, 어느 쪽이 더 많을까요?

천 칸의 대궐이라도, 하룻밤 자는 데는 방 한 칸이면 족합니다. 그리고 만 석의 땅을 가지고 있다 해도, 하루 먹는 데는 쌀 한 되면 그만이지요. 우리 선조들이 단사표음簞食瓢飮 하는 삶의 자세를 그토록 높이 기려왔다는 것은 여러분도 잘 알고 있는 사실 아닙니까? 말하자면 대나무로 만든 밥그릇에 담은 밥과 표주박에 든 물이라는 뜻으로, 청빈하고 소박한 생활 태도를 이르는 말이지요. 이러한 자세야말로 특히 우리 지식인이 경건히 추구해야 할 고귀한 삶의 자세가 아닐까요, 여러분?"

F 교수의 표정이 숙연해졌다. 수업시간 종료를 알리는 벨이 울렸다.

F 교수는 연구실로 돌아왔다. 조용히 소파에 앉았다. 쉬고 싶었다. 은밀한 여유가 그리웠다.

아내가 미리 준비해준 커피를 타 마셨다. '마리와카 블루 마운틴'은 고서적처럼 은은한 향기를 풍겼다. 그는 이러한 고전적인 향내를 무척 사랑했다. 미국에서 오래 살다 와서 그런지, 아내는 역시 달랐다. 고풍스럽고 격조가 높았다. 드러눕듯이 소파에 몸을 기댔다. 아늑했다.

성 사장의 미소 띤 얼굴이 어른거렸다. 성자聖者를 쏙 빼닮은 것만 같았다. 약속 시간이 별나게 기다려졌다. 자꾸 시계로 눈이 갔다. 오늘은 특별한 날이었다. 자신이 처음으로 쏘는 날, 그래서 더욱 가슴이 두근거렸다. 이런 일 때문이라면야 수백 번이라도 못 쏠까 싶었다.

하필 그때, 짜증스레 노크 소리가 났다.

국방색 점퍼를 걸친 남학생이 들어왔다. 사실 그 녀석은 F 교수의 단골손님이었다. 그는 이른바 위장 취업을 통해 노동자 생활을 직접 체험하기도 한, 교내의 대표적인 운동권 학생이었다. 조직 사건에 연루되어 구속된 적도 있을 정도였다. 그는 소파에 앉자마자, 성급히 본론부터 꺼내들었다. 이내 결연한 표정으로 바뀌었다.

"아까 강의 중에 교수님께서, 지식인이 노동자를 끊임없이 깨우쳐 나가지 않으면 안 된다고 역설하셨는데, 저는 그 말씀이 지극히 타당하다고 생각합니다. 하지만 저는, 제가 소심한 탓인지 모르겠습니다만, 노동 현장에서 질식할 것만 같은 체험을 자주 되풀이하지 않으면 안 되었습니다. 노동자가 가슴으로 분개하며 가슴 터지게 싸울 때, 저는 고작 분노를 머리로만 모방하며, 구호를 구구단 외듯 인형처럼 따라 읊어대기 일쑤였습니다. 그런 저를 바라보면서, 선생님, 저는 미칠 것만 같았습니다. 노동자에게는 '본능'으로 다져진 아픔이 자연스레 몸에 배어 있는 탓에, 그들은 창자 밑바닥에서 끓어오르는 고통을 분노로 폭발시킬 줄 알았습니다. 하지만 소위 지식인인 저는 단지 입술의 가벼운 통증 정도만을 지닌 채, 그들을 역사적으로 대변하고 있다고 믿고 있었던 것입니다. 부끄럽기 짝이 없는 통렬한 착각이었지요. 어처구니없었습니다. 환장할 지경이었죠. 제가 가증스러운 위선자처럼 느껴져, 숨쉬기조차 힘들 정도였습니다. 그런 제 하찮은 경험을 잠시 반추해보다가 교수님의 그런 희망이 과연 이루어질 수 있을까 하는 어쭙잖은 의구심이 밀려와, 이렇게 불쑥 찾아오는 결례를 범하게 되었습니다. 교수님, 죄송합니다."

그 녀석의 얼굴이 발갛게 달아올랐다. 하지만 맑았다. 열이라도 식히려는지, 잠시 숨을 고르는 듯했다. 그는 눈을 감았다 뜨더니 불현듯, "그런데 교수님, 묘지에 갖다 바치는 꽃은 도대체 누구를 위한 것일까요, 죽은 자를 위한 것일까요, 아니면 산 자를 위한 것일까요?" 하고 뜬금없는 질문을 던지는 게 아닌가. 곤혹스러웠다.

옆에서도 들릴 정도로, 그 녀석의 숨소리가 가빠졌다. 몹시 답답해 보였다.

"하지만 죽은 자가 그 꽃을 알기나 할까요? 이른바 투쟁이란 것 역시 묘지에 꽃을 갖다 바치는 자위행위처럼 느껴져, 홀로 가슴을 쥐어뜯을 때가 많았어요. 그래서 투정부리는 것을 투쟁으로 착각한 경우도 적잖았습니다."

그 녀석은 두 주먹을 불끈 쥐며, 안타까운 낯빛으로 말을 매듭지었다. 두 눈이 새벽 샘물처럼 빛났다.

F 교수는 급소를 맞기라도 한 듯 숨이 막혀왔다. 갑갑했다. 숨길을 돌리며 그 녀석의 손을 꼭 잡았다.

"엽락분본葉落糞本이란 말이 있네. 땅에 떨어져 뿌리를 키우는 거름으로 거듭나는 나무 이파리, 말하자면 비록 말라비틀어진 이파리이긴 하지만 다시금 자신을 거름이 되도록 썩혀, 원래 자신의 몸을 키워왔던 뿌리의 영양분으로 되살아나고자 몸부림치며 떨어지는 탄복할 만한 존재가 바로 낙엽이라는 말일세. 얼마나 경탄스러운가! 가히 연대를 통한 생명의 부활이라 일컬을 만한 것이지. 우리 지식인도 이러한 낙엽 같은 존재가 될 수는 없을까? 낙엽처럼 떨어져 우리의 뿌리인 노동자의 밑거름으로 거듭남으로써 이 나무를 더욱더 기름지게 키워나가는 존재, 우리가 바로 그런 존재가 될 수는 없을까 하는 말일세. '천릿길도 한 걸음부터'라는 말도 있듯이, 시간을 두고 깊이 자성하며 함께 찬찬히 곱씹어보기로 하세나."

그 녀석은 "교수님 귀중한 시간을 너무 많이 뺏었습니다. 죄송합니다. 다음에 또 찾아뵐게요" 하고 인사하며, 미심쩍은 표정을 뒤로 남긴 채 연구실을 나갔다.

F는 시계를 들여다보았다. 서서히 서둘러야 할 시간이 되었다.

그 일부터 마무리 지어야 했다. 현금이 필요했다. 우선 가까운 증권사부터 찾았다. 그는 자신이 오랫동안 보유하고 있던 어느 대기업의 주식을 처분했다. 상당한 액수였다. 그는 그 돈을 바로 성 사장 은행 계좌로 입금시켰다.

압구정동 한복판으로 들어섰다. 곧 다정한 연인처럼 우아하게 미소 짓는 단골 술집 랑데부 살롱의 네온사인이 눈에 들어왔다. 가슴이 뛰었다. 터줏대감은 역시 달랐다. 성 사장은 이미 판을 벌이고 있었다.

F 교수는 강의실 못지않게 술집에서도 인기 짱이었다. 우선 그의 옷매무새부터 관심을 끌었다. 작업복을 걸친 듯이 보이는 그 차림은, 교수들 사이에서는 학자의 품위를 훼손하는 비지성적 작태라 비난당하기 일쑤였다. 하지만 성 사장은 전혀 달랐다. 대학교수임에도 얼마나 검박하고 서민적인가 하고 되뇌면서, 칭송과 경탄을 그칠 줄 몰랐다.

성 사장이 사업 관계로 소송에 몰려 위기에 처해 있을 때, F의 친한 학교 동기 A 변호사가 그걸 잘 처리해준 모양이었다. A 변호사의 소개로 함께 술자리를 가진 이후 성 사장과 F 교수는 눈에 뭐가 씌웠던지 급속도로 가까워졌다. 운명적인 만남이었던 것처럼 둘은 이내 각별한 사이가 되었다. 고등학교만 나와 입지전적으로 자수성가한 성 사장에게 F 교수는 우상에 가까웠다. 성 사장은 총알택시였다. 대단히 기민하게 F의 둘도 없는 술친구이자 스폰서로 변신했다. 거듭 태어났다고까지 말할 수 있을 정도였다.

하지만 F의 엄정한 심사 원칙 덕분에, 이 랑데부 살롱에 도달하기까지에는 적잖은 진통이 뒤따랐다. 애초에 성 사장은 F의 취향을 짚어보기도 할 겸해서, 여러 유형의 술집들을 두루두루 선뵀었다. 그러나 만만치 않았다. 학위 논문 심사만큼 까다로웠다.

어쩌다 전혀 마음에 들지 않는 파트너가 걸려들면 F는 곧장 공단을 들먹였다. 우리 여공들이 얼마나 참담하게 고생들을 하고 있는데, 우리가 이런 곳에서 이래도 되는가 하고 가슴을 치며 자탄하는 모습까지 보이기도 했다. 그러면 곧장 파장이었다.

그러나 역시 그의 인간론은 합리적이었다. 전혀 색다른 낌새를 보여줄 때도 있었다. 요행히 마음에 꽉 차는 우렁찬 파트너와 인연이 맺어지면, 감동적인 장면이 뒤따랐다. F는 테이블 위에까지 뛰어올라가 노래를 열창하며 흥건하게 춤까지 곁들이기도 해서 분위기를 격조 높게 고조시키기도 했다. 물론 강의도 빼먹지 않았다. 아가씨들에게 "술집에서는 가장 동물적인 것이 가장 인간적인 것"이라 열강하기도 했다.

술집에서 어울리게 되면, 성 사장은 F 교수를 늘 'F 사장'이라 불렀다. 술집 아가씨들은 백발인 데다 작고 동그란 안경까지 걸쳤기 때문인지, F를 대단히 진귀한 사업 이력을 쌓은 백전노장의 뛰어난 사업가로 여기게 되었다. 게다가 이따금 난해하고 속 깊은 말까지 들먹이기도 해서 부지불식간에 짙은 지성미를 뿜어내기도 하는 까닭에 F는 대단히 격조 높은 사업가로 섬김을 받게 되었다. 그럼에도 검소하고 인간적인 풍모까지 풍기기도 하여, F는 술집 아가씨들 사이에서도 인기가 아주 높았다.

오랜 섭렵 끝에, 드디어 랑데부 살롱이 F의 낙점을 받는 영예를 누릴 수 있었다. 무엇보다 슬픈 눈망울에 풍만한 가슴을 지닌, 순정파 여대생 도우미 실비아를 만날 수 있었기 때문이다. 실비아는 아침 햇살 받는 강물 같았다. 서늘한 열정, 그 자체였다.

오늘도 물론 실비아가 사뿐히 옆에 앉았다. 그녀는 우선 술잔 네 개에 폭탄주부터 가득 채웠다. 그러자 성 사장이 나섰다. 오늘 쏘기로 한 사람으로서, 어찌 한마디 건배사가 없을 수 있으리요 하며 F를 부추겼다. F가 일어섰다. 술잔을 높이 쳐들고는, "살아 있는 우리의 성자聖者 성 사장을 위하여, 원 샷!" 하고 외쳐댔다. 동시에 잔들을 비웠다. 연거푸 폭탄주가 돌았다.

F는 술이 약했다. 그러나 오기는 강했다. 성 사장은 F가 필름이 끊기기 전에 미리 서둘렀다. 송금 여부부터 확인했다. 역시 사업가다웠다.

성 사장의 이런 깔끔한 일 처리 자세를 보며, F는 그가 역시 성자답다고 생각했다. 대형 건설회사의 대표이사로 있으면서, 뭐가 아쉬운 게 있어 자기를 이렇게 헌신적으로 도와주는가 싶어 감탄을 금할 수 없었다. 기억이 새록새록 되살아나면서, 가슴이 촉촉이 젖어왔다. 그게 언제쯤이었지? 성 사장은 술잔을 기울이며, 느닷없이 어느 달동네 재개발 사업에 관한 정보를 자신에게 귀띔해주지 않았던가. 판자촌이 철거되고, 그 자리에 대형 아파트 단지가 조성되리라는 말이었다. 얘기인즉슨, 본격적인 공사에 들어가기 전에 목 좋은 곳에다 적당한 땅과 집을 미리 사두면, 나중에 그것을 엄청난 고가로 팔아치울 수 있고, 그렇게 되면 가만히 앉아서 떼돈을 벌 수 있게 되리라는 것이었다. 성 사장은 F 자신이 그런 쪽에 전혀 물정을 모를 테니, 적절한 부지를 물색하는 일부터 매입계약 체결 등에 이르기까지 모든 일을 자기가 알아서 다 처리해주겠다고 강의나 열심히 하라고 타일렀었지……. 단지 성 사장 자신이 계약한 액수 정도의 현금만 미리 장만해두었다가 필요한 시점에 자기에게 보내주기만 하면, 정식으로 그 부동산을 매입해서 완결된 등기필증을 나에게 건네주겠노라고 이르지 않았던가. 시키는 대로 송금까지 마쳤으니, 아마도 일이 잘 마무리되어가는 모양이지 싶었다.

덕분에 몹시 취했다. 취중에도 판자촌이 하루빨리 철거되기만을 손꼽아 기다리는 자신이 대견스러웠다. 머지않아 거액이 손에 들어온다. 이제 오랜 꿈이 바야흐로 이루어진다. 평화롭고 풍족한 나만의 삶에 조용히 탐닉할 수 있게 되다니! 뭉게구름 같은 내일이 눈앞에 어른거렸다. F는 뭉게구름 같은 실비아의 풍만한 가슴에 얼굴을 파묻었다. 처녀림에 깔린 낙엽에 몸을 누이고 흰 구름 떠가는 푸른 하늘을 바라보는 듯한 아늑함이 포근하게 밀려왔다. 그녀의 몸에서는 고풍스러운 커피 향내가 났다. 행복했다.

몸을 가눌 수 없었다. 안경까지 어디론가 날아가버린 듯했다. 뻗어버릴 지경이었다. 여느 때처럼 성 사장이 자기 차로 그를 집까지 택배로 날라다주었다. 아내가 얼른 뛰어나와 F를 부축했다. 그는 침대에 쓰러졌다. 아내는 잠옷으로 갈아입히려고, 그의 바지 허리끈부터 풀기 시작했다. 그러자 F는 경악하듯이 외쳤다. "안 돼, 미스 김! 나 집에 가야 해!" 아내는 흐뭇했다. 그가 자랑스러웠다.

다음 날 어느 일간 신문에는 다음과 같은 구절로 시작하는 F 교수의 칼럼이 실렸다.

"부자는 '맨션'에 살고, 가난뱅이는 '맨손'으로 산다. 부유한 사람은 '개소주'를 마시고, 가난한 사람은 '깡소주'를 마신다. 돈 있는 사람은 '소고기 조림'을 먹고, 빈털터리는 '소고기 라면'을 먹는다. 아아, 어떻게 하면 가난뱅이에게도 소고기 조림에 개소주를 마시며 맨션에서 살 수 있는 날이 오게 할 수 있을까……."

학생들은 이 글을 읽고 '역시 F 교수님은 한결같으셔!' 하며, 경탄을 아끼지 않았다. 무한한 긍지와 자부심을 만끽했다.

그러나 지성인은 목격자를 두려워한다.

지식인

© 박호성 2014

1판 1쇄	2014년 6월 2일
1판 2쇄	2014년 6월 25일

지은이	박호성
펴낸이	강성민
편집	이은혜 박민수 이두루
편집보조	유지영 곽우정
마케팅	정민호 이연실 정현민 지문희 김주원
온라인 마케팅	김희숙 김상만 한수진 이천희

펴낸곳	(주)글항아리	출판등록 2009년 1월 19일 제406-2009-000002호
주소	413-120 경기도 파주시 회동길 210
전자우편	bookpot@hanmail.net
전화번호	031-955-8891(마케팅) 031-955-8897(편집부)
팩스	031-955-2557

ISBN	978-89-6735-108-3 03300

글항아리는 (주)문학동네의 계열사입니다.

이 도서의 국립중앙도서관 출판시도서목록(CIP)은 서지정보유통지원시스템 홈페이지
(http://seoji.nl.go.kr)와 국가자료공동목록시스템(http://www.nl.go.kr/kolisnet)에
서 이용하실 수 있습니다. (CIP제어번호 : CIP2014012118)